2500 ADVANCED ENGLISH WORDS FOR THE TOEFL TEST

TOEFL®テスト
上級英単語
2500

[編者]
AmEnglish.com, Inc.

[監修]
Dr. フィリップ・タビナー

東進ブックス

TOEFL is a registered trademark of Educational Testing Service(ETS).
This publication is not endorsed or approved by ETS.

INTRODUCTION
Welcome

Welcome to the TOSHIN TOEFL iBT Vocabulary Program. We hope you train well and practice effectively. This book will help you gain a better grasp of the top 2500 words that can be found on various TOEFL iBT tests over the years. We have determined that these are the key words that can distinguish your performance from other test takers. We have keyed in on the difficult words with highest frequency over the last number of years. Because vocabulary is so important to all four sections of the TOEFL iBT exam we created this program to help you learn the vocabulary and practice its use. It is key to understand that vocabulary is not just important to the Reading section but to all sections of the test. So it is important to work with this material frequently and to apply it in you practice with all sections of the TOEFL exam. Use these new words as much as you can. Try to use at least a few new words from the list every day in your use of English. Remember TOEFL, like all tests can be mastered if you practice effectively and use your tools frequently.

序文

はじめに

　東進TOEFL iBTボキャブラリー・プログラムへようこそ。本プログラムは，優れた学習と効率的な修得を目指し，TOEFL iBTテストにおいて長年に渡り取り上げられてきた最頻出の2500ワードに焦点を当て，効率的に学習できる構成となっています。ほかの受験者よりも好成績を取れるよう最重要単語を見つけ出し，ここ数年で出題回数の最も多い難しい単語も紹介しています。TOEFL iBTテストの4つのセクション全てにおいてボキャブラリーは重要な要素であることから，本プログラムはボキャブラリーを修得しそれを利用できるよう体系立てられています。ボキャブラリーはリーディングセクションでのみ重要となるのではなく，テストの全てのセクションにおいて重要であると理解することが大切です。本プログラムで何度も学習し，修得した単語をTOEFLテストの全セクションで活用することが重要です。これらの新しい単語をできるだけたくさん使いましょう。毎日リストの中から新しい単語を複数個選定し，英語の文章の中で使ってみてください。効率的に学習し教材を何度も利用すれば，TOEFLもそのほかのテストと同じように極めることが可能なのです。

What is TOEFL iBT?

TOEFL iBT is the world's best known and recognized test of English for use in academic settings. It is accepted around the world by universities, colleges, employers and governments as the standard in the measurement of English language fluency. It is a challenging and difficult test and necessitates knowledge and fluency in English. Please make sure before you sit for a TOEFL that you have had sufficient English skill building and frequent use of this practice tool.

TOEFL was originally known as the "Test of English as a Foreign Language." TOEFL measures the ability of non-native speakers to use and understand English as it is spoken, written and heard in college and university settings. The questions, called items or prompts, simulate lectures, class discussions, study groups, campus life and course books from US-based colleges and universities. TOEFL iBT is developed and owned by Educational Testing Service (ETS). ETS is located in Princeton, New Jersey, USA, and its tests have been in the marketplace for decades in various forms and formats. Today's version of TOEFL iBT is an internet-based version. It is administered to over 25 million people in more than 180 countries around the world. It is important to note that if you're interested in English in the workplace setting, you ought to direct your attention to TOEIC, as TOEFL is particularly oriented to English in academic settings, particularly university and college settings in Canada, USA, Australia and New Zealand.

TOEFL iBTとは?

　TOEFL iBTは学術機関での英語の使用に関し，世界で最も認知度の高いテストです。世界中の大学等の教育機関，企業および政府が英語能力を測定する基準として採用しています。テストは英語の知識および使いこなす能力を要する，難しくまたやりがいのあるものです。TOEFLの受験までに十分な英語能力を身につけられるよう，この実行ツールを何度も活用し準備しましょう。

　TOEFLは"Test of English as a Foreign Language"の略で，米国の大学機関における質問，課題，講義，クラス討論，スタディグループ，学校生活および教科書など，英語を母国語としない人が大学機関において英語を話す，書く，聞き取る場面で英語を使用し理解する能力を測定するためのものです。TOEFL iBTはEducational Testing Service (ETS)が開発・運営するもので，ETSは米国ニュージャージー州プリンストンに拠点を置き，本テストは様々な形式によって長期に渡り実施されています。今日のTOEFL iBTはインターネット形式で実施されています。世界の180か国以上の国々で2500万人もの人々が受験しています。TOEFLは大学機関，特にカナダ，米国，オーストラリアおよびニュージーランドの大学で使用する英語能力の測定を目的としていることから，企業や職場で使用する英語に興味がある場合はTOEICの受験を考慮した方がよいでしょう。

TOEFL iBT at a glance

The TOEFL iBT exam takes up to 4 hours and 30 minutes to administer and has four key sections—listening, reading, speaking and writing. The test has a maximum score of 120 points, and generally US and Canadian schools expect a score of 80 or above for undergraduate programs and 90 or above for graduate programs. Some universities and colleges require a much higher level for each program. The cost of a TOEFL is generally $180 – $250 US dollars, and the test is administered 50 or more times a year. The TOEFL iBT results are good for two years and can be used throughout this period. But the score cannot be extended and a re-test is required after two years. Each exam stands alone and there is no averaging or blending of the results.

About the Test Structure

Section	Time Limit	Questions	Tasks
Reading	60 – 80 minutes	36 – 56 questions	Read 3 or 4 passages from academic texts and answer questions.
Listening	60 – 90 minutes	34 – 51 questions	Listen to lectures, classroom discussions and conversations, then answer questions.
Break (10 minutes)			
Speaking	20 minutes	6 tasks	Express an opinion on a familiar topic; speak based on reading and listening tasks.
Writing	50 minutes	2 tasks	Write essay responses based on reading and listening tasks; support an opinion in writing.

TOEFL iBTの概要

　TOEFL iBTテストはチェックインおよび4つのセクション(リスニング，リーディング，スピーキング，ライティング)で構成され，テスト全体の所要時間はおよそ4時間30分です。テストは120点満点で，一般的に米国およびカナダの教育機関では学部課程で80点以上，大学院課程で90点以上が必要とされています。大学によってはそれ以上の点が求められる場合もあります。TOEFLの受験料は180米ドルから250米ドルで，またテストは1年に50回以上実施されます。TOEFL iBTテストの結果は2年間有効で，この2年間は利用可能ですが，スコアは2年を超えて延長することはできず2年後は再受験が必要です。テストはそれぞれ独立しており，スコアの平均や一体化といった概念はありません。

テストの構成内容

セクション	制限時間	問題	課題
リーディング	60〜80分	36〜56問	学術的な文章の抜粋を3または4パッセージ読んで質問に答える。
リスニング	60〜90分	34〜51問	講義，授業中の討論，会話を聴いた後に質問に答える。
休憩(10分)			
スピーキング	20分	6課題	身近なトピックについて意見を述べる。リーディングやリスニングの課題にもとづいて話す。
ライティング	50分	2課題	リーディングやリスニングの課題をもとにエッセイ形式の答案を書く。意見を支持する文章を書く。

※ TOEFLの詳細はETSのホームページ (https://www.ets.org/jp/toefl) をご参照ください。

SPECIAL FEATURES

The most "native" English wordbook made in the USA

As is widely known, the TOEIC and TOEFL examinations are conducted by the American company ETS (Educational Testing Service https://www.ets.org). On the other hand, AmEnglish is the only American company which cooperates with ETS and publishes official teaching materials for the TOEIC and TOEFL. In this book, AmEnglish stringently selected English words, sentences, and voices under the supervision of Dr. Philip Tabbiner (the former Senior Vice President at ETS).

Based on an enormous quantity of data from the TOEFL TEST, AmEnglish strictly selected the English words which are "actually" necessary for Japanese students. So that "you can understand the frequent words and score highly on the TOEFL TEST". And more importantly, so that "you can learn vocabulary which is essential to understanding university lectures". As this book is designed by "the American way" of selection, which is slightly different from the Japanese way, there are a lot of highly academic words, especially in the "Advanced" version. The reason is that these words are truly necessary for university life abroad. By mastering this book, we believe that you will not only get high marks on the TOEFL TEST, but also become "an internationally competent person."

本書の特長

アメリカで作られた,最も「ネイティブ」な英単語集

　本書がほかのTOEFL単語集と最も異なる点が,日本人学習者のために本場米国で作られた単語集であるという点です。

　ご存知の通り,TOEICやTOEFLの試験を運営しているのは,アメリカにあるETS (Educational Testing Service) という機関です (https://www.ets.org)。そのETSの元シニア・ヴァイス・プレジデント (社長を補佐する上級役員) であるDr.フィリップ・タビナー氏を監修に迎え,世界で唯一ETSと共同で公式補助教材を制作している米国のAmEnglish社が,単語・例文・英語音声を厳選・制作しました。

　過去に出題されたTOEFLテストの膨大なデータをもとに,「TOEFLに頻出する英単語をおさえて高得点を取る」という目的だけでなく,「米国大学における授業を理解するに足る語彙力を身につける」という目的も見据えて,日本人学生に本当に必要な英単語※が徹底的に厳選されています。日本人による通常の単語選出方法とは少々異なる「米国側」の視点も含まれているため,特に「上級」編には相当にアカデミックで見慣れない英単語もたくさん収録されていますが,実はこれが,海外大学生活で本当に必要となる英単語です。みなさんには,ぜひこれをマスターし,TOEFLで高得点を獲得するだけでなく,海外留学を経て「世界で活躍する人財」になってほしいと思います。

※本書を制作するにあたり,まず最初にTOEFLテストに頻出する英単語を5000語厳選しました。そして,最頻出の2500語を「必修英単語2500」に収録し,その次に頻出度の高い(TOEFL iBTテストで高得点を獲得するために重要な)2500語を「上級英単語2500」に収録しました。TOEFL iBTテスト対策として,まずは120点満点中80点突破を目標に,「必修英単語2500」を完璧にマスターしてください。そのうえで,120点満点中100点以上を目指す人は「上級英単語2500」に進みましょう。

Perfectly contains the words for TOEFL in "frequency order"

As stated previously, the 2500 words in this book are stringently selected from various viewpoints and benchmarks based on an enormous quantity of data from the past TOEFL TEST. These words are selected through a unique process using an algorithm by AmEnglish. The basic image of the selection is indicated in the diagram below.

To begin with, they collect all English words used in the TOEFL TEST and sort them into groups such as Word Group A(most frequent), Word Group B(frequent in the second place), and so on. They abstract only high-ranking words by the number of appearances (frequency)(❶). Second, they remove certain words from the groups. These removed words are unnecessary to learn repeatedly for TOEFL, such as "words at junior high school level(the most basic words)", "words at National Center Test level(words that almost all of high school students have already mastered)", and "other unnecessary words"(❷). Then, they sort the final selections in frequency order, considering their frequency in university lectures. Through this severe process of selection, this book has been completed.

SPECIAL FEATURES

TOEFL頻出の英単語を「頻度順」に完全収録

　前述の通り，本書に収録された2500の英単語は，過去に出題されたTOEFLテストの膨大なデータをもとに，様々な視点・指標を加えて厳選されたものです。AmEnglish社独自のアルゴリズムによる選出を経ていますが，基本的な単語選定イメージは下図の通りです。

　まず，TOEFLテストに出題された全英単語を集計し，出題回数の最も多い単語を語群A，次に多い単語を語群B…のようにグループに振り分けます。そして，出題回数上位の（頻度の高い）語群だけを抽出（❶）。その語群から「中学既習語（極めて基本的な単語）」・「センターレベルの単語（大半の高校生がすでに修得している単語）」・「その他不要な語※」といった，TOEFLの単語集に掲載して繰り返し学習する必要性の薄い単語を除外します（❷）。そして，米国大学の講義でよく使われる単語かどうかも1つの選定基準としつつ，厳選された単語だけを「頻度順」に掲載したのが，本書の英単語です。

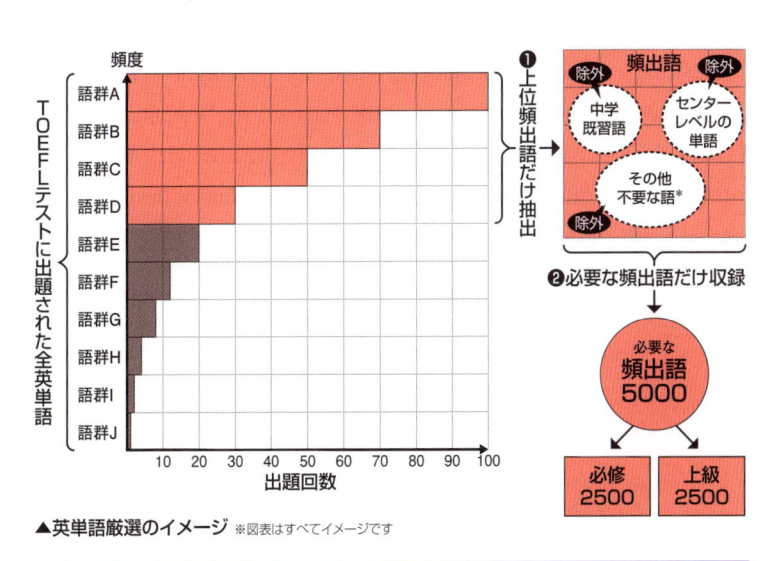

▲英単語厳選のイメージ　※図表はすべてイメージです

※その他不要な語…固有名詞・カタカナ語・文法用語・見出語の単純な派生語など

Perfectly contains the essential meanings for the TOEFL TEST

English words do not necessarily contain a single meaning for one word. In fact, many of them have several meanings. Although other English wordbooks available today specifically describe meanings of a word just like a dictionary, most learners cannot memorize all of them. In the first place, there is no need to "translate English to Japanese" when you use English.

Therefore, it is much more effective to focus on the core meaning which can be applied to other meanings than to try to memorize a lot of meanings. Under such points of view, this book perfectly contains necessary and sufficient meanings for Japanese students, based on the rules that we mainly include: "the core meanings" and "the meanings which are essential for the TOEFL TEST."

Besides, related information, such as synonyms, antonyms, derivatives and idioms, is stringently selected as "essential for the TOEFL TEST" and "necessary for university life abroad." Using this information as "the core" and referring to a dictionary in day-to-day learning will surely improve your vocabulary.

SPECIAL FEATURES

TOEFLテストに必要な語義を完全収録

　英単語は全てが「一語一訳」というわけではなく，1つの単語がいくつもの語義（単語の意味）をもつ場合も少なくありません。そして，既存の多くの単語集には，語義などが辞書のように細かく掲載されていますが，その全てを完璧に覚えられる人というのは多くはありません。そもそも，「英語を日本語に訳す」ことは，「英語を使う」ときに必要のない作業でもあります。

　よって，あまり多くの語義を覚えようとするよりも，あらゆる語義に「応用」させて理解ができる"核"となる語義を中心に覚えた方が，はるかに効率的です。このような考え方のもと，下図のように，本書では「"核"となる語義」と「TOEFLテストで問われる語義」を中心に掲載するという基本方針に則り，日本人学生に必要十分な語義を完全収録しています。

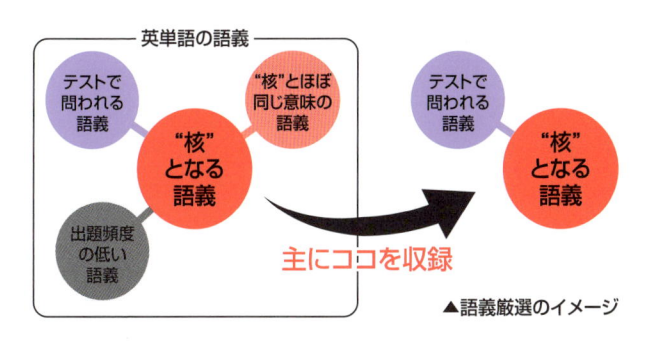

▲語義厳選のイメージ

　なお，同義語・類義語・対義語・派生語・熟語などの関連情報についても，「TOEFLテストに必要なもの」・「海外大学生活に必要なもの」を厳選して収録してあります。これらの情報を「核」として，あとは日々の学習の中で辞書等を随時活用し，語彙力を増強していきましょう。

HOW TO USE THE BOOK

Please use it freely

You readers surely like studying English and have your own learning methods. This wordbook is designed for everyone to use it easily. So please use this book as you like, referring to "the Keys" below.

The Keys to master English words

(1) Take in specific information by learning it repeatedly, not trying to memorize at once.
(2) Scan through the information you already know, and focus on the information you haven't memorized. (Deepen your understanding of the meanings step by step)
(3) Read aloud the keyword and the sentence together so that you can memorize them together.

本書の使い方

ご自由にお使いください

　本書をお使いのみなさんは，おそらく英語が好きで自分なりの学習法を確立している方も多いかと思います。この単語集は，誰にでも使いやすいようデザインされておりますので，ぜひ下記の「コツ」を参考にしつつ，自分に合った学習法でご自由にお使いください。

【単語マスターのコツ】

(1) 一度に全部を覚えようとせず，何度も繰り返し学習する中で，次第に細かい情報を詰めていく
(2) すでに覚えている部分は軽く流し，まだ覚えていない部分を重点的に学習する（記憶の薄い部分をどんどんなくしていく）
(3) 見出語や例文を何度も「音読」して一緒に覚える　　　　　　　など

本書で使う記号

　名 ⑧ ＝名詞　　動 ⑩ ＝動詞　　形 ㊗ ＝形容詞　　副 ⑩ ＝副詞
　❸ ＝重要熟語（見出語が熟語としてよく使われる場合）
　語義，語義 ＝同じ品詞の似たような語義（カンマ [,] で区切る）
　語義；語義 ＝同じ品詞の違う語義（セミコロン [;] で区切る）
　〈複〉＝複数形　〈単〉＝単数形　〈受身〉＝受身形　〈　〉＝その他指定の形
　《　》＝学問分野・ジャンルなど　［　］＝（直前の語句と）言い換え可能
　〜＝何らかの語句が入る　　―＝見出語が入る（見出語の省略部分）
　＝＝同義語・類義語　　⇔＝対義語　　※＝注意点
　記号無し＝見出語の派生語や熟語など　　《米》＝米国用法　《英》＝英国用法
　S＝主語　V＝動詞（原形）　O＝目的語　C＝補語　A・B＝対になる要素

【注意】 本書の発音記号は「米音」ですが，CD 音声収録には「米」のほかに「英」「豪」のナレーターも加わっているため，発音記号と CD 音声が一部一致しない場合があります。ご了承ください。

CONTENTS

ROUND	STAGE	No.	WORDS	DATE	PAGE
ROUND 1	STAGE 01	0001 – 0100	100	/	18
	STAGE 02	0101 – 0200	100	/	36
	STAGE 03	0201 – 0300	100	/	54
	STAGE 04	0301 – 0400	100	/	72
	STAGE 05	0401 – 0500	100	/	90
ROUND 2	STAGE 06	0501 – 0600	100	/	110
	STAGE 07	0601 – 0700	100	/	128
	STAGE 08	0701 – 0800	100	/	146
	STAGE 09	0801 – 0900	100	/	164
	STAGE 10	0901 – 1000	100	/	182
ROUND 3	STAGE 11	1001 – 1100	100	/	202
	STAGE 12	1101 – 1200	100	/	220
	STAGE 13	1201 – 1300	100	/	238
	STAGE 14	1301 – 1400	100	/	256
	STAGE 15	1401 – 1500	100	/	274
ROUND 4	STAGE 16	1501 – 1600	100	/	294
	STAGE 17	1601 – 1700	100	/	312
	STAGE 18	1701 – 1800	100	/	330
	STAGE 19	1801 – 1900	100	/	348
	STAGE 20	1901 – 2000	100	/	366
ROUND 5	STAGE 21	2001 – 2100	100	/	386
	STAGE 22	2101 – 2200	100	/	404
	STAGE 23	2201 – 2300	100	/	422
	STAGE 24	2301 – 2400	100	/	440
	STAGE 25	2401 – 2500	100	/	458

2500 ADVANCED ENGLISH WORDS FOR THE TOEFL TEST

ROUND 1

STAGE 01-05
No.0001-0500

The mission of the California Institute of Technology is to expand human knowledge and benefit society through research integrated with education. We investigate the most challenging, fundamental problems in science and technology in a singularly collegial, interdisciplinary atmosphere, while educating outstanding students to become creative members of society.

California Institute of Technology

ROUND 1 STAGE 01 No.0001–0100

MEANING

0001 evaporate
[ivǽpərèit] 《物理》
動 蒸発する，気化する；霧消する
名 evaporation (蒸発，蒸発作用)
evaporated milk (エバミルク，無糖練乳)

0002 cunning
[kʌ́niŋ]
形 ずる賢い，狡猾な；巧妙な，精巧な
名 ずる賢さ

0003 decidedly
[disáididli]
副 あきらかに，間違いなく

0004 disgrace
[disgréis] 《社会》
名 恥，不名誉；不評
動 ～の恥となる；〈受身〉～の信用を失わせる
形 disgraceful (恥ずかしい，不名誉な)

0005 dismay
[disméi]
名 動揺，狼狽
動 ～をうろたえさせる
名 perturbation (動揺，狼狽)

0006 cardiovascular
[kàːrdiouvǽskjulər] 《医療》
形 循環器の，心臓血管の

0007 plagiarism
[pléidʒərizm] 《大学》
名 盗用，剽窃；盗作物
動 plagiarize (盗用する)
名 plagiarist (盗用[盗作]者)

0008 infringe
[infríndʒ]
動 (～を)侵害する；(法律など)に違反する
名 infringement (侵害；違反)

0009 exemplary
[igzémpləri]
形 模範的な，立派な；典型的な
名 exemplar (模範，手本；典型)
副 exemplarily (模範的に；典型的に)

0010 leveraged
[lévəridʒd] 《経済》
形 借入金による
leveraged buyout (レバレッジドバイアウト)
動 leverage (～に借入金で投資する)

0011 emancipation
[imæ̀nsəpéiʃən] 《歴史》
名 解放(された状態)
Emancipation Proclamation (奴隷解放宣言)
名 emancipator (奴隷解放論者)

0012 disseminate
[disémineit] 《社会》
動 (情報・思想など)を広める，普及させる；～をばらまく
= 動 disperse (～をばらまく)

	EXAMPLE SENTENCE	TRANSLATION
0001	The small puddle of water quickly <u>evaporated</u> in the sun.	小さな水たまりは太陽の光ですぐに<u>蒸発した</u>。
0002	He was a <u>cunning</u> spy who was very successful at his trade.	彼はその取引でとても成功した<u>する賢い</u>スパイだった。
0003	His handwriting is <u>decidedly</u> better than mine, so I asked him to write the invitation.	彼の手書きは私のより<u>あきらかに</u>上手なので、私は彼に招待状を書くのを依頼した。
0004	His teacher told him his behavior was a <u>disgrace</u> to the school, and he would be punished for it.	彼の行動は学校の<u>恥</u>だと先生は彼に伝え、彼はそれに対し罰を受けるだろう。
0005	She was filled with <u>dismay</u> when she saw her grandmother's crystal vase in pieces on the floor.	おばあさんのクリスタルの花瓶が床の上で粉々になっているのを見て、彼女はひどく<u>動揺</u>した。
0006	The heart surgeon had studied the <u>cardiovascular</u> system in medical school.	その心臓外科医は医学部で<u>循環器</u>系を学んできた。
0007	The teacher accused the student of <u>plagiarism</u> when she saw his paper looked the same as the one online.	その学生の論文がオンラインのものと同じだったのを見て、その先生は<u>盗用</u>だとして彼を非難した。
0008	He makes me uncomfortable when he asks questions that <u>infringe</u> on my privacy.	彼は私のプライバシーを<u>侵害する</u>質問をして私を不快にさせる。
0009	She was an <u>exemplary</u> student; her grades were at the top of her class.	彼女は<u>模範的な</u>学生だった。彼女の成績はクラスでトップだったのだ。
0010	The training was a <u>leveraged</u> investment for the company as it made their employees more productive.	その訓練により従業員の生産性が増したので、それは会社にとっては<u>借入金による</u>投資であった。
0011	Abraham Lincoln signed the <u>Emancipation</u> Proclamation in 1863, which freed the slaves in the United States.	アブラハム・リンカーンは1863年に<u>奴隷解放宣言</u>に署名し、それによりアメリカ合衆国の奴隷は自由となった。
0012	She is the person who will <u>disseminate</u> the information to the press.	彼女は報道機関に情報を<u>広める</u>であろう人物だ。

0013	**pew** [pjúː] 《文化》	名 信者席；座席
0014	**mitigating** [mítəgèitiŋ] 《法律》	形 (〜を)軽減する，和らげる 熟 mitigating factors (酌量すべき情状) 名 mitigation (減刑；減免)
0015	**indict** [indáit] 《法律》	動 〜を起訴 [告発] する 名 indictment (起訴，告発；起訴状) = 動 charge (〜を告訴する)
0016	**aperture** [ǽpərtʃər]	名 (カメラの)開口部，絞り；隙間，開き，割れ目
0017	**probate** [próubeit] 《法律》	名 遺言の検認 動 (遺言書)を検認する
0018	**impurity** [impjúərəti] 《化学》	名 不純物；不潔，不純 形 impure (不潔な，不純な)
0019	**rejuvenate** [ridʒúːvənèit]	動 (人・組織など)を元気にする，活性化させる
0020	**roster** [rástər] 《社会》	名 勤務当番表；(一般的な)名簿 動 〜を名簿に載せる
0021	**sieve** [sív]	名 こし器，ふるい 動 〜をふるいにかける
0022	**surrogate** [sə́ːrəgèit] 《社会》	形 代理の 名 代理人；代理母
0023	**wetland** [wétlænd] 《地学》	名 湿地(帯)
0024	**choreograph** [kɔ́ːriəgræ̀f] 《芸術》	動 〜の演出 [振り付け] をする 名 choreography (振り付け；舞踏法) 名 choreographer (振付師)

0013	The pews of the church were filled with people for the wedding.	結婚式のため教会の信者席は人で埋め尽くされていた。
0014	The judge reduced the sentence because of mitigating factors.	酌量すべき情状により判事はその刑を減刑した。
0015	The grand jury indicted him for murder.	大陪審は殺人の罪で彼を起訴した。
0016	A larger aperture in the camera usually gives you better quality photographs.	カメラの開口部が大きいほど、通常は写真の画質が良くなる。
0017	The will must go through probate before the estate can be settled.	その資産が譲渡されうる前に遺言は遺言の検認を通過しなければならない。
0018	The drinking water had impurities in it after the hurricane, which made it unsafe to drink.	ハリケーンの後で飲料水の中に不純物が混じり、このことは飲料水を飲むのに安全ではなくなった。
0019	After her restful vacation she felt rejuvenated and ready to go back to work.	のんびりした休暇の後、彼女は元気になった気持ちで進んで仕事に戻った。
0020	The officer read the names of the enlisted soldiers on his roster.	その役人は勤務当番表上に記載された兵士の名前を読んだ。
0021	She strained the liquid through a sieve before pouring it into the batter.	衣用の生地に流し込む前に彼女はその液体をこし器でこした。
0022	The couple paid a woman to be a surrogate mother for their unborn child.	カップルは代理母になる女性にやがて生まれてくる子供に対しての支払いをした。
0023	The wetlands in San Francisco Bay are the transition areas between open water and dry land.	サンフランシスコ湾の湿地帯は開放水域と陸地の間の移行域にある。
0024	He choreographed the ballet around his prima ballerina.	彼は主役のバレリーナの周りでバレエを演出した。

0025	**dwarf** [dwɔ́:rf]	動 ~を小さく見せる,矮小化する 名 小びと；小さい動植物 形 小型の；矮性の
0026	**epicenter** [épisèntər] 〈地学〉	名 (地震の)震源地,震央
0027	**hallmark** [hɔ́:lmà:rk]	名 特質,特徴；品質証明,太鼓判；目印
0028	**holocaust** [hóuləkɔ̀:st] 〈歴史〉	名 〈the H—〉(ナチスによるユダヤ人の)大虐殺(ホロコースト)；大破壊,全滅
0029	**nun** [nʌ́n] 〈文化〉	名 修道女；尼僧
0030	**obstruct** [əbstrʌ́kt]	動 ~を妨害する；(入口など)をふさぐ,通れなくする 名 obstruction (妨げ,障害〔物〕)
0031	**pinpoint** [pínpɔ̀int]	動 (本質・原因など)を正確に示す 形 極めて正確[精密]な 名 針先；ごく小さな点
0032	**retaliate** [ritǽlièit]	動 仕返しする 名 retaliation (仕返し,報復)
0033	**scintillating** [síntəlèitiŋ]	形 機知に富んだ,興味深い；きらめく 名 scintillation (火花；ひらめき；蛍光)
0034	**topography** [təpágrəfi] 〈地学〉	名 地形(学)；地形調査 形 topographic (地形学の)
0035	**vapor** [véipər] 〈化学〉	名 蒸気,(気化してできた)気体 動 vaporize (~を蒸発[気化]させる,消す)
0036	**deceptive** [diséptiv]	形 不正な,人を欺くような；あてにならない

0025	Our concern for our daughter when she was hurt in an accident dwarfed our earlier concerns about money.	事故で怪我を負った娘への心配が、私たちのそれまでのお金に関する悩みを小さく見せた。
0026	The epicenter of the earthquake is where they suffered the most damage.	地震の震源地は最も大きな損害を被った場所である。
0027	The creative use of color is the hallmark of that artist.	色彩の創造的な使い方がその芸術家の特質である。
0028	During the Holocaust, millions of Jews were killed in Nazi Germany.	大虐殺（ホロコースト）の間、何百万人ものユダヤ人がナチスドイツによって殺された。
0029	She is a nun in a religious order that requires silence.	彼女は静寂を求める修道会の修道女である。
0030	If you obstruct this investigation, we will arrest you.	この捜査を妨害するなら、私たちはあなたを逮捕します。
0031	It took them some time to pinpoint the problem.	彼らがその問題を正確に示すのにいくらか時間がかかった。
0032	If we retaliate for this action, it may lead to a major conflict.	この競売で仕返しすると、大きな争いにつながるかもしれない。
0033	It was a wonderful play filled with scintillating dialogue.	それは機知に富んだせりふが満載のすばらしい演劇だった。
0034	The topography of this area is very interesting as there are sharp changes in elevation.	この地域の地形は標高差により際立った変化があるためとても興味深い。
0035	When you boil water, it turns into vapor in the air.	水を沸騰させると、空中の蒸気へと変化する。
0036	That company was fined for using deceptive, marketing practices.	その会社は不正なマーケティングの活動を用いたため、罰金を科せられた。

0037	**fascist** [fǽʃist] 〈政治〉	名 ファシズム主義[支持]者 形 ファシズムの
0038	**fowl** [fául] 〈動物〉	名 家禽；鶏肉 動 野鳥を捕る[撃つ]
0039	**garner** [gáːrnər]	動 (情報・支持など)を得る，集める；～を穀物倉に蓄える 名 蓄積，蓄え；穀物倉庫
0040	**memoir** [mémwɑːr] 〈文学〉	名 回顧録；伝記
0041	**necessitate** [nəsésətèit]	動 ～を必要とする；～を余儀なくさせる 形 necessary (必要な) = 動 require (～を必要とする)
0042	**nourishing** [nə́ːriʃiŋ]	形 栄養価の高い 動 nourish (～を育てる，養う) 名 nourishment ([栄養のある]食べ物)
0043	**parcel** [páːrsəl]	名 一区画；包み，郵便小包
0044	**rally** [rǽli]	動 集まる；回復する；(株価・通貨が)反発する 名 集会
0045	**restructure** [ristrʌ́ktʃər]	動 ～を繰り延べる；～を再編成[再構築]する 名 restructuring (再編成，リストラ)
0046	**revere** [rivíər]	動 ～を尊敬する，あがめる 名 reverence (尊敬，敬愛)
0047	**swamp** [swɑ́mp] 〈地学〉	名 沼地 動 ～を水浸しにする；(仕事・物などが)押し寄せる
0048	**blur** [bláːr]	動 ぼんやり重なる；～をぼやけさせる 名 かすみ；(インクなどの)汚れ 形 blurred (ぼやけた)

0037	He's a right-wing fascist, and I don't agree with his views.	彼は右翼のファシズム主義者で、私は彼の見解に賛成できない。
0038	A chicken is considered a domestic fowl.	ニワトリは家禽とみなされる。
0039	She garnered praise from her co-workers for her creativity and openness.	彼女は創造的でオープンな性格から同僚の称賛を得た。
0040	The elderly statesman was writing his memoir about his years in government.	年老いた指導的政治家は彼の政府での年月についての回顧録を書いていた。
0041	Getting your advanced degree will necessitate four more years of study.	より上級の学位を取得するにはもう4年間の勉強を必要とする。
0042	The mother tries to feed her children nourishing meals.	その母親は栄養価の高い食事を子供に与えようと努力している。
0043	We are interested in buying a parcel of land in that area where we plan to build a home.	私たちは家を建てる予定でいるその地域に、一区画の土地を買いたいと思っている。
0044	The parents rallied in support of the music program at their children's school.	保護者たちは子供の学校の音楽プログラムに賛成して集まった。
0045	They are restructuring the debt, so that they will be able to repay it over a longer period of time.	彼らは負債の返済を繰り延べているので、より長期間にわたってそれを返金することができるようになる。
0046	That man is a hero in his country, and the people revere him.	その男性は彼の国では英雄で、国民は彼を尊敬している。
0047	There are alligators in that swamp, so watch out for them.	その沼地にはアメリカワニがいるので、それらに気をつけるように。
0048	The events of the past few weeks blurred together in her mind as she had had so little sleep.	彼女はほとんど寝ていなかったので、ここ2、3週間の出来事は彼女の頭の中でぼんやり重なった。

0049	**contempt** [kəntémpt]	图 軽蔑, 侮辱 = 图 scorn (あざけり)
0050	**harbinger** [háːrbindʒər]	图 兆し, 前兆 = 图 sign (前兆)
0051	**heresy** [hérəsi] 《文化》	图 異説, 異端 [説] 圏 heretical (異教の, 異端の) 图 heretic (異教徒, 異端者)
0052	**improvise** [ímprəvàiz]	動 〜を即興で作る 图 improvisation (即興でやること) 圏 improvised (即席 [即興] の)
0053	**malnutrition** [mæ̀lnjuːtríʃən] 《医療》	图 栄養失調 圏 malnourished (栄養失調の) 图 nutrition (栄養を摂取すること; 滋養)
0054	**mantle** [mǽntl] 《地学》	图 マントル; 包むもの, 覆い, マント
0055	**narcotic** [nɑːrkátik] 《医療》	图 〈複〉麻酔薬; 麻薬常用者 圏 麻酔の; 催眠性の
0056	**ordinal** [ɔ́ːrdənl] 《数学》	圏 序数の; 順序を示す 熟 ordinal number (序数)
0057	**partisan** [páːrtizən] 《政治》	圏 派閥中心の, 党派心の強い 图 同志, 支持者; パルチザン ⇔ 圏 bipartisan (二党の)
0058	**proctor** [práktər] 《大学》	图 試験監督官
0059	**purported** [pərpɔ́ːrtid]	圏 噂される, 噂の 副 purportedly (噂では) 動 purport (〈受身〉〜であると称される [思われている])
0060	**retrospect** [rétrəspèkt]	图 回想 熟 in retrospect (回想してみると) 圏 retrospective (回顧的な, 追想にふける)

0049	She has only contempt for the thief.	彼女はその泥棒を軽蔑するしかない。
0050	The crocus is a harbinger of spring as it can bloom through the snow.	雪の中でも花開くことができるので、クロッカスは春の兆しである。
0051	The Roman Catholic Church convicted Galileo of heresy because he said the earth revolved around the sun.	地球が太陽の周りを回ると説いたので、ローマ・カトリック教会はそれを異説としてガリレオに有罪を宣告した。
0052	She's very creative and can improvise when necessary.	彼女はとても創造性があり必要な際は即興で作ることができる。
0053	Children in poorer countries often suffer from malnutrition.	貧しい国々の子供たちは栄養失調に苦しむことがよくある。
0054	The mantle of the earth is the thick layer of solid rock between the earth's crust and its core.	地球のマントルとは、地球の地殻と核の間にある硬い岩の厚い層を指す。
0055	She avoids using narcotics for pain relief as she doesn't want to become addicted.	中毒になりたくないので、彼女は痛み止めのための麻酔薬の利用を避けている。
0056	Ordinal numbers like "first" and "second" are different from cardinal numbers like "one" and "two."	「first」や「second」などの序数は「one」や「two」などの基数とは異なる。
0057	The Congress of the United States has been criticized for partisan politics.	アメリカ合衆国の議会は派閥中心のの政治であると批判され続けている。
0058	She's a proctor for the exam, and she has to make sure no one is cheating.	彼女はその試験の試験監督官で、カンニングしている者がいないか確認する必要がある。
0059	There was no evidence of his purported medical degree.	彼の獲得したと噂される医学学位を証明するものは何もなかった。
0060	In retrospect, I feel that I should have done things differently.	回想してみると、物事を違う方法ですべきだったと思う。

0061	**sap** [sǽp]	動 ~を徐々に奪う；~から樹液を取り除く 名 樹液；活力，生気 = 動 debilitate (~を衰弱[消耗]させる)
0062	**spar** [spáːr]	動 スパーリングをする； 　(暴力を用いないで)言い争う，口論する = 動 wrangle (怒って口論する)
0063	**tenet** [ténit] 《思想》	名 主義，教義 = 名 principle (主義)
0064	**vertebra** [vɚːrtibrə] 《生物》	名 脊椎，背骨 形 vertebrate (脊椎[背骨]のある) ※複数形は vertebrae
0065	**apex** [éipeks]	名 絶頂，頂点 = 名 peak (先端，ピーク)
0066	**congruent** [káŋgruənt]	形 一致する 名 congruence (一致，調和)
0067	**cyclical** [síklikəl]	形 循環の，周期的な 副 cyclically (循環して，周期的に) 動 cycle (循環する；自転車に乗る)
0068	**deportation** [dìːpɔːrtéiʃən] 《社会》	名 国外退去[追放]；輸送，移送 deportation order (国外退去命令) 動 deport (~を国外追放する，強制送還する)
0069	**dilute** [dailúːt]	動 ~を薄める；~の効果を弱める 名 dilution (薄めること，希釈) 形 diluted (薄めた)
0070	**entropy** [éntrəpi] 《物理》	名 エントロピー；無秩序，混乱
0071	**evoke** [ivóuk]	動 ~を想起させる，呼び起こす 形 evocative (想起させる，思い出させる) 名 evocation (誘発；喚起；招魂)
0072	**genocide** [dʒénəsàid] 《社会》	名 大虐殺，集団虐殺 形 genocidal (大虐殺の，集団虐殺の)

0061	The long hours of work in the hot sun sapped his energy.	熱い太陽のもとでの長時間作業が、彼のエネルギーを徐々に奪った。
0062	He's not really trying to hurt his opponent; they are just sparring for practice.	彼は相手を本気で傷つけようとしているわけではない。彼らは練習のためのスパーリングをしているだけだ。
0063	Members of that association ascribe to certain tenets.	その協会のメンバーはある主義を抱く。
0064	Animals that have a backbone or vertebrae belong to a distinct category.	背骨または脊椎を持つ動物は明確な分類に属する。
0065	As CEO, he was at the apex of his career.	CEOとして、彼は自身のキャリアの絶頂にいた。
0066	His actions are not always congruent with his beliefs.	彼の行動は必ずしも彼の思想と一致するわけではない。
0067	There is a cyclical pattern to some of the economic trends.	経済動向のいくつかには循環する型が見られる。
0068	The illegal immigrants were threatened with deportation.	その違法滞在者たちは国外退去を迫られた。
0069	The lemonade was too acidic, so she diluted it with more water.	そのレモネードは酸っぱすぎたので、彼女はそれを水で薄めた。
0070	Entropy is referred to as the measure of the disorder that exists in a system.	エントロピーとは、あるシステム内に存在する無秩序の度合いとしてみなされている。
0071	The music evoked memories of a summer many years ago.	その音楽は何年も前の夏の思い出を想起させた。
0072	The Nazis were accused of genocide in World War II.	ナチスは第二次世界大戦での大虐殺で非難された。

0073	**grapple** [grǽpl]	動 取り組む；取っ組み合う 熟 grapple with ~（~に取り組む） 名 強い握り；格闘
0074	**hegemony** [hədʒéməni]《政治》	名 支配権，覇権 形 hegemonic（支配権の，覇権の） 名 hegemonism（覇権主義）
0075	**incubate** [íŋkjubèit]《生物》	動 ~を培養する；(卵)を孵化する 名 incubation（孵化；培養） incubation period（潜伏期）
0076	**perimeter** [pərímətər]	名 境界（線）；周囲（の長さ）
0077	**pest** [pést]	名 困り者；有害生物；《医療》疫病
0078	**streamline** [strí:mlàin]	動 ~を無駄をなくして合理化する； ~を流線形にする 名 流線形
0079	**vantage** [væntidʒ]	名 見晴らしの良い地点；有利（な位置） 熟 vantage point（見晴らしの利く地点；有利な位置）
0080	**withstand** [wiðstǽnd]	動 ~に対抗する[耐える] = 動 endure（~に耐える）
0081	**biometrics** [bàioumétriks]《学問》	名 バイオメトリクス，生体認証， 生物測定学 形 biometric（生体認証の）
0082	**bolster** [bóulstər]	動 ~を強化する，高める；~を支持する 名 長枕 = 動 reinforce（~を強化する）
0083	**connotation** [kànətéiʃən]《語学》	名 言外の意味，含蓄 動 connote（~を意味する，内包する） 形 connotative（含蓄のある，暗示する）
0084	**courthouse** [kɔ́:rthàus]《法律》	名 裁判所

0073	The United Nations grapples with global problems every day.	国際連合は毎日世界的な問題に取り組んでいる。
0074	The American colonies lived under British hegemony until they declared independence in 1776.	1776年に独立を宣言するまで、アメリカ大陸の植民地はイギリス支配権下で生活していた。
0075	During the experiment, the culture was placed in the test area to incubate for 48 hours.	実験の間、その培養物は48時間培養するために試験エリアに置かれた。
0076	When setting up an archeological location for study, it is important to establish a clear perimeter.	研究のために考古学上の範囲を設定する際、明確な境界を設けることが重要である。
0077	The student made a pest of himself by constantly interrupting the professor's lectures.	その学生は教授の授業を何度も妨害し困り者となった。
0078	If we streamline the experiment and only focus on the most important items, we'll get better results.	この実験の無駄をなくして合理化し最も重要な物だけに集中すれば、より良い結果を得られるだろう。
0079	From her vantage point, she was able to easily view the entire area and identify the flooded areas.	見晴らしの利く地点から、彼女は簡単にその地域全体を見渡し浸水した地域を特定することができた。
0080	We need to make sure that our research is well designed so it can withstand attacks from other teams.	ほかのチームからの攻撃に対抗できるよう、私たちは自分たちの研究がよく設計できているか確認する必要がある。
0081	The field of biometrics has grown rapidly since personal identification is key for security.	個人の識別がセキュリティにおいて鍵となることから、バイオメトリクス分野は急速に成長してきている。
0082	She bolstered her argument by listing key facts to support each point.	彼女は各ポイントを支持する重要な要素を列挙することで、自身の主張を強化した。
0083	Political speechwriters always pay special attention to all possible connotations of the words.	政治演説の原稿作成者は、常に考え得る単語の言外の意味全てに特別の注意を払う。
0084	The lawyers met at the courthouse after the trial to discuss their plans.	弁護士たちは計画を話し合うため、その裁判後に裁判所で会合した。

0085	**disfigure** [disfígjər]	動 ~の外観を台無しにする，美観を損なう 形 disfigured (醜くなった) 名 disfigurement (美観を損なうこと；傷，欠点)
0086	**egalitarian** [igælitéəriən] 《社会》	形 平等主義的な 名 平等主義者 名 egalitarianism (平等主義)
0087	**lineage** [líniidʒ] 《社会》	名 一族；血統；家系；子孫
0088	**patriarch** [péitriɑ:rk] 《社会》	名 家長；長老；⟨P—⟩(カトリックの)総大司教
0089	**acreage** [éikəridʒ]	名 地所，土地；エーカー数 名 acre (エーカー)
0090	**aeronautics** [èərənɔ́:tiks] 《学問》	名 航空学，航空術
0091	**geothermal** [dʒì:ouθə́:rməl] 《地学》	形 地熱の 熟 geothermal energy (地熱エネルギー)
0092	**inhale** [inhéil]	動 (空気・ガスを)吸い込む，吸入する ⇔ 動 exhale (吐き出す，排出する)
0093	**insulate** [ínsəlèit] 《社会》	動 ~を絶縁する；~を隔離する 形 insular (切り離された；島国の)
0094	**nomad** [nóumæd] 《社会》	名 ⟨複⟩遊牧民；放浪者
0095	**autocrat** [ɔ́:təkræt] 《政治》	名 独裁者；横暴な人 名 autocracy (独裁権；独裁政治) = 名 dictator (独裁者)
0096	**ingenious** [indʒí:niəs]	形 精巧な；独創的な be ingenious at ~ (~に器用である)

0085	Demonstrators <u>disfigured</u> several buildings with graffiti and slogans.	デモ参加者はいたずら書きやスローガンでいくつかの建物の外観を台無しにした。
0086	She always took an <u>egalitarian</u> approach since she believed in basic rights for all members of society.	社会のメンバー全員の基本的な権利を信じていたので、彼女は常に平等主義的な取り組み方をした。
0087	He comes from a long <u>lineage</u> of leaders and high-ranking individuals.	彼は、長年指導者および地位の高い人物である一族の出身である。
0088	As the <u>patriarch</u> of the family, he was often asked to give a speech at large family gatherings.	その家族の家長として、彼は家族の大きな集まりの席でスピーチをするようよく頼まれた。
0089	The farmer worked hard, and eventually he was able to buy more land, which increased his total <u>acreage</u>.	その農夫は懸命に働き、ついに彼はより広い土地を買うことができたので、全体として所有している地所が広くなった。
0090	If you are interested in <u>aeronautics</u>, I think you will enjoy visiting the Smithsonian's National Air and Space Museum in Washington, D.C.	航空学に興味があるのであれば、ワシントンDCにあるスミソニアン航空宇宙博物館に行くと楽しめるだろうと思う。
0091	That company is working on developing <u>geothermal</u> energy.	その企業は地熱エネルギーの開発に取り組んでいる。
0092	The mountain air was fresh, and she <u>inhaled</u> deeply.	山の空気は新鮮で、彼女は深く吸い込んだ。
0093	They <u>insulated</u> the wires to prevent shocks.	彼らはショックを防止するためにワイヤーを絶縁した。
0094	The young girl belonged to a tribe of <u>nomads</u> that traveled the desert with their camels.	その少女はラクダと共に砂漠を旅する遊牧民の一族に属していた。
0095	He's a difficult boss as he behaves like an <u>autocrat</u>.	彼は独裁者のように振る舞う気難しい上司だ。
0096	He created an <u>ingenious</u> device to address the problem.	彼はその問題に対処するための精巧な装置を作り上げた。

0097	**semantics** [səmǽntiks] 《語学》	名 意味論 形 semantic（意味論の）
0098	**regent** [ríːdʒənt] 《政治》	名 摂政，《米》（州立大学などの）理事 形 摂政職にある
0099	**appraise** [əpréiz] 《経済》	動 ～を査定する，鑑定する 名 appraisal（評価，見積もり）
0100	**orchestrate** [ɔ́ːrkəstrèit]	動 ～を練り上げる，組織する； 《芸術》～を管弦楽に作曲[編曲]する 名 orchestra（オーケストラ）

0097	In semantics, you talk about the connotations of words, which is different from their meaning.	意味論では、単語の言外の意味について話すのだが、それはその意味とは違うものである。
0098	A regent was appointed to take over the ruling of the country during the king's absence.	君主が不在の間、摂政がその国の統治を引き受ける役割を任命された。
0099	The appraised value of the house was greater than he expected.	その家の査定価格は彼が予測していたよりも高かった。
0100	The trade delegation worked hard to orchestrate an agreement before the conference ended.	その貿易代表団は会議が終わる前に契約を練り上げるため懸命に取り組んだ。

No.	見出し語	意味
0101	**meteorology** [mìːtiərálədʒi] 《学問》	名 気象学 形 meteorological (気象学の) 名 meteorologist (気象学者)
0102	**agronomy** [əgránəmi] 《学問》	名 農学；作物学 名 agronomist (農学者)
0103	**tort** [tɔ́ːrt] 《法律》	名 不法行為
0104	**cognizant** [kágnəznt]	形 認識している，知っている 形 cognitive (認識の)
0105	**logistics** [loudʒístiks] 《社会》	名 物流（管理）；兵站，後方支援；難事業の計画 形 logistical (後方支援の；物流の)
0106	**liaison** [líːəzàːn]	名 （組織同士の）連絡（係），通信 動 liaise (連携する)
0107	**conceited** [kənsíːtid]	形 うぬぼれた，思い上がった 名 conceit (うぬぼれ，自負心) ⇔ 形 humble (謙虚な，腰の低い)
0108	**eminent** [émɪnənt]	形 著名な，高名な；卓越した = 形 distinguished (著名な，名高い；優れた)
0109	**feudal** [fjúːdl] 《歴史》	形 封建主義の；領地［封土］の 名 feud (領地，領土，封土)
0110	**forefather** [fɔ́ːrfɑ̀ːðər]	名 〈複〉先祖，祖先；先人 = 名 ancestor (先祖，祖先) ⇔ 名 descendant (子孫)
0111	**illustrious** [ilʌ́striəs]	形 輝かしい，傑出した；著名な，高名な = 形 brilliant (輝かしい，華々しい) = 形 eminent (著名な，高名な)
0112	**endear** [indíər]	動 ～を慕わせる

	EXAMPLE SENTENCE	TRANSLATION
0101	The weatherman had studied meteorology in school to prepare for the job.	その気象予報士はその仕事の準備のため、学校で気象学を学んできた。
0102	The study of agronomy has shown a strong relationship between effective farming and stable societies.	農学の研究で、効果的な農業と安定した社会の間に強力な関係があることが示されている。
0103	The small company filed a tort complaint against the larger company to block their takeover.	その小規模企業は大企業に対し、その企業買収を阻止するため不法行為告訴を起こした。
0104	The patient was awake and fully cognizant, so the detective asked to speak with her about the accident.	その患者は起きていて十分認識していたので、刑事はその事故について彼女と話したいと依頼した。
0105	They expected a huge crowd at the concert, so managing the logistics was complicated.	そのコンサートで大混雑が予想されたので、その物流の管理は複雑だった。
0106	She was chosen as the liaison to meet with the visiting international representatives.	彼女は海外から訪れる代表団に会うための連絡係として選ばれた。
0107	He is very conceited and thinks quite highly of himself.	彼はとてもうぬぼれていて自分自身をかなり高く評価している。
0108	He's an eminent psychiatrist, and he has published a number of books in his field.	彼は著名な精神科医で、彼の分野で何冊もの本を出版している。
0109	There was little opportunity for people to move up the social ladder on a feudal estate.	封建主義の地位において人々には出世階段を上る機会がほとんどなかった。
0110	One of his forefathers came from Denmark.	彼の先祖の1人はデンマークから来た。
0111	She has had a long and illustrious career, and her list of accomplishments is impressive.	彼女は長く輝かしいキャリアを持ち、彼女の業績のリストは印象的だ。
0112	Her kindness endeared her to everyone.	彼女の優しさがみなに彼女を慕わせた。

0113	**fling** [flíŋ]	動 (勢い良く)~を放り投げる[投げ捨てる] 🔗 fling oneself (身を投げ出す；没頭する)
0114	**folly** [fáli]	名 愚かなこと；愚行 = 名 imbecility (愚かさ；愚かな言動)
0115	**forebear** [fɔ́:rbèər]	名 祖先, 先祖 = 名 ancestor (先祖, 先祖) ⇔ 名 descendant (子孫)
0116	**mellow** [mélou]	形 丸くなる, 成熟した
0117	**burglar** [bə́:rglər] 《社会》	名 (夜間の)押し込み強盗犯 名 burglary (押し込み強盗；住居侵入)
0118	**paralyze** [pǽrəlàiz]	動 ~を(一時的に)無力にする； (体の一部)を麻痺させる 名 paralysis (麻痺)
0119	**industrious** [indʌ́striəs]	形 よく働く, 勤勉な = 形 diligent (勤勉な) = 形 assiduous (勤勉な)
0120	**medial** [mí:diəl]	形 内側の；中間の, 中央の 名 medium (中間, 中位)
0121	**inescapable** [ìniskéipəbl]	形 避けられない, 回避できない ⇔ 形 escapable (避けられる, 回避できる)
0122	**soothe** [sú:ð]	動 ~をなだめる, 和らげる = 動 ease (~を和らげる)
0123	**anomaly** [ənáməli]	名 異例, 変則；異常[異例]なもの[人] 形 anomalous (変則的な；異常な)
0124	**induct** [indʌ́kt] 《社会》	動 ~を入会させる；~を任命する 名 induction (就任, 任命) = 動 inaugurate (~を任命する, 就任させる)

0113	The desperate girl flung herself off the bridge into the water.	自暴自棄の少女は橋から水面へ身を投げ出した。
0114	My parents think it would be folly to drop out of the university.	大学を退学するなんて愚かなことだと私の両親は考えている。
0115	My forebears came from Scotland to the United States.	私の祖先はスコットランドからアメリカ合衆国へ来た。
0116	In her old age, she's become very relaxed and mellow.	年を取り、彼女はとても落ち着き丸くなった。
0117	The burglar went into the empty house and stole the jewelry from their safe.	押し込み強盗犯は誰もいない家に押し入り金庫から宝石類を盗んだ。
0118	Fear paralyzed her, and she stood still as the bear came toward her.	恐れは彼女を無力にし、熊が向かってきたとき彼女は動けず立ち尽くした。
0119	She is very industrious, and she gets a lot done in a short time.	彼女はとてもよく働き、短い時間で多くの仕事をこなす。
0120	He focused on his medial deltoids in his weight lifting.	彼はウエイトリフティングをしながら内側三角筋を重点的に取り組んだ。
0121	The truth is inescapable.	真実は避けられない。
0122	He soothed the crying infant by singing him a lullaby.	彼は子守唄を歌って泣いている幼児をなだめた。
0123	Her recent demanding behavior was an anomaly; she had been very cooperative in the past.	彼女の最近の要求が多い態度は異例だった。彼女はそれ以前はとても協力的だった。
0124	They inducted the famous player into the National Baseball Hall of Fame in a special ceremony.	彼らは特別セレモニーでその有名な選手をアメリカ野球殿堂へ入会させた。

No.	見出し語	意味
0125	**prognosis** [prɑgnóusis]	名 予後；予言，予想 ※複数形は prognoses
0126	**propensity** [prəpénsəti]	名 傾向，性質 = 名 inclination (傾向，好み)
0127	**reprimand** [réprəmænd]	動 〜を叱りつける，激しく叱責する ⇔ 動 praise (〜をほめる，称賛する)
0128	**remnant** [rémnənt]	名 残余物，遺物；面影，なごり
0129	**rue** [rúː]	動 〜を後悔する，残念に思う
0130	**sect** [sékt] 《文化》	名 (宗教上の)宗派；派閥，党派 形 sectarian (宗派の，分派の；党派の)
0131	**silo** [sáilou]	名 貯蔵庫，サイロ；(地下)室 動 〜をサイロに貯蔵する
0132	**skew** [skjúː]	動 〜をゆがめる；ゆがむ 形 skewed (ゆがめられた，偏った)
0133	**stewardship** [stjúərdʃip] 《社会》	名 管理責務，経営；責任 = 名 administration (管理)
0134	**synopsis** [sinápsis]	名 あらすじ，概要 = 名 summary (大意，概要)
0135	**vicariously** [vikéəriəsli]	副 自分のことのように，身代わりとして 形 vicarious (自分のことのような)
0136	**conducive** [kəndjúːsiv]	形 貢献する，(良い結果をもたらす)助けとなる 熟 be conducive to 〜 (〜につながる，〜の助けとなる)

0125	The patient asked about the prognosis of his disease, and the doctor told him he had a good chance for recovery.	患者は自分の病気の予後について尋ねると、医者は回復の良い兆しがあると彼に言った。
0126	He has a propensity for talking too much, so you have to limit the discussion.	彼には発言し過ぎの傾向があるので、あなたはその議論を制限しなければならない。
0127	The teacher reprimanded the students for arriving late to class.	先生は、授業に遅刻したことでその学生たちを叱りつけた。
0128	The asteroid belt is thought to be the remnants of a planet that was destroyed.	その小惑星帯は崩壊した惑星の残余物であると考えられている。
0129	I rued the day I decided to start this sport once the long practice sessions began.	長い練習期間が一旦始まると私はこのスポーツを始めようと決心した日を後悔した。
0130	There are many different sects of Christianity, which share common beliefs, but differ on the details.	キリスト教には多くの異なる宗派があり、それらは共通の信念を持つが、その詳細は異なる。
0131	Large farms often store wheat or corn in silos after the harvest to keep it from spoiling.	大きな農場では、腐敗しないように収穫後の小麦やトウモロコシを貯蔵庫に貯めておくことが多い。
0132	The newspaper article was distorted, and it skewed the facts in a way that was misleading.	その新聞記事で誤りが伝えられ、誤解を生むような方法で事実をゆがめた。
0133	Our effective stewardship of natural and open spaces is essential for the future of our world.	自然の空き地の管理責務を効果的に行うことは、私たちの世界の将来にとって不可欠である。
0134	She wrote up a synopsis of the movie in her blog along with her rating.	彼女はその映画について、彼女の評価と共にそのあらすじをブログに書いた。
0135	We enjoyed the Olympics vicariously through the experiences of friends who shared their stories.	私たちは友人たちの話を聞き彼らの経験から自分のことのようにオリンピックを楽しんだ。
0136	Soaking in a hot tub is very conducive to relaxation as it allows your body to loosen up after a long day.	温かい浴槽につかるのは長い一日が終わった後の体をほぐすことからとてもリラックス効果につながる。

0137	**coronary** [kɔ́:rənèri] 《医療》	形 冠動脈の；心臓の；冠のような 名 冠状動脈
0138	**dissect** [disékt] 《生物》	動 〜を解剖する；〜を詳細に調べる 名 dissection (解体，解剖；解剖体；詳細な分析) 形 dissected (解剖した，細かく切り分けられた)
0139	**inception** [insépʃən]	名 創立，はじまり = 名 beginning (はじまり)
0140	**plow** [pláu]	動 耕す；(本などを)苦労して読み進む plow into 〜 (〜にはりきって取り掛かる)
0141	**podiatry** [pədáiətri] 《医療》	名 足病学 名 podiatrist (足治療医)
0142	**porous** [pɔ́:rəs]	形 多孔質の；浸透性の porous waterproof (通気性防水布) 名 pore (気孔)
0143	**quarantine** [kwɔ́:rəntì:n] 《医療》	名 検疫(所)；隔離(所) 動 〜を検疫する；〜を隔離する
0144	**retract** [ritrǽkt]	動 〜を撤回する；〜を引っ込める 名 retraction (撤回；引っ込めること) = 動 withdraw (〜を撤回する；〜を引っ込める)
0145	**rogue** [róug]	形 荒々しい；面倒を起こす 名 いたずらっ子；ごろつき rogue state (ならず者国家)
0146	**aisle** [áil]	名 通路 aisle seat (通路側の席)
0147	**commend** [kəménd]	動 〜を称賛する 形 commendable (ほめるに足る，推薦できる)
0148	**cripple** [krípl]	動 〜を奪う，損なわせる；(手足)を不自由にする 名 手足の不自由な人，肢体不自由者 形 crippling (ひどく有害な；体を不自由にさせる)

0137	Running, cycling and swimming all help improve the **coronary** system in the body.	ランニング、サイクリングそれに水泳は全て体の冠動脈系の向上を助ける。
0138	During the class, every student **dissected** a frog and identified all of the major body parts.	授業の間、学生はみなカエルを解剖し体の主要部分を全て識別した。
0139	The ideas we have been studying were present at the **inception** of our country.	私たちが研究してきたその考えは、私たちの国家の創立時に存在していた。
0140	They **plow** everyday to grow corn and beans.	彼らはトウモロコシと豆を育てるために毎日（畑を）耕している。
0141	The study of **podiatry** has had a lot of influence over the designs in the modern running shoes.	足病学の研究は現代のランニングシューズのデザインに多くの影響をもたらしてきた。
0142	It was a **porous** surface, so the water disappeared quickly as it soaked into the flooring.	その床の表面は多孔質だったので、水はそこへしみ込みすぐに消えてなくなった。
0143	It is difficult to know where to place a **quarantine** around an area until more is known about the disease.	その病気についてさらなることがわかるまでは、地域周辺のどこに検疫所を設置すべきかを判断するのは難しい。
0144	The mayor wanted to **retract** his statements after his position changed.	市長は自身の立場が変わった後に声明を撤回したいと考えた。
0145	Sailors must watch carefully for **rogue** waves since they could damage the boat.	荒々しい波は船を破損させるかもしれないので、船乗りたちはそれを注意して見張らなければならない。
0146	She wanted to sit near the **aisle** in case they had to leave early.	彼女は早くに退席しなければならない場合に備えて通路に近い席に座りたいと思った。
0147	The professor **commended** his work and put it on display as a good example for the rest of the class.	教授は彼の作品を称賛し、クラスのほかの学生の良いお手本としてその作品を展示した。
0148	If the local economy slows down, it could **cripple** their hopes for a new stadium.	地元の経済が停滞すれば、新しいスタジアム建設の望みを奪うことになり得るだろう。

No.	見出し語	意味
0149	**curator** [kjúreitər] 《社会》	名 専門職員, 学芸員 形 curatorial (学芸員の)
0150	**debris** [dəbríː]	名 残骸, がれき, 破片
0151	**ensue** [insjúː]	動 結果として起こる, 続いて起こる
0152	**feat** [fíːt] 《社会》	名 功績, 偉業 feats of arms (武勲, 武功)
0153	**flock** [flάk]	動 集まる, 群れる 名 (羊・鳥などの)群れ ※牛・馬の群れは herd
0154	**forfeit** [fɔ́ːrfət]	動 ～を放棄する, 失う 名 剥奪, 没収(物) 名 forfeiture (没収；喪失；罰金)
0155	**impetus** [ímpətəs]	名 きっかけ, はずみ；推進力 = 名 momentum (機運；推進力)
0156	**ingest** [indʒést]	動 ～を摂取する 名 ingestion (摂取) 形 ingestible (摂取可能な)
0157	**looming** [lúːmiŋ]	形 迫り来る；そびえ立つ 動 loom (ぼんやりと現れる；迫り来る；そびえ立つ)
0158	**majestic** [mədʒéstik]	形 壮大な；威厳のある, 荘厳な 副 majestically (威風堂々と) 名 majesty (威厳；権威；陛下)
0159	**mileage** [máilidʒ]	名 (一定消費燃料の)走行可能距離
0160	**perjury** [pə́ːrdʒəri] 《法律》	名 虚偽の申し立て, 偽証(罪) 動 perjure (偽証する) 名 perjurer (偽証者)

0149	He offered to become the curator for the local library's collection of old vinyl records.	彼は地元図書館の古いビニールレコードの所蔵に関し専門職員になると申し出た。
0150	The debris from the crash was scattered all over the road.	その衝突の残骸が道路のあちこちに散らばっていた。
0151	Once they start talking, an argument always ensues.	一旦彼らが話し始めると、必ず議論が結果として起こる。
0152	Completing the competition in record time was a feat that will be long remembered.	記録的な速さでその競技を成功させたことは長く記憶に留まる功績となった。
0153	Many people flocked to the new movie theatre after it opened.	新しい映画館がオープンした後、そこへ多くの人が集まった。
0154	We forfeited the game, and it was recorded as a loss simply because we were late.	私たちは試合を放棄し、そして単に私たちが遅刻したという理由で負けと記録された。
0155	Her careful reminders were an impetus to schedule the check-up.	彼女のていねいなお知らせは検診の予定を立てるきっかけとなった。
0156	All of the animals at the dairy farm have a controlled diet to make sure they ingest the proper foods.	その酪農場の全ての動物は、確実に適切な食物を摂取するよう食事管理を受けている。
0157	The looming deadline took all of our attention.	迫り来る締め切りに私たち全員の関心は向かった。
0158	The mountain looks majestic when you look across the lake on a clear day.	晴れた日に湖の対岸から見る山は壮大だ。
0159	Car tires get better mileage and last longer when they are properly inflated.	車のタイヤは適切に空気を入れると、走行可能距離が良くなり長持ちする。
0160	If you commit perjury by not telling the truth during a trial, you can be convicted of a crime.	裁判中に真実を語らずに虚偽の申し立てをすれば、有罪となり得る。

No.	単語	発音	意味
0161	**plume**	[plúːm]	名 (煙などの)噴煙, 水煙；羽毛；羽飾り 動 (煙が空中に)吹き上がる, 立ち上がる；〜を羽毛で飾る
0162	**ration**	[rǽʃən]	動 〜を分配[配給]する；〜を一定量に制限する 名 割当量
0163	**refurbish**	[rifə́ːrbiʃ]	動 〜を一新[改装]する；〜を磨き直す
0164	**sever**	[sévər]	動 (関係など)を絶つ；〜を切断する
0165	**stern**	[stə́ːrn]	形 厳しい, 厳格な；過酷な；(顔つきなどが)いかめしい
0166	**supposition**	[sÀpəzíʃən]	名 推測, 想定, 仮定；仮説 動 suppose (〜だと思う)
0167	**truncate**	[trʌ́ŋkeit] 《数学》	動 (数値のある桁以下)を切り捨てる；〜の先端を切る；〜を切って短くする
0168	**typography**	[taipágrəfi] 《文学》	名 印刷体裁, 刷り具合；活版印刷(術)
0169	**coerce**	[kouə́ːrs]	動 (人)に強要する, (人)を抑圧[威圧]する 名 coercion (強制, 威圧)
0170	**concede**	[kənsíːd]	動 〜を認める, 〜と容認する；(権利など)を与える, 譲る
0171	**crisp**	[krísp]	形 (話などが)明快な, はっきりした；(空気・天気が)さわやかな；(食べ物などが)カリカリした
0172	**immaterial**	[ìmətíəriəl]	形 重要ではない；実体のない, 無形の ⇔ 形 important (重要な)

0161	The old steam engine sent up a long plume of smoke as it travelled through the countryside.	古い蒸気機関車が、田園地方を移動しながら長い噴煙を立ち上げた。
0162	We must ration this carefully as we don't have very much left, so please use only a little at a time.	残りがあまりないためこれを慎重に分配しなければならない、なので一度に少しずつだけ使ってください。
0163	We refurbished the clubhouse with all new furniture.	私たちはクラブハウスを新しい家具で一新した。
0164	If you sever your ties to that group, you may regret it in the future.	もしあのグループとの関係を絶てば、近い将来あなたはそれを後悔するかもしれない。
0165	The manager always had a stern look when he was talking to employees about difficult topics.	マネージャーは難しい話題について従業員と話しているときは、いつも厳しい顔つきになった。
0166	They had to identify all of their suppositions so they wouldn't influence the results.	彼らは結果に影響しないよう推測できることを全て確認しなければならなかった。
0167	He truncated the long numbers to two digits after the decimal point.	彼はその長い数字の小数点第3位以下を切り捨てた。
0168	I really like the typography in this new book; it is very pleasing and easy to read.	私はこの新しい本の中の印刷体裁がとても気に入っている。とても心地良く読みやすい。
0169	He coerced the witness into admitting she may have made an error in identifying the thief.	彼は目撃者に対し、泥棒の識別で間違いを犯したかもしれないと認めるよう強要した。
0170	The team finally conceded defeat and congratulated their opponents.	そのチームはついに敗北を認め敵を祝福した。
0171	His argument was crisp and precise and was well received by the judges.	彼の論旨は明快かつ正確で判事に評判が良かった。
0172	The results of the fifth study are immaterial to the overall results since the evidence is so clear.	5回目の調査の結果はその証拠があきらかであることから、全体的な結果にとっては重要ではない。

No.	見出し語	意味
0173	**marshal** [máːrʃəl]	動 (考えなど)を整理する, 集める; (部隊など)を配置[管理]する, 集結させる 名 (軍の)司令官;(儀式などの)責任者
0174	**notch** [nátʃ]	名 段(階), 程度; 刻み目, 切れ込み 動 ～に切れ込みを入れる
0175	**noteworthy** [nóutwə̀ːrði]	形 注目に値する, 特筆すべき; 目立った, 顕著な = 形 outstanding (目立つ, 顕著な; 傑出した) = 形 memorable (注目すべき; 忘れられない)
0176	**photosynthesis** [fòutousínθəsis] 《生物》	名 光合成 動 photosynthesize (～を光合成する)
0177	**privy** [prívi]	形 (～に)通じた, 関与している; 私的な, 個人用の
0178	**ramification** [ræ̀məfikéiʃən]	名 効果, 影響; 結果; 関連問題 動 ramify (枝分かれになる; 分岐する)
0179	**rapport** [ræpɔ́ːr]	名 (調和した)関係, 調和; 信頼関係; 共感
0180	**recess** [risés]	名 休憩, 休暇; 休会, 休廷; 引っ込んだ部分, 奥まったところ 動 ～を休憩[休会]にする
0181	**referendum** [rèfəréndəm] 《政治》	名 住民[国民]投票 = 名 plebiscite (国民[一般]投票)
0182	**envelop** [invéləp]	動 ～を包む, 包囲する = 動 surround (～を取り囲む)
0183	**exquisite** [ikskwízit]	形 精巧な, 洗練された; (痛みなどが)非常に鋭い, 非常に激しい
0184	**fright** [fráit]	名 強い恐怖; ぞっとさせるような[異様な]人[物/事] 動 frighten (～を怖がらせる)

0173	She marshaled her thoughts before the big speech by taking a few minutes to review it.	大きなスピーチの前に数分間考えを見直すことで、彼女は自身の考えを整理した。
0174	The performance of this smartphone is only a notch better than the previous version.	このスマートフォンの性能は、前のバージョンに比べ一段だけ良い。
0175	If you do something noteworthy in your field, it is a good idea to document it.	あなたの分野で何か注目に値することをするなら、それを文書で記録するのはいい考えだ。
0176	Photosynthesis is how plants use the energy from the sun to create the building blocks of life.	光合成とは、植物がどのようにして太陽からのエネルギーを使い生命の構成要素を作り上げるかを指す。
0177	He is privy to a lot of information that is sensitive in his position as a top aide to the governor.	彼は州知事の上層部側近としての彼の立場において慎重に扱うべき内情に通じている。
0178	The ramifications of this event are only now becoming evident; a lot of changes will have to be made.	この出来事の効果だけが今あきらかになっている。多くの変更が行われなければならない。
0179	The director's rapport with the actors was clearly an important element in the film's success.	監督と俳優たちの間の調和した関係がこの映画が成功するための重要な要素であるのはあきらかだった。
0180	He declared a temporary recess during the negotiations so everyone could make some phone calls.	彼は交渉の間に一時休憩を宣言したのでみな電話をかけることができた。
0181	The town council decided to conduct a referendum on the plans with a general election in the fall.	町議会は秋の総選挙に併せてその計画についての住民投票を実施すると決断した。
0182	The adopted baby was enveloped in love by her new family.	養子に迎えられた赤ん坊は新しい家族の愛で包まれた。
0183	This is an exquisite wood carving, which is very valuable.	これは精巧な木彫りで、かなり価値が高い。
0184	The loud explosion gave her a fright.	大きな爆発音が彼女に強い恐怖を与えた。

No.	見出し語	意味
0185	**vulgar** [vʌ́lgər]	形 品がない，趣味の悪い；卑猥な；一般大衆の ⇔ 形 refined（上品な，洗練された）
0186	**weary** [wíəri]	形 うんざり[飽き飽き]している；疲れ果てた 熟 be weary of ～（～にうんざり[飽き飽き]している） = 形 exhausted（疲れ切った，消耗した）
0187	**tentatively** [téntətivli]	副 暫定的に，試験的に = 形 tentative（暫定的な，試験的な） ⇔ 副 decisively（決定的に）
0188	**shove** [ʃʌ́v]	動 ～を突っ込む，置く；～を突く，押す
0189	**slit** [slít]	名 切り込み，細長い切口 動 ～を細長く切る；～に切れ込みを入れる；～を切り離す
0190	**spear** [spíər]	動 ～を刺す；～を(槍などで)突く 名 槍，投げ槍 = 名 javelin（投げ槍）
0191	**traction** [trǽkʃən]	名 けん引(力)；(車輪とレールの間の)摩擦
0192	**troll** [tróul]	動 ～を流し釣りをする；(情報)を探す
0193	**affinity** [əfínəti]	名 親しみ，親近感；魅力；類似性[点]；密接な関係；姻戚関係(血縁以外の親類)
0194	**bluff** [blʌ́f]	動 (人)にはったりをかける 熟 bluff A into ～（A にはったりをかけて～させる） 名 はったり，こけおどし；虚勢，からいばり
0195	**botanical** [bətǽnikəl]	形 植物(学)の；植物性(由来)の 熟 botanical garden（植物園） 名 botany（植物学）
0196	**ferment** 動[fərmént] 名[fə́ːrment]	動 ～を発酵させる；～を興奮[動揺]させる 名 発酵；酵母，酵素 名 fermentation（発酵；興奮，動揺）

0185	Her mother thought the large, flashy jewelry was vulgar.	大きく、派手な宝石は品がないと彼女の母親は思った。
0186	I am tired and weary of all the arguing.	私はこの論争全てに疲れうんざりしている。
0187	The meeting is tentatively set for Thursday; we will confirm after we talk to the absent member.	会議は暫定的に木曜に設定されている。欠席したメンバーと話してから確約する。
0188	Just shove it into the bottom of the bag so it will be safe.	ただそれをバッグの底へ突っ込んで、そうすれば安全だろう。
0189	If you make a small slit at the top, it will make it easier to attach the other parts later.	一番上に小さな切り込みを入れれば、後にほかの部品を取り付けるのがより簡単になる。
0190	He speared another piece of salmon with his fork once there was a pause in the speech.	そのスピーチが一旦止まったので、彼は鮭のもうひとかけらをフォークで刺した。
0191	Some of the ideas from the students are getting traction and becoming more widely accepted.	その学生たちからのいくつかのアイディアがけん引力を得て、より広く認められるようになっている。
0192	The fishermen admired the sunset as they trolled their lines behind the boat.	その猟師たちはボートの後ろで流し釣りをしながら夕日に感嘆した。
0193	She had an affinity for small sculptures that she could display on her bookshelf.	彼女は本棚に飾ることのできる小さな像に親しみを持っていた。
0194	He bluffed the interviewer into believing that he could do the job when he was actually under qualified.	彼はそのインタビュアーにはったりをかけて彼が実際に資格を持ってその仕事をすることができると信じ込ませた。
0195	The botanical garden is filled with rare plants.	その植物園は珍しい植物でいっぱいだ。
0196	They fermented the ingredients for a time to make the yogurt.	彼らはヨーグルトを作るのに材料をしばらくの間発酵させた。

0197 **foremost**
[fɔ́ːrmòust]

副 真っ先に，最初に
形 主要な，一番先の
● **first and foremost**（何よりもまず）

0198 **vascular**
[vǽskjulər] 《医療》

形 血管の
vascular plant（維管束植物）
vascular system（血管系；維管束系）

0199 **fruitful**
[frúːtfəl]

形 実りがある，有益な；
　（土地が）豊穣な；よく実のなる

0200 **grove**
[gróuv] 《生物》

名 木立；林，小さな森；(柑橘類の)果樹園
the groves of Academe（学問の世界）
＝ 名 orchard（果樹園）

0197	It was first and foremost a beautiful product, and the fact that it worked perfectly too was a bonus.	それは何よりもまず美しい製品で、それでいて完璧に動作するというのは思いがけない特典だった。
0198	Vascular surgeons specialize in diseases of the arteries and the veins.	血管外科医は動脈と静脈の病気を専門にしている。
0199	The negotiations were fruitful, and they were able to come to an agreement.	その交渉は実りがあり、彼らは合意に達することができた。
0200	Just past the grove of trees is a lovely lake that is great for a picnic lunch.	木立をちょうど越えたところに、ピクニックで昼食を取るのに絶好のすてきな湖がある。

No.	見出し語	MEANING
0201	**impending** [impéndiŋ]	形 差し迫った，切迫した ⇔ 形 pending（差し迫った；未決定の）
0202	**instill** [instíl]	動 ~を教え[注ぎ]込む；~に点滴を打つ 名 instillation（点滴）
0203	**palatable** [pǽlətəbl]	形 おいしい，口に合う；快い，受け入れられる = 形 flavorful（おいしい，味の良い）
0204	**stickler** [stíklər]	名 こだわる人；難問
0205	**flabby** [flǽbi] 〈生理〉	形 (筋肉などが)たるんだ；(意志が)気力のない，だれた ⇔ 形 firm（引き締まった，堅い；確固とした）
0206	**encore** [á:nkɔ:r]	名 アンコール 動 アンコールを求める
0207	**incontrovertible** [ìnkɑntrəvə́:rtəbl]	形 論争の余地のない，明白な = 形 indisputable（議論の余地のない） ⇔ 形 controversial（議論の余地のある，賛否両論の）
0208	**relish** [réliʃ]	動 ~を楽しむ；~をおいしく食べる 名 (食べることの)喜び；調味料；風味
0209	**retort** [ritɔ́:rt]	名 言い返し，口答え 動 ~と言い返す；~にやり返す
0210	**shrewd** [ʃrú:d]	形 洞察力のある，鋭い 副 shrewdly（そつなく；利口に）
0211	**dire** [dáiər]	形 緊急の；恐ろしい
0212	**dreary** [dríəri]	形 陰鬱な，わびしい；つまらない

	EXAMPLE SENTENCE	TRANSLATION
0201	The impending election had everyone worried since there were a lot of issues to be decided.	決断しなければならない問題が山積みだったので、その差し迫った選挙はみなを心配させた。
0202	Parents instill good habits in their children by setting a good example.	両親は良いお手本を示すことで子供たちに良い習慣を教え込む。
0203	Food at the new restaurant was hardly palatable, so they decided not to come back.	その新しいレストランの料理はあまりおいしくなかったので、彼らは再訪しないことにした。
0204	The professor is a stickler for details.	教授は細かいことにこだわる人だ。
0205	He decided he needed to lift weights as he was getting flabby.	彼は体がたるんできたのでウエイトトレーニングをする必要があると判断した。
0206	The enthusiastic audience demanded an encore from the pianist.	熱狂的な聴衆はピアニストにアンコールを求めた。
0207	It was impossible to argue when faced with the incontrovertible truth.	論争の余地のない真実に直面し、議論することは不可能だった。
0208	I love visiting with my family, but I don't relish the long drive home.	私は家族のところにおしゃべりしに行くのが好きだが、家までの長距離運転は楽しめない。
0209	His angry retort upset her very much.	彼の怒った言い返しは、彼女をとても動揺させた。
0210	She's a shrewd judge of people, and she knows who is reliable.	彼女は人を見る目がある洞察力のある人で、誰が信用できるかわかる。
0211	The refugees are in dire need of food and medical supplies.	難民は食糧と医療品を緊急に必要としている。
0212	We have had rain for the past seven days, and I am tired of this dreary weather.	ここ7日間ずっと雨なので、私はこの陰鬱な天気に飽きている。

No.	見出し語	意味
0213	**frigid** [frídʒid] 〈環境〉	形 極寒の；無感動な
0214	**handicraft** [hǽndikræft]	名 手工芸；手先の器用さ
0215	**horde** [hɔ́ːrd]	名 大群；群衆 = 名 crowd (群衆)
0216	**impel** [impél]	動 ～を駆り立てる，強いる = 動 force (～を強いる)
0217	**plump** [plʌ́mp] 〈生理〉	形 太った，丸々とした 動 ～を膨らませる
0218	**recompense** [rékəmpèns] 〈社会〉	動 ～を賠償する；～に報いる 名 償い，賠償；報酬
0219	**stun** [stʌ́n]	動 ～を気絶させる；～を動転させる
0220	**decoy** [díːkɔi]	名 おとり；(狩猟でおとり用に使う)模型の鳥 動 ～をおびき寄せる
0221	**oxidize** [ɑ́ksədàiz] 〈化学〉	動 酸化する，さびる ⇔ 動 deoxidize (～の酸素を除く)
0222	**seabed** [síːbed] 〈地学〉	名〈the ―〉海底 = sea floor (海底)
0223	**tenfold** [ténfòuld]	形 10倍の 副 10倍に
0224	**unearth** [ʌnə́ːrθ]	動 ～を発掘する；～を明るみに出す 形 unearthly (この世のものとは思えない；とんでもない)

0213	The animals of Antarctica have evolved to live in a frigid climate.	南極大陸の動物は極寒の気候の中で生きられるよう進化してきた。
0214	The Amish are skilled in handicraft, and they make beautiful quilts.	アーミッシュ派の人々は手工芸に熟練しており美しいキルトを作る。
0215	We were bothered by hordes of mosquitoes on our kayaking trip in Glacier Bay, Alaska.	私たちはアラスカ州グレーシャーベイでのカヤック体験で蚊の大群に悩まされた。
0216	The terrorist act impelled many young men to join the military.	テロリストの活動は多くの若者が軍に参加するのを駆り立てた。
0217	A steady diet of your wonderful desserts will make me plump.	お決まりで出してくれるあなたのおいしいデザートは私を太らせるだろう。
0218	The car company recompensed victims in accidents resulting from faulty steering.	ステアリングの欠陥により生じた事故の犠牲者に対し、自動車会社は賠償した。
0219	The football player was stunned by the blow to his head when his helmet came off.	そのフットボール選手はヘルメットがはずれたときの頭への打撃により気絶した。
0220	The hunters used a wooden duck as a decoy.	そのハンターは木製のアヒルをおとりとして使った。
0221	After being outside for a few months, the copper began to oxidize.	数ヵ月間外に放置された後、その銅は酸化し始めた。
0222	The remains of the airplane were found resting on the seabed after the crash.	その飛行機の残骸が墜落後、海底に残されているのが見つかった。
0223	There was a tenfold increase in production with the new management and the new equipment.	新たな経営者と設備が新しくなったことで生産量が10倍になった。
0224	The archeologists unearthed pieces of pottery from an earlier civilization.	考古学者たちは古代文明の陶器の破片を発掘した。

No.	見出し語	意味
0225	**outspoken** [áutspóukən]	形 率直な，遠慮のない = 形 frank（率直な）
0226	**beachhead** [bí:tʃhed]	名 上陸拠点；(出発点となる)足掛かり
0227	**ennui** [à:nwí:]	名 退屈，アンニュイ
0228	**indecent** [indí:sənt]	形 下品な；好ましくない；不適当な ⇔ 形 decent（〔服装などが〕立派な；上品な）
0229	**punctuality** [pÀŋktʃuǽləti] 〈社会〉	名 時間厳守 形 punctual（時間を守る；すばやい）
0230	**fawn** [fɔ́:n]	動 こびへつらう；(犬などが)甘える 形 fawning（こびへつらう）
0231	**tart** [tá:rt]	形 酸っぱい；(言葉が)辛辣な
0232	**superimpose** [sù:pərimpóuz]	動 〜を重ね合わせる 名 superimposition（二重焼き）
0233	**mutiny** [mjú:təni] 〈社会〉	動 (水夫・軍隊などが)反抗[反乱]する 名 反乱，反抗，反逆；暴動
0234	**crusade** [kru:séid] 〈社会〉	動 (反対・賛成の)運動に参加する 名 改革運動；〈the C—s〉十字軍，聖戦
0235	**depose** [dipóuz] 〈政治〉	動 〜を退位させる；〜を証言する
0236	**procession** [prəséʃən]	名 行進，行列；推移，継続 動 列を作る，列で行進する

0225	You can always tell what she is thinking because she is very outspoken.	彼女はとても率直なので、何を考えているのかいつもわかりやすい。
0226	The invading navy established a beachhead on the coast.	侵略海軍は海岸に上陸拠点を設置した。
0227	The professor spoke in a monotone, and the students suffered from ennui.	教授が単調に話すので、学生たちは退屈で仕方がなかった。
0228	People felt he remarried with indecent haste after his wife's death.	妻の死後、彼は下品な程早急に再婚したとみなが感じた。
0229	Punctuality is considered very important in this culture.	この文化では時間厳守がとても重要視されている。
0230	He's not popular with his peers as he is always fawning over the teacher.	彼はいつも先生にこびへつらうので仲間からの人気はない。
0231	The lemonade is a little tart; please add more sugar.	そのレモネードは少し酸っぱいので、もっと砂糖を足してください。
0232	At the start of the movie, they superimposed the names of the actors over the first few scenes.	映画の出だしで、彼らは最初のシーンのいくつかで俳優の名前を重ね合わせた。
0233	The sailors on the ship mutinied and took control from the captain.	その船の乗組員は反抗し、船長から主導権を奪った。
0234	In the early part of the 1900s, various organizations crusaded to ban alcohol in the United States.	1900年代初期に、アメリカ合衆国で様々な組織がアルコール禁止への反対運動に参加した。
0235	The citizens of that country deposed their dictator and replaced him with an elected president.	その国の市民は独裁者を退位させ、選挙で選ばれた大統領に替えた。
0236	The procession started at the town square and continued all the way to the new building.	その行進は市街広場で始まり新しいビルまでずっと続いた。

0237	**quantitative** [kwɑ́ntətèitiv]	形 量的な 名 quantity(量,分量,数量)
0238	**smuggle** [smʌ́gl] 〈社会〉	動 ~を密輸する 名 smuggler(密輸業者;密輸船)
0239	**versatility** [və̀ːrsətíləti]	名 多様な能力;汎用性 形 versatile(多才な;多目的な)
0240	**wrestle** [résl]	動 戦う,格闘する 熟 wrestle with ~(~と格闘する,葛藤する)
0241	**acquit** [əkwít] 〈法律〉	動 ~が無罪であることを宣言[決定]する;~を釈放する,放免する ⇔ 動 convict(~に有罪判決を出す)
0242	**benevolence** [bənévələns] 〈思想〉	名 博愛,仁愛
0243	**celestial** [səléstʃəl] 〈宇宙〉	形 天体の,空の = 形 astronomical(天文の)
0244	**coroner** [kɔ́ːrənər] 〈法律〉	名 検死官 = medical examiner(検死官)
0245	**elapse** [ilǽps]	動 (時が)経過する,過ぎ去る 名 時の経過 elapsed time(所要経過[応答]時間)
0246	**emulate** [émjulèit]	動 ~を見習う,まねる;~と競い合う
0247	**extracurricular** [èkstrəkəríkjələr] 〈教育〉	形 教科課程外の ⇔ 形 curricular(教科課程上の)
0248	**filth** [fílθ]	名 ごみ,汚物;不潔なもの;堕落;下品な表現 形 filthy(不潔な;けがらわしい)

0237	There is a quantitative difference between a whisper and a shout that becomes evident during a play.	ささやきと叫びの間には量的な差異があり劇中であきらかになる。
0238	Smuggling drugs across the border is illegal.	国境をまたがる薬物の密輸は違法である。
0239	Michelangelo demonstrated his versatility by achieving fame as a sculptor, painter, architect, and engineer.	ミケランジェロは彫刻家、画家、建築家そして技術者として名声を得ることで彼自身の多様な能力を示した。
0240	I will wrestle with my thoughts and try to come to a decision.	私は自分の考えと格闘して決断に至るよう試みるつもりだ。
0241	The jury acquitted him of the crime, but many people still doubt that he is innocent.	陪審員はその罪に関し彼が無罪であることを宣言したが、多くの人はまだ彼の無罪を疑っている。
0242	The monks believe in benevolence for all and set an example by distributing food to the needy.	その修道士たちは万人のための博愛を信じており、食糧を必要とする人に分け与えることで手本を示す。
0243	The paintings on the ceiling were wonderful, filled with celestial images of stars and comets.	天井に描かれた絵画は、星や彗星の天体のイメージで溢れており、すばらしかった。
0244	They called the coroner as soon as they found the body in the side yard.	彼らは側庭で死体を発見するとすぐに検死官を呼んだ。
0245	Over eight hours had elapsed before they were able to get something to eat.	何か食べ物にありつけるまで8時間以上も経過した。
0246	Many of the students wanted to emulate the professor who was well respected and kind.	学生の多くはとても尊敬され親切な教授を見習いたいと思った。
0247	A balanced approach to school includes participating in extracurricular activities with friends.	学校でのバランスの取れた取り組みには教科課程外の活動に友達と一緒に参加することなどが含まれる。
0248	The filth on the beach was terrible, so the group planned a cleanup day.	海岸のごみがひどかったので、そのグループは清掃日を計画した。

No.	見出し語	意味
0249	**gist** [dʒíst]	名 主旨，要点；(訴訟の)動機，訴因 = 名 essence (本質，核心)
0250	**hedge** [hédʒ] 《社会》	動 分散させてリスクを回避する； 〜を生垣で囲う，取り囲む
0251	**herald** [hérəld]	動 〜の到来を告げる；〜を歓待する 名 先触れ，先駆者；使者，伝令官 熟 herald a new era (新しい時代の到来を告げる)
0252	**laureate** [lɔ́:riət] 《大学》	名 受賞者 形 月桂冠をいただいた 熟 Nobel laureate (ノーベル賞受賞者)
0253	**microorganism** [màikrouɔ́:rɡənizm] 《生物》	名 微生物 名 microbe (微生物；病原菌)
0254	**relic** [rélik] 《歴史》	名 遺物，遺品；遺跡 名 relict (残存種；残余物)
0255	**vent** [vént]	名 はけ口；通気孔 動 (怒りなど)を爆発させる，発散する 熟 give vent to 〜 (〜を吐き出す，爆発させる)
0256	**amnesty** [ǽmnəsti] 《社会》	名 恩赦 Amnesty International (アムネスティ・インターナショナル)
0257	**assorted** [əsɔ́:rtid]	形 様々に取りそろえられた；類別した 動 assort (〜を各種取りそろえる；〜を類別する) 名 assortment (各種取りそろえた[詰め合わされた]もの)
0258	**bottleneck** [bátlnek]	名 交通渋滞地点；ビンの首； 障害[停滞]を引き起こす部分
0259	**caliph** [kéilif] 《文化》	名 カリフ，ムハンマドの継承者 名 caliphate (カリフの地位[職/統治/国])
0260	**carbohydrate** [kà:rbouháidreit] 《化学》	名 炭水化物 名 carbon (炭素)

0249	He gave me a quick summary of the event, so I could get the **gist** of it.	彼は私にイベントの簡単な要約を説明してくれたので、私はその主旨を理解できた。
0250	They **hedged** their bets by introducing mandatory rationing in case voluntary actions were not enough.	彼らはボランティア活動が十分でない場合を考慮し、強制的な割り当てを導入することで作戦を分散させてリスクを回避した。
0251	The fall of the Berlin Wall **heralded** a new era for international relations.	ベルリンの壁の崩壊は国際関係にとって新しい時代の到来を告げた。
0252	The Nobel **laureate** was welcomed back to his hometown with a parade and speeches.	そのノーベル賞受賞者は故郷の町に戻ると、パレードとスピーチで歓迎された。
0253	The study of **microorganisms** has led to many improvements in the prevention of infections.	微生物の研究は感染症予防における数多くの改善につながっている。
0254	The **relics** in this museum are very famous and will be sent on a countrywide tour next year.	この博物館の遺物はとても有名で来年全国的な巡業で各地を回る予定である。
0255	He gave **vent** to his frustration by yelling at the sky.	彼は空に向かって叫ぶことで、欲求不満を吐き出した。
0256	The government offered **amnesty** to people with no penalties if they reported the income.	政府は罰則のない人が収入を報告すれば恩赦を与えた。
0257	There was an **assorted** collection of items for sale in the local store.	地元のその店には様々に取りそろえられた商品の山があった。
0258	There was usually a **bottleneck** as you approached the bridge as several highways merged there.	その橋に近づくにつれ幹線道路が何本か合流するためいつも交通渋滞地点があった。
0259	The **caliph** was a spiritual leader of Islam who claimed succession from Muhammad.	そのカリフはムハンマドの後継を求めるイスラム教の精神的指導者であった。
0260	A good diet balances all types of food including **carbohydrates** and protein.	良い食習慣とは炭水化物やタンパク質を含む全ての種類の食物をバランスよく摂取することだ。

0261	**daunting** [dɔ́:ntiŋ]	形 おじけづかせる，気力をくじく 動 daunt（〜を威圧する，〜の気力をくじく） ＝形 discouraging（落胆させる，やる気をそぐような）
0262	**destabilize** [di:stéibəlàiz] 〈政治〉	動 (国家・経済など)を動揺させる 名 destabilization（不安定化；紛争） ⇔ 動 stabilize（〜を安定させる）
0263	**deter** [ditə́:r]	動 〜を防止[抑制]する；〜をやめさせる 名 deterrent（引き止めるもの；戦争抑止力） ＝動 inhibit（〜を抑止する，禁止する）
0264	**divergent** [dəvə́:rdʒənt]	形 異なる；分かれる；基準からはずれた 動 diverge（異なる；分岐する；それる） ＝形 different（異なる）
0265	**exalted** [igzɔ́:ltəd]	形 評価の高い；高尚な 動 exalt（〜をたたえる；〜を昇進させる） 名 exaltation（称賛；昇進；有頂天）
0266	**jeopardy** [dʒépərdi]	名 危険 熟 put 〜 in jeopardy（〜を危険にさらす） 動 jeopardize（〜を危険にさらす）
0267	**liquidate** [líkwidèit] 〈経済〉	動 〜を一掃する，清算する；(会社が)破産する 名 liquidation（整理，清算，破産）
0268	**opus** [óupəs] 〈芸術〉	名 (音楽の)作品；作品番号
0269	**pendulum** [péndʒuləm] 〈物理〉	名 振り子 Foucault Pendulum（フーコー振り子） 形 pendulous（ぶら下がっている）
0270	**precept** [prí:sept] 〈思想〉	名 教訓，教え；規範 名 preceptor（教師，指導教官）
0271	**redress** [ridrés]	動 〜を是正する，正す；〜を取り戻す；〜を補償する 名 償い；救済
0272	**stray** [stréi]	動 脱線する，それる，道に迷う 形 道に迷った；まばらな

0261	The hill was so steep that it appeared <u>daunting</u> to all of the runners before the event.	その丘はとても急なので、そのイベント前に全てのランナーが<u>おじけづいて</u>しまうようだった。
0262	The rebel advances threatened to <u>destabilize</u> the entire region and bring them to the edge of war.	その反乱軍が前進したことで地域全体が<u>動揺し</u>、今にも戦争が勃発しそうな脅威が漂った。
0263	Fines and penalties <u>deter</u> citizens from dangerous actions on the highways.	罰金と罰則が、市民が幹線道路で危険な行動をするのを<u>防止する</u>。
0264	Rachael and I have <u>divergent</u> views on many topics, but we do agree on some things.	色々な話題でレイチェルと私の意見は<u>異なる</u>が、私たちはことによっては意見が一致する。
0265	She was an <u>exalted</u> leader, and everyone gathered whenever she gave a speech.	彼女は<u>評価の高い</u>リーダーで、彼女が演説をするときはいつもみな集まった。
0266	If we aren't careful in this experiment, we may <u>put</u> the whole study <u>in jeopardy</u> and risk failure.	この実験を慎重に行わないと、この研究全体<u>を危険</u>と失敗のリスク<u>にさらす</u>ことになるかもしれない。
0267	The store was being closed, so the owner <u>liquidated</u> all of the inventory in a final sales event.	その店はもうすぐ閉店するので、店主は最終売り出しイベントで全ての在庫を<u>一掃した</u>。
0268	His <u>opus</u> represented his life's work as a composer.	彼の<u>作品</u>は指揮者としての彼の生涯の仕事を象徴していた。
0269	The <u>pendulum</u> swings back and forth across the circle, and it is a very popular science exhibit.	<u>振り子</u>は円を横切って前後に揺れるが、これは非常に一般的な科学展示である。
0270	One of the <u>precepts</u> of the Quaker religion is that killing is immoral.	クエーカー教の<u>教訓</u>の1つに殺傷は道義に反するというのがある。
0271	She <u>redressed</u> the errors of earlier generations by creating a new approach to foreign relations.	彼女は外国との関係の新たな方法を創造することで前の世代の過ちを<u>是正した</u>。
0272	If you <u>stray</u> from the guidelines, your entry may not be accepted.	そのガイドラインから<u>脱線す</u>れば、あなたの入場は認められないだろう。

No.	単語	発音	意味
0273	**sway**	[swéi]	動 揺れる；傾く；動揺する；～を揺する，動かす 名 揺れ，動揺；支配
0274	**beget**	[bigét]	動 ～を生じさせる，～の原因となる
0275	**downturn**	[dáuntə̀ːrn] 《経済》	名 (景気・物価などの)低迷，下落
0276	**eclipse**	[iklíps]	動 ～を上回る，しのぐ；《宇宙》(天体がほかの天体)を食する 名 日食，月食
0277	**err**	[ə́ːr]	動 失敗する，誤る 名 error (間違い，過失)
0278	**hamlet**	[hǽmlət] 《社会》	名 集落，小さな村，小部落
0279	**hoard**	[hɔ́ːrd]	動 ～を貯蔵する，買いだめする 名 貯蔵，蓄え；買いだめ
0280	**hypertension**	[hàipərténʃən] 《医療》	名 高血圧(症) 名 hypertensive (高血圧の人)
0281	**infiltrate**	[infíltreit]	動 ～に潜入する；～に浸み込む 形 infiltrative (浸潤性の，浸み込む) 名 infiltrator (侵入者，潜入者)
0282	**isle**	[áil]	名 島 = 名 island (島) ※isleは文語表現
0283	**landslide**	[lǽndslàid]	名 地滑り的勝利；がけ崩れ，地滑り 熟 **in a landslide** (地滑り的勝利で)
0284	**overturn**	[òuvərtə́ːrn]	動 ～を覆す；～をひっくり返す，横転させる 名 打倒，征服；転覆

0273	She swayed back and forth to music as she listened on her headphones.	彼女はヘッドフォンで音楽を聞きながらそれに合わせて前後に揺れた。
0274	Starting a new procedure can beget a lot of problems if it is not carefully designed.	新しい手順を始めるにあたりそれが慎重に設計されていないと、たくさんの問題が生じるかもしれない。
0275	The downturn affected everyone in the housing industry, and it took some time to recover from it.	景気の低迷は住宅産業に関わる者全てに影響し、そこから回復するのに時間を要した。
0276	He is famous in his field, but he is happy to say that his daughter's reputation has eclipsed his own.	彼はその分野で有名だが、娘の評判は自分を上回ると彼は喜んで話している。
0277	To err on the side of caution is a good idea when exploring a new area.	新しい場所を探索する際は慎重すぎて失敗するくらいがよい。
0278	Many of the small hamlets or villages shared a church in common.	小さい集落や村々の多くが共通の教会を共有した。
0279	The peasant family hoarded their food in case it was going to be a bad winter.	小作農の家族は厳しい冬になる場合に備えて食糧を貯蔵した。
0280	Hypertension is a leading cause of heart attacks in older men.	高齢者にとって高血圧は心臓発作の主な原因である。
0281	They planned to infiltrate the other side gradually with their own people.	彼らは部下と共に別側から徐々に潜入することにした。
0282	It was a beautiful small isle in the middle of the ocean away from everything.	それは周りに何もない海の真ん中にある美しく小さな島だった。
0283	The opposing party won the election in a landslide due to their immense popularity.	対立政党は非常に人気が高く地滑り的勝利でその選挙に勝った。
0284	If we overturn the ruling on this matter, it will change everything.	私たちがこの問題における決定を覆せば、それは全てを変えることになるだろう。

0285 particulate
[pərtíkjulət] 《化学》
- 名 微粒子
- 形 微粒子の
- 图 particle (小さな粒；微量)

0286 pessimist
[pésəmist] 《思想》
- 名 悲観主義者
- = 图 pessimism (悲観主義)
- ⇔ 图 optimist (楽観主義者，楽天家)

0287 plunge
[plʌ́ndʒ]
- 名 思い切り；飛び込み
- 熟 take the plunge (思い切ってやってみる)
- 動 ～を突っ込む，押し込む

0288 pore
[pɔ́ːr]
- 動 じっくり読む [考える]
- 名 毛穴；(葉の)気孔

0289 reap
[ríːp]
- 動 ～を受ける，手に入れる；～を収穫する
- 图 reaper (収穫者；刈取り機)

0290 seclusion
[siklúːʒən]
- 名 隠遁地，僻地；隔離，孤立
- 動 seclude (～を引きこもらせる)

0291 slack
[slǽk]
- 名 緩み，たるみ；沈滞；余剰資金
- 形 緩い；不景気な

0292 suffrage
[sʌ́fridʒ] 《政治》
- 名 参政権，選挙権
- female suffrage (女性参政権)
- 图 suffragette (女性の婦人参政権論者)

0293 transcend
[trænsénd]
- 動 ～を乗り越える；～にまさる
- 图 transcendence (超越；卓絶；超越性)
- 副 transcendently (並はずれて)

0294 czar
[záːr] = tsar 《政治》
- 名 皇帝；専制君主
- 形 czarist[tsarist] (ロシア帝政の；独裁の)

0295 wilt
[wílt]
- 動 しおれる，しょげる
- 形 wilted (湯通しした)

0296 anagram
[ǽnəgræm]
- 名 アナグラム，つづり換え

0285	The particulates settled out slowly as they gradually sank to the bottom.	その微粒子は徐々に底に沈んでゆきゆっくり沈降した。
0286	He's a pessimist and only talks about all the things that could go wrong.	彼は悲観主義者で悪くなるようなことばかりしか話さない。
0287	You should take the plunge and sign up for the fencing team; the exercise will be good for you.	思い切ってフェンシングのチームに登録してみるべきだ。その運動はあなたにとって良いはずだ。
0288	I need to pore over these reports tonight, so I cannot go out to dinner with everyone.	私は今夜これらの報告書をじっくり読まなければならないので、誰とも夕食に出掛けられない。
0289	If you save early and often, you can reap the benefits later in life.	早期にそして頻繁に貯金すれば、後の人生で恩恵を受けられる。
0290	The monks sought seclusion and established their monastery far away from the city in the countryside.	修道士たちは隠遁地を探し求め、街から遠く離れた田舎に修道院を建てた。
0291	When you set up a tent, make sure that none of the ropes have any slack as the tent will droop.	テントを立てる際、テントが垂れ下がって来てしまうのでどのロープにも緩みがないことを確認すること。
0292	Universal suffrage is a goal for most democratic nations as the right to vote is critical to a "free" society.	選挙権が「自由な」社会にとって必須であることから国民参政権は大部分の民主主義国にとって目標である。
0293	After the war, the country needed to unite and transcend the past to form a new and brighter future.	戦争後、その国は新しく輝かしい未来を創造するため統一し過去を乗り越える必要があった。
0294	Nicholas II was the last czar of Russia; he and his immediate family were killed by Bolshevik troops.	ニコライ2世はロシアの最後の皇帝であった。彼と彼の近親はボルシェビキ軍に殺害された。
0295	After a few days, the cut flowers wilted in their vase.	数日後、その切り花は花瓶の中でしおれた。
0296	The word "felt" is an anagram because you can rearrange the letters to make "left."	単語の「felt」は文字を配置し直して「left」を作ることができるのでアナグラムだ。

0297	**bestow** [bistóu]	動 ~を与える，授ける 名 bestowal（贈与，授与）
0298	**conspicuous** [kənspíkjuəs]	形 目立つ，よく見える；異彩を放つ；わかりやすい = 形 prominent（目立つ，顕著な）
0299	**commemorate** [kəmémərèit] 《社会》	動 ~を追悼する；~を記念する，祝う 形 commemorative（記念の，記念となる） 名 commemoration（祝賀，記念）
0300	**zealous** [zéləs]	形 熱狂的な，熱心な 名 zeal（熱心さ，熱意） 名 zealot（熱狂する人）

0297	The president of the league bestowed the award for the best model design on our team.	そのリーグの会長は最良の模範デザインだとして私たちのチームに賞を与えた。
0298	He was a very tall man with bright red hair, so he was conspicuous in a crowd.	彼は明るい赤毛でとても背が高い男性なので、人ごみの中で目立った。
0299	To commemorate the fallen soldiers, the leaders of the community set up a statue in the center of town.	戦死した兵士を追悼するため、その地域の指導者たちは街の中心に像を建てた。
0300	He's a zealous fan who attends every game, rain or shine.	晴雨にかかわらず、彼はどの試合にも行く熱狂的なファンである。

STAGE 04 No.0301–0400

#	単語	意味
0301	**indestructible** [ìndistrʌ́ktəbl]	形 壊れない，丈夫な，不滅の = 形 infrangible (壊れない) = 形 durable (丈夫な，長持ちする)
0302	**instinctive** [instíŋktiv]	形 本能的な；直観的な 名 instinct (本能，直観；生来の素質) = 形 intuitive (直観的な，直観で理解できる)
0303	**rookie** [rúki]	名 新米，ルーキー 熟 rookie mistake (初歩的なミス)
0304	**deplore** [diplɔ́ːr]	動 ～を嘆き悲しむ 形 deplorable (嘆かわしい；悲惨な)
0305	**conscription** [kənskrípʃən] 〈社会〉	名 徴兵(制度) 名 conscript (徴集兵)
0306	**epiphany** [ipífəni]	名 突然のひらめき，直観；悟り；《文化》〈the E—〉キリスト教の公現日
0307	**erratic** [irǽtik]	形 不安定な，不規則な，一定しない 副 erratically (不規則に；突拍子もなく)
0308	**forage** [fɔ́ːridʒ]	動 捜し回る，餌をあさる 名 (牛馬の)飼料，餌
0309	**hover** [hʌ́vər]	動 ホバリングする；浮かぶ；うろつく
0310	**inflammation** [ìnfləméiʃən] 〈医療〉	名 炎症 形 inflammatory (炎症の；怒りをあおる)
0311	**moot** [múːt] 〈法律〉	形 議論の余地がある，未決の 熟 a moot point (未解決の問題)
0312	**nausea** [nɔ́ːziə] 〈生理〉	名 吐き気 動 nauseate (～に吐き気を催させる) 形 nauseating (ひどく嫌な，吐き気を催させる)

	EXAMPLE SENTENCE	TRANSLATION
0301	The children's blocks were almost <u>indestructible</u>.	その子供たちのブロックはほとんど<u>壊れな</u>かった。
0302	It was an <u>instinctive</u> reaction when she saved the child from falling.	彼女が子供を落下から救ったのは<u>本能的な</u>反応だった。
0303	He's a new member of our team, and he sometimes makes <u>rookie mistakes</u>.	彼は私たちのチームの新メンバーで、時々<u>初歩的なミス</u>をする。
0304	The young man <u>deplored</u> violence, so he became a medic rather than a soldier.	あの若い男性は暴力を<u>嘆き悲しんでいた</u>ので、兵士ではなく衛生兵になった。
0305	He volunteered for the army to avoid <u>conscription</u>.	彼は<u>徴兵制</u>を避けるためその軍でボランティア活動をした。
0306	After reviewing the problem, she had a sudden <u>epiphany</u> and knew just what to do about the crisis.	その問題を再検討した後で、彼女は<u>突然ひらめき</u>があり、その難局について何をすべきか思いついた。
0307	His work was becoming <u>erratic</u> and sloppy, so his manager talked to him.	彼の仕事が<u>不安定で</u>雑になってきたので、彼のマネージャーは彼と話した。
0308	Many animals <u>forage</u> for food in the rainforest.	多くの動物が熱帯林の中で食糧を<u>捜し回る</u>。
0309	The helicopter <u>hovered</u> over the building, lowering the supplies needed by the emergency crew.	そのヘリコプターは建物の上で<u>ホバリング</u>し、緊急班が必要な物資をおろした。
0310	If you don't treat a wound properly it can easily become infected and lead to <u>inflammation</u>.	傷口を適切に処置しなければ、それは簡単に感染し<u>炎症</u>を引き起こしかねない。
0311	It was a <u>moot</u> point since the decision had already been made.	決定が下されてからもそれには<u>未解決の問題</u>があった。
0312	After three days on the ship, his <u>nausea</u> was finally starting to go away.	船に乗り込んで3日後、彼の<u>吐き気</u>はようやく消え始めてきた。

No.	見出し語	発音	意味
0313	**overrule** [òuvərrúːl] 《社会》	動 ~の発言を封じる，(異議など)を却下する
0314	**gage** [géidʒ] 《経済》	名 抵当，担保；挑戦
0315	**insatiable** [inséiʃəbl]	形 留まるところを知らない，貪欲な
0316	**retrace** [riːtréis]	動 (来た道を)引き返す；~を回想する
0317	**antipathy** [æntípəθi] 《心理》	名〈単〉嫌悪感，反感 ⇔ 名 empathy (共感，同情)
0318	**biped** [báiped]	名 二足歩行動物 派 bipedal (二足の)
0319	**cliché** [kliːʃéi]	名 陳腐な表現
0320	**ruthless** [rúːθləs]	形 冷酷な，無慈悲な；断固たる
0321	**sneer** [sníər]	動 あざ笑う 名 冷笑，あざけり
0322	**snob** [snáb]	名 お高くとまった人，学問や知識を鼻にかける人 派 snobbish (お高くとまった，地位を鼻にかけた)
0323	**multiethnic** [mÀltiéθnik] 《社会》	形 多民族的な
0324	**cardiac** [káːrdiæk] 《医療》	形 心臓の cardiac arrest (心停止)

0313	The committee overruled the speaker and ended the discussion even though several people objected.	委員会はその話し手の発言を封じ、何人か反対したにもかかわらず議論を終了した。
0314	He left this as a gage or pledge until his debt is paid.	借金を返済するまで彼はこれを抵当または担保として置いていった。
0315	The appetites of young boys seem insatiable when they are growing.	育ち盛りのときの若い少年の食欲は留まるところを知らないようだ。
0316	She retraced her steps in her search for her missing keys.	彼女は失くした鍵を探して来た道を引き返した。
0317	She has an antipathy towards any kind of conflict, so she avoids it whenever possible.	彼女はどんな種類の対立にも嫌悪感を持っているので、可能な場合は常に対立を避ける。
0318	Humans are bipeds that walk on two legs.	ヒトは2本の脚で歩く二足歩行動物である。
0319	I know that it is a cliché, but it is still true even if it is trite.	それが陳腐な表現であることはわかっているが、たとえ古臭くてもやっぱりそれが真実だ。
0320	The outlaw was a ruthless killer who seemed to feel no remorse.	そのお尋ね者は自責の念がないような冷酷な殺人者だった。
0321	The villain in the movie sneered at his victims in scorn.	映画の中の悪人は被害者を軽蔑しあざ笑った。
0322	She's a bit of a snob, and she thinks she is better than others.	彼女は少しお高くとまった人で、ほかの人より自分は優れていると思っている。
0323	The San Francisco Bay area is a diverse, multiethnic community.	サンフランシスコ湾エリアは多様で、多民族的な地域社会だ。
0324	The doctor discovered he had cardiac disease, and he recommended surgery.	医者は彼が心臓の病気を持っていると見出し、手術を勧めた。

No.	見出し語	発音	意味
0325	**flutter**	[flʌ́tər] 《動物》	動 (鳥・チョウなどが)**ひらひら飛ぶ**；(旗が)**はためく**；**~を動揺させる**
0326	**glut**	[glʌ́t] 《経済》	名〈単〉**過剰供給；十分な供給** 動 (商品などを市場に)**過剰に供給する** ⇔ 名 shortage (不足, 欠乏)
0327	**posture**	[pástʃər]	動 **気取った態度をとる；(~の)ふりをする** 名 **姿勢；態度**
0328	**vain**	[véin] 《心理》	形 **うぬぼれが強い；無駄な** in vain (無駄に, むなしく)
0329	**paternal**	[pətə́ːrnl] 《社会》	形 **父(方)の；父のような** ⇔ 形 maternal (母の；母らしい)
0330	**commute**	[kəmjúːt] 《法律》	動 **~を減刑する；~を取り替える；通勤[通学]する**
0331	**defer**	[difə́ːr]	動 **~を保留する, 延期する；**(徴兵を)**一時的に延ばす**
0332	**dictator**	[díkteitər]	名 **独裁者** = 名 autocrat (独裁者, 独裁君主)
0333	**indignant**	[indígnənt]	形 **腹を立てた, 憤った**
0334	**midterm**	[mídtəːrm] 《大学》	名 **中間試験；中間** 形 **中間の**
0335	**superstition**	[sùːpərstíʃən]	名 **迷信；**(未知のものに対する)**恐怖** 形 superstitious (迷信の；迷信を信じる)
0336	**pretext**	[príːtekst]	名 **口実, 言い訳** = 名 excuse (口実, 言い訳)

0325	The butterfly fluttered about the garden landing on one plant and then another.	植物から植物へ止まりながらチョウは庭中をひらひら飛んだ。
0326	The glut of steel in the market has lowered the price.	鋼鉄の市場への過剰供給で価格が下がった。
0327	The politician is always posturing to earn the support of different groups.	その政治家はいつも違う集団の支持を得るため気取った態度をとる。
0328	He always takes a long time getting dressed as he is very vain about his appearance.	彼は自分の外見についてとてもうぬぼれが強いので、いつも服を着替えるのに長い時間がかかる。
0329	Her paternal grandfather immigrated from Scotland.	彼女の父方の祖父はスコットランドから移住してきた。
0330	The governor commuted the criminal's sentence to ten years from fifty years.	知事は50年から10年に犯罪者の刑を減刑した。
0331	The city council will defer this decision until they gather more information.	市議会は情報がさらに集まるまでこの決断を保留するだろう。
0332	The military has plans to overthrow the current dictator in that country.	軍にはその国の現独裁者を打倒する計画がある。
0333	The woman was indignant when her neighbor called her a "bad mother."	隣人が彼女を「悪い母親」と呼んだとき彼女は腹を立てた。
0334	She is studying hard for the upcoming midterm in her French class.	彼女は間近に迫るフランス語クラスの中間試験に向けて懸命に勉強している。
0335	There is a superstition about black cats being bad luck in our culture.	私の文化には黒猫は悪運の象徴であるとする迷信がある。
0336	The young man wasn't lost when he asked the girl for directions; it was just a pretext to talk with her.	若い男性が女性に道を尋ねたが道に迷っていたわけではなかった。彼女に話しかけるための口実にすぎなかった。

0337	**shelve** [ʃélv] 《法律》	動 (法案など)を棚上げする；〜を棚に載せる；〜を解雇する
0338	**thaw** [θɔ́ː] 《地学》	動 (雪・氷が)溶ける；(感情が)和らぐ，打ち解ける 名 雪解け；打ち解けること
0339	**tint** [tínt]	名 ほのかな色；色彩の配合 動 〜に薄く色を付ける
0340	**torrent** [tɔ́ːrənt] 《地学》	名 急流，激流；〈複〉どしゃ降り
0341	**wade** [wéid]	動 (ぬかるみや水中を)苦労して歩く
0342	**wag** [wǽg]	動 (上下左右に身体の一部)を振る
0343	**ardent** [áːrdnt]	形 熱心な，熱狂的な = 形 eager (熱心な)
0344	**woo** [wúː]	動 〜に求愛する，〜を口説く；(人の心)に訴える
0345	**pious** [páiəs] 《文化》	形 敬けんな，信心深い；非現実的な = 形 devout (信心深い) ⇔ 形 impious (不敬けんな，不信心な)
0346	**morbid** [mɔ́ːrbid]	形 恐ろしい；病的な 副 morbidly (病的に) 名 morbidity (病的状態)
0347	**vouch** [váutʃ]	動 保証する；裏付ける 熟 vouch for 〜 (〜を保証する；〜だと断言する) 名 voucher (保証人；サービス引換券)
0348	**disburse** [disbə́ːrs] 《経済》	動 〜を分配する；(費用)を支払う 名 disbursement (支出；支払金)

0337	The committee shelved the discussion until a later time.	委員会はその議論を次回まで棚上げした。
0338	The ice on the road will thaw by mid-morning, so it will be safer to drive then.	午前半ばには道路の氷は溶けるだろうから、それから運転した方が安全だ。
0339	The tint on the car windows makes it difficult to see the passengers inside the car.	車の窓にほのかな色が付いているので車の中から歩行者が見づらくなっている。
0340	In the spring after the snow melts, the stream becomes a torrent.	春に雪が解けると、小川は急流になる。
0341	When we reached the small stream, we took off our shoes and waded through the water to reach the other side.	私たちは小さな小川に到着して、向こう側へたどり着くために靴を脱ぎ、水中を苦労して歩いた。
0342	The dog wags its tail when it is happy.	犬は嬉しいときしっぽを振る。
0343	She is an ardent supporter of that political party.	彼女はあの政党の熱心な支援者である。
0344	In a mating ritual, the male blue-footed booby woos the female bird by giving her a stone or small stick.	求愛の儀式として、オスのアオアシカツオドリはメスの鳥に石や小さな枝を贈ることで求愛する。
0345	Mother Theresa was a pious nun who was devoted to caring for the poor.	マザー・テレサは貧しい人々へ手を差し伸べることに尽力した敬けんな修道女だった。
0346	The movie focused on the morbid details of the crime, so she turned it off.	その映画は犯罪の恐ろしい詳細に焦点を当てていたので、彼女はそれを消した。
0347	I will vouch for his character as I've known him for many years.	私は彼を長年知っているので、彼の人柄を保証するつもりだ。
0348	The attorney disbursed the money according to the wishes of his client.	弁護士はクライアントの望みに従い、その金を分配した。

0349	**ellipsis** [ilípsis] 《語学》	名 省略符号
0350	**peg** [pég] 《芸術》	名 ~を釘で留める 熟 bring ~ down a peg or two (~の高慢の鼻をへし折る)
0351	**playwright** [pléiràit]	名 劇作家, 脚本家
0352	**predominant** [pridámənənt]	形 主な；圧倒的な, 優勢な 名 predominance (勝っていること, 優勢, 支配) 動 predominate (優位を占める；支配する)
0353	**subvert** [səbvə́ːrt] 《政治》	動 ~を覆す, 転覆させる；打倒する 名 subversion (転覆；破壊)
0354	**tweak** [twíːk]	動 ~を微調整する, つまむ
0355	**willful** [wílfəl]	形 意図的な, 故意の；頑固な 副 willfully (わざと；頑固に) 名 willfulness (わがまま；故意)
0356	**cavalry** [kǽvəlri] 《歴史》	名 騎兵隊；装甲機動部隊
0357	**chuck** [tʃʌ́k]	動 ~を捨てる, 断念する
0358	**concur** [kənkə́ːr]	動 同意[賛成]する；同時に起こる, 重なる = 動 agree (同意する)
0359	**enslave** [insléiv]	動 ~を(…の)虜にする；~を隷属化する
0360	**erroneous** [iróuniəs]	形 (思想・考え方が)誤った, 違った 名 error (誤り) = 形 mistaken (誤った)

0349	The three dots, or the ellipsis following the words, indicated an omission.	この単語に続く3つの点、または省略記号が、省略を示した。
0350	The loss brought the team down a peg or two, but they all promised to do better the next time.	敗戦がそのチームの高慢の鼻をへし折ったが、彼らはみな次回はもっとうまくやると約束した。
0351	She was a promising playwright, and her works had been well received by the critics.	彼女は将来を約束された劇作家で、彼女の作品は評論家たちに受けが良かった。
0352	The predominant color in his paintings was a vivid blue, so they were easy to find at the show.	彼の絵画の主な色は鮮やかな青なので、その展示会で見つけるのが簡単だった。
0353	If he subverts the role of this committee, he will change the direction of the entire group.	もし彼がこの委員会の役割を覆すなら、彼はこのグループ全体の方向性を変えるだろう。
0354	We need to tweak the numbers before we finalize our estimates.	見積もりを完成させる前に、私たちは数字を微調整する必要がある。
0355	The lawyer intended to prove that the act was willful instead of an accident as the defense claimed.	弁護士は被告側が主張するように、その行為は偶然ではなく意図的なものだと証明するつもりだった。
0356	It was just like the cavalry riding to the rescue in an old movie when the firefighters arrived.	消防士が到着したときそれはまさに古い映画に登場する救済に来た騎兵隊のようだった。
0357	I told him that he could chuck his whole career if he attended that event; it would be a big mistake.	そのイベントに出席すればキャリア全部を捨てることになるかもしれないと私は彼に言った。それは大きな間違いだろう。
0358	If you concur on the final point, we can end these discussions and start working on the final agreement.	もしあなたが最後の論点で同意すれば、私たちはこうした議論を終わらせ最終合意に取り掛かることができる。
0359	He was enslaved by his addiction to cocaine.	彼はコカインへの耽溺によって（コカインの）虜にされた。
0360	The theory was proven to be erroneous after further research and testing.	さらなる研究と検査を続けた結果その学説には誤りがあるとわかった。

No.	単語	発音	意味
0361	**franchise**	[frǽntʃaiz]	名 フランチャイズ[チェーン]店；販売[放映]権；特権，許可；《政治》〈the —〉公民権；参政権
0362	**impart**	[impá:rt]	動 (情報など)を伝える，告げる；~を分け与える，授ける
0363	**latitude**	[lǽtətjù:d]	名 自由，許容度；《地学》緯度；〈複〉(緯度から見た)地帯 ⇔ 名 longitude (経度)
0364	**obstetrics**	[əbstétriks] 《医療》	名 産科(学)
0365	**pirate**	[páiərət] 《社会》	動 ~の著作権を侵害する 名 著作[特許]権侵害者；海賊
0366	**precinct**	[prí:siŋkt] 《政治》	名 投票区；警察管区；〈複〉近隣，周辺；(教会などの)構内
0367	**quarry**	[kwɔ́:ri] 《動物》	名 獲物；狩猟動物 = 名 game (獲物)
0368	**recount**	[rikáunt]	動 ~を再集計する；~を詳述する，物語る = 動 narrate (~を語る，述べる)
0369	**stride**	[stráid]	名 (大股の一歩の)歩幅；〈複〉進歩，発展 動 大股に歩く
0370	**vengeance**	[véndʒəns]	名 (人・事への)復讐
0371	**constrict**	[kənstríkt]	動 ~を妨げる，制限[束縛]する；《医療》(筋肉・血管など)を圧縮する
0372	**granular**	[grǽnjulər]	形 粒(状)の；(表面が)ざらざらした；緻密な

0361	Sometimes it is better to open a <u>franchise</u> from a well-known brand than start from the beginning.	最初から始めるよりよく知られたブランドの<u>フランチャイズ店</u>をオープンする方が良いこともある。
0362	The old professor <u>imparted</u> his love of art to his last class of students before he retired.	年老いた教授は自身の芸術に対する愛を退職前の最後の授業で学生に<u>伝えた</u>。
0363	I would give them plenty of <u>latitude</u> because so many of them have experience in this area.	彼らの多くはこの分野での経験があるので私は彼らに対し十分な<u>自由</u>を認めることにするつもりだ。
0364	The country had few doctors specializing in <u>obstetrics</u>, so the infant mortality rate was high.	その国には<u>産科</u>を専門とする医者が少なく、乳児死亡率は高かった。
0365	It was a real surprise when it was discovered that the artist had <u>pirated</u> his first three songs.	そのアーティストが彼の最初の3曲の<u>著作権を侵害</u>していたと発覚したときかなり驚いた。
0366	This <u>precinct</u> was the last one to turn in the voter registration lists.	この<u>投票区</u>は選挙人名簿を提出した最後の区であった。
0367	Once the <u>quarry</u> was sighted, they knew it would not be long before the hunt was finished.	一旦<u>獲物</u>が目に見えると、彼らは狩猟が終わるのにさほど時間はかからないことをわかっていた。
0368	Since the election was so close, she demanded a <u>recount</u> of all the votes.	その選挙はとても接戦だったので彼女は全ての票を<u>再集計する</u>よう求めた。
0369	He was a tall man with a long <u>stride</u>, so it was hard to keep up with him when walking.	彼は背が高く<u>歩幅</u>が大きかったので、歩くとき彼に遅れずについていくのは大変だった。
0370	To seek <u>vengeance</u> creates a never-ending cycle.	<u>復讐</u>を企てることは終わりのない循環を引き起こす。
0371	If you <u>constrict</u> the exit by narrowing the walkways, it could cause a problem in an emergency.	通路を狭めてその出口を<u>妨げ</u>たら、緊急時に問題が生じるだろう。
0372	The texture of sand is <u>granular</u>.	砂の質感は、<u>粒状</u>です。

0373	**halo**	[héilou] 《宇宙》	名 ハロー(太陽・月のかさ)；後光，光輪 ® halo effect (《心理》ハロー効果)
0374	**hexagonal**	[heksǽgənəl] 《数学》	形 六角形の 名 hexagon (六角形)
0375	**intangible**	[intǽndʒəbl]	形 無形の；触ることができない；つかみどころのない，不可解な 名 《経済》無形資産；(商売上の)信用
0376	**inverse**	[ìnvə́ːrs] 《数学》	名 逆数；逆[反対](のもの) 形 逆の，反対の；《数学》(関数・比例が)逆の
0377	**mercenary**	[mə́ːrsənèri]	名 報酬目当ての人；傭兵 形 貪欲な
0378	**payload**	[péiloud] 《宇宙》	名 (ロケット・衛星の)観測機器類；(船・飛行機の)有料荷重
0379	**prudent**	[prúːdnt]	形 賢明な；慎重な；将来に備えた，倹約的な
0380	**seminal**	[séminəl]	形 将来性のある；独創的で影響力のある；種子の
0381	**theism**	[θíːizm] 《思想》	名 有神論 形 theistic (有神論の)
0382	**actuarial**	[æ̀ktʃuéəriəl]	形 保険数理の
0383	**atrocious**	[ətróuʃəs]	形 ひどい，不愉快な；残虐な
0384	**cede**	[síːd] 《法律》	動 (権利)を譲渡する；(領土)を割譲する

0373	The continued success of the primary team had a halo effect on other teams and elevated their status.	第1位のチームが連続で成功したことがほかのチームにハロー効果を与え、彼らの立場を向上させた。
0374	Bees make hexagonal shapes in their beehive which are used for several purposes.	ハチはハチの巣を六角形の形に作るが、それは複数の目的で用いられる。
0375	There are many intangible benefits for professors at that school as the community is very supportive.	その地域はとても協力的でその学校の教授には多くの無形の利益が与えられる。
0376	The ratio of 4/5 is the inverse of 5/4.	4/5の比率は5/4の逆数である。
0377	Some of the team members seem more like mercenaries and are interested only in the money.	チームメンバーの何人かは報酬目当ての人のようでお金にしか興味がない。
0378	The payload is packed at the top of the rocket since the booster sections will drop off.	ブースター部分ははずれるので観測機器はロケットの先端に積み込まれている。
0379	It is prudent to put aside funds for unexpected events.	予期せぬ事態に備えて資金をよけておくのは賢明だ。
0380	It was a seminal discovery and led to many new areas of research and development.	それは将来性のある発見で研究や開発の新たな分野に大いにつながった。
0381	Theism is defined as a belief in the existence of a god or gods.	有神論とは神や神々の存在を信じることと定義される。
0382	Actuarial tables are used by the insurance industry to compute rates based on statistical data.	保険数理表とは保険業で統計データに基づいて割合を計算するために用いられる。
0383	The state of students' basic writing skills is atrocious and requires a review of our teaching methods.	学生たちの基礎的な文章能力の状態はひどく、指導方法の見直しが必要だ。
0384	The government ceded their interests in the mineral rights in return for a share of the exports.	政府は輸出の取り分に替えて鉱業権の方に利権を譲渡した。

0385	**duress** [durés] 《法律》	名 強迫, 強制；監禁, 拘束
0386	**excise** [éksaiz] 《医療》	動 (器官など)を摘出[切除]する；(語句など)を削除する
0387	**feud** [fjú:d]	名 確執, 不和 動 反目する, 争う
0388	**filtrate** [fíltreit]	動 ~をろ過する 名 ろ過水[液] 動 filter (~をろ過する)
0389	**fructose** [frʌ́ktous] 《化学》	名 果糖, フルクトース
0390	**ironclad** [áiərnklæd]	形 厳格な, 変更できない；(保証・計画が)安全[確実]な；(船が)装甲の
0391	**placenta** [pləséntə] 《生物》	名 (動物の)胎盤；(植物の)胎座
0392	**rebound** [ribáund]	動 立ち直る, (株価などが)回復する；はね返る, 反響する 名 反動；はね返り
0393	**repercussion** [rì:pərkʌ́ʃən]	名〈複〉余波, 悪影響；(音の)反響；(力の)はね返り；(光の)反射
0394	**repertoire** [répərtwà:r] 《芸術》	名 レパートリー, 演奏曲目, 上演目録；(各分野の)全作品[曲目]；全技法
0395	**snatch** [snætʃ]	動 (機会・勝利など)をつかむ；~を強奪する, 急いで取る 名 (歌・話などの)断片
0396	**tectonic** [tektánik]	形 (変化・発展が)構造的[劇的]な, 著しい；構造の, 建築(学)の；《地学》地質構造の

0385	Confessions obtained under duress rarely hold up in court.	強迫された自白は裁判ではめったに通用しない。
0386	Please excise all the extra tissue before we start preparing the slides for review under the microscope.	顕微鏡下での観察のためのスライドを用意し始める前に余分な組織を全て摘出してください。
0387	The feud had gone on for so long that most people could not remember how the dispute started.	その確執は長い間続いたため、ほとんどの人はその論争がどのように始まったのか思い出せなかった。
0388	They filtrate the liquid to remove small impurities.	彼らは小さな不純物を取り除くためその液体をろ過する。
0389	Fructose is an important source of energy at the cellular level.	果糖は細胞レベルで重要なエネルギー源である。
0390	It is an ironclad contract, and it will be very difficult to get out of it.	それは厳格な規約で、解約するのは大変難しいだろう。
0391	The placenta in mammals provides nourishment for the developing fetus before birth.	哺乳類の胎盤は誕生前の発育中の胎児に栄養を与える。
0392	The market always rebounds from a decline and can go on to new highs.	その市況はいつも低落から立ち直り、新たな高値になる。
0393	The repercussions of this decision will be felt for a long time since it changes the focus of our research.	この決断は私たちの研究の焦点を変えるのでその余波を長い間ずっと感じることになるだろう。
0394	The singer's repertoire was extensive, and he could play almost all of the requests from the audience.	その歌手のレパートリーは広く、彼は客からのリクエストをほぼ全て演奏することができた。
0395	The girls' team snatched victory in the final minute when it looked like it was all over.	その少女のチームはもう全て終わったかのように見えたその最後の瞬間に勝利をつかんだ。
0396	The results of the recent election represented a tectonic shift in public opinion.	最近の選挙の結果は世論の構造的転換を表していた。

0397	**turf** [tə́ːrf]	名 縄張り；芝土，芝地 動 ～を芝で覆う
0398	**aggravate** [ǽgrəvèit] 《医療》	動 (病気など)を**悪化させる**；(負担など)を**より重くする** =動 worsen (～を悪化させる)
0399	**alluvial** [əlúːviəl] 《地学》	形 沖積物[層]の，沖積期の 名 沖積土
0400	**caste** [kǽst] 《社会》	名 カースト；身分制度；社会的地位[威信]；階級

0397	Male elephant seals try to protect their turf by challenging any male who enters it.	オスのゾウアザラシは自分の縄張りをそこに侵入するほかのオスに対抗することで守ろうとする。
0398	You can easily aggravate an old injury if you do not warm up before an athletic event.	運動をする前にウォームアップをしなければ古い傷をたやすく悪化させてしまうだろう。
0399	The alluvial plains were some of the best producing areas for crops in the entire region.	沖積平野はこの地域全体において作物を収穫するには最適な場所だった。
0400	It was difficult for people who were born into the lowest caste to improve their lives.	カーストの一番低い身分に生まれた者が生活を改善させるのは難しいことだった。

No.	単語	発音	意味
0401	**conjure**	[kándʒər]	動 (呪文で霊など)を**呼び出す**；(人)に**魔法をかける** 熟 **conjure up** ~ (~を呼び起こす)
0402	**disparagingly**	[dispǽridʒiŋli]	副 **軽蔑しながら，けなして** 動 disparage (~をけなす，~の信用を落とす)
0403	**infallible**	[infǽləbl]	形 **絶対確実な，誤りのない；信用できる**
0404	**infantry**	[ínfəntri]	名 **歩兵(隊)**
0405	**insurrection**	[ìnsərékʃən]《社会》	名 **暴動，反乱**
0406	**latent**	[léitənt]《医療》	形 **潜伏性の；潜在的な，隠れた** = 形 potential (潜在的な)
0407	**markedly**	[máːrkdli]	副 **著しく，あきらかに** 形 marked (著しい；印の付いた)
0408	**multilateral**	[mʌ̀ltilǽtərəl]《政治》	形 **多国間の，多数国参加の**；《数学》**多辺の**
0409	**mythology**	[miθάlədʒi]《文学》	名 **神話；神話学**；(根拠の薄い)**通説，俗説**
0410	**dispel**	[dispél]	動 (不安や迷いなど)を**払いのける，晴らす**；(霧など)を**払いのける** = 動 scatter (~を散らす)
0411	**prone**	[próun]	形 **しがちな，傾向がある** 熟 **be prone to** do (~しがちな，~する傾向がある) = be apt to do (~しがちな)
0412	**empathy**	[émpəθi]《心理》	名 **共感，感情移入** 動 empathize (感情移入[共感]する)

	EXAMPLE SENTENCE	TRANSLATION
0401	We'll need to conjure up a miracle if we hope to win the game as our most experienced players are hurt.	私たちの一番経験豊富な選手が怪我をしているので、その試合に勝ちたいと願うなら奇跡を呼び起こすしかないだろう。
0402	He spoke disparagingly of the new student, pointing out all of her weaknesses at great length.	彼は転入生の弱点をくどくどと指摘し、軽蔑しながらその女性の話をした。
0403	It was usually an infallible guide to behavior, but lately things have changed so it isn't as reliable.	それは行動様式の絶対確実な手引書だったが、最近は状況が変わりそれほど頼れるものでもない。
0404	The infantry is made up of foot soldiers who cover many miles each day.	歩兵隊は毎日何マイルも進む歩兵で構成される。
0405	The latest decision to cut the pay of the soldiers is likely to cause an insurrection.	兵士の給与を削減するという最近の決定は暴動を引き起こしそうだ。
0406	The illness was difficult to identify because many of the symptoms had a latent period before emerging.	その病気は症状の多くが現れる前に潜伏期間があったので特定が難しかった。
0407	She improved markedly during the therapy, so the doctor told her she would be released soon.	彼女は治療中に著しく改善したので、医者はすぐに退院できるだろうと彼女に伝えた。
0408	It was a multilateral agreement that took years to complete since there were so many countries involved.	それはかなり多くの国が関与したため完成までに何年も費やす多国間協定だった。
0409	The mythology of the Greek nation is still reflected in our stories, names of monuments and literature.	ギリシャ神話は未だ私たちの物語、モニュメントの名前、文学に反映されている。
0410	He tried to dispel her fears about leaving her hometown.	故郷を去る彼女の不安を彼は払いのけようとした。
0411	He is prone to anger, so he decided to take anger management classes.	彼は怒りがちなので、アンガーマネジメントの講習を受講することに決めた。
0412	She shows empathy for people in distress.	彼女は苦しんでいる人に共感を示す。

0413	**entrust** [intrÁst]	動 ~を委ねる,任せる;~を預ける 熟 entrust A to B (AをBに委ねる,任せる) entrust B with A (AをBに預ける)
0414	**imbed** [imbéd] = embed	動 ~を埋め込む,はめ込む; ~を心に深く刻み込む
0415	**insubordination** [ìnsəbɔ̀ːrdənéiʃən]	名 不服従;背信(行為) ⇔ 名 subordination (服従;従属)
0416	**nuance** [njúːɑːns]	名 (意見・態度・色などの)微妙な差異 動 ~をかすかに臭わす
0417	**odious** [óudiəs]	形 醜悪な,憎らしい;不快な = 形 horrible (ひどく不快な;恐ろしい)
0418	**rack** [rǽk]	動 (頭など)を絞って考える;(人)を苦しめる 名 棚,ラック
0419	**remit** [rimít]	動 (金銭)を送る;(負債・刑罰など)を免除する; (物事の決定)を付託する
0420	**remodel** [rìːmɑ́dl]	動 (建物)を改装する,建て替える; (服など)を仕立て直す
0421	**rig** [ríg]	動 ~を装備する; ~を人為的[不正]に操作する
0422	**shepherd** [ʃépərd]	動 (群衆)を導く,案内する; (羊など)の世話[番]をする 名 羊飼い;牧師;指導者
0423	**respite** [réspit]	名 (仕事などの)小休止,休息;延期,猶予 = 名 break (小休止)
0424	**misdemeanor** [mìsdimíːnər] 《法律》	名 軽犯罪 ⇔ 名 felony (重罪)

0413	The widow entrusted her money to a family friend who was an investment advisor.	未亡人は自分のお金を投資アドバイザーである家族ぐるみの友人に委ねた。
0414	The carpenter imbedded the nail so deeply into the wood that it was hard to pull out.	大工は引き抜きづらくなるほど深く釘をその木に埋め込んだ。
0415	The soldier was punished for his insubordination.	その兵士は不服従を理由に罰せられた。
0416	There were many nuances to the problem, so she took a long time to document every detail.	その問題には多くの微妙な差異が残っていたので、彼女は時間をかけて全ての詳細を文書化した。
0417	It was an odious prank, and it resulted in three students being expelled from the school.	それは醜悪ないたずらで、その結果として3人の学生が退学させられた。
0418	He racked his brain to try and remember where he put the final report for the project.	彼はそのプロジェクトの最終報告書をどこに置いたのか思い出そうと脳みそを絞って考えた。
0419	If you don't remit your tuition on time, you will not be able to start your classes when the term begins.	予定どおりに学費を送らないと、学期が始まるときに授業を受講し始めることができなくなる。
0420	They remodeled the student union over the summer, so it was much more attractive.	彼らは夏にかけて学生会館を改装したので、かなり感じが良くなった。
0421	She rigged the sail so it would stay in place while she went below deck to check the maps.	彼女は地図を確認しにデッキの下へ降りている間帆が定位置から動かないよう帆を装備した。
0422	She shepherded the visiting tour group across the crowded courtyard so nobody would get lost.	彼女は訪問中のツアーグループの誰もはぐれないよう導きながら混雑した中庭を横切った。
0423	Going for a walk was a perfect respite between the long study sessions.	散歩に出掛けることは長時間にわたる勉強の合間の最高の小休止だった。
0424	The minor crime was classified as a misdemeanor.	比較的重大でない犯罪は軽犯罪と分類された。

0425	**tangible** [tǽndʒəbl]	形 **具体的な；確実な；有形の；触れられる** = 形 concrete (具体的な) = 形 material (有形の，実体の)
0426	**credential** [krədénʃəl]	名〈複〉**資質，実績；身分証明書** 動 ~に証明書を発行する，資格を与える
0427	**thorn** [θɔ́ːrn] 《生物》	名 (草木の) **とげ，はり** 形 thorny (厄介な；とげのある)
0428	**zinc** [zíŋk] 《化学》	名 **亜鉛**
0429	**parole** [pəróul] 《法律》	名 **仮釈放** 動 ~を仮釈放する
0430	**hash** [hǽʃ]	動 **~を細かく刻む；~を台無しにする** 熟 hash out ~ (~を徹底的に話し合う)
0431	**incremental** [ìŋkrəméntl]	形 **徐々に起こる，定期的に増加する；定期昇給の** 名 increment (増加，増大)
0432	**pediatric** [pìːdiǽtrik] 《医療》	形 **小児科の** 名 pediatrics (小児科) 名 pediatrician (小児科医)
0433	**tangential** [tændʒénʃəl] 《数学》	形 **接した，接線の；本筋から脱線した** 名 tangent (接線；正接)
0434	**felony** [féləni] 《法律》	名 **重罪** ⇔ 名 misdemeanor (軽罪；非行)
0435	**metaphysical** [mètəfízikəl]	形 **推論に基づいた；《学問》形而上学の**
0436	**detention** [diténʃən] 《法律》	名 **拘留，引き止め** 動 detain (~を拘留する，引き止める)

0425	He's looking for tangible results that can be measured.	彼は測定できる具体的な結果を探っている。
0426	She has impressive credentials, and I think she would be a good candidate for the job.	彼女にはすばらしい資質があり、その仕事に適任な候補者であると私は考える。
0427	The thorn on the rosebush pricked her finger.	バラの木のとげが彼女の指に刺さった。
0428	Beef is a food that contains zinc, which is important for the immune system.	牛肉は亜鉛を含む食品であり、亜鉛は免疫系にとって重要な物質である。
0429	After serving three years of a prison sentence, he was released on parole for good behavior.	3年の刑期を務めた後、彼は素行が良いとされ仮釈放で解放された。
0430	I hope we can hash out our differences and come to an agreement.	私たちの相違点を徹底的に話し合い、合意に達することを望む。
0431	We want to start with incremental changes; later we will move on to bigger changes.	私たちは徐々に起こる移行から始めたい。その後でより大きな移行に変えていく。
0432	She is a nurse in the pediatric ward, and she loves working with children.	彼女は小児病棟の看護師で、子供に接して働くのが大好きである。
0433	The lines are tangential, but they do not intersect.	そのラインは接しているが、交差していない。
0434	Burglary is a felony, which can mean time in jail.	強盗犯罪は重罪で、服役になり得る。
0435	It was not a practical discussion; it was a metaphysical discussion.	それは実践的な議論ではなく、推論に基づいた議論であった。
0436	The illegal immigrant children are being housed in a detention facility until the court can decide what to do.	不法滞在者の子供は裁判所がどうするか決定するまで拘留施設に収容されている。

0437	**reflex** [ríːfleks] 《生理》	名〈複〉反射(能力)
0438	**cordial** [kɔ́ːrdʒəl]	形 誠心誠意の, 友好的な; (食べ物・飲み物が)強壮の
0439	**vigor** [vígər]	名 活力; (言葉・人格などの)力強さ; 《法律》拘束力
0440	**propel** [prəpél]	動 ~を進ませる; (人)を駆り立てる
0441	**allot** [əlɑ́t]	動 (時間・仕事など)を割く, 割り当てる; ~を配分する 名 allotment (割り当て; 配当金)
0442	**sage** [séidʒ]	形 賢明な 名 賢者
0443	**periphery** [pərífəri]	名 外側, 周辺; 表面; 皮相 形 peripheral (周辺的な)
0444	**culminate** [kʌ́lminèit]	動 最高潮に達する 名 culmination (頂点, 最高点)
0445	**pivotal** [pívətl]	形 極めて重要な, 中枢の; 回転の軸となる 名 pivot (旋回軸, ピボット)
0446	**fallacy** [fǽləsi]	名 間違った考え; 詭弁 形 fallacious (誤った; あてにならない)
0447	**stipulate** [stípjəlèit] 《法律》	動 ~を取り決める; ~を明記する stipulate for ~ (~を要求する) 名 stipulation (規定; 契約)
0448	**traverse** [trəvə́ːrs]	動 ~を越える, 横切る 名 ジグザグ道; 横断廊下

0437	When the doctor tapped his knee, his leg kicked slightly as a <u>reflex</u>.	医者が彼の膝を軽く打つと、<u>反射</u>で彼の脚が少しはね上がった。
0438	Everyone in the group was <u>cordial</u> to the new visitor, which made her feel welcome.	グループのメンバーはみな、新たな訪問者に<u>誠心誠意で</u>対応したので、彼女は歓迎されていると感じた。
0439	He hiked the mountain with the <u>vigor</u> of a much younger man.	彼は自身の年齢よりももっと若い<u>活力</u>で山を登った。
0440	The boat was <u>propelled</u> through the water by a small outboard motor.	そのボートは小さな船外機で水をかき分け<u>進んだ</u>。
0441	Her schedule is tight, but she has <u>allotted</u> time to meet with you today.	彼女は予定が詰まっているが、今日あなたに会うために時間を<u>割いた</u>。
0442	He's a wise man, and I trust him to give me <u>sage</u> advice.	彼は賢い人で、私に<u>賢明な</u>助言を与えてくれると信じている。
0443	It was difficult for her to view the movie star from her position on the <u>periphery</u> of the crowd.	彼女は人ごみの<u>外側</u>にいたのでその映画スターを見るのは困難だった。
0444	The celebration <u>culminated</u> in a wonderful fireworks display at the end of the evening.	その祝賀会は、その夜の最後のすばらしい花火で<u>最高潮に達した</u>。
0445	You are at a <u>pivotal</u> point in your life where your next choices will determine your direction.	次の選択があなたの方向を決定するという、人生で<u>極めて重要な</u>地点にあなたは立っています。
0446	Long ago, it was a popular <u>fallacy</u> that the earth was the center of the universe.	ずっと以前に、地球は宇宙の中心だという<u>間違った考え</u>が一般的であった。
0447	When my father gave me the loan, he <u>stipulated</u> that the money be used for school tuition.	父が私に資金提供してくれた際、彼はその資金は学費に使うように<u>取り決めた</u>。
0448	The explorers <u>traversed</u> mountains and deserts in their journey.	探検家たちは旅の途中に山々や砂漠を<u>越えた</u>。

STAGE 05

0449	**autism** [ɔ́:tizm] 《医療》	名 自閉症
0450	**annals** [ǽnəlz] 《歴史》	名 歴史，記録；年代記；(学術論文などの)紀要 熟 in the annals of ~ (~の歴史の中で)
0451	**refract** [rifrǽkt] 《物理》	動 ~を屈折させる 名 refraction (屈折) 名 refractor (屈折媒体，屈折レンズ)
0452	**heuristic** [hjurístik]	形 試行錯誤的な，自学自習の 名 heuristics (発見的方法；発見的教授法) 副 heuristically (自学自習的に)
0453	**outlier** [áutlàiər]	名 域外(の島)，離島
0454	**shortcoming** [ʃɔ́:rtkʌ̀miŋ]	名 欠点，短所
0455	**undercut** [ʌ̀ndərkʌ̀t]	動 ~を損なう，弱める；~の下を切り取る 名 下部の切り取り部分
0456	**unilateral** [jù:nilǽtərəl]	形 一方的な；単独の；(契約・義務が)片務的な
0457	**upside** [ʌ́psàid]	名 (悪い状況での)良い面；上部；《経済》(価格・景気などの)上昇傾向
0458	**abreast** [əbrést]	形 (時勢などに)遅れを取らずに；横に並んだ，並行して
0459	**brook** [brúk]	名 小川 動 (事態などが)~を許す；(侮辱など)に耐える
0460	**clique** [klí:k] 《政治》	名 派閥，徒党 = 名 faction (派閥，党派；内紛) ※ clique は faction よりも排他的な集団

0449	Autism is a disorder characterized by emotional detachment and impaired communication.	自閉症とは、感情が失われた状態およびコミュニケーション障害と特徴づけられる障害である。
0450	The exploits of Genghis Kahn are well-known in the annals of war.	チンギス・ハンの偉業は戦争の歴史の中でよく知られている。
0451	The refracted sunlight showed multiple colors on the wall.	屈折した太陽の光が壁に何色もの色を映していた。
0452	In a heuristic approach to problem solving, the group brainstormed many different possible solutions.	問題解決のための試行錯誤的なアプローチとして、そのグループは見込まれる数多くの異なる解決策について意見を出し合った。
0453	Islands far from the Polynesian Triangle where people speak a Polynesian language are outliers.	ポリネシア語が話されているポリネシアン・トライアングルから離れた島々は、域外の島々である。
0454	There were a number of shortcomings in the latest proposal, so the committee sent it back for more work.	最新の提案に多くの欠点があったので、委員会はさらなる作業を求めて送り返した。
0455	The new path of the freeway bypassed the village, which undercut their hopes for more visitor traffic.	高速道路の新たな進路がその村を飛び越えて進められたので、観光客の交通量が増えるという村人の望みが損なわれた。
0456	It was a unilateral decision made by the president, so there was no opportunity for debate.	それは大統領が下した一方的な決定なので、議論の余地はなかった。
0457	The upside to the demolition was that they could start fresh.	破壊の良い面は新たに始められるということであった。
0458	I like to stay abreast of the news, so I read at least three newspapers every day.	私は最新のニュースに遅れを取らないようにしたいので、毎日少なくとも新聞を3つ読んでいる。
0459	In the springtime, we crossed many brooks on our hike as the snow was melting.	春に、雪が解けていたので私たちはハイキングでたくさんの小川を渡りました。
0460	Several cliques formed on campus around topics of interest like fashion, sports or role-playing games.	ファッション、スポーツ、ロールプレイングゲーム等趣味の話題での派閥がいくつかキャンパス内で作られた。

0461	**creed** [kríːd] 《文化》	名 (宗派の)**教義，信条；宗教，宗派；**(一般的な)**信条，主義，綱領**
0462	**curb** [kə́ːrb]	動 **～に歯止めをかける，～を抑える** 名 **抑制，拘束**
0463	**deform** [difɔ́ːrm]	動 **～を変形させる，～の形を損なわせる** 名 deformation (変形，奇形)
0464	**dichotomy** [daikátəmi]	名 **大きな差；二分すること**
0465	**dissonant** [dísənənt] 《芸術》	形 **不協和音の；調和[一致]しない** 名 dissonance (不協和音；不一致)
0466	**enrage** [inréidʒ]	動 **～を激怒させる** = 動 infuriate (～を激怒させる)
0467	**frivolous** [frívələs]	形 **つまらない，取るに足らない；浅はか[軽薄]な，不真面目な**
0468	**funnel** [fʌ́nəl] 《経済》	動 (お金など)**を注ぎ込む；～を狭いところへ通す** 名 **じょうご(状のもの)**
0469	**incongruous** [inkáŋɡruəs]	形 **ちぐはぐな，不調和な；**(言葉・態度などが)**不適当[場違い]な**
0470	**infraction** [infrǽkʃən] 《法律》	名 (法律・規則などの)**違反(行為)**
0471	**intricate** [íntrikət]	形 **複雑[難解]な；入り組んだ，もつれた**
0472	**lance** [lǽns] 《医療》	動 (傷口など)**を切開する；～を**(槍・もりなどで)**突く** 名 **ランセット；槍**

0461	We all share the same creed as members of the same religion.	同じ宗教の一員として私たちはみな同じ教義を共有している。
0462	He curbs his enthusiasm when talking about his favorite subjects, so he won't go on for too long.	彼は自分の好きな話題について話すときそれに対する情熱に歯止めをかけるので、それほど長くは続けない。
0463	The intense heat from the fire deformed the mirror.	その火事の強烈な熱が鏡を変形させた。
0464	There is a clear dichotomy between theory and practice in this field.	この分野では理論と実践の間に明確かつ大きな差がある。
0465	The orchestra made dissonant sounds at first; they needed more practice.	オーケストラは最初は不協和音を奏でた。彼らにはもっと練習が必要だった。
0466	Any mention of the plans to change immigration policies enraged the small group of protesters.	移民政策の変更計画について言及されると抗議者の小集団が激怒した。
0467	It was a frivolous idea, but the thought of spending the day in the park began to appeal to her.	つまらないアイディアだったが、公園で一日を過ごすという考えは彼女の心に訴えかけ始めた。
0468	The committee funneled all of the contributions towards the building fund.	委員会は建築資金へ全ての積立金を注ぎ込んだ。
0469	It was an incongruous collection of people, yet they were close friends in spite of their differences.	それはちぐはぐな人の集まりだったが、それでも彼らはその違いにもかかわらず仲の良い友達だった。
0470	Infractions of the rules are often dealt with immediately with severe penalties.	その規則の違反は深刻な罰則で直ちに対処されることが多い。
0471	The spider's web was an intricate design, and it glowed like a jeweled necklace in the early morning light.	クモの巣は複雑なデザインで、早朝の光の中で宝石が散りばめられたネックレスのように輝いた。
0472	We'll need to lance the wound so it can be cleaned and bandaged.	消毒し絆創膏を貼るため傷口を切開する必要があるだろう。

0473	**lucrative** [lúːkrətiv] 〈経済〉	形 収益の多い、もうかる
0474	**malfunction** [mælfʌ́ŋkʃən]	名 (機械などの)不調；(器官などの)機能不全 動 うまく作用[機能]しない
0475	**unorthodox** [ʌnɔ́ːrθədɑ̀ks]	形 型破りな、正統的でない；不法な、非倫理的な ⇔ 形 orthodox (正統の、是認された)
0476	**poise** [pɔ́iz]	名 冷静さ、落ち着き；バランス、安定 動 平衡を保つ
0477	**rescind** [risínd] 〈法律〉	動 (法律・契約など)を取り消す、無効にする = 動 invalidate (~を無効にする)
0478	**slab** [slǽb]	名 厚板、平板；厚切り
0479	**strapped** [strǽpt]	形 (金などに)困っている、貧窮している
0480	**amorphous** [əmɔ́ːrfəs]	形 定まっていない、曖昧な
0481	**atone** [ətóun]	動 罪滅ぼし[償い]をする
0482	**attest** [ətést]	動 証明する
0483	**audacity** [ɔːdǽsəti]	名 大胆さ；無鉄砲；厚かましさ、横柄 形 audacious (大胆不敵な、勇敢な；無礼な)
0484	**banish** [bǽniʃ] 〈法律〉	動 ~を禁止する；~を追放する

0473	It was a **lucrative** job offer from the large school, but he still preferred working at the small college.	それは大きな学校からの<u>収益の多い</u>仕事の申し出だったが、彼はやっぱり小さな大学で働く方を望んだ。
0474	There was a **malfunction** in the equipment, so the experiment will have to be done over.	その設備には<u>不調</u>があったので、実験をやり直す必要があるだろう。
0475	It was an **unorthodox** way of pitching, but even though it was different, it seemed to get great results.	その投球の方法は<u>型破り</u>だったが、それがたとえ他と違っても、良い結果を得られるように思えた。
0476	It takes a lot of **poise** and confidence to appear on the stage in front of a large audience.	大勢の聴衆の前でステージに上がるにはかなりの<u>冷静さ</u>と自信を要する。
0477	You have to move fast and accept the offer before they **rescind** it.	彼らがその申し出を<u>取り消す</u>前にあなたは早く動いて受諾しなければならない。
0478	The **slab** of concrete made an excellent foundation for the sculpture as it was extremely heavy.	コンクリートの<u>厚板</u>はその像が極度に重いためその土台として大変優れていた。
0479	We were **strapped** for cash since everything was put into the business in the early days.	初期の頃は全てを事業につぎ込んでいたので私たちは現金に<u>困って</u>いた。
0480	The objectives were **amorphous**, so the meeting just went on and on without any clear direction.	目的が<u>定まっていな</u>かったので、会議は明確な方向性もないままただ延々と続いた。
0481	He **atoned** for early mistakes by making amends to those that were hurt.	彼は傷つけた人たちに償いをすることで初期の過ちの<u>罪滅ぼしをした</u>。
0482	He could **attest** firsthand to the quality of the running shoes since he used them for track.	彼は陸上競技でそのランニングシューズを使ったのでその品質を直接<u>証明する</u>ことができた。
0483	The **audacity** of the painting lay in the choice of subjects and the setting.	その絵画の<u>大胆さ</u>は対象物と配置の選択にあった。
0484	The organic farmers **banished** the use of pesticides on their lands.	有機栽培農家は自身の土地での農薬の使用を<u>禁止した</u>。

0485	**centennial** [senténiəl]	形 100周年の；100年(間)の 名 100周年(記念)
0486	**emanate** [émənèit]	動 (音・光・考えなどが)発する，生じる
0487	**escort** [éskɔːrt]	名 同伴者 動 (人)に付き添う；(人)を案内する
0488	**etiquette** [étikət] 《社会》	名 (外交上などの)典礼，礼式；礼儀，作法；(同業者同士の)しきたり，礼儀，不文律 medical etiquette (医者の間のしきたり)
0489	**feast** [fíːst]	名 ごちそう；祝宴；(宗教的な)祝祭(日) a fixed feast (決められた祝日) = 名 banquet (ごちそう；宴会)
0490	**gel** [dʒél]	動 (複数の人が)仲良くやっていく；うまが合う；(計画などが)はっきりと固まる 名 ゲル，(ゼリーなど)溶液が凝固したもの
0491	**gestalt** [ɡəʃtáːlt] 《心理》	名 形態，ゲシュタルト
0492	**hinge** [híndʒ]	動 〜次第である〈← on〉；ちょうつがいで動く 名 ちょうつがい
0493	**immutable** [imjúːtəbl]	形 不変の，変えられない 名 immutability (不変性) ⇔ 形 flexible (融通の利く，変更できる)
0494	**ingenuity** [ìndʒənjúːəti]	名 創造性，発明の才能；工夫；巧妙な装置 = 名 creativeness (創造性；独創性)
0495	**insurgent** [insɜ́ːrdʒənt] 《社会》	名 反乱者，暴徒；(政党内の)反乱分子 形 反乱を起こした
0496	**meadow** [médou]	名 牧草地；(水辺の)低湿地 = 名 pasture (放牧場；牧草)

0485	The centennial celebration took months to prepare, but it was worth it for the 100 year anniversary.	その100年祭は準備に何ヵ月もかかったが、100年の記念にとってその価値はあった。
0486	Strange sounds emanated from the cupboard where they found the kitten.	変な音が戸棚から発し、彼らはそこで子猫を見つけた。
0487	It is a good idea to have an escort when traveling through the countryside after dark.	暗くなった後に田舎で移動する際は同伴者と共に行動するのがよい。
0488	Etiquette demands very specific place settings for dinners of state with leaders from all over the world.	世界中から来るリーダーとの夕食のテーブルセッティングは国の典礼により厳密に決められている。
0489	After more than a week in the wilderness, the simple meal felt like a feast, and they all enjoyed it.	自然の中で1週間以上が過ぎた後、簡素な食事でもごちそうに感じ、彼らはみなそれを満喫した。
0490	After a month the committee finally gelled and started working together productively to meet the deadline.	1ヵ月後ついに委員会は仲良くやっていくことにし、締切りに間に合うよう共に生産的に取り組み始めた。
0491	You cannot focus on the details of the painting; you have to step back and take it all in as a single gestalt.	絵画の詳細に焦点を当ててはいけない。一歩下がって単一の形態として全てをとらえなければならない。
0492	Everything hinges on this one concept, so it is critical that you understand it.	全てがこの1つのコンセプト次第であるので、これを理解することが重要だ。
0493	The laws of physics are held to be immutable, and there is an assumption that they will never change.	物理の法則は不変であるとされ、それらは決して変わることがないという前提がある。
0494	His latest product demonstrates his ingenuity as an inventor.	彼の最新作は発明家としての彼の創造性を表している。
0495	The rebel insurgents had support from a lot of the population.	反政府反乱者たちは多くの国民から支持を得ていた。
0496	The meadow was a beautiful place to sit as the low grass was filled with flowers and the sounds of birds.	背の低い草地が花と鳥のさえずりでいっぱいなので、その牧草地は座るのに美しい場所だった。

0497	**mollify** [máləfài]	動 ～をなだめる，慰める = 動 soothe[placate]（～をなだめる，慰める）
0498	**orator** [ɔ́:rətər]	名 雄弁家；演説[講演]者 名 oration（演説，式辞） 名 oratory（雄弁；修辞）
0499	**protagonist** [proutǽgənist] 《文学》	名 主人公；(活動などの)主導[提唱]者； (大会などの)参加者，出場者
0500	**rudimentary** [rù:diméntəri]	形 基本的な；未発達の； (体組織などが)発育不全の ⇔ 形 advanced（高度な，上級の；進歩的な）

0497	They mollified the demanding client by taking him to dinner at the restaurant with the famous chef.	彼らは要求の多いクライアントを有名シェフのいるレストランに夕食に連れて行くことでなだめた。
0498	He was a well-known orator and could talk at length on many subjects without preparation.	彼はよく知られた雄弁家で、準備せずとも多くの話題について延々と話すことができた。
0499	The protagonist in the film was a famous actor who often performed in action-packed movies.	その映画の主人公はアクションが満載の映画で演技をすることが多い有名な俳優だった。
0500	He only had a rudimentary grasp of the principles of flight.	彼は飛行原理について基本的なことだけ理解していた。

Column 1 — American History (アメリカ史)

▶以前に比べて，TOEFL にアメリカ史の出題はあまり見られなくなりましたが，教養のあるエリートとしては，アメリカの歴史は「常識」です。しっかりおさえておきましょう。

founder 創設者
colonist 入植者, 植民地開拓者
colony 植民地
republic 共和制
federation 連邦
Constitution 憲法
president 大統領

World War I 第一次世界大戦
Prohibition 禁酒法
Great Depression 世界大恐慌
World War II 第二次世界大戦
Pearl Harbor 真珠湾

the Cold War 冷戦
the Cuban Missile Crisis キューバ危機
Civil Rights Movement 公民権運動
Vietnam War ベトナム戦争
Hippie ヒッピー
September 11 attacks 9.11 同時多発テロ
War on Terrorism 対テロ戦争

Civil War 南北戦争
slavery 奴隷制度
slave 奴隷
Emancipation Proclamation 奴隷解放宣言

Native American アメリカ先住民
reservation 特別保留地
Indian Wars インディアン戦争
frontier 辺境(地域)
American Old West 西部開拓時代
gold rush ゴールドラッシュ
cowboy カウボーイ

Boston Tea Party ボストン茶会事件
Continental Congress 大陸会議
War of Independence /
Revolutionary War 米国独立戦争
Declaration of Independence 独立宣言

ADVANCED ENGLISH WORDS FOR THE TOEFL TEST

ROUND 2

STAGE 06-10
No.0501-1000

Princeton University advances learning through scholarship, research, and teaching of unsurpassed quality, with an emphasis on undergraduate and doctoral education that is distinctive among the world's great universities, and with a pervasive commitment to serve the nation and the world.

Princeton University

		MEANING
0501	**scalp** [skǽlp] 《生理》	名 頭皮 動 ～の頭皮をはぐ
0502	**supersede** [sùːpərsíːd]	動 ～に優先する，取って代わる； 　　～の後任となる；～を免職する = 動 displace (～に取って代わる)
0503	**swerve** [swə́ːrv]	動 急に曲がる[向きを変える]，それる； 　　～の方向を変える = 動 deviate (それる，逸脱する)
0504	**taboo** [təbúː] 《文化》	形 禁じられた，タブーの 名 禁制，禁止，法度 = 形 prohibitive (禁制の，禁止の)
0505	**usher** [ʌ́ʃər]	動 ～を案内する，先導する 熟 usher in ～ (～の先駆けとなる) 名 案内係；門番；(法廷などの)門衛，守衛
0506	**vacate** [véikeit]	動 (家・部屋など)を退去する，明け渡す；(役職・地位など) 　　を退く，辞任する；(契約・判決など)を無効にする 形 vacant (空いている)
0507	**viscous** [vískəs] 《化学》	形 粘性の；ねばねばした 名 viscosity (粘着性)
0508	**vortex** [vɔ́ːrteks]	名 渦，渦巻き；(社会変動などの)渦
0509	**barb** [báːrb]	名 辛辣な言葉；(釣り針・矢尻などの)あご，返し = 名 acrimony (辛辣さ，とげとげしさ)
0510	**boycott** [bɔ́ikɑt] 《社会》	動 ～をボイコットする，参加拒否する 名 ボイコット，不買同盟
0511	**defiant** [difáiənt]	形 挑戦的な，反抗的な 動 defy (～に反抗する，挑戦する)
0512	**discredit** [diskrédit] 《社会》	動 ～の信ぴょう性を失わせる；～を疑う 名 信用の失墜，不面目；不信，疑い

	EXAMPLE SENTENCE	TRANSLATION
0501	The directions say to apply it to your scalp once a day right after you shampoo your hair.	使用方法は、髪をシャンプーした直後に1日1回それを頭皮につけると書いてある。
0502	The new rules were posted yesterday, and they supersede all previous announcements.	新しい規定は昨日提示され、それらは以前の告示全てに優先する。
0503	Just after the top of the steep hill, the road swerves to the right, which makes it dangerous at night.	急な丘の頂上を越えるとすぐに、その道路は右へ急に曲がっており、そのせいで夜は危険である。
0504	Drinking alcohol is taboo in some religions.	飲酒は一部の宗教においては禁じられている。
0505	The ruling ushered in a new period of relaxed guidelines for the industry.	その決定はその業界のガイドライン緩和における新たな時代の先駆けとなった。
0506	The tenants must vacate the building within 30 days and find a new place to live.	居住者は30日以内にこの建物から退去し、新たな住む場所を探さなければならない。
0507	The result of the experiment created a thick, viscous liquid that was hard to stir.	この実験の結果、かき混ぜるのが困難な濃く粘性の液体ができた。
0508	The storm created a vortex that continued developing and soon formed a tornado.	この嵐は渦を生み出し勢力を拡大し続け、すぐに竜巻になった。
0509	The comment sounded like a real barb; it was critical and meant to cause a negative reaction.	そのコメントはかなり辛辣な言葉に聞こえた。それは批判的で故意にマイナスの反響を引き起こそうとしたものだ。
0510	The group boycotted the company as they felt their policies were anti-union.	会社の方針が組合に反すると感じ、そのグループは会社をボイコットした。
0511	He was defiant and continued protesting the judgment through petitions and a letter-writing campaign.	彼は挑戦的で、嘆願書や手紙書きキャンペーンを通じてその判決に抗議し続けた。
0512	The findings from the physics team discredited earlier theories about the origins of "black holes."	その物理チームの発見は「ブラックホール」の起源に関するこれまでの理論の信ぴょう性を失わせた。

0513	**facade** [fəsáːd]	名 正面，ファサード；〈単〉(物事の偽りの)外見，見かけ
0514	**groundbreaking** [gráundbrèikiŋ]	形 革新的な；草分けの 名 起工(式)
0515	**infuse** [infjúːz]	動 〜を吹き込む，注ぐ；〜を煎じる，水[湯]に浸す；〜に(入り込んで)影響を与える ＝動 pervade (〜に普及[浸透]する)
0516	**insanity** [insǽnəti]	名 精神異常，狂気 形 insane (正気でない，狂気の)
0517	**intersperse** [ìntərspə́ːrs]	動 (ユーモアなど)を散りばめる，所々に交える；〜を点在させる ＝動 interpolate (〜を差し挟む，書き足す)
0518	**invariably** [invéəriəbli]	副 相変わらず；常に，例外なく 形 invariable (不変の，一定の)
0519	**jarring** [dʒáːriŋ]	形 動揺させる，乱す；食い違う；神経にさわる
0520	**outlaw** [áutlɔ̀ː] 《法律》	動 〜を法的に禁じる，非合法化する 名 無法者；お尋ね者
0521	**plateau** [plætóu]	名 高原，台地；(景気や学習などの)安定[停滞]期 動 伸び悩む，停滞状態になる
0522	**primate** [práimeit] 《動物》	名 霊長類；《文化》〈P—〉(カトリックの)大司教，(国教会の)大主教
0523	**ravage** [rǽvidʒ]	動 〜に被害を与える，〜を荒廃させる；〜を破壊[略奪]する 名 破壊行為；悪影響；惨害
0524	**renounce** [rináuns]	動 〜を放棄[断念]する；〜を中止する；〜と絶交する；〜を拒絶する；〜を見捨てる

0513	The facade of the building needed repairs after the last series of storms.	最近の度重なる嵐の後でその建物の正面を修理する必要があった。
0514	It was a groundbreaking discovery, and the astronomers were excited to publish their findings.	それは革新的な発見で、天文学者たちはその発見の発表に興奮していた。
0515	Building the new playground together has infused this community with a new sense of pride and purpose.	共に新たな遊び場を建設することはその地域に新たな自尊心と目的意識を吹き込んでいる。
0516	One funny definition of insanity is to do the same things over and over and expect a different result.	精神異常のおかしな定義の1つに同じことを何度もして異なる結果を期待するというのがある。
0517	A good speech often intersperses amusing stories throughout the presentation.	良いスピーチはそのプレゼンテーションを通して面白い話をよく散りばめているものだ。
0518	The old man invariably tells the same stories to his great-grandchildren.	その年老いた男性はひ孫に相変わらず同じ話をする。
0519	The final report on the evidence collected was jarring to the chief investigator as it was so unexpected.	集められた証拠に関する最終報告は全く期待していないことだったので捜査責任者を動揺させた。
0520	They outlawed the practice of fishing with nets in the streams to let the fish populations recover.	魚の数を回復させるためその小川では網を使った釣りが法的に禁じられた。
0521	The hiking group reached the final plateau where they could rest.	登山グループは休憩を取ることができる最後の高原にたどり着いた。
0522	Gibbons are among the most threatened primates in the world.	テナガザルは世界で最も絶滅の危機に直面している霊長類である。
0523	The oil spill ravaged sea life in the area, and it took many years for the ecosystem to recover.	石油の流失がこの地域の海洋生物に被害を与え、その生態系が回復するのに何年もかかった。
0524	He renounced his membership in the group and went on to found another competing organization.	彼はそのグループの会員権を放棄し、別の競合組織の創立に取り掛かった。

STAGE 06

0525	**revitalize** [rìːváitəlàiz]	動 ~を活性化させる；~を生き返らせる 名 revitalization (再生, 復活)
0526	**salute** [səlúːt]	名 敬意 (のしるし), あいさつ, 会釈 in salute (あいさつ [敬礼] として) = 名 greeting (あいさつ)
0527	**tabulate** [tǽbjəlèit]	動 ~を一覧 [表] にする；~を平らにする 形 平らな
0528	**propagate** [prápəgèit] 《生物》	動 繁殖する；広まる； ~を繁殖させる；~を広める 名 propagation (繁殖, 増殖；宣伝；普及)
0529	**cache** [kǽʃ]	名 隠し場所；貯蔵所；隠しておいたもの 動 ~を隠す, 貯蔵する
0530	**postulate** [pástʃulèit]	動 ~を主張 [仮定] する；~を要求する 名 postulation (仮定；先決条件；要求)
0531	**cohort** [kóuhɔːrt]	名 仲間, 相棒；支持者
0532	**intoxicated** [intáksikèitid]	形 酒に酔った；興奮している 動 intoxicate (~を酔わせる；~を興奮させる)
0533	**incumbent** [inkʌ́mbənt] 《社会》	名 現職 (者)；現職議員 形 現職の；責務のある
0534	**blob** [bláb]	名 染み, 斑点 = 名 blemish (染み；汚点)
0535	**podium** [póudiəm]	名 演壇；表彰台 動 表彰台に上がる, 3位以内になる
0536	**expulsion** [ikspʌ́lʃən]	名 除籍, 追放；除外, 駆除 ⇔ 名 entrance (入学, 入場)

0525	This announcement should <u>revitalize</u> the economy and improve unemployment before the next election.	この発表は次の選挙前に経済を活性化させ、失業問題を改善させているはずだ。
0526	In a <u>salute</u> to war veterans, the local theater offered free admission to afternoon shows.	退役軍人への敬意を表し、地元の映画館は午後の回への無料入場を提供した。
0527	Once we <u>tabulate</u> the results, we can write a report on our findings.	私たちは一旦この結果を一覧にしてから、発見したことに関する報告書を書くことができる。
0528	The Andean condor does not <u>propagate</u> quickly as the female lays only one egg every other year.	アンデスコンドルはメスが1年おきに卵を1つ生むだけなので、繁殖するのに時間がかかる。
0529	The police found a <u>cache</u> of weapons in his house, and he was arrested.	警察は彼の家で武器の隠し場所を発見し、彼は逮捕された。
0530	Scientists <u>postulate</u> that intelligent life exists on other planets, but they have not yet found proof.	科学者は知的生命体がほかの惑星にも存在していると主張するが、彼らはまだ証拠を見つけてはいない。
0531	The young boy had a loyal group of <u>cohorts</u>, and they spent most of their time together.	その少年は仲間で忠実なグループを作り、たいていの時間を共に過ごした。
0532	Because he was <u>intoxicated</u>, his friend offered to drive him home after the party.	彼は酒に酔っていたので、彼の友達はパーティーの後家まで車で送ると申し出た。
0533	The current governor, or <u>incumbent</u>, is running for re-election.	現在の州知事、つまり現職は、再選挙へ立候補している。
0534	I could not read his signature on the document as it was covered with a <u>blob</u> of ink.	書類上の彼の署名がインクの染みで隠れていて、読み取れなかった。
0535	The speaker stepped up to the <u>podium</u> and began his speech.	その演者は演壇に上がり演説を始めた。
0536	His parents were very upset when they heard of his <u>expulsion</u> from the university for cheating.	彼がカンニングで大学から除籍されたと聞いて彼の両親は非常に腹を立てた。

0537	**perpetrator** [pə́ːrpətrèitər] 《法律》	名 加害者，犯人 動 perpetrate (悪事をはたらく；へまをする) 名 perpetration (悪事，犯行)
0538	**secession** [siséʃən] 《政治》	名 離脱，分離 名 secessionism (分離論[主義]) 名 secessionist (分離論者[主義者])
0539	**seismic** [sáizmik] 《地学》	形 地震の seismic intensity (震度) 名 seismology (地震学)
0540	**tier** [tíər]	名 階層；列，層
0541	**omnipotent** [ɑmnípətənt] 《文化》	形 全知全能の；絶大の機能を持つ 名 全能者 名 omnipotence (全能)
0542	**opaque** [oupéik]	形 曖昧な；不透明な；不伝導性の 名 opaqueness (不透明；曖昧さ；不伝導) 副 opaquely (曖昧に；不透明に)
0543	**ventilation** [vèntəléiʃən]	名 換気(装置)；風通し；自由な議論 動 ventilate (〜に空気を通す；〜を自由に議論[検討]する)
0544	**perpendicular** [pə̀ːrpəndíkjulər]	形 垂直に交わる；《数学》(線などに対し)直角な 名 垂線；垂直の位置 = right angled (直角な)
0545	**bereavement** [birí:vmənt]	名 (近親との)死別；近親者喪失 動 bereave (〔肉親など〕を奪う，失わせる)
0546	**contemplation** [kɑ̀ntəmpléiʃən]	名 沈思，瞑想；凝視，注意深く見ること in contemplation (熟考して)
0547	**taxonomy** [tæksánəmi] 《学問》	名 (生物の)分類法，分類学 形 taxonomic (分類〔学〕上の)
0548	**binge** [bíndʒ]	名 食べ過ぎ；過度の楽しみ 熟 go on a 〜 binge (〜を食べ[飲み/やり]まくる)

0537	The police found the perpetrators of the crime, and they arrested them.	警察はその犯罪の加害者を見つけ、彼らを逮捕した。
0538	The secession of the southern states from the United States was a factor in the Civil War.	アメリカ合衆国からの南部の州の離脱が南北戦争の1つの要因だった。
0539	Seismic waves are caused by earthquakes.	地震によって地震波が引き起こされる。
0540	There were three tiers of seats in the theatre, and we were seated in the top tier.	その劇場には座席が3階層あり、私たちは一番上の階層に座った。
0541	He believes in an omnipotent god.	彼は全知全能の神を信じている。
0542	His meaning was opaque rather than clear.	彼が意図するところは明確というより曖昧だった。
0543	It was warm inside the house, so he opened the window to get some ventilation.	家の中が暑かったので、彼は換気のために窓を開けた。
0544	The streets are perpendicular, not parallel to each other.	その通りは垂直に交わっていて、互いに平行ではない。
0545	At one time when a wife lost her husband to death, she would wear black for a year as a sign of bereavement.	かつては妻が夫を亡くした際に、その妻は死別の象徴として黒い衣服を1年間身につけていた。
0546	The monks make time every day for meditation and contemplation.	修道士たちは瞑想と沈思のための時間を毎日作っている。
0547	There was a debate over the taxonomy or the classification of the species.	その種の分類法や区分について議論がなされた。
0548	We went on an ice cream binge and ate the entire carton while watching television.	私たちはアイスクリームを食べまくり、テレビを観ている間にその大型容器を平らげた。

0549	**auxiliary** [ɔːgzíljəri]	形 補助の；予備の 名 補助者[物]
0550	**encapsulate** [inkǽpsjulèit]	動 ～を要約する；～をカプセルに包む；～を覆い隠す 名 encapsulation（要約；カプセルに入れること）
0551	**lien** [líən] 《法律》	名 抵当権；先取特権
0552	**plurality** [pluərǽləti] 《政治》	名 (過半数未満の)最高得票数；複数 形 plural（複数の） 名 pluralism（多元論）
0553	**antecedent** [æntəsíːdənt]	名 〈複〉先祖；前歴；先例 形 先行する = 名 ancestor（祖先）
0554	**convene** [kənvíːn]	動 (委員会などが)招集される，開かれる；～を招集[開催]する
0555	**augment** [ɔːgmént]	動 ～を増やす，補強する = 動 increase（～を増やす）
0556	**horticulture** [hɔ́ːrtəkÀltʃər] 《学問》	名 園芸学 形 horticultural（園芸的な） 名 horticulturist（園芸家）
0557	**salient** [séiliənt]	形 顕著な；突起した 名 (戦線・砦などの)突出物 = 形 prominent（目立つ，卓越した）
0558	**libel** [láibəl] 《法律》	名 名誉毀損，侮辱
0559	**conjugate** [kándʒəgèit] 《語学》	動 (動詞が)変化[活用]する；～を変化させる 形 接合した；対になった；同根の(単語) 名 conjugation（動詞の変化[活用]形）
0560	**formative** [fɔ́ːrmətiv]	形 成長の，発達の；造形の；形成の 熟 **formative years[stages]**（成長期，人格形成期）

0549	When the main power went out, the hospital switched to auxiliary power.	主電源が停電すると、その病院は補助の電力に切り替えた。
0550	The article encapsulated the main points of his very long speech.	この記事は、彼の非常に長い演説の要点を要約した。
0551	The bank has a lien on the property, and it cannot be sold until that is paid off.	その銀行はその不動産に抵当権があり、それが支払われるまでその不動産は売却できない。
0552	The leading candidate in the three-way election received a plurality of the votes, or more than half of the total.	三者選挙での最有力候補者は投票の最高投票数、つまり総数の半分以上を獲得した。
0553	She was born in the United States, but her antecedents came from Ireland.	彼女はアメリカ合衆国で生まれたが、彼女の先祖はアイルランドの出身であった。
0554	The budget committee convened for a meeting at 2 P.M.	予算委員会は午後2時の会議に招集された。
0555	She augments her regular income with extra work on the weekend babysitting.	彼女は週末の子守の時間外労働で通常の収入を増やしている。
0556	She studied horticulture in school as she was very interested in plants.	彼女は植物にとても興味があったので学校で園芸学を学んだ。
0557	I can recall some of his most salient comments from our conversation.	私は私たちの会話から彼の最も顕著なコメントの一部を思い出すことができる。
0558	The famous actor said the false stories in the paper hurt his reputation, so he sued them for libel.	有名な俳優は新聞の誤った記事のせいで彼の名声に傷がついたと言い、彼らを名誉毀損で訴えた。
0559	Regular verbs in English are conjugated in the past tense by adding "ed" to the end.	英語の通常の動詞は、語尾に「ed」を付けることで過去形に変化する。
0560	She spent her formative years in France where she was educated by private tutors.	彼女は成長期を家庭教師から教育を受けたフランスで過ごした。

0561	**delve** [délv]	動 掘り下げて[徹底的に]調査する = 動 examine(〜を調査する，検査する) = 動 probe(〜を綿密に調べる，精査する)
0562	**tactful** [tæktfəl]	形 機転の利く 名 tact(機転；こつ)
0563	**unravel** [ʌnrǽvəl]	動 白紙に戻る，破綻[崩壊/失敗]する；(もつれた糸が)ほどける，(難問が)解ける
0564	**upheaval** [ʌphíːvəl] 《社会》	名 (社会・政治的な)大混乱，激動；持ち上がること；《地学》(地殻の)隆起
0565	**vernacular** [vərnǽkjulər]	名 その土地固有の言葉[建築工法]；(ある職業・階級の)専門用語 形 (言語・建築様式が)その土地固有の
0566	**volition** [voulíʃən]	名 意志；決断；意志力，決断力
0567	**adjudicate** [ədʒúːdikèit]	動 (事件など)を解決する，裁く；〜に宣告する，判決を下す
0568	**concentric** [kənséntrik] 《数学》	形 (円・球が)同心の；集中的な
0569	**corollary** [kɔ́ːrəlèri]	名 必然的帰結[結果]；(直接的)推論
0570	**countermeasure** [káuntərmèʒər]	名 対応[対抗]策
0571	**deferential** [dèfərénʃəl]	形 敬意を払う，丁重な 名 deference(敬意；服従) = 形 respectful(敬意を払う，丁重な)
0572	**demise** [dimáiz] 《社会》	名 (存在・活動の)終焉，消滅；(王位の)継承；(王の)崩御；(遺言・賃貸による)財産権譲渡

0561	The professor recommended that the student <u>delve</u> more deeply into the topic for his research paper.	研究論文のためその学生はその主題をもっと深く<u>掘り下げて調査する</u>べきだと教授は勧めた。
0562	She was very <u>tactful</u> when she declined the invitation because she hoped to be invited to future parties.	彼女は将来のパーティーへ招待されたいと考えていたので、その招待を断るときにたいそう<u>機転を利かせ</u>た。
0563	Our theory <u>unraveled</u> once the initial findings were proved incorrect.	最初の発見が正しくないと証明されると、私たちの説は<u>白紙に戻った</u>。
0564	There was an <u>upheaval</u> in the markets when the extreme weather destroyed the crops.	極端な天候が作物をだめにすると、市場に<u>大混乱</u>が生じた。
0565	The story was written in the <u>vernacular</u>, which made it harder to understand.	この物語は<u>その土地固有の言葉</u>で書かれており、そのため理解するのがより難しくなった。
0566	She acted on her own <u>volition</u> and went to the head of the department to tell her story.	彼女は自分自身の<u>意志</u>に従って行動し部長のところへ行って話をした。
0567	She <u>adjudicated</u> the dispute between the two former group leaders.	彼女はグループの元リーダー2人の争いごとを<u>解決した</u>。
0568	Her drawing of the solar system showed a series of <u>concentric</u> circles extending out from the sun.	彼女の太陽系のスケッチには太陽から広がる一連の<u>同心</u>円が描写されていた。
0569	A <u>corollary</u> is something that is easily deduced from something already proven.	<u>必然的帰結</u>とは既に証明されたことから簡単に推定されることである。
0570	They put <u>countermeasures</u> in place to make sure the systems would not fail again.	そのシステムが再度故障することのないよう確認するための<u>対応策</u>を、彼らは導入した。
0571	They were always <u>deferential</u> to their elders and gave them the first choice of seating.	彼らはいつも高齢者に<u>敬意を払い</u>、第一希望の座席を提供した。
0572	The <u>demise</u> of the industry was long in coming, but it could be traced back to one amazing discovery.	その産業の<u>終焉</u>はなかなか訪れなかったが、それは驚くべき発見に遡ることができるだろう。

0573	**evade** [ivéid]	動 (義務・問題・支払いなど)を**逃れる**；(攻撃・敵など)を**逃れる**；(質問など)を**はぐらかす**
0574	**freak** [frí:k]	形 **不慮の**；**異常な，風変わりな** 名 異常現象；気まぐれ；ファン
0575	**groan** [gróun]	動 **不満の声を上げる**；**うめく，うなる** 名 不満の声；うめき声；きしむ音
0576	**groove** [grú:v]	名 **溝**；**決まったやり方，慣例**
0577	**manifold** [mǽnəfòuld]	形 **多数の**；**多面的な**；(機械などが)**複合の**；(用紙などが)**複写用の** 名 多面的なもの；複合体；複写
0578	**monotone** [mánətòun]	名 (話し方・文体などの)**単調** 形 monotonous (単調な，退屈な)
0579	**munition** [mju:níʃən]	名 〈複〉**軍需物資，軍用品**
0580	**ordain** [ɔ:rdéin] 《法律》	動 (法などが)~を**規定する**；~を**司祭に任命する**
0581	**peck** [pék]	動 (人が)**ほんの少しだけ食べる**；(鳥がくちばしで)**つつく，ついばむ**
0582	**preponderance** [pripándərəns]	名 〈a ―〉**圧倒的多数，優勢，優越**
0583	**rash** [rǽʃ] 《医療》	名 **発疹**；(よくない事の)**多発，頻発**
0584	**recede** [risí:d]	動 **引っ込む**；**遠ざかる**；**後退する**；**弱まる，減少する**

0573	Many wealthy people evade taxes by placing money in foreign bank accounts.	多くの裕福な人々は外国の銀行口座に資金を置くことで税負担を逃れる。
0574	It was very unexpected; it was a freak accident.	それは全く予期していなかった。それは不慮の事故だった。
0575	He groaned when his mother said it was time to get up and get out of bed as he was late for school.	学校に遅刻するので起きてベッドから出る時間だと母親が言うと、彼は不満の声を上げた。
0576	There are grooves or tracks in old vinyl records for the phonograph needles.	古いビニールレコードにはレコード針用の溝またはトラックがあった。
0577	We have manifold duties to complete before we finish up here.	私たちにはここで仕上げる前に達成しなければならない義務が多数ある。
0578	The teacher always spoke in a monotone, so many students fell asleep.	その教師はいつも単調に話すので、生徒の多くは居眠りをした。
0579	There was an explosion in the munitions factory.	軍需物資工場で爆発があった。
0580	The city council ordained a new law.	市議会は新しい法律を制定した。
0581	The child was not hungry, so she pecked at her food.	その子供はお腹がすいていなかったので、料理をほんの少しだけ食べた。
0582	There was a preponderance of fans for the Argentinean team at the game.	その試合ではアルゼンチンチームのファンが圧倒的多数であった。
0583	He was allergic to the medicine, so it caused a rash on his skin.	彼は薬にアレルギーがあったので、薬を飲むことは皮膚上の発疹を引き起こした。
0584	After the flood, the water receded slowly so the residents had to wait to return to their homes.	洪水の後、水はゆっくり引いていき、住人たちは家に戻るまで待たなければならなかった。

No.	単語	発音	意味
0585	**zoologist**	[zouálədʒist] 《学問》	名 動物学者 名 zoology（動物学）
0586	**repudiate**	[ripjú:dièit]	動 ～を拒否[拒絶]する； 　～への関与を否定する[認めない] ＝ 動 reject（～を拒否する）
0587	**syndicate**	動[síndikèit] 名[síndikət]《社会》	動（記事など）を複数の新聞に同時に配給する 名 シンジケート，企業連合；《米》犯罪組織
0588	**unanimous**	[junǽnəməs]	形 満場一致の 名 unanimity（全会一致）
0589	**vigilant**	[vídʒələnt]	形 寝ずに番をする；気を配っている 名 vigilance（警戒，用心；寝ずの番） ＝ 形 attentive（用心深い）
0590	**acclaimed**	[əkléimd]	形 評価の高い，賞賛された 動 acclaim（～を高く評価する，称賛する）
0591	**admirable**	[ǽdmərəbl]	形 称賛に値する，立派な 動 admire（～を称賛[敬服]する） ＝ 形 respectable（立派な）
0592	**avalanche**	[ǽvəlæntʃ]	名 雪崩 ＝ 名 snowslide（雪崩）
0593	**blot**	[blát]	動 ～を拭う，ふき取る； 　～に染みを付ける，～を汚す 名 汚れ，染み；汚点
0594	**comb**	[kóum]	動 ～を徹底的に調べる[捜す]； 　（髪）をくしでとく ＝ 動 scour（～を徹底的に調べる）
0595	**crunch**	[krʌ́ntʃ]	動 バリバリ噛み砕く 名 噛み砕くこと[音]
0596	**dismantle**	[dismǽntl]	動 ～を解体する，分解する ⇔ 動 assemble（～を組み立てる）

0585	The zoologist studies animals and their environments.	動物学者は動物とその環境について研究する。
0586	She repudiated the charges and said they were without merit.	彼女はその義務を拒否し、それらにはメリットがないと言った。
0587	His column was syndicated to newspapers around the country.	彼のコラムは国内中の新聞各紙に同時に配給された。
0588	It was a unanimous decision as everyone on the council voted in favor of the proposition.	地方議会で全員がその提案を支持して投票したので満場一致の判定だった。
0589	It was hard for the guards on night duty to remain vigilant.	警備員にとって夜勤で寝ずに番をし続けるのは大変だった。
0590	The acclaimed author is publishing a new book.	評価の高い作家が新しい本を出版するだろう。
0591	She has many admirable qualities including her easy-going manner.	彼女は気軽に付き合えるところなど称賛に値する資質を多く兼ね備えている。
0592	Avalanche season can be very dangerous in this snow-covered, mountainous area.	この雪に覆われる山間地では雪崩の季節はとても危険になりうる。
0593	While working out, she blotted her face with a towel to keep the sweat from running down her chin.	運動している間、彼女は汗があごまで流れおちないようタオルで顔を拭った。
0594	The investigators combed through the debris in their search for the cause of the crash.	捜査官たちは衝突原因の捜査においてその残骸を徹底的に調べた。
0595	She heard a crunching sound and looked around to see the child eating the crackers.	バリバリ噛み砕く音が聞こえたので彼女は周りを見渡してみると子供がクラッカーを食べているのが見えた。
0596	After the live play, they dismantled the set and stored it away.	ライブ演奏の後、彼らはそのセットを解体してしまっておいた。

0597	**formidable** [fɔ́ːrmidəbl]	形 畏敬の念を起こさせる，すばらしい；手ごわい，恐るべき = 形 awesome（畏敬の念を抱かせる，すばらしい）
0598	**gunk** [gʌ́ŋk]	名 ベトベトした汚れ
0599	**messiah** [misáiə] 《文化》	名 救世主；〈M—〉（キリスト教の）メシア
0600	**mushroom** [mʌ́ʃruːm]	動 膨れ上がる，急成長する 名 きのこ；マッシュルーム

0597	The new headmistress was a formidable authority figure.	新しい女性の校長は畏敬の念を起こさせる権威のある人だった。
0598	The car was overdue for maintenance, and the engine was full of oily gunk.	その車はメンテナンスの時期を過ぎており、エンジンは油まみれでベトベトした汚れまみれであった。
0599	He was hailed as a new messiah of this youth movement.	彼はこの青年運動の新たな救世主として迎えられた。
0600	The problems of the city mushroomed, so they decided to hire a new manager.	その都市の問題が膨れ上がったので、彼らは新しいマネージャーを雇用することに決めた。

ROUND 2 STAGE 07 No.0601-0700

| MEANING |

0601 needy
[ní:di] 《社会》
- 名 〈the —〉貧しい人々，貧困者
- 形 貧しい，困窮している
- = the poor (困窮者，貧困層)

0602 pavilion
[pəvíljən]
- 名 パビリオン；大型テント

0603 peril
[pérəl]
- 名 危険，危機
- 動 ～を危険にさらす
- = 名 danger (危険，危機)

0604 repel
[ripél]
- 動 ～を駆除する；～を遠ざける，撃退する
- = 動 repulse (～を撃退する；～を拒絶する)

0605 subdue
[səbdjú:]
- 動 ～を制圧[征服]する
- = 動 overpower (～を征服する)
- = 動 conquer (～を制圧する)

0606 swine
[swáin] 《動物》
- 名 ブタ；不快なもの，嫌な奴

0607 unsuitable
[ʌnsú:təbl]
- 形 不適切な，好ましくない
- = 形 inappropriate (不適当な)
- ⇔ 形 suitable (ふさわしい，適切な)

0608 vindicate
[víndəkèit] 《法律》
- 動 (権利など)を支持する，擁護する；(疑念)を晴らす，(無実)を証明する
- = 動 maintain (～を支持する)

0609 warped
[wɔ́:rpt]
- 形 ゆがんだ；おかしい
- 動 warp (ゆがむ，たわむ，しなる)

0610 admonish
[ædmániʃ]
- 動 ～を諭す；～に忠告する
- 名 admonition (忠告，勧告)
- = 動 advise (～に忠告する)

0611 bout
[báut] 《医療》
- 名 (病気の)期間；(病気の)発作；試合，一勝負
- = 名 period (期間)
- = 名 attack (発作，発病)

0612 brood
[brú:d]
- 動 くよくよ考える，思案する；(鳥が)卵を抱く
- 名 一度にかえったヒナ
- 名 brooder (ヒナ保育器)

	EXAMPLE SENTENCE	TRANSLATION
0601	He collects and distributes food and clothing to the <u>needy</u> in the community.	彼はその地域社会の<u>貧しい人々</u>に食糧と衣料を集め配布している。
0602	The music <u>pavilion</u> was in the center of the town commons.	音楽<u>パビリオン</u>が街の広場の真ん中にあった。
0603	Our decision to continue the climb when the weather worsened put us in <u>peril</u>.	天気が悪化したときに登山し続けると決定したことは私たちを<u>危険</u>な目にあわせた。
0604	The organic gardeners <u>repelled</u> pests using natural methods.	有機栽培園芸家は自然の方法を用いて害虫を<u>駆除した</u>。
0605	The army <u>subdued</u> the enemy and won the battle.	その軍は敵を<u>制圧し</u>、その戦いに勝った。
0606	Wild boar or <u>swine</u> can be found on this island.	この島では野生のイノシシもしくは<u>ブタ</u>が見られる。
0607	Her friend advised her not to wear her low-cut sweater to the interview as it was <u>unsuitable</u>.	彼女の友達は、彼女に面接には襟ぐりの深いセーターを<u>不適切</u>なので着て行かないようにと忠告した。
0608	The judge <u>vindicated</u> her claim to the property.	判事は彼女のその不動産に対する要求を<u>支持した</u>。
0609	The <u>warped</u> wood in the subflooring had to be replaced as it caused the flooring to sag.	床の下張りの<u>ゆがんだ</u>木材は床張りが沈下する原因となるため、それを取り替えなければならなかった。
0610	The teacher <u>admonished</u> the entire class about their poor results on the first quiz.	先生は最初の小テストの結果が悪かったことについてクラス全体を<u>諭した</u>。
0611	She was trying to get better after a long <u>bout</u> with the flu, but it took longer than she expected.	彼女はインフルエンザを長い<u>期間</u>患った後で回復を試みていたが、彼女が期待するよりも長くかかった。
0612	After his disappointing results on the chemistry test, he <u>brooded</u> for days.	彼は化学のテストの結果にがっかりし、何日も<u>くよくよ考えた</u>。

0613	**cane** [kéin] 〈生物〉	名 藤；(竹など節のある植物の)茎 動 ～をむちで打つ
0614	**collar** [kálər]	動 ～をつかまえる；～を逮捕する 名 (衣服の)襟, カラー；(ペットなどの)首輪
0615	**conspire** [kənspáiər]	動 陰謀を企てる, 共謀する 名 conspiracy (陰謀, 策略) = 動 plot (～をたくらむ)
0616	**debilitate** [dibíliteit]	動 ～を衰弱[消耗]させる = 動 weaken (～を弱める) ⇔ 動 rehabilitate (～を更生させる)
0617	**ecstatic** [ekstǽtik]	形 有頂天になった, 恍惚とした 名 ecstasy (無我夢中, 有頂天)
0618	**engrave** [ingréiv]	動 (文字など)を刻む, 彫る；(心)に刻み込む = 動 etch (～を刻み込む)
0619	**entice** [intáis]	動 ～を引き抜く, 誘う；～の気を引く = 動 lure (～を誘惑する, 誘い込む)
0620	**fume** [fjú:m]	動 腹を立てる, いらだつ；(煙・蒸気など)を出す 名 いらだち；煙, 蒸気
0621	**guise** [gáiz]	名 見せかけ；外観 = 名 pretension (見せかけ) 熟 under the guise of ～ (～を隠れみのにして)
0622	**hoarse** [hɔ́:rs] 〈生理〉	形 (声が)かすれた, しわがれ声の = 形 husky (かすれた, ハスキーな)
0623	**illiterate** [ilítərət] 〈社会〉	形 非識字の, 教養のない 名 非識字の人, 無教養な人 ⇔ 形 literate (読み書きができる)
0624	**inexplicable** [ineksplíkəbl]	形 不可解な, 説明できない = 形 incomprehensible (理解しがたい, 不可解な) ⇔ 形 explicable (説明可能な)

0613	The cane chair was created by a firm specializing in furniture from renewable sources.	再生可能な資源を材料にした家具に特化する会社が籐のイスを作った。
0614	We finally collared the loose dog that was running around the plaza.	私たちは広場中を走り回っていた野放しの犬をついにつかまえた。
0615	The prisoners conspired together to break out of jail.	その囚人たちは共に刑務所を脱獄する陰謀を企てた。
0616	The long illness debilitated her, and she had to work hard to build up her strength.	長期間の病気で彼女は衰弱し、体力をつけるため彼女は懸命に取り組まなければならなかった。
0617	His family was ecstatic when he returned from the war with no serious injuries.	深刻な怪我をすることなく彼が戦争から戻り彼の家族は有頂天になった。
0618	They engraved the baby's name on the silver cup along with his birth date.	彼らは銀製のカップに誕生日に加えてその赤ん坊の名前を刻み込んだ。
0619	The other company hopes to entice the programmer away from his current job with a better offer.	条件の良い申し出でそのプログラマーを現職から引き抜きたいとほかの会社は考えている。
0620	He's been fuming about higher taxes for weeks.	彼は何週間も税の引き上げについて腹を立てている。
0621	Under the guise of darkness, the thief moved through the garden and up to the window of the house.	暗闇を隠れみのにして、その泥棒は庭を進んで家の窓へ登った。
0622	Her voice is very hoarse as she has been making speeches all week.	彼女は1週間ずっと演説を行っていたので声がとてもかすれている。
0623	An illiterate person cannot read and write.	非識字の人は読み書きができない。
0624	For some inexplicable reason, he is angry with me.	不可解な理由で、彼は私に怒っている。

0625	**interrogate** [ɪntérəgèɪt]	動 ~に尋問する，~を問いただす 名 interrogation (尋問，取り調べ)
0626	**materialize** [mətíəriəlàɪz]	動 実現する；姿を現す 形 material (有形の；実体の)
0627	**mortuary** [mɔ́ːrtʃuèri]	名 霊安室，遺体安置所 形 埋葬の
0628	**atheist** [éɪθiɪst] 《思想》	名 無神論者 名 atheism (無神論)
0629	**fortification** [fɔ̀ːrtəfɪkéɪʃən]	名 栄養強化；要塞；要塞化
0630	**annihilation** [ənàɪəléɪʃən] 《生物》	名 絶滅，全滅 動 annihilate (~を絶滅[全滅]させる；~を負かす)
0631	**outage** [áʊtɪdʒ]	名 (電気ガスなどの)供給停止 熟 power outage (停電)
0632	**ergonomic** [ə̀ːrɡənámɪk] 《学問》	形 人間工学に基づく 名 ergonomics (人間工学) 副 ergonomically (人間工学的に)
0633	**didactic** [daɪdǽktɪk]	形 教訓的な 名 didacticism (教訓主義) = 形 instructive (教訓的な)
0634	**remission** [rɪmíʃən] 《医療》	名 寛解，(病気の一時的)鎮静； (罪・犯罪などの)赦免；(負債・義務などの)免除
0635	**atrium** [éɪtriəm]	名 アトリウム(ガラスの屋根で覆われた広場)； 中庭；広間；《医療》心房
0636	**dysfunctional** [dɪsfʌ́ŋkʃənəl]	形 機能を果たしていない，機能不全の ⇔ 形 functional (機能する；実用的な)

0625	The police interrogated the prisoner.	警察はその囚人を尋問した。
0626	The promised profits of the investment never materialized.	その投資の約束された利益は決して実現しなかった。
0627	The body was prepared for burial in the mortuary.	その遺体は霊安室で葬儀に備えて整えられた。
0628	The atheist does not believe in a supreme being or god.	無神論者は神や創造主を信じていない。
0629	The fortification of many foods, like the vitamin D added to milk, has increased the overall health of the population.	牛乳へのビタミンD添加といった多くの食品の栄養強化のおかげで住人全体の健康状態が向上してきた。
0630	If global temperatures keep rising, it may lead to the annihilation of many species.	もし地球の気温が上昇し続ければ、それは多くの種の絶滅につながるかもしれない。
0631	The power outage caused problems for the businesses in the area.	その停電はその地域の事業の問題を引き起こした。
0632	I enjoy my ergonomic chair in my office as it prevents back pain.	腰痛を防ぐので、私はオフィスにある人間工学に基づくイスを喜んで使っている。
0633	The fairy tales always have a moral; they are very didactic in that way.	おとぎ話には教訓がつきものである。その意味でおとぎ話はとても教訓的なのである。
0634	Her disease is in remission, so she is not experiencing any symptoms.	彼女の病気は寛解期にあるので、何の症状も出ていない。
0635	The building had an atrium on the ground floor with a beautiful fountain and a skylight.	その建物には1階に美しい噴水と自然光が差し込むアトリウムがあった。
0636	She came from a dysfunctional family with an alcoholic father.	アルコール依存症の父親がいる、家族の機能を果たしていない家庭から彼女は来ていた。

0637	**philanthropy** [fɪlǽnθrəpi] 《社会》	名 慈善活動；慈善，博愛 形 philanthropic（博愛〔主義〕の，慈善〔事業〕の） 名 philanthropist（慈善家，博愛主義者）
0638	**collusion** [kəlúːʒən]	名 結託，共謀；馴れ合い 動 collude（共謀する，談合する） 形 collusive（共謀した，談合による）
0639	**dissipate** [dísəpèit] 《気象》	動 (雲や霧が)消える，散る；～を分散させる；(鬱憤など)を晴らす；散財[浪費]する
0640	**geriatric** [dʒèriǽtrik] 《医療》	形 高齢者向けの；老年医学[医療]の 名 geriatrics（老年医学） 名 geriatrician（老年医学者）
0641	**quotient** [kwóuʃənt] 《数学》	名 (除法の解)商；指数，比率；程度 ⇔ 名 product（積〔乗法の解〕）
0642	**excavate** [ékskəvèit]	動 ～を掘り起こす，発掘する 名 excavation（発掘） ＝ 動 unearth（～を掘り出す）
0643	**extrapolate** [ikstrǽpəlèit]	動 (事実などから)～を推定[推測]する 名 extrapolation（推定，推測）
0644	**crystallize** [krístəlàiz]	動 (思いなどが)具現化する，明確になる；結晶化する 名 crystallization（具体化；結晶化）
0645	**fixation** [fikséiʃən]	名 病的な執着，偏執；固定，定着
0646	**confiscate** [kánfiskèit]	動 ～を没収する，差し押さえる 形 没収[押収]した 名 confiscation（没収，押収；徴発）
0647	**insular** [ínsələr]	形 偏狭な；島国の；島国根性の
0648	**inflection** [inflékʃən]	名 抑揚；屈折；《語学》語形変化，活用

0637	He's a wealthy man who spends most of his time on his philanthropy, which funds medical research.	彼は自分の時間の大部分を慈善活動に費やす裕福な男性で、その慈善活動は医学研究に資金提供している。
0638	The two boxers were in collusion to fake the fight.	その2人のボクサーは試合のふりをしようと結託した。
0639	The rain clouds are starting to dissipate, and I think it will be a nice day.	雨雲が消え始めてきたので、天気の良い一日になると思う。
0640	She's a geriatric nurse who works with the elderly.	彼女は高齢者を対象に働く高齢者向け看護師である。
0641	When ten is divided by five, the quotient is two.	10を5で割ると、商は2である。
0642	When they excavated the ancient burial site, they found pottery fragments from an earlier civilization.	彼らは古代の埋葬地を掘り起こすと、初期文明の陶器の断片を発見した。
0643	Newton extrapolated his theory of gravity from his observations of the natural world.	ニュートンは自然界の観察から、彼の重力論を推定した。
0644	After many discussions with colleagues, his thoughts crystallized into a theory.	同僚との議論を多く重ねた後で、彼の考えは理論へと具現化した。
0645	That man has a fixation on this movie star, and he has been arrested for stalking her.	あの男性はこの映画スターに病的な執着があり、彼は彼女へのストーキングの罪で逮捕された。
0646	When the boy brought a knife to school, his teacher confiscated it.	少年が学校にナイフを持ってきたとき、彼の先生はそれを没収した。
0647	She has lived a very insular life, living on a small island with her elderly grandparents.	彼女は年老いた祖父と祖母と共に小さい島で暮らし、とても偏狭な暮らしをしてきた。
0648	The inflection in her voice changes when she is angry.	彼女は怒ると声の抑揚が変わる。

0649	**outright** [áutràit]	形 あからさまな；明白な，率直な an outright lie（見えすいた嘘）
0650	**overhaul** 名[óuvərhɔ̀ːl] 動[òuvərhɔ́ːl]	名 徹底的な調査；分解点検 動 ~を詳しく調べる；~を点検[修理]する；~に追いつく，~を追い越す
0651	**partake** [pɑːrtéik]	動 加わる，参加する；共にする partake in ~（~に参加する） partake of ~（~を共にする）
0652	**rattle** [rǽtl]	動 ~をあわて[どぎまぎ]させる；ガタガタと音を立てて動く rattle around ~（~を持て余す）
0653	**recourse** [ríːkɔːrs] 《経済》	名 (手形などの)償還請求；(~に)頼ること；頼みの綱
0654	**savvy** [sǽvi]	名 手腕；実際的な知識 形 有能な，ツボを心得た
0655	**sequester** [sikwéstər]	動 ~を隔離する；~を孤立させる sequestered（隔離された）
0656	**stitch** [stítʃ] 《医療》	動 ~を縫う，縫合する；~に刺繍する 名 ひと針，ひと縫い stitching（縫い目，編み目）
0657	**subside** [səbsáid]	動 (元の状態に)おさまる[戻る]；(地面が)陥没する；(船が)沈む subsidence（沈下，陥没）
0658	**twinkle** [twíŋkl]	動 (星などが)キラキラと輝く，きらめく 名 きらめき
0659	**abound** [əbáund]	動 (動物などが)あふれる，たくさんいる abound in[with] ~（~で満ちている）
0660	**antidote** [ǽntidòut] 《医療》	名 解毒剤；対策，防御手段

0649	The little boy told an outright lie when he said he could fly like Peter Pan.	小さな男の子はピーターパンのように飛ぶことができると見えすいた嘘をついた。
0650	The program needs a complete overhaul; we need to re-evaluate our organizational structure.	そのプログラムには完全かつ徹底的な調査が必要だ。私たちの組織構造について再評価する必要がある。
0651	She doesn't usually partake in our Friday night event at the bar, but she came this time.	彼女はいつも金曜夜のバーでのイベントに参加しないが、今回は来た。
0652	She's very calm; nothing seems to rattle her.	彼女はとても冷静だ。彼女をあわてさせるものは何もないように思われる。
0653	The customer wanted to know what recourse she had if she was unhappy with the service.	その顧客はサービスに満足しない場合にどのような償還請求ができるのか知りたかった。
0654	He has excellent investment savvy, and he consistently makes money in the stock market.	彼には投資において優れた手腕があり、株式市場で一貫して利益を上げている。
0655	The judge sequestered the jury, and they are not allowed to have contact with the outside world.	判事は陪審員たちを隔離し、彼らは外界と接触することを認められない。
0656	The doctor stitched the cut over his eye.	医者は彼の目の上の切り傷を縫った。
0657	They were able to return to their homes to inspect the damage when the floodwaters subsided.	洪水の水がおさまったとき、彼らはその被害を確認するため家に戻ることができた。
0658	The stars seemed to twinkle in the cold night sky.	寒い夜空に星がキラキラと輝くように見えた。
0659	Every summer the fisherman comes back to this stream where the trout abound.	毎年夏になるとマスであふれるこの小川に漁師が戻ってくる。
0660	The nurse administered the antidote to the poison to the child who had been bitten by the snake.	看護師はヘビに噛まれた子供に解毒剤を投与した。

0661	**attrition** [ətríʃən] 《社会》	名 欠員，人員削減；消耗，磨滅 = 名 waste (消耗, 損傷)
0662	**bead** [bíːd]	動 (液体が)玉のように付く 名 しずく，玉；数珠，ビーズ = 名 droplet (しずく)
0663	**compendium** [kəmpéndiəm]	名 抄録；概説(書)；要約 = 名 compilation (編集してまとめたもの)
0664	**contiguous** [kəntígjuəs]	形 隣接する，近接の；切れ目のない；(時間的に)連続した 例 the contiguous United States (アメリカ合衆国本土)
0665	**crescent** [krésnt] 《宇宙》	形 三日月(形)の 名 三日月，新月；〈C—〉トルコ帝国
0666	**disarm** [disáːrm]	動 (爆弾など)を解除する，安全化する；〜の武装を解除する；〜を無害[無力]にする 名 disarmament (武装解除)
0667	**elucidate** [ilúːsədèit]	動 〜をはっきりさせる，解明[説明]する 名 elucidation (説明, 解明) 形 elucidatory (説明的な, 物事をはっきりさせる)
0668	**eulogy** [júːlədʒi]	名 (死者をたたえる)追悼の言葉，弔辞；称賛，賛辞 動 eulogize (〜を称賛する)
0669	**euphoria** [juːfɔ́ːriə] 《心理》	名 (一時的な)幸福感，陶酔感 形 euphoric (幸福感に満たされた)
0670	**influx** [ínflʌks]	名 流入；殺到，到来；(川の)合流点 ⇔ 名 efflux (流出)
0671	**intractable** [intræktəbl] 《医療》	形 難治性の；扱いにくい；(人などが)強情な，手に負えない = 形 defiant (反抗的な, 喧嘩腰の)
0672	**jittery** [dʒítəri] 《心理》	形 神経過敏な，いらだった = 形 nervous (神経質な；興奮しやすい)

0661	Our track team has had a high rate of attrition due to injuries this year.	私たちの陸上チームは今年ずっと怪我による欠員の割合が高い。
0662	Drops of water beaded on the windshield.	水のしずくがフロントガラスに玉のように付いた。
0663	If you want a concise summary of the subject, look at this compendium.	この議題の簡潔な要約が欲しいのなら、この抄録を見るとよい。
0664	The contiguous United States refers to the 48 adjoining states, not including Alaska and Hawaii.	アメリカ合衆国本土とは、48の隣接する州を指し、アラスカとハワイは含まない。
0665	The moon appears as a crescent shape in the sky in its first and last quarter.	上弦と下弦の時に月は三日月形の姿で空に現れる。
0666	The police called in a special unit to disarm the bomb.	警察は爆弾を解除するため特殊部隊を呼んだ。
0667	In his response to a question, the speaker elucidated his earlier comments with a clear explanation.	質問に答える際、その話し手はそれまでのコメントを明解な説明ではっきりさせた。
0668	His best friend gave the eulogy at his funeral, and it was very moving.	彼の親友は彼の葬儀で追悼の言葉を述べ、それはとても心動かすものだった。
0669	He was in a state of euphoria when he heard that he had won the Nobel Prize.	彼はノーベル賞を受賞したと聞くと幸福状態になった。
0670	Due to the influx of imported steel, the domestic price of steel has dropped.	輸入鉄鋼の流入で、国内の鉄鋼価格が下がった。
0671	He has had intractable pain in his knee ever since the accident.	彼はその事故以降膝に難治性の痛みを抱えている。
0672	Drinking too much coffee makes me feel jittery.	コーヒーの飲み過ぎで私は神経過敏になる。

No.	見出し語	意味
0673	**lofty** [lɔ́:fti]	形 気高い，高尚な；非常に高い，そびえ立つ；高慢な
0674	**opiate** [óupiət] 《医療》	名 鎮静剤，麻酔剤；感覚を鈍らせるもの
0675	**overtake** [òuvərtéik]	動 ～を追い抜く；〈受身〉～を不意に襲う
0676	**palliative** [pǽlièitiv] 《医療》	形 緩和の 名 緩和剤；対症療法；一時しのぎ
0677	**poke** [póuk]	動 ～をつつく；～を突っ込む
0678	**prod** [prád]	動 ～を急かす，駆り立てる；～をつつく
0679	**resuscitate** [risʌ́sətèit] 《医療》	動 ～を蘇生させる ＝ 動 regenerate（～を再生させる）
0680	**scrutinize** [skrú:tənàiz]	動 ～を精査[吟味]する 名 scrutiny（精査；監視） ＝ 動 audit（～を検査[監査]する）
0681	**stagnant** [stǽgnənt]	形 よどんだ；《経済》停滞した 名 stagnation（よどみ；不景気） ＝ 形 static（静的な；活気のない）
0682	**sterling** [stə́:rliŋ]	形 立派な；信頼のおける；本物の；〈略号 S., stg.〉英国ポンドの
0683	**toast** [tóust]	動 ～を祝して乾杯する 名 乾杯；祝杯のあいさつ
0684	**wary** [wéəri]	形 用心深い，油断のない，慎重な keep a wary eye on ～（～を注意深く見る）

0673	He has lofty ambitions as he wants to be president of the United States one day.	彼はいつかアメリカ合衆国の大統領になりたいという気高い大志を持っている。
0674	Her doctor prescribed an opiate to relieve her pain and help her sleep.	彼女の医者は彼女の痛みを緩和し睡眠を助ける鎮静剤を処方した。
0675	He ran very fast, but his opponent overtook him on the third lap.	彼はとても速く走ったが、彼の競争相手は3週目で彼を追い抜いた。
0676	There was not a cure for the disease, so the doctor recommended palliative care.	その病気の治療法がないため、医者は緩和ケアを勧めた。
0677	When the little boy poked the dog with a stick, the dog bit him.	小さな男の子が犬を棒でつつくと、その犬は彼に噛みついた。
0678	The person behind me in line prodded me with her elbow.	行列で私の後ろにいた人が、彼女の肘で私を急かした。
0679	The emergency medical crew resuscitated the unconscious child.	救命救急班は意識のない子供を蘇生させた。
0680	She scrutinized the contract carefully for any possible problems before she signed it.	彼女は契約書に署名する前に問題がないかどうか慎重に精査した。
0681	The stagnant water was unsafe to drink.	よどんだ水は飲むには安全ではなかった。
0682	She has a sterling reputation, so I think she would be a good choice for your doctor.	彼女には立派な評価があるので、彼女を主治医にするのは良い選択だろうと思う。
0683	The members of the wedding party toasted the bride and groom with champagne.	結婚パーティーの出席者は花嫁と花婿を祝してシャンパンで乾杯した。
0684	She is wary of strangers, as she doesn't trust them.	彼女は見知らぬ人を信用しないため、彼らに対し用心深い。

No.	見出し語	意味
0685	**awe** [ɔ́ː]	名 畏敬の念；畏怖 動〈受身〉~に畏敬の念を起こさせる
0686	**bizarre** [bizáːr]	形 奇想天外の；一風変わった，異様な = eccentric（風変わりな，突飛な） ⇔ realistic（現実的な；リアルな）
0687	**blunder** [blʌ́ndər]	動 うろうろする，まごまごして歩く；大失敗する 名 大失敗，不手際
0688	**cloak** [klóuk]	動〈受身〉~を包み込む 名 外套，(袖のない)コート；マント；隠れみの，口実
0689	**culpable** [kʌ́lpəbl]	形 とがむべき；《法律》有罪の culpable negligence（重大な過失）
0690	**cushion** [kúʃən]	動 (衝撃など)を和らげる；(人)を守る 名 クッション；緩衝剤
0691	**diaspora** [daiǽspərə]	名 離散；離散した人々；〈the D-〉ディアスポラ；離散したユダヤ人
0692	**downtime** [dáuntàim]	名 稼働停止[休止]時間；(ネットワークなどの)ダウンタイム
0693	**drape** [dréip]	名 (厚手の)カーテン；掛け布；(服の)垂れ具合，ドレープ 動 (部屋など)を布で覆う drapery（厚手のカーテン）
0694	**encroach** [inkróutʃ]	動 侵害する，侵略する encroach on ~（~を侵害[侵略]する） encroachment（侵犯，侵略）
0695	**entomology** [èntəmɑ́lədʒi] 《学問》	名 昆虫学 entomologist（昆虫学者） entomological（昆虫学の，昆虫学的な）
0696	**foregone** [fɔ́ːrgɔ̀ːn]	形 既定の；過去の foregone conclusion（はじめからわかっている結論）

0685	We were filled with awe when we realized all that they had accomplished in such a short time.	彼らがそんな短時間で成し遂げたというのを知った時私たちは畏敬の念でいっぱいになった。
0686	His bizarre behavior made people question his sanity.	彼の奇想天外な行動は人々に彼の正気を疑わせた。
0687	She blundered around the room, knocking things over as she searched for her glasses.	彼女は自分のメガネを探すのに物をひっくり返しながら、部屋中をうろうろした。
0688	The project was cloaked in mystery, and they even used a code word for the name.	そのプロジェクトは闇に包み込まれていたので、彼らはその名前に隠語さえ用いるほどだった。
0689	The company's attorneys are trying to prove the company should not be held culpable for the accident.	会社の弁護士は、会社がその事故に対し、とがめられるべきではないことを証明しようとしている。
0690	She cushioned the shock of the bad news with some good news about another area in the company.	彼女はその悪い知らせによるショックを会社の他部門に関する良い知らせで和らげた。
0691	The Armenian Diaspora is the spread of Armenians from their homeland to other countries driven by massacres and deportations.	離散アルメニア人とはアルメニア人が大虐殺や国外追放に突き動かされて母国から他国へ広がることを指す。
0692	We will have some downtime in the factory when the machinery is being serviced.	工場で機械類の運転中に稼働停止する時間がいくらかあるだろう。
0693	The window was covered with heavy drapes that kept out the sunlight.	その窓は厚いカーテンで覆われており、そのカーテンは窓から日光を遮ったままにしていた。
0694	Human population growth has encroached on the Asian elephant's habitat.	人口の増加によりアジアゾウの生息地が侵害されてきている。
0695	She's learning a lot about insects as she is studying entomology.	彼女は昆虫学の研究をしているため昆虫について多く学んでいる。
0696	It was a foregone conclusion that we would always be friends.	私たちはいつまでも友達だということははじめからわかっている結論だった。

0697	**foul** [fául]	形 (におい・味などが)**嫌な，臭い**；**汚い**
		名 (スポーツの)**反則，ファウル**
		= 形 nasty (下品な，不快な)

| 0698 | **geyser** [gáizər] 《地学》 | 名 **間欠泉** |
| | | ※一定の時間をおいて噴出する温泉のこと |

| 0699 | **groundwork** [gráundwə̀ːrk] | 名 **基礎準備，下地**；**基本原理** |
| | | lay the groundwork for 〜 (〜の基礎を築く) |

0700	**haze** [héiz] 《気象》	名 **もや，かすみ**
		形 hazy (かすみがかった，ぼんやりした)
		= 名 fog (霧)

0697	There was a foul odor coming from the pool of water where the animal had died.	動物が死んでいた水たまりから嫌なにおいが漂ってきた。
0698	Old Faithful is a famous geyser at Yellowstone National Park.	オールドフェイスフルとはイエローストーン国立公園の有名な間欠泉である。
0699	Our group has completed the groundwork for the project including the budget estimates.	私たちは予算見積もりを含むそのプロジェクトのための基礎準備を完成させた。
0700	The haze made it difficult to see the mountains that surrounded the city.	そのもやは街を囲む山々を見るのを難しくした。

No.	見出し語	MEANING
0701	**hypocrisy** [hipákrəsi]	名 偽善行為；見せかけ，猫かぶり 名 hypocrite (偽善者) 形 hypocritical (見せかけの，偽善的な)
0702	**immensely** [iménsli]	副 非常に，とても；莫大に 形 immense (巨大な，広大な) = 副 enormously (非常に，極めて)
0703	**perch** [pə́ːrtʃ]	名 止まり木；高い場所 動 止まり木に止まる； 〜を止まり木に止まらせる
0704	**pernicious** [pərníʃəs]	形 致命的な，悪性の pernicious anemia (悪性貧血) 副 perniciously (有害に；致命的に)
0705	**reclaim** [rikléim]	動 〜を回収する；〜を再要求する； 〜を開墾する
0706	**tandem** [tǽndəm]	形 縦に並んだ 名 縦2頭立ての馬車 in tandem (協力して；縦一列になって)
0707	**thwart** [θwɔ́ːrt]	動 〜を阻止する，妨害する
0708	**tremor** [trémər] 《地学》	名 余震；弱い地震；震え 形 tremulous (震える，びくびくする) = 名 quake (震え，揺れ；地震)
0709	**abdicate** [ǽbdikèit]	動 〜を放棄する，捨てる 熟 abdicate the throne (〔王が〕退位する) 名 abdication (退位；放棄)
0710	**abridged** [əbrídʒd]	形 要約の，簡約された an abridged edition (要約版) 動 abridge (〜を要約する，短縮する)
0711	**carnivore** [káːrnəvɔ̀ːr] 《動物》	名 肉食動物 形 carnivorous (肉食性の) ⇔ 名 herbivore (草食動物)
0712	**cleft** [kléft]	名 割れ目，裂け目 形 裂けた，割れた 動 cleave (〜を分裂させる，裂く，割る)

	EXAMPLE SENTENCE	TRANSLATION
0701	His hypocrisy disappointed her when she saw him drinking in the bar after making a speech about the dangers of alcohol.	アルコールの危険性について演説をした後に彼がバーで飲んでいるところを彼女が見て、彼の偽善行為は彼女をがっかりさせた。
0702	He works long hours, but he finds his work for the United Nations immensely satisfying.	彼は長時間働いているが、国際連合で働くことは非常に満足感があると彼は感じている。
0703	Golden eagles hunt from high perches where they can easily drop into the air and begin gliding.	イヌワシは空中に簡単に飛び降り滑空できる高い止まり木から狩りをする。
0704	It was a pernicious disease, which caused the death of many people.	それは致命的な病気で、多くの方の死の原因になった。
0705	He reclaimed his favorite shirt from the trash after his wife threw it away.	妻が彼のお気に入りのシャツを捨ててしまった後で、彼はそれをごみ箱から回収した。
0706	The couple bought a tandem bicycle with two seats so they could go riding together.	カップルは一緒に乗って行けるようにと、座席が2つ縦に並んだ自転車を買った。
0707	The police thwarted the robbery when they happened into the bank that day.	警察はその日偶然銀行へ行き強盗を阻止した。
0708	There was a series of tremors after the earthquake.	その地震の後に一連の余震があった。
0709	Edward VIII of England abdicated the throne in order to marry a divorced American woman.	イギリスのエドワード8世は離婚経験のあるアメリカ人女性と結婚するために退位した。
0710	He read the abridged version of the Shakespeare play, which was shorter than the original.	彼はシェイクスピアの戯曲の要約版を読んだが、それはオリジナルよりも短かった。
0711	Wolves are carnivores as they eat meat.	オオカミは肉を食糧とするため肉食動物である。
0712	Her climbing rope was caught in a cleft in the rock.	彼女の登山ロープが岩の割れ目にとらわれた。

STAGE 08

0713	**covert** [kóuvəːrt]	形 秘密の，覆われた a covert operation (秘密工作) ⇔ 形 overt (あからさまな，公然の)
0714	**cranky** [krǽŋki]	形 不機嫌な，怒りっぽい；不安定な 名 crank (クランク；奇人，変人) 名 crankiness (不機嫌さ；不安定なこと)
0715	**deflated** [difléitid]	形 意気消沈した，不機嫌な 動 deflate (～をしぼませる，～の自信をくじく) 名 deflation (デフレ；収縮)
0716	**deleterious** [dèlitíəriəs]	形 有害な，有毒な 副 deleteriously (有害に，致命的に) = 形 adverse (不都合な，マイナスの)
0717	**egregious** [igríːdʒəs]	形 実にひどい，目に余る 副 egregiously (言語道断に，極悪に) 名 egregiousness (言語道断なこと)
0718	**entangle** [intǽŋgl]	動 ～を巻き込む，からませる be entangled with[in] ～ (～に巻き込まれる)
0719	**envoy** [énvɔi] 《社会》	名 使節，使者 a goodwill envoy (親善大使)
0720	**extraneous** [ikstréiniəs]	形 無関係の；外部からの 副 extraneously (無関係に) = 形 irrelevant (無関係の；重要でない)
0721	**floppy** [flápi]	形 垂れた；元気のない
0722	**gleam** [glíːm]	名 かすかな光，きらめき 動 かすかに [きらりと] 光る
0723	**combustible** [kəmbʌ́stəbl]	形 燃えやすい，可燃性の； 　　興奮しやすい，危険な
0724	**deviant** [díːviənt]	形 社会の規範から逸脱した 名 逸脱者，変質者 名 deviance (逸脱)

0713	The spy was involved in a covert operation for his government, so he couldn't discuss it.	そのスパイは彼が属する政府の秘密工作に関与していたので、それについて話し合うことはできなかった。
0714	He is always cranky in the early morning before he has had his coffee.	彼はコーヒーを飲むまでは毎朝いつも不機嫌だ。
0715	They felt deflated after they lost the big game.	彼らは大きな試合に負け意気消沈した。
0716	His parents did not want him to spend time with the neighbor boy as they felt he had a deleterious influence on him.	近所の少年は彼に有害な影響を及ぼすと考えていたので、彼の両親は彼にその少年と共に時間を過ごしてほしくなかった。
0717	This is an egregious mistake that cannot be ignored.	これは見過ごせない実にひどい誤りだ。
0718	She entangled her children in her fight with their father who was her ex-husband.	彼女は子供たちを彼女の元夫である父親との喧嘩に巻き込んだ。
0719	He's a diplomatic envoy, and he works at the embassy.	彼は外交使節で、大使館で働いている。
0720	This is extraneous information; it is not relevant to our report.	これは無関係の情報だ。私たちの報告には関係がない。
0721	She wears a large, floppy hat in the summer to shade her face.	彼女は大きくつばの垂れた帽子を夏にかぶり、顔を陰にしている。
0722	The team's recent victory has given them a gleam of hope.	そのチームの最近の勝利は彼らに希望のかすかな光を与えた。
0723	Gasoline is highly combustible, so it must be carefully stored.	ガソリンはとても燃えやすいので、注意して保管しなければならない。
0724	The psychologist listed deviant behaviors in her lecture.	心理学者は講義の中で社会の規範から逸脱した行動を列挙した。

0725	**respiration** [rèspəréiʃən] 《生理》	名 呼吸(作用) artificial respiration (人工呼吸)
0726	**parse** [páːrs]	動 ~を細かく分析[解析]する； ~を構文分析する
0727	**mausoleum** [mɔ̀səlíːəm]	名 霊廟，壮大な墓 = 名 grave (墓)
0728	**stipend** [stáipend] 《大学》	名 奨学金；手当；年金
0729	**prosthetic** [prɑsθétik] 《医療》	形 人工装具の 勲 prosthetic limb (義肢[義足/義手]) 名 prosthesis (人工装具，補装具)
0730	**transgression** [trænsgréʃən] 《法律》	名 罪，違反 動 transgress (~を違反する) 名 transgressor (罪人)
0731	**ellipse** [ilíps] 《数学》	名 楕円
0732	**rhombus** [rámbəs] 《数学》	名 ひし形
0733	**trapezoid** [trǽpizɔ̀id] 《数学》	名 台形
0734	**abstain** [əbstéin] 《政治》	動 棄権する；慎む 勲 abstain from ~ (~を棄権する；~を慎む)
0735	**accrue** [əkrúː]	動 (当然の結果として)生じる；増える = 動 result (結果として生じる)
0736	**affidavit** [æ̀fidéivit] 《法律》	名 宣誓供述書 sign an affidavit (宣誓供述書に署名する)

0725	Her respiration speeded up before her speech as she was nervous.	彼女は緊張していたのでスピーチの前に呼吸が速くなった。
0726	The political analysts parsed the president's latest speech for a deeper meaning.	政治評論家は大統領の最近の演説をより深い意味を求めて細かく分析した。
0727	The king was buried in a magnificent tomb or mausoleum.	その王は壮大な墓つまり霊廟に埋葬された。
0728	His fellowship gives him a monthly stipend to support him while he does his research.	特別奨学金給費生の地位は、彼が研究をしている間、支援のための奨学金を毎月彼に与える。
0729	When his leg had to be cut off, the doctors replaced it with a prosthetic limb.	彼の脚を切断しなければならず、医者はそれ（彼の脚）を義足に置き換えた。
0730	He was punished for his transgressions.	彼はその罪で罰せられた。
0731	The picture showed a perfect ellipse or symmetrical oval.	その図は完全な楕円つまり左右対称の長円形を示していた。
0732	Although a rhombus has 4 equal sides, it is different from a square.	ひし形は4つの等しい辺からなるが、正方形とは違う。
0733	The parallel sides of a trapezoid are called the bases.	台形の平行な2辺は底辺と呼ばれる。
0734	Two senators abstained from voting on the controversial legislation.	2名の上院議員が対決法案についての投票を棄権した。
0735	Your savings will increase as your interest accrues each month.	毎月利子が生じるためあなたの貯金は増えるだろう。
0736	She was asked to write up the details in an affidavit that was submitted to the court.	裁判所へ提出する宣誓供述書の詳細を書き上げるよう彼女は依頼された。

0737	**ail** [éil]	動 ~を悩ます，苦しめる
0738	**alloy** [ǽlɔi] 《化学》	名 合金；卑金属；不純物 動 ~を合金にする
0739	**aquifer** [ǽkwifər] 《地学》	名 帯水層，地下水を含んでいる層
0740	**arthropod** [áːrθrəpàd] 《生物》	名 節足動物
0741	**buttock** [bʌ́tək] 《医療》	名〈複〉臀部，尻
0742	**capillary** [kǽpəlèri] 《医療》	名〈複〉毛細血管 形 毛状の
0743	**conifer** [kánəfər] 《生物》	名 針葉樹
0744	**despondent** [dispándənt]	形 意気消沈した，元気のない 動 despond（落胆する）
0745	**dorsal** [dɔ́ːrsəl] 《生物》	形（動物の）背部の；（花弁の）外部の 名 背びれ
0746	**emeritus** [imérətəs] 《大学》	形 名誉教授の，名誉退職の
0747	**gill** [gíl] 《生物》	名〈複〉えら；（きのこの）ひだ
0748	**hearsay** [híərsèi] 《社会》	名 噂，風評 hearsay evidence（伝聞証拠） ＝名 rumor（噂）

0737	He looks very thin; I wonder what is ailing him.	彼はかなりやせて見える。彼を悩ませているものは一体なんだろうか。
0738	It was an advance for civilization when the alloy, bronze, was created from tin and copper.	合金である青銅が銅と錫から作られたまさにそのときが文明の発達であった。
0739	Water is being taken out of a large aquifer under the Central Valley in California during the current drought.	今回の干ばつの間、カリフォルニアのセントラルバレーの地下にある広大な帯水層から水が引かれている。
0740	Spiders belong to a group of creatures called arthropods.	クモは節足動物と呼ばれる種に属する。
0741	After riding the bicycle for hours, his buttocks were sore.	何時間か自転車に乗った後で、彼の臀部は痛んだ。
0742	Capillaries are tiny blood vessels in our bodies that connect small arteries and veins.	毛細血管とは体内に張り巡らされた小動静脈をつなぐ細かな血管である。
0743	The children collected the pine cones that fell from the conifers.	その子供たちは針葉樹から落ちる松ぼっくりを集めた。
0744	She has been feeling depressed and despondent since the death of her close friend.	彼女は親しい友人の死を知って落胆しずっと意気消沈したままだ。
0745	The triangular-shaped, dorsal fin of the shark frightened her.	サメの三角形の背びれは彼女を怯えさせた。
0746	He is an emeritus professor who continues to do research in his retirement.	彼は退職後も研究を続けている名誉教授である。
0747	Fish use their gills to breathe under the water.	魚は水中で呼吸をするためにえらを使う。
0748	I wouldn't believe that news source; their information is based on hearsay.	私はあのニュースの情報源を信じていない。彼らの情報は噂に基づいている。

0749	**impasse** [ímpæs]	名 行き詰まり，袋小路 形 impassable (通行不能の，通れない) = 名 deadlock (行き詰まり，膠着状態)
0750	**ingrain** [ingréin]	動 ～を深くしみ込ませる，根付かせる 形 ingrained (深くしみ込んだ，根深い)
0751	**over-the-counter** [óuvər ðə káuntər]	形 (薬などが) 市販の，店頭販売の； (株式が) 店頭取引[銘柄] の
0752	**pinch** [píntʃ]	名 ひとつまみ，少量；つまむこと 動 ～をつまむ，摘み取る；～を締め付ける
0753	**prerogative** [prirágətiv]	名 特権，大権 the prerogative of mercy (特赦権) = 名 privilege (特権)
0754	**slash** [slǽʃ] 《経済》	動 ～を大幅に削減する；～を深く切る
0755	**spurt** [spə́ːrt]	名 急増，スパート；噴出 動 噴出する；疾走する；急騰する
0756	**strife** [stráif] 《社会》	名 衝突，争い；不和 = 名 conflict (衝突，紛争)
0757	**upbringing** [ʌ́pbrìŋiŋ] 《教育》	名 しつけ，教育(法)
0758	**allegorical** [æləgɔ́ːrikəl] 《文学》	形 寓話的な，寓話の 名 allegory (寓話，たとえ話)
0759	**amphibian** [æmfíbiən] 《動物》	名 両生類；水陸両用飛行機 形 両生類の；水陸両用の
0760	**antithesis** [æntíθəsis]	名 正反対；対照 形 antithetical (正反対の) = 名 opposite (反対，逆のもの)

0749	We have reached an *impasse* in the negotiations as neither side seems willing to compromise.	どちらの側も妥協しそうにないので、この交渉において私たちは行き詰まりになった。
0750	Growing up on a farm where he had to help out, even when he was young, *ingrained* the concept of hard work in his mind.	手伝いをしなければならない農場で育ったことが、当時は若かったけれども、心に勤労の観念を深くしみ込ませた。
0751	That *over-the-counter* drug does not require a prescription from a doctor.	あの市販の薬には医者からもらう処方箋が必要ない。
0752	The recipe called for just a *pinch* of salt.	レシピによると塩はたったひとつまみだけ必要だった。
0753	It was the CEO's *prerogative* to make changes in management at the company.	会社でマネジメントを変えられるのはCEOの特権だった。
0754	The governor *slashed* the budget for education as tax revenues were low.	税収が低いため知事は教育のための予算を大幅に削減した。
0755	The young boy grew three inches this year during a growth *spurt*.	その若い男の子は急成長期にあって今年３インチ成長した。
0756	The newspapers are filled with tales of *strife* between the opposing forces.	新聞は対立する勢力間の衝突の話で持ちきりだ。
0757	She had a very strict *upbringing* as she was raised by her grandparents.	彼女は祖父母に育てられたので、しつけがとても厳しかった。
0758	The story was fun on its own, but it also worked on an *allegorical* level as a moral tale.	その物語はそれ自身としては面白かったが、同時に倫理物語として寓話的な面も持っていた。
0759	*Amphibians* like frogs, can live in the water and on the land.	カエル等の両生類は、水中でも陸上でも生きることができる。
0760	As a shy, quiet person, she is the *antithesis* of her best friend who is very social and popular.	シャイで、物静かな人で、彼女はとても社交的で人気者の親友とは正反対だ。

0761	**apprehend** [ǽprihénd] 《社会》	動 ~を**逮捕する**；~を**理解する**；~を**懸念する** 名 apprehension（逮捕；理解；懸念）
0762	**aquaculture** [ɑ́:kwəkʌ̀ltʃər] 《生物》	名 **水産養殖**
0763	**astound** [əstáund]	動 ~を**びっくり仰天させる** 形 astounding（びっくり仰天させるような） = 動 astonish（~を驚かせる）
0764	**bulge** [bʌ́ldʒ]	名 **膨らみ，でっぱり**；《経済》(価格の)**急騰** 動 **膨れる，満ちあふれている**；(腹などが)**突き出る**
0765	**corroborate** [kərɑ́bərèit] 《法律》	動 ~を**裏付ける**；~を**強固なものにする** 名 corroboration（確証，裏付け，補強証拠） = 動 attest（~を裏付ける，正しいと証明する）
0766	**detract** [ditrǽkt] 《社会》	動 (価値・名声などを)**損なう，落とす** 名 detractor（中傷する人）
0767	**dub** [dʌ́b]	動 ~に**あだ名をつける**；~を**複製する** 熟 dub A B（AをBと呼ぶ）
0768	**duly** [djú:li]	副 **十分に，適切に**；**時間どおりに** = 副 punctually（時間どおりに）
0769	**elusive** [ilú:siv]	形 **つかまえにくい**；**理解しにくい** 副 elusively（つかまえにくいように） 名 elusiveness（つかまえにくいこと）
0770	**espouse** [ispáuz] 《思想》	動 (主義・説などを)**支持する，信奉する** = 動 support（~を支持する）
0771	**flake** [fléik]	名 (雪・羽毛などの)**ひとひら，薄片** 形 flaky（薄片状の；はげやすい）
0772	**frisk** [frísk]	動 **服の上からボディチェックをする**；**はね回る，じゃれる**

0761	After a three-day search, the police <u>apprehended</u> the criminal.	3日間の捜査の後、警察は犯人を<u>逮捕した</u>。
0762	<u>Aquaculture</u> includes the cultivation of shellfish for human consumption.	<u>水産養殖</u>には人が消費するための貝類の養殖が含まれる。
0763	The stock price of that tech company <u>astounded</u> me; it seemed overvalued.	そのテクノロジー企業の株価に私は<u>びっくり仰天した</u>。割高と思われた。
0764	There was good reason for the <u>bulge</u> in her stomach as she was pregnant.	彼女は妊娠していたので、お腹周りの<u>膨らみ</u>に正当な理由があった。
0765	The second bystander <u>corroborated</u> the first bystander's version of the accident.	その事故の最初の見物人の見解を2人目の見物人が<u>裏付けた</u>。
0766	The picture of him holding the kittens <u>detracted</u> from his reputation as a tough guy.	子猫を抱いた彼の写真がタフガイとしての彼の評判を<u>損なった</u>。
0767	The media <u>dubbed</u> him a hero after he rescued the family from the burning car.	彼が燃える車から家族を救出した後メディアは彼を<u>ヒーローと呼んだ</u>。
0768	In time, she was <u>duly</u> rewarded for her hard work.	やがて、彼女は大変な仕事に対して<u>十分に</u>報酬を与えられた。
0769	The birdwatcher had hoped to spot this rare bird for many years, but it proved <u>elusive</u>.	野鳥観察家は何年もこの珍しい鳥を見つけたいと願ってきたが、その鳥は<u>つかまえにく</u>かった。
0770	That religion <u>espouses</u> the belief that all life is sacred.	その宗教ではどの命も神聖であるという信念を<u>支持</u>している。
0771	She held the <u>flakes</u> of snow in the palm of her hand for a moment before they melted.	彼女は溶けるまで雪の<u>ひとひら</u>を手のひらで持っていた。
0772	The policeman <u>frisked</u> the suspect, looking for a weapon.	検察官はその容疑者の<u>服の上からボディチェックをし</u>、武器を探した。

No.	単語	発音	意味
0773	**grotto**	[grátou]	名 (小さな)洞窟 = 名 cave (洞窟)
0774	**hamper**	[hǽmpər]	動 ~を妨げる, 邪魔する
0775	**haul**	[hɔ́ːl]	動 ~を運ぶ；~を引っ張る, 引きずっていく 名 大量の盗品[非合法品]
0776	**jog**	[dʒág]	動 ~を呼び起こす；ジョギングする 熟 jog ~'s memory (~の記憶を呼び起こす)
0777	**larva**	[láːrvə] 《生物》	名 幼虫 形 larval (幼虫の；潜在性の) ※複数形は larvae
0778	**lodge**	[ládʒ] 《社会》	動 (苦情・抗議など)を申し立てる；~を泊める；~を埋め込む 名 山小屋；ホテル
0779	**loner**	[lóunər]	名 孤独を好む人；個人主義者 形 lone (孤独な, 1人の)
0780	**malady**	[mǽlədi] 《医療》	名 疾患, 病気 = 名 disease (病気)
0781	**nomenclature**	[nóumənklèitʃər] 《学問》	名 用語体系, 用語法；専門用語, 術語 = 名 jargon (専門用語)
0782	**oblivious**	[əblíviəs]	形 気づかない；忘れている 熟 be oblivious of ~ (~に気づかない；~を忘れている) 名 oblivion (忘却)
0783	**odyssey**	[ádəsi]	名 長期旅行, 冒険旅行； 《文学》〈the O—〉叙事詩オデュッセイア
0784	**platoon**	[plətúːn]	名 小隊；(行動を同じくする)集団

0773	The divers discovered an underground grotto or cave.	ダイバーは地下洞窟または洞窟を発見した。
0774	The bad weather hampered the effort to rescue the mountain climbers.	悪天候が登山者の救出活動を妨げた。
0775	He hauled the trash cans out to the curb where they would be picked up by the garbage truck.	ごみ収集車がごみを収集してくれる歩道の縁石のところまで彼はごみ箱を運んだ。
0776	Her hint jogged my memory, and I ordered flowers for her birthday.	彼女のほのめかしが私の記憶を呼び起こし、私は彼女の誕生日のために花を発注した。
0777	The wingless larva, or caterpillar, will eventually become a butterfly.	翼を持たない幼虫、ないし毛虫は、最終的にはチョウになる。
0778	I lodged a complaint about the service with the manager.	私はマネージャーにそのサービスについての苦情を申し立てた。
0779	She's a bit of a loner; she's very shy and finds it difficult to make friends.	彼女は少し孤独を好む方であり、かなりシャイで友達を作るのは難しいと感じている。
0780	He suffers from a chronic malady, which makes it difficult for him to work.	彼は慢性疾患を患っていて、それは彼に働くことを難しくさせている。
0781	Every field has its own unique nomenclature; for example, "code" is a verb in computer science.	どの分野にもそれぞれ独自の用語体系がある。例えば、「コード」はコンピューター科学においては動詞である。
0782	It was clear to all his friends that she loved him, but he was oblivious of her affection.	彼女が彼を愛しているということは彼の友達はみな知っていたが、彼は彼女の愛情に気づかないでいた。
0783	The family sailed around the world in a five-year odyssey.	その一家は5年間の長期旅行で世界中を航海した。
0784	The military platoon fought under the same commander throughout the conflict.	その軍部小隊はその闘争の間はずっと同じ司令官のもとで戦った。

0785	**potable** [póutəbl]	形 飲料の，飲料に適した 例 potable water (飲料水) 名 〈複〉飲料；酒
0786	**prodigy** [prɑ́dədʒi]	名 (子供の)天才 派 prodigious (すばらしい，感嘆すべき)
0787	**pulp** [pʌ́lp] 《生物》	名 果肉；(製紙用)パルプ 派 pulpy (果肉の；パルプ[状]の)
0788	**scallop** [skǽləp] 《生物》	名 ホタテ貝(の貝柱)；スカラップカット(扇形の装飾模様) 動 〜を波形にする
0789	**shackle** [ʃǽkl]	動 〜を拘束する 名 〈the 〜s〉束縛，拘束；手かせ，足かせ
0790	**slanted** [slǽntəd]	形 偏った；傾斜した 名 slant (傾斜，勾配；斜面；見方)
0791	**sparingly** [spéəriŋli]	副 控えめに 派 sparing (質素な；節約する)
0792	**splice** [spláis]	動 〜を接合する，継ぐ 名 接合；重ね継ぎ
0793	**spree** [spríː]	名 やり放題；浮かれ騒ぎ，馬鹿騒ぎ 例 shopping spree (爆買い，買い物をしまくること)
0794	**stature** [stǽtʃər] 《社会》	名 名声；(人の)身長，背丈；(道徳的などの)資質，発達(水準)
0795	**stellar** [stélər]	形 輝かしい，すばらしい；《宇宙》星の，星形の ＝ 派 astral (星の，星形の)
0796	**verge** [və́ːrdʒ]	名 境界；縁，瀬戸際 動 〜になろうとする；〜の境界をなす ＝ 名 boundary (境界，境界線；国境)

0785	This potable water is safe to drink.	この飲料水は飲んでも安全だ。
0786	He was a chess prodigy and had been playing since he was very young.	彼は昔チェスの天才で、とても幼い頃からチェスをしてきた。
0787	She extracted the pit from the pulp of the nectarine.	彼女はネクタリンの果肉から種を取った。
0788	A scallop is a mollusk or shellfish that is eaten by animals like the walrus.	ホタテ貝はセイウチなどの動物が食用とする軟体動物すなわち貝である。
0789	The government of the country shackles the press as there is no freedom of speech.	言論の自由がないので、その国の政府はマスコミを拘束する。
0790	That newspaper editorial gave a very slanted version of the truth.	あの新聞の社説で真実よりかなり偏った見解が述べられた。
0791	I use this spice sparingly as it is very expensive.	このスパイスはとても高いので控えめに使う。
0792	The geneticist spliced together the strands of DNA.	遺伝学者はDNA鎖を接合した。
0793	She got a bonus from work and went on a shopping spree with the extra money.	彼女は仕事でボーナスが出たのでその余剰分のお金で爆買いに出掛けた。
0794	The award increased his stature in his field.	その賞のおかげで彼の分野における彼の名声が高められた。
0795	The company reported stellar earnings, and their stock price went up as a result.	企業は輝かしい収益を報告し、その結果その企業の株価が上がった。
0796	We are on the verge of success; we hope to be profitable soon.	私たちは成功への境界に近づいている。すぐに利益を上げられるよう願う。

0797	**wrenching** [réntʃiŋ]	形 胸が痛むような，痛ましい 動 wrench (ねじる；〜を歪曲する)
0798	**abdomen** [ǽbdəmən] 《医療》	名 腹部；腹腔 =名 stomach (胃；腹部)
0799	**adept** [ədépt]	形 熟練した，精通した 名 名人，達人，熟練者 副 adeptly (上手に)
0800	**brew** [brúː]	動 (お茶など)をいれる；(ビールなど)を醸造する 名 醸造飲料 (生産量)；混合物 名 brewery (醸造所)

0797	The decision to leave their homeland was <u>wrenching</u>.	彼らの故郷を去るという決断に胸が痛んだ。
0798	She had a sharp pain in her <u>abdomen</u>, so she went to the doctor.	彼女は腹部に鋭い痛みを感じたので、医者に行った。
0799	She's an <u>adept</u> manager who can juggle many projects at the same time.	彼女は同時にたくさんのプロジェクトをこなす熟練したマネージャーである。
0800	I <u>brewed</u> the green tea just for you.	あなたのためだけに緑茶をいれた。

STAGE 09 No.0801–0900 | MEANING

0801 cadre [kǽdri]
名 中核；幹部(団)；骨組み，枠組み；基盤

0802 exodus [éksədəs]
名〈単〉多くの人がいなくなること，集団脱出；退去；出国
⇔ 名 influx（流入，殺到）

0803 fissure [fíʃər]
名 (地面などの)裂け目；不一致；(生体器官の)裂，溝

0804 graft [grǽft] 《医療》
動 (生体組織など)を移植する；~に接ぎ木する
名 移植用組織；接ぎ木

0805 cuff [kʌ́f]
名 袖口，カフス
off the cuff（準備なしに，即興で）

0806 deconstruct [dìːkənstrʌ́kt] 《思想》
動 ~を(脱構築論を用いて)分析する
名 deconstruction（脱構築）

0807 dud [dʌ́d]
名 不発弾；失敗作

0808 evict [ivíkt]
動 ~を立ちのかせる；(財産など)を取り戻す
名 eviction（立ちのき）

0809 cipher [sáifər]
名 暗号(文)
熟 in cipher（暗号〔文〕で）

0810 confound [kənfáund]
動 (人)を当惑させる；~に反論[論駁]する；~を混同する
= 動 bewilder（~をまごつかせる，当惑させる）

0811 countenance [káuntənəns]
名 顔つき，顔色；落ち着き；賛成，支持
動 ~を支持[是認]する，~に賛成する

0812 inertia [inə́ːrʃə]
名 無気力，不活発；惰性；《物理》慣性

	EXAMPLE SENTENCE	TRANSLATION
0801	With a cadre of trained engineers, we were able to get the software released on time.	熟練したエンジニアの中核のおかげで、私たちはそのソフトウェアの発売を間に合わせることができた。
0802	There is always an exodus from the city during the month of August as people leave on vacation.	人々が休暇に出掛ける8月はいつも街から多くの人がいなくなる。
0803	The earthquake left a fissure in the earth, which divided the road.	その地震は地面に裂け目を残し、それが道路を分断した。
0804	The surgeon grafted skin from another part of his body onto the area that was burned.	外科医はやけどを負った箇所に彼の体のほかの部分からの皮膚を移植した。
0805	He took off his jacket and unbuttoned his shirt cuffs as he prepared to put on casual clothes.	彼はカジュアルな服装に着替えるためジャケットを脱ぎシャツの袖口のボタンをはずした。
0806	He deconstructed the argument.	彼はその議論を分析した。
0807	Luckily, the bomb was a dud, so it did not explode.	幸いにも、その爆弾は不発弾だったので、爆発しなかった。
0808	The landlord evicted the family when they failed to pay the rent.	その一家が家賃の支払いができないと、家主は彼らを立ちのかせた。
0809	We sent our message in cipher so that the enemy could not read it.	敵が読み取れないよう私たちは暗号文でメッセージを送った。
0810	The written instructions to assemble the toy confounded us.	おもちゃを組み立てるために書かれた説明書は私たちを当惑させた。
0811	His sad countenance let us know how he was feeling.	私たちは彼の悲しい顔つきから彼がどう感じているのか知ることができた。
0812	She gave in to the feeling of inertia and sat down to rest.	彼女は無気力の気分に負け座って休んだ。

0813	**inoculation** [inàkjuléiʃən] 〈医療〉	名 予防接種 動 inoculate (〜に予防接種をする) = 名 vaccination (予防接種)
0814	**insecticide** [inséktisàid] 〈生物〉	名 殺虫剤
0815	**juxtapose** [dʒʌ́kstəpòuz]	動 〜を並べて置く，並列する 名 juxtaposition (並置，並列)
0816	**ledger** [lédʒər] 〈経済〉	名 台帳，原簿 a ledger line (五線譜に付け加えて引く線)
0817	**martial** [máːrʃəl]	形 軍事の，戦争の；好戦的な，勇敢な 熟 martial law (戒厳令)
0818	**nestle** [nésl]	動 寄り添う；〜をすり寄せる 名 nestling (ひな鳥)
0819	**pageant** [pǽdʒənt]	名 (祭りの)行進[仮装行列]；(歴史的な出来事にまつわる)野外劇，ページェント 名 pageantry (〈集合的に〉野外劇)
0820	**paraphernalia** [pæ̀rəfərnéiljə]	名 道具一式，装備道具；身の回り品 = 名 apparatus (装置；用具，器械) = 名 belongings (所持品)
0821	**fraternity** [frətə́ːrnəti] 〈生物〉	名 男子学生社交クラブ；兄弟の間柄 ⇔ 名 sorority (女子学生社交クラブ)
0822	**gully** [gʌ́li]	名 小渓谷；溝
0823	**integer** [íntidʒər] 〈数学〉	名 整数
0824	**intestine** [intéstin] 〈医療〉	名 腸 形 内部の；国内の = 名 gut (腸；消化管)

0813	The nurses have completed the inoculation of all the students to protect them against whooping cough.	看護師は百日咳にかかるのを防ぐ予防接種を生徒全員分終えた。
0814	The insecticide killed the aphids, but it also killed the helpful insects like ladybugs.	この殺虫剤はアブラムシを殺したが、テントウムシのような役立つ虫も殺してしまった。
0815	She juxtaposed the two floor plans to compare them more easily.	彼女は2つの見取り図をもっと簡単に比較できるよう並べて置いた。
0816	The bookkeeper kept track of her accounts in a ledger.	簿記係は台帳で彼女の口座の記録をつけた。
0817	The military imposed martial law during the emergency.	軍隊は緊急時に戒厳令を課した。
0818	The kittens nestled together in a group to keep warm.	子猫たちはぬくもりを保とうとみんなで互いに寄り添い合った。
0819	The Rose Parade, which is held on New Year's Day in southern California, is quite a pageant.	ローズ・パレードは、南カリフォルニアで正月に行われるが、なかなかの行進である。
0820	He put all his climbing paraphernalia in his backpack.	彼はバックパックに登山道具一式全てを詰め込んだ。
0821	He joined a fraternity to make new friends when he started at the new school.	彼は新しい学校に通い始めると新しい友達を作るため男子学生社交クラブに入会した。
0822	After a heavy rain, the water washed down the gully to the valley below.	豪雨の後、雨水は小渓谷を流れその下の谷に注いだ。
0823	If you add 0.5 and 0.5, the result will be the integer 1.	0.5に0.5を足せば、その結果は整数の1になる。
0824	The doctor was concerned that there might be a blockage in his large intestine.	医者は彼の大腸に閉塞があるのではないかと心配していた。

0825	**petal** [pétl] 〈生物〉	名 花びら，花弁
0826	**phosphorus** [fásfərəs] 〈化学〉	名 リン
0827	**pollen** [pálən] 〈生物〉	名 花粉
0828	**outskirts** [áutskə̀ːrts]	名 〈複数形扱い〉(街の)はずれ，郊外 = 名 suburb (郊外)
0829	**paleontology** [pèiliəntálədʒi] 〈学問〉	名 古生物学
0830	**kerosene** [kérəsiːn]	名 灯油 = 名 paraffin《英》(灯油)
0831	**navel** [néivəl] 〈生理〉	名 へそ；中央(点) = 名 bellybutton《口語》(へそ)
0832	**numerator** [njúːmərèitər] 〈数学〉	名 分子 ⇔ 名 denominator (分母)
0833	**prune** [prúːn]	動 ～を刈り込む；～の余分なものを取り除く 名 pruning (刈り込み；経費削減)
0834	**pueblo** [pwéblou] 〈文化〉	名 プエブロ ※北米先住民(の日干しれんがで作られた集落)のこと
0835	**rebuff** [ribʌ́f]	動 (好意・申し出など)を拒絶する = 動 reject (〔依頼・要求など〕を断る)
0836	**registrar** [rédʒistràːr]	名 教務課；記録事務官

0825	The rose petals were thrown by the little girl as she walked down the aisle ahead of the bride.	少女は通路で花嫁の前を歩きながらバラの花びらを撒いた。
0826	Phosphorus is used to create matches for lighting fires.	リンは火をおこすためのマッチを製造するのに用いられる。
0827	His allergies were worse in the spring when the pollen counts were high.	花粉数が高くなる春に彼のアレルギーは悪化した。
0828	His home is located on the outskirts of town, far from the center of the city.	彼の家は街のはずれに位置し、都市の中心地から離れていた。
0829	He is fascinated with fossils, so he went into the field of paleontology.	彼は化石に魅了されていたので、古生物学の分野に進んだ。
0830	Kerosene was once widely used as a fuel in lamps.	灯油はかつてランプの燃料として広く用いられていた。
0831	The child touched his navel, the place where his umbilical cord was once attached.	その子供は自分のへそ、つまりかつてへその緒がつながっていた場所を触った。
0832	In arithmetic, the numerator in the fraction 4/5 is 4.	算数では、4/5の分子は4である。
0833	In the early spring, he prunes the fruit trees in the orchard.	早春に、彼は果樹園の果物の木を刈り込む。
0834	The pueblo was a series of structures built against the cliff, which could be accessed by ladders.	プエブロは崖に対し建てられた一連の構造のことで、はしごを使ってアクセスすることができた。
0835	He rebuffed my offers of assistance, so I stopped trying to help him.	彼は私の援助の申し出を拒絶したので、私は彼を助けようとするのを止めた。
0836	She contacted the registrar to request a copy of her transcripts.	彼女は教務課に連絡し成績証明書の写しを依頼した。

0837	**starch** [stɑ́ːrtʃ] 《化学》	名 デンプン，片栗粉；洗濯用のり
0838	**rife** [ráif] 《社会》	形 (悪いことが)広まって，流行して = 形 widespread (広く行き渡った，普及した)
0839	**saline** [séiliːn] 《化学》	名 マグネシウム塩 形 塩分を含んだ，塩辛い
0840	**saliva** [səláivə] 《生理》	名 唾液
0841	**trimester** [traiméstər] 《大学》	名 (3学期制の)学期；3ヵ月の期間
0842	**turnpike** [tə́ːrnpàik]	名 有料高速道路 = 名 throughway (有料高速道路)
0843	**vagabond** [vǽgəbɑ̀nd]	名 放浪者 = 名 tramp (放浪者)
0844	**spectroscopy** [spektrɑ́skəpi] 《学問》	名 分光学 名 spectroscope (分光器)
0845	**sprain** [spréin] 《医療》	名 捻挫，くじくこと = 名 strain (筋肉を痛めること)
0846	**replicate** [réplikèit]	動 ～を複製する；(実験など)を再現する；再生する 名 replication (複製；再生)
0847	**stratum** [stréitəm] 《地学》	名 地層；(社会的な)階層 = 名 layer (層)
0848	**sundry** [sʌ́ndri]	形 種々様々な，雑多な = 形 various (様々な)

0837	The starch in foods like potatoes is eventually converted to glucose in the body.	ジャガイモを始めとする食物のテンプンは体内では最終的にグルコースに変わる。
0838	This city has a high rate of unemployment, and crime is rife here.	この街の失業率は高く、犯罪が広まっている。
0839	The saline or salt content is very high in this water.	この水はマグネシウム塩つまり塩分含有量が非常に高い。
0840	When you chew your food, your saliva helps moisten it.	食糧を噛むとき、唾液はその食糧を湿らすのに役立つ。
0841	The school year at that institution is divided into three trimesters.	その機関での学年は3学期に分割されている。
0842	She had to pay money to drive on that road as it was a turnpike.	その道路は有料高速道路なので彼女はそこを運転するために料金を支払わなければならなかった。
0843	He never stayed long in any one place; he was a vagabond.	彼が1カ所に長く留まることはなかった。彼は放浪者であった。
0844	Spectroscopy began with the study of visible light dispersed by a prism.	分光学はプリズムによって分光された目に見える光の研究から始まった。
0845	She twisted her ankle, and the doctor said it was a sprain.	彼女は足首をひねり、それは捻挫だと医者が言った。
0846	The historical society worked hard to replicate the details of colonial life in and around the old house.	歴史協会はその古い家の中と周りでの植民地時代の生活の詳細を複製することに懸命に取り組んだ。
0847	The geologist examined the stratum of sedimentary rock.	地質学者は堆積岩の地層を分析した。
0848	The author created a world filled with interesting, sundry characters from many different countries.	その作者は多くの異なる世界から来た興味深い種々様々な人物で溢れた世界を創造した。

171

0849	**tentacle** [téntəkl] 《動物》	名 触腕, 触手；〈複〉(体制・組織などの)巧みな影響力
0850	**terrestrial** [təréstriəl] 《生物》	形 陸生の；陸上の　名 地球に住むもの, 人間
0851	**thorax** [θɔ́ːræks]	名 胸部
0852	**torso** [tɔ́ːrsou]	名 胴体；トルソー, 胴だけの彫像
0853	**soggy** [sɑ́gi]	形 (地面などが)ずぶ濡れの；生焼けの；元気のない　= 形 soaked ([身体が]びしょ濡れの)
0854	**soot** [sút]	名 すす, 煤煙
0855	**sorority** [sərɔ́ːrəti] 《大学》	名 女子学生社交クラブ　⇔ 名 fraternity (男子学生社交クラブ)
0856	**vehement** [víːəmənt]	形 熱烈な, 激しい　名 vehemence (激しさ, 熱烈さ)
0857	**weld** [wéld]	動 〜を溶接する；(グループなど)を結束させる　名 溶接
0858	**permutation** [pə̀ːrmjutéiʃən]	名 変更；並べ替え；交換；《数学》順列　= 名 rearrangement (再配列)
0859	**pillar** [pílər]	名 中心人物, 大黒柱；(建物の)柱, 支柱　= 名 column (円柱, 柱)
0860	**pulmonary** [púlmənèri] 《医療》	形 肺の, 肺に関わる；肺病の

0849	The octopus has long, slender tentacles that are lined with suction cups that allow it to adhere to rocks.	タコは岩に吸着できる吸盤が並んだ長く細い触腕を持つ。
0850	The blue whale is a marine animal rather than a terrestrial animal.	シロナガスクジラは陸生の動物ではなく海洋動物である。
0851	The thorax is between the neck and the abdomen, which is where the wings and legs are located on an insect's body.	首と腹部の間には胸部があり、昆虫の体ではここに羽と脚が位置している。
0852	The sculpture showed the torso and head of a man shooting an arrow.	その彫刻は弓矢を撃つ男性の胴体と頭部を表現していた。
0853	The paperback book had been left out in the rain, and it was very soggy.	紙の表紙の本が雨の中置かれたままになっており、かなりずぶ濡れになっていた。
0854	The kitten was covered in soot as it had been playing in the fireplace.	子猫は暖炉の中で遊んでいたのですすだらけになっていた。
0855	She joined a sorority to make new friends at the university.	彼女は大学で新しい友達を作るために女子学生社交クラブに入会した。
0856	He was vehement in his opposition to their plan.	彼は彼らの計画に熱烈に反対した。
0857	The pieces of metal were fused or welded together to create one piece.	それらの金属片は溶解または溶接されて1つの物に作り上げられた。
0858	The original plans went through many permutations before they settled on a final design.	元々の計画は、最終的なデザインに落ち着くまでに何度も変更された。
0859	That woman is a pillar of the community; she has volunteered in local organizations all her life.	あの女性はその地域社会の中心人物である。彼女は生涯ずっと地元の組織でボランティアをしている。
0860	That doctor is a pulmonary specialist who works with lung disease.	その医者は肺の疾患を研究の対象とする呼吸器のスペシャリストである。

No.	見出し語	発音	意味
0861	**quadruple**	[kwɑdrúːpl]	動 **4倍になる** 形 **4重の；4拍子の**
0862	**rejoinder**	[ridʒɔ́indər]	名 (ぶっきらぼうな)**返答, 応答；反論** = 名 response (返答, 応答；反応)
0863	**retina**	[rétənə]《医療》	名 **網膜** 形 retinal (網膜の)
0864	**revel**	[révəl]	動 **非常に喜ぶ** 熟 revel in ～ (～を非常に喜ぶ) = 動 rejoice (喜ぶ)
0865	**sedentary**	[sédəntèri]	形 **座りがちな, 座りっぱなしの；** (生物が)**定住性の, 移住しない** ⇔ 形 migratory (渡りの, 移住性の)
0866	**sling**	[slíŋ]	名 **つり包帯；つり革** 動 **～をつるす, ぶら下げる；**(石など)**を投げる**
0867	**submerge**	[səbmə́ːrdʒ]	動 **～を**(水中に)**潜らせる, 沈める；** (感情など)**を隠す, 抑える** 熟 submerge oneself in ～ (～に潜る, 没頭する)
0868	**turmoil**	[tə́ːrmɔil]	名 **混乱, 騒動** in turmoil (大騒ぎで) = 名 tumult (騒動, 大騒ぎ, 暴動)
0869	**withering**	[wíðəriŋ]	形 **辛辣な, 人を見下したような** 動 wither (～を枯らす；～を衰えさせる；～をひるませる)
0870	**yoke**	[jóuk]	名 **くびき；**(くびきでつながれた)**2頭；** **束縛, 支配；きずな, 結合** 動 **～にくびきをかける；～を結合する**
0871	**besiege**	[bisíːdʒ]	動 **～を取り囲む, 包囲する；～を責める；** **～を攻め立てる** 名 besieger (包囲者 [軍])
0872	**blitz**	[blíts]	名 **集中的(宣伝)キャンペーン；** **電撃戦；集中的空爆** 動 **～を急襲する**

0861	Our profits have quadrupled in the last year, which is surprising.	当社の利益は昨年4倍になった。これは驚きである。
0862	When she teased him, he responded with a witty rejoinder.	彼女が彼をからかったとき、彼は気の利いた返答をした。
0863	The retina is the part of the eye that receives images produced by the lens.	網膜はレンズが生む像を受ける目の一部分である。
0864	She reveled in the news of her acceptance to the top university.	彼女はトップの大学からの受け入れの知らせを非常に喜んだ。
0865	She leads a very sedentary lifestyle as she sits at a computer all day and rarely exercises.	彼女は一日中コンピューターの前に座りっぱなしに運動をしない、とても座りがちな生活を送っている。
0866	His broken arm was set and put in a cast, and the doctor put a sling around his neck to hold it.	医者は彼の骨折した腕を固定しギプスをつけ、それを支えるためのつり包帯を彼の首に通した。
0867	The hippopotamus submerges itself in the water during the heat of the day to stay cool.	カバは日中の暑さから涼を保つため水の中に潜る。
0868	Things are in a state of turmoil at the company as a result of the hostile takeover.	敵対的買収の結果としてその会社の事態は混乱の状態にある。
0869	She made a very negative, withering remark about the woman's dress.	彼女はその女性のドレスについてとても否定的で、辛辣な批判をした。
0870	The oxen were joined together by a yoke so that they could pull the cart.	雄牛は荷車を引けるよう、くびきで互いにつながれた。
0871	Fans besieged the popular actor when he exited the car.	人気の俳優が車から降りるとファンが彼を取り囲んだ。
0872	There was a blitz of toy commercials as we neared the Christmas season.	クリスマスシーズンが近づいていたのでおもちゃの集中的なキャンペーンがあった。

No.	単語	発音	意味
0873	**brevity**	[brévəti]	名 (表現の)**簡潔さ**；(時の)**短さ** = 名 conciseness (簡潔)
0874	**decipher**	[disáifər]	動 (文字)を**読み解く**；(暗号)を**解読する** 名 (文字の)**判読**；(暗号の)**解読**
0875	**expedite**	[ékspədàit]	動 ~を**迅速に処理する**；~を**促進する** 形 expeditious (迅速[急速]な)
0876	**genus**	[dʒíːnəs] 《動物》	名 (分類学上の)**属**；**種類，部類** ※複数形は genera
0877	**injurious**	[indʒúəriəs]	形 **害を与えるような，有害な** = 形 detrimental (有害な，損害をもたらす)
0878	**grill**	[gríl]	動 ~を**質問攻めにする，尋問する**
0879	**gust**	[gʌ́st] 《気象》	名 **突風，一陣の風**；《心理》(感情の)**爆発** 動 (風が)**急に吹く** = 名 flurry (突風，疾風)
0880	**hydrate**	[háidreit]	動 ~に**水分を補給する[与える]**； ~に**潤いを与える**；《化学》**水と化合する** 名 **水和物**
0881	**gestation**	[dʒestéiʃən] 《生理》	名 **懐胎，妊娠**； (アイディアなどを)**練っている期間**
0882	**instigate**	[ínstəgèit] 《社会》	動 ~を**扇動する**；~を**引き起こす**
0883	**leniency**	[líːniənsi]	名 **寛大さ，寛容** 形 lenient (寛大な，大目に見る)
0884	**linger**	[líŋgər]	動 **いつまでも残る，ぐずぐずする**； (感情などが)**残る**；(時間を)**無駄に過ごす**

0873	He is not verbose; he is actually known for his brevity.	彼は言葉数が多くない。実際彼はその簡潔さで知られている。
0874	I can't decipher her handwriting, but maybe you can read it.	私は彼女の手書きを読み解くことはできないが、たぶんあなたは読めるだろう。
0875	They expedited the shipment so that it would arrive earlier.	彼らはもっと早く到着するように配送を迅速に処理した。
0876	A genus is a class or group of animals with common attributes.	属とは共通の特徴を持つ動物のクラスまたはグループである。
0877	His injurious eating habits are affecting his health.	彼の害を与えるような食習慣は彼の健康に影響している。
0878	The professors on her thesis committee grilled her with questions about her topic.	彼女の論文審査委員会の教授は彼女のテーマについて質問攻めにした。
0879	The gust of wind blew off her hat.	突風で彼女の帽子が吹き飛ばされた。
0880	If you are outside working in the hot sun, it is important to keep hydrated.	熱い太陽の下外で作業する場合、水分補給し続けることが大切だ。
0881	Gestation or pregnancy for elephants lasts about 624 days.	ゾウの懐胎および妊娠は約624日間続く。
0882	This small group instigated a revolt against the government.	この小集団は政府に対抗する暴動を扇動した。
0883	The lawyer pleaded with the judge for leniency in sentencing his client.	弁護士はクライアントの判決の言い渡しにおいて寛大な処罰を判事に嘆願した。
0884	The scent of her perfume lingered even after she had left the room.	彼女の香水の香りは彼女が部屋を去った後でさえもいつまでも残った。

0885	**mistreat** [mistríːt]	動 ~を虐待[酷使]する = 動 misuse（~を虐待する；~を誤用する）
0886	**ointment** [ɔ́intmənt] 《医療》	名 軟膏
0887	**permeate** [pə́ːrmièit]	動 ~に広がる；~を通り抜ける；~に浸透する；~に充満[普及]する
0888	**rebuttal** [ribʌ́tl]	名 反論, 反駁 動 rebut（論駁する；~に反駁する）
0889	**rectify** [réktəfài]	動 ~を正す, 調整[矯正]する；(電流)を整流する；《数学》(曲線)の長さを求める
0890	**reiterate** [riːítərèit]	動 ~をくり返し言う 名 reiteration（くり返し, 反復）
0891	**saga** [sάːgə] 《文学》	名 大河小説；長編物語；(北欧の)伝説；武勇伝
0892	**traitor** [tréitər] 《社会》	名 売国奴；裏切者 形 traitorous（裏切りの, 反逆の） = 名 betrayer（裏切者, 内通者）
0893	**trample** [trǽmpl]	動 ~を踏みつぶす, 踏みつける 名 踏みつけること = 動 tread（~を踏みつける, 踏みにじる）
0894	**woe** [wóu]	名 悲しみ, 苦悩；〈複〉災難, 悲痛な事柄 = 名 grief（悲しみ, 苦悩；悲嘆の種）
0895	**amenable** [əmíːnəbl]	形 素直に従う, 従順な；《法律》(法的に)従う義務があって = 形 docile（従順な, 素直な）
0896	**cavalier** [kæ̀vəlíər]	形 傲慢な, 尊大な 名 〈古語〉騎士；(騎士道にのっとった)紳士 = 形 arrogant（傲慢な, 思い上がった）

0885	The cowboy would never mistreat his horse as he was essential to his survival.	馬はカウボーイの生存に欠かせなかったので、彼は馬を決して虐待しようとしなかった。
0886	The mother spread ointment on her child's cut to disinfect it.	母親は子供の切り傷を消毒するためそこに軟膏を塗った。
0887	The smell of smoke permeated the air as the forest fire rapidly increased in size.	森林火災はその規模を急速に拡大したため、煙の臭いが空中に広がった。
0888	The news channel made time for the rebuttal during the debate.	そのニュースチャンネルはその議論中反論のために時間を作った。
0889	He rectified the problem by reorganizing the flow of work.	彼は仕事の流れを再整理することでその問題を正した。
0890	Her parents reiterated their warning about driving too fast every time she went out with friends.	彼女の両親は、彼女が友達と出掛けるときはいつも運転でスピードを出しすぎないようにとの警告をくり返し言った。
0891	The dramatic saga covered multiple generations of the same family.	その劇的な大河小説は同一家族内の複数の世代を網羅していた。
0892	He was sent to prison as a traitor to his country for selling secret technology to another country.	彼は秘密の技術を他国に売却したことで売国奴として刑務所に送られた。
0893	The Italians trampled the grapes in the large container after harvesting them for wine.	イタリア人はワインのためのブドウを収穫した後大きな容器でそのブドウを踏みつぶした。
0894	You don't want to hear about my woes; let's talk about something else.	私の悲しみなんて聞きたくないでしょう。何かほかのことを話しましょう。
0895	He was amenable to our plan and agreed to join us.	彼は私たちの計画に素直に従い私たちへの参加に同意した。
0896	He has a very haughty, cavalier attitude most of the time.	彼はほぼいつも非常に横柄で、傲慢な態度を取る。

0897	**clump** [klʌmp] 〈生物〉	名 茂み、やぶ；塊、群れ 動 群生［凝集］する = 名 shrub（低木、茂み）
0898	**cog** [kág]	名 (歯車の)歯 = gear teeth（歯車の歯）
0899	**delineation** [dilìniéiʃən]	名 概要説明、描写 動 delineate（～の輪郭を描く；～を詳しく説明する） = 名 briefing（概況、簡潔な説明）
0900	**demeanor** [dimíːnər]	名 振る舞い、態度 = 名 behavior（振る舞い、態度）

0897	The ranch is just beyond that clump of trees in the distance.	その大農場はちょうどその木の茂みを越えたずっと向こうにある。
0898	I'm a very small cog in the organization.	私はその組織においてとても小さな歯車の歯でしかない。
0899	Her delineation of the planned project was very clear.	計画されたそのプロジェクトの彼女の概要説明はとても明解だった。
0900	He always has a polite demeanor.	彼の振る舞いはいつもていねいだ。

ROUND 2 STAGE 10 No.0901-1000

		MEANING
0901	**discord** [dísko:rd]	名 不一致；仲たがい = 名 conflict (不一致；対立，衝突) ⇔ 名 accord (調和，一致)
0902	**domesticate** [dəméstikèit]	動 (動物)を飼いならす 形 domestic (飼いならされた；家庭の) = 動 tame (〜を飼いならす，手なずける)
0903	**dwindle** [dwíndl]	動 だんだん減少[縮小]する； (品質などが)落ちる，衰える = 動 decrease (減少する，低下する)
0904	**fission** [fíʃən] 《物理》	名 (核)分裂 動 核分裂する ⇔ 名 fusion (核融合；溶解)
0905	**forgery** [fó:rdʒəri]	名 偽造(物)，捏造 動 forge (〜を偽造する；〜を鍛造する) = 名 falsification (偽造)
0906	**frail** [fréil] 《生理》	形 病弱な，ひ弱な；はかない = 形 delicate (弱い，虚弱な)
0907	**fuss** [fʌs]	名 騒ぎ；興奮 動 やきもきする，気をもむ = 名 disturbance (騒ぎ)
0908	**gravel** [grǽvl]	名 砂利，小石 形 gravelly (砂利の；ざらついた)
0909	**hysteria** [histíəriə] 《心理》	名 ヒステリー；興奮状態 形 hysterical (狂乱状態の，ヒステリックな)
0910	**infrared** [ìnfrəréd] 《物理》	形 赤外線の infrared light[rays] (赤外線)
0911	**knack** [nǽk]	名 才覚，こつ，技巧 熟 have a knack for 〜 (〜の才がある) = 名 aptitude (才能，物覚えの速さ)
0912	**lash** [lǽʃ]	動 非難を浴びせる；激しく打つ；むち打つ 熟 lash out (非難する；攻撃する) = 動 whip (〜を激しく打つ，むちで打つ)

	EXAMPLE SENTENCE	TRANSLATION
0901	Their relationship was filled with discord, which made them both unhappy.	彼らの関係には不一致な点が多く、それは2人を不満にした。
0902	She adopted the wild cat and domesticated it.	彼女は野良猫を受け入れ飼いならした。
0903	Their options dwindled as they waited to be rescued.	彼らが救助を待つ間、選択肢はだんだん減少した。
0904	Nuclear fission splits the nucleus of an atom and produces energy.	核分裂により原子の核が分裂しエネルギーが生成される。
0905	The painting was determined to be a forgery.	その絵画は偽造物だと判定された。
0906	My grandmother is growing frail as she grows older.	私の祖母は年を重ねるごとに病弱になっている。
0907	Please don't make a fuss when I visit; I don't want to inconvenience you.	私が訪問する時どうか騒ぎ立てないでください。あなたにご迷惑をおかけしたくないのです。
0908	When I fell off my bike on the street, I got gravel in my cut.	その通りで自転車から転び落ちたとき、切り傷に砂利が混ざった。
0909	The young, pre-teen girls reached a state of hysteria as frenzied fans.	若く思春期直前の少女たちはかなり熱狂的なファンなのでヒステリー状態に達した。
0910	Infrared night vision goggles allow you to see people or animals in the dark.	赤外線の暗視ゴーグルで暗闇でも人や動物を見ることができる。
0911	She has a knack for organization, and she can prioritize things quickly.	彼女は秩序の才があり、すぐに物事の優先順位を決めることができる。
0912	She was angry and she lashed out with hurtful comments.	彼女は怒り傷つけるようなコメントで激しく非難した。

0913	**nip** [níp]	動 ~を摘み取る，挟み取る；~をつねる，挟む；~を噛む = 動 pluck (~を摘む，引き抜く)
0914	**oblique** [əblíːk]	形 遠回しな，間接的な；斜めの，傾いた = 形 euphemistic (婉曲的な，遠回しな) = 形 slanted (傾斜した，斜めの)
0915	**overrun** [òuvərrán]	動 ~にあふれる，はびこる；~を超過する；~を制圧する = 動 infest (~に群がる，はびこる)
0916	**psychoanalysis** [sàikouənǽləsis] 《心理》	名 精神分析学（療法） 形 psychiatric (精神医学の)
0917	**rant** [rǽnt]	動 わめき散らす，大声を張り上げる
0918	**rouse** [ráuz]	動 ~を目覚めさせる，奮起させる，刺激する 形 rousing (人を奮起させる；活気のある)
0919	**slur** [sláːr]	名 中傷，悪口；(語などの)不明瞭な発音 動 ~を中傷する；(語など)を不明瞭に発音する = 名 insult (侮辱，無礼な言動)
0920	**sop** [sáp]	名 なだめ，機嫌を取るための物
0921	**spoof** [spúːf] 《文化》	名 パロディー，ちゃかし 動 ~をからかう，もじる
0922	**stout** [stáut]	形 確固とした；頑丈な 副 stoutly (頑丈に；頑強に)
0923	**taper** [téipər]	動 次第に細くなる；弱まる 形 tapered (先を細くした)
0924	**transpire** [trænspáiər]	動 (~ということが)あきらかになる；発生する

0913	She nipped the new blossoms off the pumpkin plant to encourage growth of the existing pumpkins.	彼女は今あるかぼちゃの成長を促進させるため苗の新しい花を摘み取った。
0914	He didn't accuse me of lying directly, but he did made some oblique remarks that suggested it.	彼は私が嘘をついたことに対して直接責めなかったが、それをほのめかす遠回しな発言をした。
0915	Weeds had overrun the garden, and there was a lot of work to be done to clean it up.	庭に雑草があふれていたので、それを綺麗にするためやらなければならない作業が山ほどあった。
0916	He is going through psychoanalysis to help him deal with the tragedy.	彼はその悲劇と折り合いをつける手助けとなる精神分析学療法を受けることになっている。
0917	He was very upset about the latest tax increase, and he ranted on for almost an hour about it.	彼は最近の税金引き上げについて激怒し、ほぼ1時間それについてわめき散らした。
0918	She roused him from sleep early in the morning as they were leaving on vacation.	休暇に出発するので彼女は朝早く彼を眠りから目覚めさせた。
0919	She was offended as she felt his comments were a slur on her good name.	彼女は彼のコメントが自分の名声に対する中傷だと感じ気を悪くした。
0920	The defeated team was given a smaller trophy as a sop to their pride.	負けたチームにはプライドへのなだめとしてより小さなトロフィーが贈られた。
0921	The comedy team does funny spoofs about political leaders.	そのコメディ集団は政治家リーダーについておかしなパロディーをする。
0922	He's a stout supporter of the current president, and he has donated money to his cause.	彼は現大統領の確固とした支持者で、彼の目的のために資金を寄付してきた。
0923	The wings of the toy plane are wide at the top and taper to a narrow end.	おもちゃの飛行機の翼は、上端は幅広く、狭い端へ向かって次第に細くなる。
0924	It later transpired that the wealthy man was really a thief living under another identity.	裕福な男性は本当は別の身元で生活する泥棒だったということが後にあきらかになった。

0925	**abomination** [əbàmənéiʃən]	名 非道な行為，恥ずべきこと；嫌悪 動 abominate (〜を嫌悪する) 形 abominable (嫌悪する；最悪の)
0926	**anguished** [ǽŋgwiʃt]	形 (心身の)苦悶の 名 anguish (苦悶，苦痛)
0927	**batter** [bǽtər]	動 〜を打ち壊す；〜を乱打する 名 (料理の)衣用生地
0928	**folio** [fóuliòu]	名 二つ折り判(の本)；二つ折り用紙 名 portfolio (作品集；資産構成)
0929	**gamut** [gǽmət]	名 ありとあらゆるもの，全域 run the gamut of〜 (〜の全てを経験する)
0930	**canopy** [kǽnəpi] 《地学》	名 林冠(森林の最上部)；天蓋(状のもの)；(パラシュートの)傘 形 canopied (覆われた)
0931	**conical** [kánikl] 《数学》	形 円錐(形)の 名 cone (円錐〔形〕) 副 conically (円錐形に)
0932	**crook** [krúk] 《社会》	名 詐欺師；曲がったもの；鍵 動 (腕・指など)を曲げる 形 crooked (詐欺の；不正な；ねじれた)
0933	**eclectic** [ikléktik]	形 折衷的な；取捨選択する 名 折衷主義者，折衷学派の哲学者 副 eclectically (折衷案的に)
0934	**figurative** [fígjurətiv]	形 比喩的な；象徴的な 副 figuratively (比喩的に；象徴的に) ⇔ 形 literal (文字どおりの)
0935	**burrow** [bə́:rou] 《動物》	名 巣穴；隠れ場 動 穴を掘る；〜を掘り進む 名 burrower (穴居性動物；穴を掘る人)
0936	**caldera** [kældéərə] 《地学》	名 カルデラ

0925	Most people agree that torture is an <u>abomination</u>.	拷問は非道な行為だとたいていの人が賛同している。
0926	We heard the <u>anguished</u> cries of the man who had fallen in the river, and we threw him a rope.	川に落ちた男性の苦悶の叫び声が聞こえたので、私たちは彼に向かってロープを投げ入れた。
0927	In the famous historical battle, cannons <u>battered</u> down the walls of the fort.	有名な歴史上の戦いでは、大砲が要塞の壁を打ち壊した。
0928	The artist showed the <u>folio</u> of her work to the potential client.	芸術家は彼女の作品の二つ折り判を潜在顧客に見せた。
0929	She experienced a <u>gamut</u> of emotions when they told her that her son had been found.	彼女の息子が見つかったと聞いて彼女はありとあらゆる感情を経験した。
0930	Many animals live in the <u>canopy</u> or the upper part of the rainforest.	熱帯雨林の林冠もしくは上部に多くの動物が住んでいる。
0931	They built a sand castle with a <u>conical</u> shape and put a little seashell on the top.	彼らは円錐状の砂の城を作りてっぺんに小さな貝殻を乗せた。
0932	I don't trust him; I think he's a <u>crook</u>.	私は彼を信用していない。彼は詐欺師だと思う。
0933	Her taste is very <u>eclectic</u>; she mixes traditional and modern styles in her home.	彼女の趣味はとても折衷的だ。彼女の家は伝統的スタイルと現代的スタイルが織り交ぜられている。
0934	His meaning is <u>figurative</u> not literal.	彼の真意は文字どおりではなく比喩的なものである。
0935	Many animals have <u>burrows</u> in the ground.	多くの動物が地面に巣穴を持っている。
0936	The eruptions created a large crater, or <u>caldera</u>, around the opening of the volcano.	噴火によって大きなクレーター、つまりカルデラが火山の噴火口付近に形成された。

0937	**grating** [gréitiŋ]	形 (音が)耳障りな；(言葉・態度などが)不快な
0938	**gymnastics** [dʒimnǽstiks]	名〈複数扱い〉体操 形 gymnastic (体操の，体育の)
0939	**hajj** [hǽdʒ]《文化》	名 ハッジ，メッカ巡礼 名 hajji (メッカ巡礼を済ませたイスラム教徒)
0940	**herbivore** [ə́ːrbəvɔ̀ːr]《動物》	名 草食動物 形 herbivorous (草食動物の) ⇔ 名 carnivore (肉食動物)
0941	**idiosyncrasy** [ìdiəsíŋkrəsi]	名 特異性，特質；性癖；特異体質 形 idiosyncratic (特異な，独特な；特異体質の) = 名 peculiarity (独特のもの；異常な態度)
0942	**infirm** [infə́ːrm]《生理》	形 身体が弱い，病弱な；(意志が)弱い 名 infirmity (虚弱，病弱)
0943	**lascivious** [ləsíviəs]	形 みだらな；挑発的な 名 lasciviousness (わいせつさ，みだらなこと)
0944	**metabolize** [mətǽbəlàiz]《生理》	動 ～を(新陳)代謝する 形 metabolic (新陳代謝の) 名 metabolism (新陳代謝，物質交代)
0945	**nag** [nǽg]	動 ～にしつこく言う，がみがみ言う 形 nagging (しつこい，口うるさい)
0946	**obliterate** [əblítərèit]	動 ～を跡形もなく消す，完全に破壊する 名 obliteration (消し去ること，抹消；忘却)
0947	**perennial** [pəréniəl]	形 長年の；毎年くり返される perennial plant (多年生植物) 副 perennially (長年にわたり，絶え間なく)
0948	**preconceived** [prìːkənsíːvd]	形 (先入観・偏見で)あらかじめ考えた **preconceived idea** (先入観，偏見) 名 preconception (先入観，偏見)

0937	As the chalk squeaked across the blackboard, it made a very grating sound.	チョークが黒板上でキーキーと音を立て、それは非常に耳障りな音だった。
0938	She enjoys using the uneven parallel bars in gymnastics.	彼女は体操で段違い平行棒を使うのを楽しむ。
0939	Many Muslims make a pilgrimage to Mecca, which is called the hajj.	多くのイスラム教徒がメッカに巡礼に訪れるが、それはハッジと呼ばれる。
0940	Caribous are herbivores that eat only plants.	カリブーは植物のみを食用とする草食動物である。
0941	Clapping her hands whenever she heard good news was one of her idiosyncrasies.	良い知らせを聞いたときはいつでも拍手をするというのは彼女の特異性の1つであった。
0942	She is elderly and infirm and needs help around the house.	彼女は高齢で身体が弱く家事に手助けが必要である。
0943	His lascivious gesture was inappropriate, and it offended many people.	彼のみだらなジェスチャーは不適切であり、それは多くの人を怒らせました。
0944	She cannot metabolize gluten, so she avoids eating foods with gluten.	彼女はグルテンを代謝できないので、グルテンを含む食品は食べないようにしている。
0945	His mother nagged him to pick up his room.	彼の母親は彼に部屋を片づけるようしつこく言った。
0946	The giant wave obliterated the sand castle that the children had built that afternoon.	子供が午後に作った砂の家が巨大な波で跡形もなく消え去った。
0947	Landslides are a perennial problem in the winter in this coastal area.	冬になるとこの海岸エリアに地滑りが生じるのが長年の問題である。
0948	In order to approach the subject with an open mind, you have to set aside preconceived ideas.	広い心でそのテーマに取り組むのなら、先入観を取り除かなければならない。

189

0949	**predilection** [prèdəlékʃən]	名 好み，偏愛 = 名 fondness（〔強い〕好み；溺愛）
0950	**primordial** [praimɔ́ːrdiəl] 《歴史》	形 原始の，太古の，最初の 熟 primordial soup（原始スープ） = 形 primeval（原始の，太古の）
0951	**profanity** [prəfǽnəti]	名 みだらな［罰当たりな］言葉，ぼうとく 形 profane（不敬な，神を汚す） 名 profanation（神聖を汚すこと，ぼうとく）
0952	**rake** [réik]	動 (熊手で)集める 熟 rake in ～（～を荒稼ぎする） 名 熊手，草かき
0953	**ransom** [rǽnsəm] 《社会》	名 身代金；受け戻し，身請け 動 (代償金を払って)～を取り戻す = 動 redeem（～を身請けする；～を償う）
0954	**rein** [réin]	名 〈the —s〉(国の)指揮権；手綱；制御 熟 the reins of government（政権）
0955	**servitude** [sə́ːrvətjùːd] 《法律》	名 強制労働；隷属 penal servitude（懲役）
0956	**shortfall** [ʃɔ́ːrtfɔ̀ːl]	名 不足（額） = 名 shortage（不足〔額〕）
0957	**vagrant** [véigrənt] 《社会》	名 放浪者；路上生活者 形 放浪の，さすらう 名 vagrancy（浮浪状態；浮浪罪）
0958	**watershed** [wɔ́ːtərʃèd]	形 重大な転機となる，天下分け目となる 名 重大な分岐点，分水嶺
0959	**xenophobic** [zènəfóubik]	形 外国人［もの］嫌いの 名 xenophobe（外国人嫌いの人） 名 xenophobia（外国人［もの］嫌い）
0960	**armistice** [áːrmistis] 《政治》	名 休戦，停戦協定 = 名 cease-fire（停戦，休戦）

0949	She has a predilection for chocolate.	彼女はチョコレートを特に好む。	
0950	One theory says life on this planet began in a primordial soup.	ある理論は、この惑星上の生命は原始スープから始まったと説く。	
0951	That film has an adult rating because of the constant profanity.	この映画は終始みだらな言葉が用いられているので成人向けに指定されている。	
0952	He's raking in lots of money from his new invention.	彼は新しい発明で金を荒稼ぎしている。	
0953	The pirates are holding the captain of the ship and his crew for ransom.	海賊は身代金を求めて船の船長と乗組員を拘束している。	
0954	The new president took over the reins of government from the previous president.	新たな大統領は前大統領から政権を引き継いだ。	
0955	During the Middle Ages, peasants spent their lives in servitude to the local landowner.	中世の間、小作農は地主への強制労働でその生涯を過ごした。	
0956	The accountant determined that we will have a shortfall of cash next month if we don't reduce our expenses.	費用を削減しなければ当社は来月現金不足になるだろうと会計士は断定した。	
0957	The poor part of that city has many vagrants with no permanent residence.	その都市の貧困街には永住者がおらず放浪者が多い。	
0958	Looking back, I can now see that it was a watershed decision as it changed the course of the country.	振り返ってみると、それはこの国の方向性を変えた重大な転機となる判断だったと今にしてわかる。	
0959	He never travels outside his small town as he is very xenophobic and fears strangers or foreigners.	彼はとても外国嫌いで見知らぬ人や外国人を恐れるため自分の小さな町の外へ一度も旅に出たことがない。	
0960	Both sides in the conflict agreed to a temporary armistice.	その闘争の両者は一時的な休戦に合意した。	

0961	**interpose** [ìntərpóuz]	動 (言葉)を差し挟む；〜に介入する ⦿ interpose oneself（〔人の話に〕割り込む） 图 interposition（干渉；仲裁；間に置くこと）
0962	**limp** [límp]	形 弱々しい；ぐにゃぐにゃした；柔軟な 動 足を引きずって歩く；のろのろ進む 副 limply（弱々しく，力なく）
0963	**lubricate** [lú:brikèit]	動 〜に潤滑油を塗る，〜を滑らかにする 图 lubricant（潤滑油［剤］，滑らかにするもの） 图 lubrication（油をさすこと，注油）
0964	**contentious** [kənténʃəs]	形 論争好きな，論争を引き起こす 图 contention（口論，議論；主張，論点） 副 contentiously（論争的に，喧嘩腰で）
0965	**estuary** [éstʃuèri]　《地学》	图 河口，入江 Estuary English（イングランド南部の河口域英語）
0966	**flashback** [flǽʃbæ̀k]	图 思い出すこと，フラッシュバック； （麻薬による）幻覚の再発
0967	**devour** [diváuər]	動 〜を貪り食う；〜を貪るように読む［見る/聞く］ 图 devourer（貪る人；貪り食う人） 形 devouring（〔感情が〕強烈な）
0968	**disintegrate** [disíntəgrèit]	動 砕ける，崩壊する 图 disintegration（崩壊，分解） = break up（壊れてばらばらになる，崩壊する）
0969	**edible** [édəbl]	形 食用の 图〈複〉食用となるもの，食べ物 ⇔ 形 inedible（食用に適さない）
0970	**elongate** [ilɔ́:ŋgeit]	動 〜を伸ばす 形 elongated（縦長の，細長い） = 動 lengthen（〜を長く伸ばす）
0971	**curtail** [kə:rtéil]　《経済》	動 〜を縮小［削減/短縮］する 图 curtailment（短縮；抑制；節減） = cut back 〜（〜を短くする，削減する）
0972	**decisively** [disáisivli]	副 断固たる態度で，決定的に 形 decisive（決定的な） ⇔ 副 doubtfully（疑わしげに，自信なく）

0961	She interposed herself right in the middle of our conversation.	私たちの会話の最中に彼女が割り込んできた。
0962	He has a limp rather than a strong handshake, which is a drawback.	彼は強いというよりは弱々しい握手をするが、それが難点だ。
0963	The mechanic lubricated the moving parts of the machine to prevent friction.	技師は摩擦を避けるため機械の可動部に潤滑油を塗った。
0964	She's a very contentious person; she likes to argue.	彼女はとても論争好きな人だ。彼女は議論したがる。
0965	The boat traveled up the estuary where the Hudson River met the Atlantic Ocean.	ハドソン川が大西洋に注ぎ込む河口までそのボートは移動した。
0966	She had a sudden flashback to an earlier experience when she smelled the gardenias.	彼女がクチナシの花の香りを嗅ぐと以前の経験が突然思い出された。
0967	The lions devoured the giraffe, which they had caught on the African plains.	ライオンはキリンを貪り食ったが、そのキリンはライオンがアフリカの草原でとらえたのだった。
0968	The butterfly wing was very fragile, and it disintegrated in her hand when the little child grabbed it.	チョウの羽は大変もろく、小さな子供がチョウを握ると彼女の手の中で砕けた。
0969	The Girl Scouts searched the woods for edible berries for their camp dinner.	ガールスカウトはキャンプの夕食用に食用のベリー類を探して林の中に分け入った。
0970	If you remember to do these stretching exercises every day, you can elongate these muscles.	このストレッチのエクササイズを毎日忘れずに行えば、それらの筋肉を伸ばすことができる。
0971	The budget cuts curtailed the school music program.	予算削減により学校の音楽プログラムは縮小された。
0972	She acted decisively in her new role as CEO and made changes to the organizational structure.	彼女はCEOとしての新たな役割において断固たる態度で行動し組織構造を変えた。

0973	**gait** [géit]	名 足取り；足並み ⊗ gaiter (ゲートル, 脚絆)
0974	**hurl** [hə́ːrl]	動 ～を力いっぱい投げる = 動 fling (～を投げ捨てる)
0975	**infinitesimal** [ìnfinitésəməl]	形 非常に小さい，微小の ⊛ an infinitesimal amount of ～ (微量の～) = 形 imperceptible (微小な，感知できない)
0976	**intermittently** [ìntərmítəntli]	副 途切れ途切れに，断続的に 形 intermittent (時々途切れる，断続的な)
0977	**battalion** [bətǽljən]	名 大隊；軍勢；多くの人 a battalion of ～ (～の大集団)
0978	**chaff** [tʃǽf] 《生物》	名 もみ殻；まぐさ；無用の物 動 (わらなど)を刻む
0979	**complacency** [kəmpléisənsi]	名 現状に満足しきっていること，自己満足 形 complacent (自己満足の，悦に入った) 副 complacently (悦に入って，のん気に)
0980	**meander** [miǽndər]	動 ぶらぶら歩く；(道が)曲がりくねる； (話が)とりとめもなく続く 名 (川の)蛇行；ぶらぶら歩き
0981	**moratorium** [mɔ̀ːrətɔ́ːriəm]	名 一時停止；支払猶予，モラトリアム
0982	**mound** [máund]	名 山；塚；土塁 ⊛ a mound of ～ (山のような～，～の山) 動 ～に土塁を築く，～を盛り上げる
0983	**outburst** [áutbə̀ːrst]	名 (激しい怒りなどの)突発，爆発，噴出 = 名 explosion (爆発)
0984	**perplex** [pərpléks]	動 ～を当惑させる，困らせる 形 perplexed (当惑した；込み入った) 名 perplexity (当惑，困惑)

0973	His gait has slowed as he has grown older.	彼は年を取るにしたがい足取りが遅くなってきた。
0974	She hurled the Frisbee into the air and her dog caught it in his mouth.	彼女はフリスビーを力いっぱい投げ飛ばし、彼女の犬がそれを口でキャッチした。
0975	In this drought year, we have only had an infinitesimal amount of rain.	この干ばつの年は、微量の雨しか降らなかった。
0976	The rain has fallen intermittently today while yesterday the rain was steady.	昨日は雨が降り続いていたが今日の雨は途切れ途切れに降っている。
0977	In the United States Army, a battalion is usually composed of 800-900 soldiers.	アメリカ合衆国陸軍では、大隊は通常800から900の兵で構成される。
0978	The chaff, or dry scaly covering, was separated from the seeds when they threshed the grain.	もみ殻すなわち乾燥しはがれ落ちる皮膜は、穀物を脱穀する際に種子と分離された。
0979	His feeling of complacency makes him unwilling to consider changes.	彼の現状に満足しきっている感覚が、彼に変化を考えることを嫌がるようにする。
0980	We meandered down the streets of the town with no particular destination in mind.	私たちは街のその通りを特に行くあてもなくぶらぶら歩いた。
0981	There is a moratorium on building at this time, so construction has been halted.	現段階でこの建物は一時停止とされているので、建設は休止されている。
0982	I have a mound of work, so I have to stay home and get it done.	山のような仕事があるので、私は家に残りそれをやり終えなければならない。
0983	He apologized for his angry outburst at the dinner table.	彼は夕食の席で突発的に怒りをあらわにしたことを詫びた。
0984	The problem perplexed him, and he thought about it for many days before finding a solution.	その問題は彼を当惑させ、彼は何日もそれについて考えた後解決策を見つけた。

0985	**petite** [pətíːt]	形 小柄な the petite bourgeoisie (小市民階級)
0986	**piggyback** [pígibæk]	動 ~を便乗させる；~を背負う；~にもたれる 副 おんぶして，肩車して
0987	**plethora** [pléθərə]	名 手にあまること，過多 熟 a plethora of ~ (手にあまるほどの~) ⇔ 名 scarcity (不足，欠乏)
0988	**ply** [plái]	動 (飲食などを)~にしつこく勧める；(船・バスが)定期的に往復する 熟 ply A with B (AにBをしつこく勧める)
0989	**relegate** [réləgèit]	動 ~を降格させる 名 relegation (降格，格下げ)
0990	**resourceful** [risɔ́ːrsfəl]	形 機知に富んでいる；資源に富んでいる 名 resourcefulness (機知に富むこと；資源に富むこと) = 形 ingenious (機知に富んでいる)
0991	**abate** [əbéit]	動 (勢いなどが)弱まる，(痛みが)和らぐ；~を弱める，和らげる；~を無効にする 名 abatement (減少)
0992	**atrophy** [ǽtrəfi]	動 萎縮[退化]する，衰える 名 萎縮；(機能の)退化，衰え = 動 ebb (衰える；潮が引く)
0993	**behemoth** [bihíːmɑθ]	名 巨大な物体[生物]；巨獣
0994	**thrash** [θrǽʃ]	動 (試合などで)~を打ち負かす；~を激しくたたく[打つ] thrash out ~ (~を徹底的に検討する)
0995	**trek** [trék]	動 (徒歩で)旅行する，トレッキングする 名 (徒歩による)旅行，トレッキング
0996	**trickle** [tríkl]	動 滴る；少しずつ進む

0985	She's very short and <u>petite</u>, so she has trouble finding clothing in her small size.	彼女はとても背が低く小柄なので、彼女に合うスモールサイズの洋服を見つけるのに苦労している。
0986	We <u>piggybacked</u> this manufacturing project on top of the existing one as we can use the same equipment.	私たちは同じ設備が使えるようにこの製造プロジェクトを既にあるプロジェクトに便乗させた。
0987	As an outstanding student, she has a <u>plethora</u> of choices for college or university.	極めて優れた生徒なので、彼女は単科大学も総合大学も手にあまるほどの選択肢がある。
0988	The salesmen <u>plied</u> us <u>with</u> alcohol at the dinner in an effort to get our business.	その営業マンは当社からの仕事を獲得しようとして夕食の席で私たちに酒をしつこく勧めた。
0989	His manager <u>relegated</u> him to a less important position when he did not perform well.	マネージャーは彼の業績が良くないと彼をあまり重要でない職位に降格させた。
0990	He created a water filtration device using odds and ends on our camping trip; he's very <u>resourceful</u>.	キャンプ旅行で彼はがらくたを用いて水のろ過装置を作り上げた。彼はとても機知に富んでいる。
0991	She was grateful when the loud noise of the sirens <u>abated</u>.	サイレンの大きな音が弱まって彼女は安心した。
0992	After the accident, he was told to exercise his leg while resting in bed so the muscles would not <u>atrophy</u>.	事故後、彼はベッドで休んでいる間筋肉が萎縮しないよう脚を運動させるようにと言われた。
0993	That <u>behemoth</u> of a truck is so large that it can't fit in a standard parking place.	そのトラックの巨大さはかなり大きいので標準的な駐車スペースにはおさまりきれない。
0994	The other team was much better, and they <u>thrashed</u> us in the tournament.	ほかのチームの方がもっと強く、彼らはトーナメントで私たちを打ち負かした。
0995	The students <u>trekked</u> through Europe with their sleeping bags and backpacks.	生徒たちは寝袋とバックパックを持ってヨーロッパ中を旅行した。
0996	The water <u>trickled</u> down from the small hole in their tent during the rainstorm.	暴風雨の中テントの小さな穴から水が滴り落ちてきた。

0997 wield
[wíːld]

動 (剣)を振るう；(道具)を巧みに使う；
(権力など)を行使する，(影響など)を及ぼす

0998 smothering
[smʌ́ðəriŋ]

形 (愛情などで)息が詰まる，息苦しい
動 smother（〔愛情などで〕〜を息苦しくさせる；
〔感情など〕を抑える）

0999 tantrum
[tǽntrəm]

名 (子供の)かんしゃく；(子供じみた)不機嫌さ
熟 throw a tantrum（かんしゃくを起こす，むっとする）

1000 terminus
[tə́ːrmɪnəs]

名 終着駅，終点；境界；末端
形 terminal（終着の；終わりの；末端の）
※ 複数形は termini

0997	He wielded the saber in the fencing class with confidence as if he had done this before.	彼はフェンシングクラスで以前やったことがあるかのように自信を持ってサーベルを振るった。
0998	The teenage boy finds his mother's attention smothering as he wants to be more independent.	十代の少年はもっと独立したいと思っているので、母親の心配に息が詰まる感覚を抱いている。
0999	The two-year-old threw a tantrum when he didn't get what he wanted.	その2歳児は欲しい物が手に入らないとかんしゃくを起こした。
1000	The train line ended at the terminus.	電車の路線はその終着駅で終わっていた。

Column 2 — The Government（政府）

▶ TOEFLでは政府・政治をテーマにした問題は少ないですが，留学後は常識として知っておいた方がよい単語です。

Federal Government 連邦政府
U.S.Capitol 米国国会議事堂
Congress （米国）連邦議会
House of Representatives 下院
Congressmember / Representative 下院議員
Senate 上院議会
senator 上院議員
incumbent 現職議員

governor 州知事
lieutenant governor 州副知事
state capitol 州議会議事堂
legislature 議会
mayor 市長
city council 市議会
candidate 立候補者
opponent 対抗者
serve 任期を務める
vote 投票する
ballot / poll 投票
election 選挙
political campaign 政治運動

Executive Branch 行政機関
president 大統領
vice-president 副大統領
White House （米国）大統領官邸
prime minister 首相
Cabinet 閣僚／内閣
Parliament （英国）議会
minister 大臣
administration 政権
Republican Party 共和党
Democratic Party 民主党

ADVANCED ENGLISH WORDS FOR THE TOEFL TEST

ROUND 3

STAGE 11-15
No.1001-1500

The mission of Yale College is to seek exceptionally promising students of all backgrounds from across the nation and around the world and to educate them, through mental discipline and social experience, to develop their intellectual, moral, civic, and creative capacities to the fullest. The aim of this education is the cultivation of citizens with a rich awareness of our heritage to lead and serve in every sphere of human activity.

Yale University

ROUND 3 STAGE 11 No.1001–1100

		MEANING
1001	**calamity** [kəlǽməti] 《社会》	名 災難, 災害；苦難, 難儀；(死別などの)不幸 = 名 catastrophe (大災害, 大惨事)
1002	**full-blown** [fúl blóun] 《医療》	形 本格的な；(病気の)進行が進んだ；完全な；完全に成熟した；花が満開の
1003	**counterfeit** [káuntərfit] 《気象》	形 偽造の, 贋作の；偽りの, うわべだけの 名 偽造品, 贋作
1004	**glaze** [gléiz]	名 (薄い)雨氷；(焼き物の)うわ薬；(表面の)光沢, つや 動 (建物)にガラスをはめ込む
1005	**cram** [krǽm]	動 ～を詰め込む[押し込む]；～の詰め込み勉強をする 名 詰め込み式の勉強
1006	**distill** [distíl]	動 (重要な箇所)を抜き出す；～を蒸留する distilled water (蒸留水) 名 distillation (蒸留；蒸留液)
1007	**edict** [í:dikt] 《政治》	名 (権力者の)勅令, 布告；命令
1008	**flop** [flάp]	名 大失敗；失敗作；どさっと倒れる音[こと] 動 (物が)音を立てて落ちる[倒れる]
1009	**foreshadow** [fɔːrʃǽdou]	動 ～をほのめかす, ～の前兆となる
1010	**cataclysmic** [kæ̀təklízmik]	形 すさまじい；激変する, 大変異の 名 cataclysm (激変；大洪水)
1011	**futile** [fjú:təl]	形 無駄な, 効果のない；(人などが)見込みのない；取るに足らない 名 futility (無益, 無駄)
1012	**crackle** [krǽkl]	動 パチパチ音を立てる；(表面に)細かなひびが入る

	EXAMPLE SENTENCE	TRANSLATION
1001	This town had been hit by one calamity after another, starting with the flood and ending with the fire.	この街は洪水に始まりしまいには火災まで、次から次へ災難に見舞われた。
1002	It started with a stuffy nose, but it has turned into a full-blown cold with a cough and severe congestion.	鼻づまりから始まったが、咳、それに深刻な鬱血を伴う本格的な風邪になった。
1003	The government agent checks for counterfeit currency.	政府職員は偽造通貨に関して検査を行う。
1004	The patio was covered with a thin glaze of ice in the early morning.	早朝の中庭は薄い雨氷で覆われていた。
1005	She crammed the clothes into her suitcase and then had difficulty closing it as it was so full.	彼女はスーツケースに洋服を詰め込み、あまりにいっぱいだったのでなかなか閉じなかった。
1006	She distilled the main point of the lecture into a few short sentences.	彼女はその講義の主なポイントを2、3の短い文章に抜き出した。
1007	The dictator handed down an edict banning public protests.	独裁者は民衆の抗議活動を禁止する勅令を言い渡した。
1008	The new product was a flop as consumers found it difficult to use and few people purchased it.	その新製品は消費者にとって使用が難しく感じられ購入した人も少なかったため大失敗だった。
1009	The hero's death was foreshadowed in the story when he dreamed of his dead father.	亡くなった父の夢を見たとき、その物語の中で主人公の死がほのめかされた。
1010	The eruption of the volcano was a cataclysmic event for the people of Pompeii.	ポンペイの人々にとって火山の噴火はすさまじい出来事だった。
1011	Escape from Alcatraz prison seemed futile as it was surrounded by water and the strong currents were very dangerous.	アルカトラズ刑務所からの脱走は、刑務所が海に囲まれ激しい潮の流れがかなり危険だったので、無駄に思えた。
1012	The fire crackled in the fireplace as pieces of wood burst into flame.	暖炉で薪の破片が燃え上がると火がパチパチ音を立てた。

No.	見出し語	発音	意味
1013	**glean**	[glíːn]	動 ~を(少しずつ)集める 名 gleanings (断片的情報を集めたもの) = 動 gather (~を集める)
1014	**grudge**	[grʌ́dʒ]	名 恨み, 怨恨；わだかまり 動 ~に恨みを持つ, 妬む；~を惜しむ 形 grudging (いやいやの, 不承不承の)
1015	**imam**	[imáːm] 《文化》	名 司式僧, イマーム；礼拝の指導者； 〈I-〉イスラム教国の宗教的指導者の称号
1016	**incite**	[insáit] 《社会》	動 ~を扇動する, ~に駆り立てる； ~を引き起こす 名 incitement (扇動, 刺激；誘因)
1017	**lavish**	[lǽviʃ]	形 豪華な, (必要以上に)贅沢な；気前のいい； 豊富な 動 ~を気前よく与える
1018	**ludicrous**	[lúːdəkrəs]	形 馬鹿げた, 滑稽な = 形 ridiculous (馬鹿げた, おかしな)
1019	**mutilate**	[mjúːtəlèit] 《医療》	動 (手足)を損傷[切断]する；~を台無しにする 名 mutilation (手足の切断)
1020	**salinity**	[səlínəti] 《化学》	名 塩分(濃度), 塩辛さ 形 saline (塩の, 塩分を含んだ)
1021	**scrape**	[skréip]	動 ~をこする；~をすりむく；~をかき集める 熟 scrape ~ off (~をこすり落とす)
1022	**secretion**	[sikríːʃən] 《化学》	名 分泌(物), 分泌作用
1023	**shred**	[ʃréd]	動 ~を裁断する, 細かく裂く 名 断片；残りくず in shreds (ずたずたに裂けて)
1024	**springboard**	[spríŋbɔ̀ːrd]	名 踏み台；出発点；(体操の)踏み切り板； (水泳の)飛び込み板

1013	I <u>gleaned</u> this information from reviewing their financial records for the last few years.	私はここ数年間の彼らの財務記録を再検討する中からこの情報を<u>集めた</u>。
1014	He has held a <u>grudge</u> against me for a very long time as he felt I treated him poorly many years ago.	彼は私が何年も前に彼をぞんざいに扱ったと感じたので、長い間私に対し<u>恨み</u>を持っている。
1015	The <u>imam</u> led the prayers at the mosque.	モスクでは<u>司式僧</u>が祈る人々を導いた。
1016	The union leader <u>incited</u> a riot with his speech to his members.	組合のリーダーはメンバーに対するスピーチで暴動を<u>扇動した</u>。
1017	The wealthy entrepreneur is building a <u>lavish</u> house on the cliff overlooking the ocean.	その裕福な起業家は海を見渡せる崖の上に<u>豪華な</u>家を建てている。
1018	It was <u>ludicrous</u> to think that the three-year-old boy could be left alone without supervision.	3歳の男の子を監督することもなく1人で放っておけるなんて考えは<u>馬鹿げて</u>いた。
1019	The <u>mutilated</u> body of the spy was recovered, and it was clear that he had been tortured.	スパイの<u>損傷した</u>体は回復したが、彼が拷問を受けたのはあきらかだった。
1020	The <u>salinity</u>, or salt content, of the earth's seawater is about 3.5%.	地球上の海水の<u>塩分濃度</u>、つまり塩分含有量は約3.5%である。
1021	He <u>scraped</u> the leftover food <u>off</u> of the plate before he rinsed it in the sink and put it in the dishwasher.	彼は皿に残った食物<u>をこすり落として</u>からシンクでゆすぎ食器洗浄機に入れた。
1022	The <u>secretion</u> of a sticky substance from the underside of a starfish allows it to adhere to rocks.	ヒトデは下面から出るねばばした物質の<u>分泌物</u>で岩に付着することができる。
1023	They <u>shredded</u> the confidential, financial documents so there was no evidence.	彼らは機密の財務文書を<u>裁断した</u>ので証拠は何もなくなった。
1024	He used his position as mayor of the town as a <u>springboard</u> to become a state senator.	彼は州議会議員になる<u>踏み台</u>として町長の地位を利用した。

No.	見出し語	発音	意味
1025	**replenish**	[ripléniʃ]	動 ~を補充する，満たす 名 replenishment (補給)
1026	**reproach**	[ipróutʃ]	名 非難；叱責 動 ~をとがめる，非難[叱責]する 形 reproachful (非難するような；叱責の)
1027	**retribution**	[rètrəbjúːʃən]	名 報い，罰；天罰 = 名 retaliation (仕返し，報復)
1028	**panhandle**	[pǽnhæ̀ndl] 《社会》	動 物乞いする 名 panhandler (物乞い)
1029	**buckle**	[bʌ́kl]	動 (衝撃などで)曲がる；屈する 名 (金属などの)ゆがみ
1030	**prolific**	[prəlífik]	形 多作の；(選手が)得点能力のある；(動物が)多産の；多く存在する
1031	**psychic**	[sáikik]	形 心霊体質の，超能力のある；心霊の；精神の 名 霊能者，霊媒，巫女
1032	**ramble**	[rǽmbl]	動 とりとめもなく話す；(植物が)はびこる；ぶらつく 形 rambling (とりとめもない；だだっぴろい)
1033	**stalemate**	[stéilmèit]	名 (チェスの)ステールメイト，引き分け；膠着状態，行き詰まり
1034	**stark**	[stɑ́ːrk]	形 あからさまな，ありのままの；過酷な；(土地などが)殺風景な，荒涼とした
1035	**stench**	[sténtʃ]	名 悪臭 ⇔ 名 fragrance (芳香)
1036	**synagogue**	[sínəgɑ̀g] 《文化》	名 (ユダヤ教の)会堂，シナゴーグ

1025	The hikers replenished their water supplies when they stopped at the mountain stream to fill their water bottles.	ハイカーは水筒を満たすため山の小川で立ち止まり水を補充した。
1026	His work is always careful and methodical; it is beyond reproach.	彼の仕事はいつも慎重で整然としている。それは非の打ちどころがない。
1027	She assured the killer that he would receive retribution for his crimes, if not in this life, then in the next.	現世でなければ、来世に、その罪に対する報いを受けることになるだろうと彼女はその殺人者に断言した。
1028	The homeless man panhandles outside the coffee shop hoping people will give him money.	ホームレスはコーヒーショップの外で人々がお金をくれるのを望んで物乞いする。
1029	They did a stress test with the steel, and it buckled under the weight, so they rejected it.	彼らはその鉄の負荷試験を行い、その荷重で曲がったので、彼らはそれを不合格とした。
1030	He is a prolific author who produces a new novel every year.	彼は毎年新たな小説を執筆する多作の作家だ。
1031	She always correctly predicts who will win the game, so we teased her and said she must be psychic.	彼女はいつも誰が試合に勝つのか正しく予測するので、彼女は心霊体質にちがいないと私たちはからかい言った。
1032	He often rambles on and on before getting to the point.	彼は結論を言うまで長々ととりとめもなく話すことが多い。
1033	The chess players reached a stalemate where neither could win the game.	チェスプレーヤーたちはどちらも対戦に勝つことができないステールメイトに達した。
1034	There is a stark difference in the houses on the poor side versus the rich side of town.	街の貧しい方と裕福な方の家々にはあからさまな違いがある。
1035	There is a stench coming from the wastewater treatment plant, which is usually worse in the summer.	下水処理場から悪臭が漂ってくるのだが、夏はいつもさらに悪くなる。
1036	The Jewish people worshipped in the synagogue.	ユダヤ人は会堂で礼拝を行った。

1037	**tenement** [ténəmənt] 《社会》	名 共同住宅；安アパート；保有財産
1038	**collage** [kəlá:ʒ] 《芸術》	名 コラージュ；寄せ集め（作品）
1039	**unequivocal** [ʌ̀nikwívəkəl]	形 はっきりとした，明確な；絶対的な ⇔ 形 equivocal（曖昧な，どうとでも解釈できる）
1040	**vanguard** [vǽngɑ:rd]	名 先駆［先導］者；(軍隊の)先頭，前衛
1041	**ameliorate** [əmí:liərèit]	動 ～を良く［改善］する ⇔ 動 deteriorate（～を悪くする，低下させる）
1042	**avenge** [əvéndʒ]	動 ～のかたきを討つ，復讐をする avenge oneself on ～（～に仕返しをする） 名 avenger（復讐者）
1043	**bounty** [báunti]	名 (食料などの)豊富さ；自然の恵み；奨励［補助］金；賞金；報奨金 形 bountiful（豊富な，十分ある）
1044	**captivate** [kǽptivèit]	動 ～を魅了［魅惑］する 名 captive（虜；捕虜，囚人）
1045	**cobble** [kábl]	動 (急ごしらえで)修繕する，作る 熟 cobble together ～（～を継ぎ当てする）
1046	**treacherous** [trétʃərəs]	形 危険な，不安定な；裏切りをする 名 treachery（裏切り）
1047	**concordant** [kənkɔ́:rdnt]	形 一致［調和］した ⇔ 形 discordant（不一致の，調和しない）
1048	**congenital** [kəndʒénitl] 《医療》	形 (病気などが)先天的な，生まれつきの = 形 innate（(性質が)先天的な）

1037	The <u>tenements</u> that house people in this part of the city are substandard and should be torn down and replaced.	この街のこの地域で人々を収容している<u>共同住宅</u>は、低水準なので取り壊して建て替えるべきだ。
1038	Students in that elementary classroom each made a <u>collage</u> about their summer vacation.	あの小学生のクラスの生徒たちは各自夏休みについての<u>コラージュ</u>を作成しました。
1039	His negative response was <u>unequivocal</u>; I wouldn't bother asking him again.	彼の否定的な返答は<u>はっきりとして</u>いた。私はもう彼にわざわざ質問しないことにする。
1040	That artist is in the <u>vanguard</u> of a new style in painting.	あの芸術家は絵画の新しいスタイルの<u>先駆者</u>だ。
1041	Aspirin should <u>ameliorate</u> your muscle pain.	アスピリンは筋肉痛を<u>良くする</u>はずだ。
1042	The hero in the story <u>avenged</u> the death of his father who was killed by the evil wizard.	物語の中の主人公は邪悪な魔法使いに殺された父の死の<u>かたきを討った</u>。
1043	The rich soil provides a <u>bounty</u> of fruits and vegetables.	肥えた土壌は果物と野菜を<u>豊富</u>にもたらす。
1044	The magician <u>captivated</u> the audience with his amazing magic tricks.	手品師は驚くべきマジックのトリックで観客を<u>魅了した</u>。
1045	When the strap broke on his backpack, he <u>cobbled</u> together something quickly with rope to replace it temporarily.	バックパックのストラップが壊れ、彼は一時的にそれに代わるものをロープと一緒にすばやく<u>継ぎ当てした</u>。
1046	The stone steps were <u>treacherous</u> in the winter when they were covered in ice.	石段は冬になると氷で覆われるので<u>危険</u>だった。
1047	The two second grade classes at that school had <u>concordant</u> test results.	あの学校の2年生の2クラスはテストの結果が<u>一致してい</u>た。
1048	The baby was born with a <u>congenital</u> heart defect, which was later corrected with surgery.	その赤ん坊は<u>先天的な</u>心臓疾患を持って生まれてきて、後に手術で治療した。

1049	**conundrum** [kənʌ́ndrəm]	名 謎, 難問；謎かけ
1050	**copious** [kóupiəs]	形 たくさんの, 大量の；内容の豊富な = 形 lavish (豊富な；贅沢な)
1051	**crutch** [krʌ́tʃ] 〈医療〉	名 松葉づえ；支え, 頼り；支柱
1052	**decency** [díːsnsi]	名 良識；世間体；礼儀正しさ；〈複〉礼儀作法 形 decent (まともな, ちゃんとした)
1053	**dormant** [dɔ́ːrmənt]	形 休眠中の, 活動休止状態にある = 形 inactive (休止した, 活動していない) = 形 quiescent (静止した, 活動していない)
1054	**edifice** [édəfis] 〈文化〉	名 大建築[造]物；(手の込んだ)組織, 体系
1055	**embellish** [imbéliʃ]	動 (話)に尾ひれを付ける；～を装飾する, 美しくする = 動 adorn (～を飾る)
1056	**extravagant** [ikstrǽvəɡənt]	形 贅沢な；金遣いの荒い, 浪費の = 形 spendthrift (金遣いの荒い) = 形 profligate (浪費する, 金遣いの荒い)
1057	**fledgling** [flédʒliŋ]	形 新入りの, 駆け出しの 名 新入り, 駆け出し
1058	**grim** [ɡrím]	形 (表情が)険しい；気味の悪い；残忍な = 形 stern (険しい, いかめしい)
1059	**hem** [hém]	動 (人や場所など)を取り囲む；(裾などの)へりを縫う 熟 hem in ～ (～を取り囲む)
1060	**ignite** [iɡnáit]	動 ～を刺激する；～に着火する 名 ignition (発火, 点火)

1049	The construction of the circle of standing stones called Stonehenge in England is a <u>conundrum</u> to archeologists today.	イギリスのストーンヘンジと呼ばれる直立した石の輪の建造物は現代の考古学者にとって謎である。
1050	I took <u>copious</u> notes during the lecture today as I think this material will be covered on the final exam.	私はこの題材は最終試験で取り上げられると考えたので今日の講義でたくさんのノートを取った。
1051	He broke his leg, so he is using a <u>crutch</u> to get around right now.	脚の骨を折ったので、彼は今動き回るのに松葉づえを使っている。
1052	He had the <u>decency</u> to apologize for his bad behavior.	彼は素行の悪さを謝罪できる程の良識は持ち合わせていた。
1053	Many plants are <u>dormant</u> during the winter and come to life again in the spring.	多くの植物は冬の間に休眠期を迎え春にまた生命を宿す。
1054	The new museum was just completed, and it is an impressive public <u>edifice</u>.	新しい博物館は完成したばかりで、印象的な公共の大建築物となっている。
1055	She often <u>embellishes</u> the truth to make her story more interesting.	彼女は自分の話がもっと面白くなるように真実に尾ひれを付けることが多い。
1056	He gave her an <u>extravagant</u> gift for her birthday, which was very expensive.	彼は彼女の誕生日に贅沢なプレゼントをあげたが、それは非常に高額なものだった。
1057	This is her first teaching job after graduate school; she's a <u>fledgling</u> member of our faculty.	これは学校卒業後彼女にとって初めての教職だ。彼女は私たち教員陣の新入りのメンバーだ。
1058	His <u>grim</u> expression let her know that he had bad news.	彼の険しい表情で悪い知らせがあると彼女は気づいた。
1059	The troops were <u>hemmed</u> in on all sides by the enemy; there was no chance of escape.	その軍隊は全ての方向から敵に取り囲まれた。逃げる機会はなかった。
1060	What <u>ignited</u> the latest dispute between them?	何が彼らの間の最近の論争を刺激したのか？

1061	**indubitable** [indjú:bətəbl]	形 疑う余地のない，明白な = 形 undoubtable (疑う余地のない)
1062	**inlet** [ínlət] 《地学》	名 入江；注入口 動 ~をはめ込む，差し込む；~を注入する
1063	**lace** [léis]	動 (少しアルコールなどを飲み物に)加える；(言葉で)攻撃する；~をひもで縛る
1064	**maroon** [mərú:n]	動〈受身〉(災害などで人が)置き去りにされる；孤立させる = 動 isolate (~を孤立させる)
1065	**mingle** [míŋgl]	動 (パーティーなどで歩き回って)話をする；混ざる，一緒になる
1066	**muster** [mʌ́stər]	動 ~を招集する；(勇気など)を奮い起こす，かき集める = 動 assemble (~を集める，招集する)
1067	**photovoltaic** [fòutouvɑltéiik] 《物理》	形 光電池の，光起電性の 熟 photovoltaic cell (光電池)
1068	**poignant** [pɔ́injənt]	形 心を打つ，感動的な；辛辣な，痛烈な = 形 affecting (心を打つ，感動させる)
1069	**precarious** [prikéəriəs]	形 不安定な，危険な；いいかげんな，あてにならない = 形 unstable (不安定な)
1070	**premeditated** [pri:méditèitid]	形 計画的な，前もって考えられた 動 premeditate (~を前もって熟考する) = 形 deliberate (計画的な；慎重な)
1071	**replete** [riplí:t]	形 十分に備わった；満腹[飽食]した 熟 replete with ~ (~の充実した；~で満たされた)
1072	**sadist** [séidist] 《心理》	名 サディスト，加虐性愛者 形 sadistic (加虐的な)

1061	The truth about this seemed evident to all of us; it was indubitable.	これについての真実は私たちみなにとってあきらかなようだった。それは疑う余地がなかった。
1062	He steered his boat into the long, narrow inlet along the shore to shelter from the storm.	彼は嵐から身を守るため海岸に沿った長く狭い入江へボートを進ませた。
1063	He laced his coffee with a little whiskey.	彼はコーヒーにウィスキーを少し加えた。
1064	The survivors of the shipwreck were marooned on a desert island for two months before they were rescued.	難波の生存者たちは無人島で2ヵ月間置き去りにされた後で救出された。
1065	The host of the party mingled with his guests and introduced the newest members to the group.	そのパーティーの主催者は客人と話をし、そのグループに最も新しいメンバーを紹介した。
1066	The general mustered his troops together before the battle.	将官は戦闘の前に彼の部隊を招集した。
1067	Solar panels use photovoltaic cells to generate electricity.	ソーラーパネルは電気を生成する光電池を使用している。
1068	One particularly poignant scene in the movie always made her cry.	この映画のとりわけ心を打つあるシーンになると彼女はいつも泣いてしまった。
1069	My job is precarious at the moment as they are in the process of selling the company.	会社は今売りに出されている過程にあるので私の仕事は現時点では不安定だ。
1070	She was convicted of premeditated murder, which carries a heavy penalty.	彼女は計画的殺人の容疑で有罪判決を受けたが、これには重い罰則が伴う。
1071	The house came furnished with a fully equipped kitchen, replete with any item they would need.	この家は家具付きでキッチンも設備が完全に整っており、彼らが必要なものは充実していた。
1072	I am afraid he is a sadist who gets pleasure from causing pain to others.	彼は誰かに苦痛を負わせることで喜びを得るサディストなのではないかと思う。

No.	単語	意味
1073	**scoop** [skúːp]	名 ひとすくい(の量);シャベル,スコップ 動 ~をすくい上げる,くむ
1074	**vex** [véks]	動 ~をイライラさせる;~を手こずらせる = 動 exasperate (~をイライラさせる,怒らせる)
1075	**thrifty** [θrífti] 《経済》	形 質素な,つましい;繁栄[繁盛]する 名 thrift (倹約,質素)
1076	**skirmish** [skə́ːrmiʃ]	名 短い戦い,小競り合い 動 ~と小競り合いをする
1077	**smear** [smíər]	動 ~を塗りつける,汚す 名 汚点,しみ = 動 smudge (~を汚す)
1078	**swirl** [swə́ːrl]	動 ~を回転[旋回]させる;渦巻く,旋回する = 動 rotate (~を回転させる)
1079	**tableau** [tæblóu] 《芸術》	名 活人画,タブロー;絵画(的な描写) = 名 painting (絵)
1080	**scum** [skʌ́m]	名 浮きかす,あく
1081	**toil** [tɔ́il]	動 骨折って働く;~を疲れさせる 名 苦労
1082	**truce** [trúːs] 《政治》	名 停戦(協定);休止,中断 = 名 armistice (停戦)
1083	**uptake** [ʌ́ptèik]	名 〈the ~〉ものわかり,理解(力);取り込み,摂取 = 名 understanding (理解力)
1084	**scourge** [skə́ːrdʒ] 《社会》	名 災難(のもと),天罰 動 ~をむち打つ;~を厳しく罰する = 動 lash (~をむち打つ)

1073	Would you like one or two scoops of ice cream?	アイスクリームを1、2すくい、いかがですか？
1074	The loud barking of the neighbor's dog vexed them.	近所の犬の吠える大きい声が彼らをイライラさせた。
1075	He is very thrifty and has saved a lot of money.	彼はとても質素でたくさん貯金をしている。
1076	It wasn't a huge battle, but rather a skirmish between two small groups of opposing troops.	それは大きな闘争ではなかったが、対立する部隊の2つの小グループ間の短い戦いだった。
1077	The small child smeared the jam across her cheek as she tried to wipe it off.	小さな子供はジャムを拭い取ろうとして頬に塗りつけてしまった。
1078	She swirled the wine in her glass before tasting it.	彼女は味わう前にグラス中のワインを回した。
1079	The group of young people gathered around the picnic basket made a pleasing tableau.	ピクニックバスケットの周りに集まった若者のグループは愉快な活人画を作った。
1080	A layer of scum formed on the top of the pond.	浮きかすの層が池の表面にできた。
1081	The farm workers toiled in the vineyards all day.	農場労働者は一日中ブドウ園で骨折って働いた。
1082	The two warring sides agreed to a 24-hour truce, or cease-fire.	交戦中の両側とも24時間の停戦、もしくは休戦に合意した。
1083	I like chatting with him as he's very quick on the uptake.	彼はとてもものわかりが速いので彼とのおしゃべりは楽しい。
1084	War and famine are scourges of humanity.	戦争と飢餓は人類の災難のもとだ。

1085	**foresight** [fɔ́ːrsàit]	名 用心；先見の明；前方を見ること，展望 熟 have the foresight to do（用心して[先を見通して]~する）
1086	**baffle** [bǽfl]	動 ~を困惑させる；~を挫折させる； （流れなど）を止める，調整する 形 baffling（当惑させる，わけのわからない）
1087	**dislodge** [dislάdʒ]	動 ~を取り除く，追い出す；~を引き払う = 動 displace（~を移す；~を追い立てる）
1088	**bog** [bάg]	動 泥沼にはまる 熟 bog down（泥沼にはまり込む） 名 沼地，湿地
1089	**buttress** [bʌ́trəs]	動 （論点など）を強化する；~を支える 名 支え；（補強用の）控え壁
1090	**caucus** [kɔ́ːkəs] 〈政治〉	名 （政党の）幹部会；執行委員会；党員集会； 議員総会
1091	**gasp** [gǽsp]	名 息をのむこと；あえぎ，息切れ 熟 let out a gasp（はっとして息をのむ） 動 あえぐ，息を切らす
1092	**consummate** 形 [kənsʌ́mət] 動 [kάnsəmèit]	形 非常に有能な，熟達した；完全な 動 ~を達成[完了]する
1093	**convocation** [kὰnvəkéiʃən] 〈社会〉	名 会議，集会；（会議などへの）招集； 《大学》学位授与式
1094	**cryptic** [kríptik]	形 不可解な，謎めいた；秘密の；《動物》擬態の 名 保護色 名 crypt（地下聖堂；地下室）
1095	**dexterity** [dekstérəti]	名 抜け目のなさ；手先の器用さ，手際の良さ 形 dexterous（手際の良い；頭の切れる）
1096	**bard** [bάːrd] 〈文学〉	名 詩人；吟遊詩人 the Bard of Avon（シェイクスピアの異名） = 名 minstrel（中世の吟遊詩人）

1085	I'm glad we had the foresight to bring backup batteries for our flashlight on this camping trip.	キャンプ旅行で懐中電灯の予備電池を用心して持ってきてよかった。
1086	This crime has baffled the police; they have no suspects at this point.	この犯罪は警察を困惑させた。警察は現時点で容疑者を見つけていない。
1087	She got something in her eye, and she dislodged it by rinsing her eye with cold water.	目に何かが入ったので、彼女は冷たい水で目をゆすぎそれを取り除いた。
1088	The negotiations bogged down over the issue of medical insurance.	医療保険問題に関する交渉は泥沼にはまり込んだ。
1089	She buttressed her argument with excellent examples.	彼女は優れた例を出して自身の論拠を強化した。
1090	The political caucus met to agree on a candidate for the election.	政党幹部会は選挙の候補者について合意するため集まった。
1091	When it was announced that she had won the award, she let out a loud gasp of surprise.	彼女がその賞を受賞したというアナウンスが流れると、彼女ははっとして大きな驚きの息をのんだ。
1092	He's a consummate master of the cello, and his concerts are always sold out.	彼は非常に有能なチェロのマスターで、彼のコンサートは常に売り切れだ。
1093	People gathered together from throughout the world to attend the convocation.	その会議に出席するため世界中から人が集まった。
1094	It was a cryptic message that left me guessing about what he meant.	それは、彼が何を意味しているのかを私に考えさせる不可解なメッセージだった。
1095	His mental dexterity is impressive; he's very clever.	彼の精神的な抜け目のなさは印象的だ。彼はとても賢い。
1096	William Shakespeare was a famous bard.	ウィリアム・シェイクスピアは有名な詩人だった。

1097	**engender** [indʒéndər]	動 ~を**生じさせる，引き起こす** = 動 generate (~を引き起こす，発生させる) = 動 beget (~を生じさせる，引き起こす)
1098	**evangelist** [ivǽndʒəlist] 《文化》	名 (福音などの)**伝道者**
1099	**babble** [bǽbl]	動 (幼児が)**片言で話す；むだ口を言う；** (秘密)を**漏らす，口走る** 名 たわごと；ざわめき
1100	**clog** [klɑ́g]	動 (道路)を**ふさぐ；**(管など)を**詰まらせる；** (機械)の**動きを悪くする** 形 clogged (詰まった；呼吸困難な)

1097	Her jealousy engenders her rudeness to the other woman.	嫉妬は彼女にほかの女性に対する無礼な態度を生じさせる。
1098	He's an evangelist for his company's new technology, and he spreads the word about it.	彼は会社の新たな技術の伝道者で、彼はそれについてのクチコミを広めている。
1099	The infant babbled happily in her crib, making unintelligible sounds.	その幼児はベビーベッドの中で、理解できない音を発しながら、嬉しそうに片言で話した。
1100	The president's motorcade clogged the highway and slowed traffic.	大統領の車列が幹線道路をふさぎ交通を停滞させた。

No.	見出し語	MEANING
1101	**grubby** [grʌ́bi]	形 汚れた，不潔な；不正な，下劣な = 形 dirty (汚い) = 形 dishonest (不正な)
1102	**huddle** [hʌ́dl]	動 (寒さ・恐怖のため)身を寄せ合う；集まって(ひそひそ)相談する
1103	**hunch** [hʌ́ntʃ]	名 予感，直感 動 (背など)を丸くする hunch one's back (背中を丸める)
1104	**impinge** [impíndʒ]	動 影響を与える；(光・音が)当たる；(権利を)犯す
1105	**infest** [infést]	動 出没する；はびこっている 名 infestation (出没；横行)
1106	**introvert** [íntrəvə̀ːrt] 〈心理〉	名 内気な人 形 内向的な ⇔ 名 extrovert (社交的な人)
1107	**juggle** [dʒʌ́gl]	動 ～を掛け持ちする，やりくりする；～を使って曲芸[手品]をする juggle career and family (家庭と仕事を両立させる)
1108	**laurel** [lɔ́ːrəl]	名 月桂樹；(栄誉の印としての)月桂冠；名誉
1109	**lethargic** [leθɑ́ːrdʒik]	形 無気力な，だるい；(異常なほど)眠い = 形 sluggish (不活発な；怠惰な；反応が鈍い)
1110	**lurk** [lə́ːrk]	動 潜伏する，待ち伏せする；(危険・感情などが)ひそんでいる
1111	**noxious** [nɑ́kʃəs] 〈化学〉	形 有毒の，有害な = 形 poisonous (有毒な，有害な) = 形 harmful (有害な)
1112	**orchard** [ɔ́ːrtʃərd]	名 果樹園 名 orchardist (果樹栽培者)

	EXAMPLE SENTENCE	TRANSLATION
1101	The children looked grubby as they had been playing in the mud.	子供たちは泥まみれで遊んでいたので汚れていたように見えた。
1102	We huddled under a tree until the rain shower stopped.	私たちはにわか雨がやむまで木の下で身を寄せ合った。
1103	I have a hunch that this company is going to be very successful, so we should invest in it.	この会社はとても成功するという予感がするので、私たちはその会社に投資すべきだ。
1104	My busy work schedule impinges on my free time.	私の忙しい仕事のスケジュールが、私の自由時間に影響を与える。
1105	We had to call exterminators to take care of the rats in the infested building.	ネズミが出没する建物の対応をしてもらうため害獣駆除業者に電話しなければならなかった。
1106	As an introvert, he is happy spending time by himself.	内気な人なので、彼は1人で時間を過ごすのが楽しい。
1107	She juggles multiple tasks each day as she manages three different design teams.	彼女は3つそれぞれのデザインチームを管理しているので、毎日複数の作業を掛け持ちしている。
1108	The laurel wreath has been a symbol of victory for centuries since it was awarded to athletes in the ancient Olympics in Greece.	月桂樹の花冠はギリシャの古代オリンピックで選手に贈られていたことから何世紀もの間勝利の象徴とされてきた。
1109	I was feeling very lethargic after eating a big lunch, so I took a nap.	ランチを食べ過ぎて私はとても無気力な気分だったので、昼寝をした。
1110	The thief lurked in the bushes outside the house waiting for the owners to leave.	泥棒は家の外の茂みに潜伏し、家主が出て行くのを待った。
1111	The noxious fumes from the energy plant filled the air and endangered the health of the nearby inhabitants.	発電所からの有毒ガスが辺りの空気に満ち、近隣住人の健康に危害を及ぼした。
1112	They grow apples in their orchard in Washington state.	彼らはワシントン州の果樹園でリンゴを育てている。

1113	**ostracize** [ástrəsàiz]	動 ~を仲間はずれにする，排斥する = 動 exclude（~を排除する） = 動 expel（~を追放する）
1114	**outgrowth** [áutgròuθ]	名 副産物，派生物；(本体から)伸び出たもの；当然の結果
1115	**pawn** [pɔ́:n]	動 ~を質に入れる 名 質入れ in pawn（質に入って，抵当に取られて）
1116	**penance** [pénəns]	名 罪滅ぼし，懺悔 do[pay] penance（罪滅ぼしをする，罪の償いをする）
1117	**providence** [právədəns] 《文化》	名 神意，摂理 divine providence（神の摂理）
1118	**rocky** [ráki]	形 不安定な，困難の多い；岩石の多い，ごつごつした ⊛ rock（岩石，岩盤）
1119	**rostrum** [rástrəm]	名 演壇，講壇；指揮台；(動物の)くちばし(状の突起) = 名 podium（指揮台；演壇）
1120	**puncture** [páŋktʃər]	動 ~をパンクさせる，~に穴を空ける；(信頼・誇りなど)を傷つける = 動 pierce（~に穴を空ける）
1121	**pundit** [pándit] 《社会》	名 評論家；(マスコミに出るような)専門家
1122	**quirky** [kwə́:rki]	形 奇妙な；突飛な ⊛ quirk（おかしな癖；突拍子もないこと）
1123	**rampant** [rǽmpənt]	形 生い茂っている；はびこっている；激しい，荒々しい rampant inflation（激しいインフレ）
1124	**resurrect** [rèzərékt] 《社会》	動 (習慣など)を復活させる，再び用いる；(死者)をよみがえらせる = 動 renew（~を復活させる；~を更新する）

1113	They ostracized her because of her radical political views.	彼女の過激な政治観が原因で、彼らは彼女を仲間はずれにした。
1114	This company is an outgrowth of the research we worked on at the university.	この会社は私たちが大学で取り組んでいる研究の副産物だ。
1115	He needed money, so he pawned his watch and left it at the pawn shop for security against the money he borrowed.	彼は金が必要だったので、時計を質に入れ、借りた金に対する担保としてそれを質屋に置いていった。
1116	He volunteers at the shelter as a form of penance for his earlier bad behavior.	彼は以前の彼の悪行に関し、その罪滅ぼしの1つとして救護施設でボランティアをしている。
1117	The members of the religious group put their faith in providence.	宗教グループのメンバーは神意を信じている。
1118	Their relationship is not stable; it is very rocky.	彼らの関係は安定していない。とても不安定だ。
1119	She stepped up to the rostrum to make her speech.	彼女はスピーチをするため演壇に歩みを進めた。
1120	The piece of metal punctured his bicycle tire, so he had to buy a new tube.	金属の破片が彼の自転車のタイヤをパンクさせたので、彼は新しいチューブを買わなければならなかった。
1121	That political pundit has a very popular radio show.	あの政治評論家はとても人気なラジオ番組を持っている。
1122	His classmates made fun of his quirky behavior.	彼の同級生たちは彼の奇妙な行動を笑いものにした。
1123	The weeds are rampant in that deserted lot.	あの無人の駐車場には雑草が生い茂っている。
1124	She resurrected the old custom, and it became very popular.	彼女は古い習慣を復活させ、それはとても人気になった。

No.	見出し語	発音	意味
1125	**savant**	[səvάːnt] 《学問》	名 学識豊富な人，学者；大家 = 名 scholar (学者；物知り)
1126	**schism**	[sízm]	名 分裂，分離 = 名 split (分裂，分離；対立，ずれ) ⇔ 名 concord (一致；協調；調和)
1127	**stave**	[stéiv]	動 はずす，壊す；穴を空ける 熟 stave off ～ (～を逃れる，免れる) = 動 avert (～が起こるのを回避する [防ぐ])
1128	**whisker**	[hwískər] 《動物》	名 〈複〉(猫などの) ひげ；ほおひげ；少しの距離，僅差
1129	**stifle**	[stáifl]	動 ～を抑える；～を鎮圧する；～を窒息させる，～の息を止める = 動 subdue (～を抑える；～を鎮圧する)
1130	**stinging**	[stíŋiŋ]	形 辛辣な；苦しめる 動 sting (～を刺す；～を苦しめる) = 形 caustic (辛辣な，痛烈な)
1131	**tranquil**	[trǽŋkwil]	形 おだやかな，静かな 名 tranquility (平穏，静けさ) = 形 serene (静かな，おだやかな)
1132	**strait**	[stréit]	名 〈複〉苦境，難局；海峡，瀬戸
1133	**surmount**	[sərmáunt]	動 ～を乗り越える，～に打ち勝つ；〈受身〉～を上に置く = 動 overcome (～を乗り越える，克服する)
1134	**tinker**	[tíŋkər]	動 下手に修理する；鋳掛け屋として働く
1135	**stint**	[stínt] 《社会》	名 任務；(仕事などの) 任期 動 ～を切り詰める；～を出し惜しむ
1136	**tread**	[tréd]	動 踏む；歩く 名 足取り；踏みつけること

1125	That investor is a business savant; he seems to always make the right decisions.	あの投資家はビジネスについて学識豊富な人だ。彼は常に正しい決断をしているようだ。
1126	There is a schism in the English department over that issue.	その問題に関し英語課では分裂がある。
1127	They staved off hunger by eating fruits and berries they found in the woods.	彼らは森の中で見つけた果物やベリー類を食べ飢えを逃れた。
1128	The tiger uses its whiskers to navigate through the darkness.	トラはひげを使って暗闇の中を進む。
1129	She stifled her yawn as she didn't want to the professor to think she was bored by the lecture.	講義に飽きてきたと教授に思われたくなかったので彼女はあくびを抑えた。
1130	Her stinging criticism made him feel terrible.	彼女の辛辣な批評は彼の気分を悪くした。
1131	The water in the bay was very tranquil in the early morning.	早朝の入江の水はとてもおだやかだった。
1132	With no money and no job prospects, he was in sad straits.	金もなく仕事の見通しもなく、彼は嘆かわしい苦境に陥っていた。
1133	During his life, he has surmounted many challenges and difficulties.	生涯を通し、彼は多くの課題や困難を乗り越えてきた。
1134	She tinkered with the lock in an unsuccessful attempt to fix it.	鍵を直そうとしたが失敗し、彼女はそれを下手に修理してしまった。
1135	Young men in Switzerland are required to serve a stint in the army.	スイスでは、若い男性は軍隊での任務をはたすことが義務付けられている。
1136	When he trod on her foot while they were dancing, he apologized.	彼らが踊っている間に彼が彼女の足を踏んだとき、彼は謝った。

1137	**abduct** [æbdʌ́kt]	動 ~を拉致する，誘拐する 名 abduction（拉致，誘拐） = 動 kidnap（~を誘拐する，さらう）
1138	**amass** [əmǽs]	動 ~を収集[蓄積]する = 動 accumulate（~を蓄積する，積み上げる） = 動 stockpile（~を蓄積する，貯蔵する）
1139	**ultimatum** [ʌ̀ltəméitəm]	名 最後通告，最後の言葉 形 ultimate（最終的な；究極の） 副 ultimately（最終的に）
1140	**wean** [wíːn] 《動物》	動 ~を乳離れさせる；~を引き離す = 動 ablactate（~を離乳させる）
1141	**anachronism** [ənǽkrənìzm]	名 過去の遺物，時代錯誤[遅れ]（の人） 形 anachronistic（時代錯誤の）
1142	**boisterous** [bɔ́istərəs]	形 馬鹿騒ぎの，騒々しい = 形 noisy（騒がしい）
1143	**coma** [kóumə] 《医療》	名 昏睡（状態） = 名 sopor（昏睡）
1144	**avid** [ǽvid]	形 熱心な，熱烈な，貪欲な；渇望して = 形 ardent（熱心な，熱烈な）
1145	**backlash** [bǽklæʃ]	名 反発，反感；反動，はね返り = 名 aversion（反感）
1146	**ascetic** [əsétik] 《思想》	名 禁欲主義者；苦行者，修行僧 形 禁欲的な；苦行の = 形 stoic（禁欲的な）
1147	**atoll** [ǽtɔːl] 《地学》	名 環礁，環状サンゴ島
1148	**concave** [kɑnkéiv]	形 へこんだ，凹面の 名 凹面 ⇔ 形 convex（凸状の，凸面の）

1137	The kidnapper abducted the child from the playground.	誘拐犯は公園で子供を拉致した。
1138	Over the years, he has amassed a huge collection of vintage cars.	何年もかけて、彼はビンテージカーの膨大なコレクションを収集してきた。
1139	She gave her son an ultimatum; if he didn't clean his room in one hour, he would not be able to watch TV all week.	彼女は息子に最後通告を言い渡した。もし彼が1時間以内に部屋を綺麗にしなかったら、1週間ずっとテレビを見られないと。
1140	Panda mothers wean their cubs at about one year.	パンダの母親は約1年後に子供を乳離れさせる。
1141	Cavalry, or soldiers mounted on horses, are an anachronism in modern warfare.	騎士、つまり馬に乗った兵士は現代の戦争行為では過去の遺物となっている。
1142	The boisterous students in the house next door kept us awake all night.	隣の家の馬鹿騒ぎする学生は、私たちを一晩中眠らせなかった。
1143	He was in a coma for three days after the accident before he woke up.	彼は事故後目覚めるまで3日間昏睡状態にあった。
1144	He's an avid fisherman who spends most of his free time fishing in the ocean.	彼は熱心な釣り人で、自由時間のほとんどを海での釣りに費やしている。
1145	There was a backlash to government spending.	政府の支出に反発があった。
1146	He's an ascetic who purposefully lives a very simple existence without many creature comforts.	彼は快適な生活に必要な物を多く持たずに、意図的に質素な生活を送る禁欲主義者だ。
1147	The Maldives Islands are low-lying coral islands or atolls.	モルディブ諸島は低地のサンゴ諸島または環礁である。
1148	It was a concave mirror, which curved like a section of a circle.	それはへこんだ鏡で、円の断面図のようにカーブしていた。

1149	**coronation** [kɔ̀:rənéiʃən] 〈社会〉	名 即位[戴冠]式，即位
1150	**heartland** [há:rtlænd]	名 中心地，心臓部； (アメリカの)中部地域，ハートランド = 名 hub (中心，中枢)
1151	**forsake** [fərséik]	動 ～を捨てる，放棄する = 動 abandon (～を捨てる)
1152	**defuse** [dì:fjú:z]	動 ～を鎮める，和らげる；(危険)を取り除く = 動 appease (～をなだめる，鎮める)
1153	**dismal** [dízməl]	形 散々な，悲惨な；陰気な，憂鬱な = 形 gloomy (暗い，陰気な)
1154	**euphemism** [jú:fəmìzm] 〈語学〉	名 婉曲語句[表現] 形 euphemistic (婉曲的な，遠回しな)
1155	**cumbersome** [kámbərsəm]	形 扱いにくい，重荷となる = 形 burdensome (重荷となる，厄介な)
1156	**fret** [frét]	動 心配する，思い悩む = 動 bother (心配する，思い悩む；～を悩ませる)
1157	**gypsy** [dʒípsi] 〈社会〉	名 ジプシー；放浪者
1158	**cremate** [krí:meit]	動 ～を火葬する 名 cremation (火葬)
1159	**heyday** [héidèi]	名 全盛期，絶頂 = golden age (全盛期，黄金期) = 名 meridian (全盛期，頂点)
1160	**hibernate** [háibərnèit] 〈動物〉	動 冬眠する，冬ごもりする ⇔ 動 estivate (夏眠する)

1149	Many dignitaries attended the coronation of the queen.	多くの要人が女王の即位式に出席した。
1150	The Midwest is often called the heartland of the United States.	中西部はアメリカ合衆国の中心地とよく呼ばれる。
1151	If you forsake or abandon your post in the army, you will be punished.	軍隊で自分の立場を捨てるまたは放棄すると、罰せられるだろう。
1152	She defused the argument with a joke.	彼女はジョークでその議論を鎮めた。
1153	The sales were dismal, and the marketing department was disappointed.	その売上は散々で、マーケティング部は落ち込んだ。
1154	She used the euphemism "passed away" rather than the more direct "died" to describe his death.	彼女は彼の死を表現するのに、直接的な「死んだ」ではなく「亡くなった」という婉曲語句を用いた。
1155	My luggage is cumbersome as it is very heavy and does not have wheels.	私の荷物はとても重く車輪がついていないので扱いにくい。
1156	She constantly fretted about her children, and her husband always told her not to worry so much.	彼女は常々自分の子供たちのことを心配し、彼女の夫はそんなに心配しすぎないようにといつも言っていた。
1157	They live like gypsies as they are always traveling from place to place.	彼らはいつもあちらこちらを旅して、ジプシーのように暮らしている。
1158	They cremated his body after his death, and his ashes are stored in an urn.	彼らは彼の死後遺体を火葬し、彼の灰を骨壷に入れて保管する。
1159	Charlie Chaplin was a popular actor in the heyday of silent films in Hollywood.	チャーリー・チャップリンはハリウッドでサイレント映画が全盛期の頃に人気を博した俳優だった。
1160	Bears hibernate during the winter when their metabolism slows and they are less active.	熊は冬の間冬眠し、その間代謝はゆっくりとなり、あまり活動しなくなる。

229

1161	**incision** [insíʒən] 〈医療〉	名 **切開，切り込み** 動 incise（〜を切開する，刻む） = 名 dissection（切開）
1162	**innocuous** [inάkjuəs]	形 **あたりさわりがない，無難な；無害の** = 形 harmless（無害の）
1163	**intercede** [ìntərsí:d]	動 **仲を取り持つ，仲裁する** = 動 intervene（仲裁する；介在する）
1164	**inundate** [ínəndèit]	動 **〜に殺到する；〜に氾濫する** = 動 throng（〜に殺到する，群がる） = 動 overflow（溢れる；〜を水浸しにする）
1165	**menstrual** [ménstruəl] 〈生理〉	形 **月経の；毎月の** 名 menstruation（月経） = 形 monthly（毎月の）
1166	**beggar** [bégər] 〈社会〉	名 **物乞い(をする人)** 動 beg（〜を請う，懇願する）
1167	**microcosm** [máikrəkàzm]	名 **縮図；小宇宙，小世界** ⇔ 名 macrocosm（大宇宙）
1168	**milieu** [mi:ljə́:]	名 **環境** = 名 environment（環境）
1169	**mortify** [mɔ́:rtəfài]	動 **〜に恥をかかせる** = 動 embarrass（〜に恥ずかしい思いをさせる） = 動 humiliate（〜に恥をかかせる）
1170	**nihilism** [náiəlìzm] 〈思想〉	名 **虚無主義；無政府主義運動**
1171	**oxymoron** [àksimɔ́:rɑn] 〈語学〉	名 **矛盾語法；矛盾した表現** ※意味の対立した語を並べて特別な効果をねらう修辞法 形 oxymoronic（矛盾語法の）
1172	**principality** [prìnsəpǽləti] 〈政治〉	名 **公国** = 名 dukedom（公爵領，公国）

1161	The surgeon made an incision in the patient's abdomen at the beginning of the surgery.	外科医は手術のはじめに患者の腹部を切開した。
1162	Her comments were innocuous and did not offend anyone in the audience.	彼女のコメントはあたりさわりがなく、聴衆の誰も不快に思わなかった。
1163	He interceded for his friend who was very shy; he told the girl that his friend liked her.	彼はとてもシャイな友達のために仲を取り持った。彼はその少女に友達がその子を好きだと伝えた。
1164	Citizens inundated the politician's office with email and letters in favor of the proposed law.	その条例案に賛成した市民からのEメールや手紙がその政治家の事務所に殺到した。
1165	Pregnancy caused a halt in her menstrual cycle.	妊娠したので彼女の月経周期が中断した。
1166	The beggar was asked to move away from the door of the restaurant.	物乞いはレストランのドアから離れたところに移動するように言われた。
1167	This diverse community is a microcosm of the changing population in the state.	この多様な地域社会はこの州の人口変化の縮図だ。
1168	He's more comfortable in a city milieu.	彼は都市環境にいる方が心地良いと感じる。
1169	It mortified him when his mother called him "Bunny" in front of his friends.	母親が彼を友人の前で「うさちゃん」と呼び彼に恥をかかせた。
1170	Nihilism rejects established laws and institutions.	虚無主義は確立した法律や慣例を拒否する。
1171	"Hurry up and slow down" is an oxymoron.	「急いでのんびりして」とは矛盾語法だ。
1172	The country of Luxembourg is a principality headed by the Grand Duke.	ルクセンブルクという国は大公をリーダーとして率いられた公国である。

1173	**prophylactic** [pròufəlæktik] 《医療》	形 (病気の)予防の 名 予防薬；避妊具 ⦿ prophylactic agent (予防薬)
1174	**scant** [skǽnt]	形 不十分の, 乏しい 動 ~を制限する；~を切り詰める = 形 deficient (不足した)
1175	**sham** [ʃǽm]	名 偽物, まがい物 形 見せかけの, 偽りの 動 ~を偽造する, 模造する
1176	**reincarnation** [rì:inkɑːrnéiʃən]	名 再生, 生まれ変わり 動 reincarnate (~に再び肉体を与える, 生まれ変わらせる) = 名 incarnation (肉体化；化身)
1177	**repugnant** [ripʌ́gnənt]	形 反感を抱く, 気にくわないで 名 repugnance (反感, 嫌悪) = 形 averse (反対して)
1178	**rift** [ríft]	名 亀裂, 不和；裂け[割れ/切れ]目 = 名 breach (不和, 仲たがい)
1179	**pucker** [pʌ́kər]	動 (唇など)をすぼめる；(眉など)をひそめる = 動 wrinkle (~をしかめる, すぼめる)
1180	**raze** [réiz]	動 ~を完全に破壊する； 　(記憶など)を消す, 取り去る = 動 demolish (~を破壊する)
1181	**shroud** [ʃráud]	動 ~を包む, 覆う 名 覆い；幕 = 動 veil (~を覆う, 隠す)
1182	**sluggish** [slʌ́giʃ] 《経済》	形 不景気な；不活性な；のろい；緩やかな 動 slug (ぐずぐずする, 怠ける)
1183	**speck** [spék]	名 小さな汚れ[しみ]；ちり, ほこり； 　少量, わずか = 名 spot (しみ, 汚れ, 斑点)
1184	**splinter** [splíntər]	動 分裂する；裂ける 名 裂片, かけら = 動 divide (分かれる)

1173	A prophylactic agent, like a vaccine, prevents disease.	予防薬は、ワクチンのように、病気を防ぐことができます。
1174	Her toddler has received scant attention now that she has a new baby.	今や彼女には新しい赤ん坊が生まれたので、幼児への配慮が不十分になった。
1175	They discovered too late that the investment scheme was a sham or fraud.	投資計画は偽物または詐欺だということに彼らは気づくのが遅すぎた。
1176	People who believe in reincarnation think that they will be reborn in another form.	再生を信じる人は違う姿で生まれ変わると考えている。
1177	The sport of boxing is repugnant to her.	ボクシングというスポーツに彼女は反感を抱いている。
1178	There was a rift in their relationship when they both liked the same girl in high school.	高校で彼らが2人とも同じ少女を好きになり彼らの関係に亀裂が生じた。
1179	She puckered her lips and blew him a kiss as she waved from the window.	彼女は窓から手を振りながら唇をすぼめ、彼に投げキスした。
1180	They razed the old building to construct the new shopping mall.	彼らは新しいショッピングモールを建設するため古い建物を完全に破壊した。
1181	They shrouded their new product with mystery, and refused to answer any questions from the press.	彼らは新商品を謎で包み、報道陣からの質問には一切答えなかった。
1182	The economy is sluggish, and there has been very little growth.	経済は不景気で、ほとんど成長していない。
1183	He cleaned the specks of mud from his glasses after he returned from the football game.	彼はフットボールの試合から戻りメガネについた泥の小さな汚れをふいた。
1184	The larger group splintered into two smaller groups when there was a disagreement over the club dues.	クラブの会費について意見の相違があり大きなグループが2つの小さなグループに分裂した。

1185	**squash** [skwáʃ] 《政治》	動 ~を鎮圧する；~を押しつぶす = 動 stifle (~を鎮圧する) = 動 crush (~を押しつぶす)
1186	**surmise** [sərmáiz]	動 ~を推測[推量]する 名 推測, 推量 = 動 guess (~を推測する, 言い当てる)
1187	**aggrieved** [əgríːvd] 《法律》	形 権利を侵害された； 　虐げられた, 不当に扱われた
1188	**travail** [trǽveil] 《生理》	名 陣痛；苦労, 骨折り = 名 labor (陣痛, 分娩；苦労, 骨折り)
1189	**ungulate** [ʌ́ŋgjəlèit] 《動》	名 有蹄動物 形 有蹄(類)の, ひづめのある
1190	**upkeep** [ʌ́pkìːp]	名 (動物の)飼育費, (子供の)養育費； 　維持, 保持
1191	**upsurge** 名 [ʌ́psəːrdʒ] 動 [ʌpsə́ːrdʒ]	名 急激な高まり, 急増 動 急に高まる；湧き上がる = 動 skyrocket (急上昇する)
1192	**varsity** [váːrsəti]	名 (学校の)代表チーム 形 学校代表(チーム)の
1193	**whim** [hwím]	名 思いつき, 気まぐれ 形 whimsical (気まぐれな, 移り気な)
1194	**tally** [tǽli]	名 勘定(書), 計算(書)；得点(表)；割り符 動 ~を勘定する；符合する
1195	**animosity** [ænimásəti]	名 敵意, 憎悪 = 名 hatred (憎しみ, 憎悪)
1196	**arable** [ǽrəbl]	形 耕地に適した[向いた] 名 耕作地 = 形 cultivable (耕作できる)

1185	The dictator quickly squashed the rebellion.	独裁者は反乱をすぐに鎮圧した。
1186	She surmised the reason for their dinner invitation was to have her meet their single friend.	夕食への招待の理由は自分に独身の友人を会わせるためだと彼女は推量した。
1187	She is the aggrieved person in this lawsuit as her money was stolen by this man.	彼女はこの男性に金を盗まれこの訴訟では権利を侵害された人である。
1188	She was used to the travail of childbirth as she had six children.	彼女には6人の子供がいるので出産の陣痛には慣れていた。
1189	The caribou belongs to a group of hoofed mammals or ungulates.	カリブーは有蹄の哺乳動物つまり有蹄動物のグループに属する。
1190	My parents are kind to pay for the upkeep of my horse while I am in school.	両親は私が学校にいる間、私の馬の飼育費を親切にも払ってくれている。
1191	There's been an upsurge in support for this candidate as we near the election.	選挙が近づいているのでこの候補者の支持に急激な高まりがあった。
1192	He moved up from the junior varsity to the varsity tennis team at his university.	彼はジュニア代表チームから大学のテニス代表チームに移った。
1193	I don't usually buy that kind of dress, but I was feeling adventurous, and I bought it on a whim.	私は普段はこのようなドレスは買わないが、冒険してみたい気持ちになり、思いつきでそれを買った。
1194	I keep a tally of all my expenses each week on my smart phone.	私は自分のスマートフォンに各週の全ての支出の勘定を記録している。
1195	There is a strong feeling of animosity between these two women; they clearly don't like each other.	これら2人の女性の間には強い敵意の感情がある。彼女らはあきらかに互いを好んではいない。
1196	The United States has a great deal of arable land that is suitable for raising crops.	アメリカ合衆国には作物を育てるのに適当な耕地に適した土地がかなりある。

235

#	見出し	発音	意味
1197	**armada** [ɑːrmάːdə] 《歴史》		名 〈the A—〉(スペインの) 無敵艦隊；艦隊
1198	**backfire** [bǽkfàiər]		動 裏目に出る；しっぺ返しにあう；(内燃機関で) 逆火を起こす
1199	**austere** [ɔːstíər] 《文化》		形 (建物などが) 簡素な, 飾り気のない；(生活などが) 質素な；厳格な
1200	**asteroid** [ǽstərɔ̀id] 《宇宙》		名 小惑星, 小遊星；《生物》ヒトデ = 圏 minor planet (小惑星)

1197	In a great naval battle in 1588, the Spanish Armada, or fleet of warships, was defeated by the British Navy.	1588年の大きな海戦において、スペイン無敵艦隊、すなわち軍艦の艦隊は、イギリス海軍に打倒された。
1198	Our plan to embarrass her backfired, and we were embarrassed instead.	彼女の邪魔をするという私たちの計画は裏目に出て、逆に私たちが邪魔をされた。
1199	The postmodern building is very austere in comparison with buildings from the 14th century.	ポストモダンの建物は14世紀の建物に比べると、とても簡素である。
1200	Large asteroids are also called minor planets in astronomy as they are quite small.	大きな小惑星でも（天体としては）かなり小さいので天文学では（大惑星に対して）小惑星と呼ばれている。

No.	見出し語	意味
1201	**deforestation** [dìːfɔ̀ːrəstéiʃən] 《環境》	名 森林破壊，森林伐採 動 deforest（〜から森林を切り払う）
1202	**brawl** [brɔ́ːl]	名 (騒々しい)喧嘩，口論 動 喧嘩[口論]する = 動 quarrel（喧嘩する）
1203	**chasm** [kǽzm]	名 深い溝；割れ[裂け]目 = 名 gap（割れ目，隙間）
1204	**chastity** [tʃǽstəti]	名 純潔；(文体などの)簡潔さ； (言動・文体・思想の)上品さ，つつましさ
1205	**covet** [kʌ́vət]	動 (他人のもの)をむやみに欲しがる 形 covetous（欲張りな）
1206	**dagger** [dǽgər]	名 短刀；脅かすもの，不安の種；〈複〉敵意
1207	**berate** [biréit]	動 〜をとがめる，非難する = 動 rebuke（〜を非難する，なじる）
1208	**demote** [dìːmóut]	動 〜を降格させる ⇔ 動 promote（〜を昇格させる）
1209	**exasperate** [igzǽspərèit]	動 (人)をいらだたせる，怒らせる = 動 irritate（〜をいらだたせる）
1210	**disband** [disbǽnd] 《社会》	動 (組織・軍隊などを)解散する 名 disbandment（解散，解除；除隊）
1211	**entourage** [à:nturá:ʒ]	名 随行員；取り巻き；周囲，環境 = 名 surroundings（環境，状況）
1212	**demur** [dimə́ːr]	動 難色を示す 名 異議，反対；ためらい 名 demurral（異議）

	EXAMPLE SENTENCE	TRANSLATION
1201	Deforestation threatens the habitats of many animals globally.	森林破壊は地球規模で多くの動物の生息域を脅かしている。
1202	The members of the fraternity got into a brawl at the bar.	男子学生の社交グループのメンバーはバーで喧嘩に足を踏み入れた。
1203	The deep gorge or chasm in the earth had been carved out by glaciers long ago.	地球の深い峡谷または深い溝は大昔に氷河によって削られたものである。
1204	In the Roman Catholic Church, nuns take vows of chastity when they enter the order.	ローマ・カトリック教会では、修道女は聖職に入る際に純潔の誓いを立てる。
1205	When he saw his friend's brand-new car, he coveted it, wishing he had one just like it.	友達の真新しい車を見て、彼もそれをむやみに欲しがり、それと同じような車を持ちたいと思った。
1206	He pulled a dagger from his boot and stabbed him with it.	彼はブーツから短刀を引き抜きそれで彼を刺した。
1207	She often berates her husband for what she thinks are his faults.	自分の考えることは夫の責任だと彼女はよく彼をとがめる。
1208	As a result of his mistakes he was demoted to a lower position.	その間違いの結果、彼は低い地位に降格させられた。
1209	She was exasperated by the slow pace of the long meeting.	彼女は長い会議のペースの遅さにいらだった。
1210	The rebel group disbanded after their demands were met.	その反乱軍は彼らの要求が通った後解散した。
1211	The president always travels with an entourage of security people.	大統領は常に警備員の随行員をつけて移動する。
1212	He demurred when he was asked to take a promotion without a raise in pay.	彼は給与の増加無しに昇格しないかと持ちかけられたとき難色を示した。

№	単語	意味
1213	**exuberant** [igzjúːbərənt]	形 熱狂的な；繁茂した；豊かな；(言葉・文章が)派手な，華麗な = 形 lively (元気にあふれた，生き生きとした)
1214	**facsimile** [fæksíməli]	名 複製，複写；ファックス 動 ～を複写する = 名 reproduction (複製品[画])
1215	**homage** [hámidʒ]	名 敬意；忠誠の誓い 熟 pay homage to ～ (～に敬意を払う) = 名 tribute (尊敬のしるし，賛辞)
1216	**forthcoming** [fɔ̀ːrθkʌ́miŋ]	形 積極的な，率直な；(必要などに備えて)用意された，すぐに間に合う
1217	**fray** [fréi]	名 喧嘩 enter the fray (喧嘩に加わる)
1218	**frenzy** [frénzi] 《社会》	名 狂乱；《心理》(一時的な)精神錯乱 形 frenzied (熱狂した，非常に興奮した)
1219	**ghetto** [gétou] 《社会》	名 貧民街，ゲットー；少数民族居住区域
1220	**gratuitous** [grətjúːətəs]	形 意味のない；根拠のない；無料の，無報酬の
1221	**gulag** [gúːlɑːg] 《社会》	名 強制労働収容所
1222	**guru** [gúruː] 《文化》	名 教祖的存在；(ヒンズー教で)教師，導師
1223	**havoc** [hǽvək]	名 大きく乱すこと，大混乱 熟 play havoc with ～ (～をめちゃくちゃにする)
1224	**feline** [fíːlain] 《動物》	形 ネコ科の；猫のような；(容姿・動作が)しなやかな

1213	He has an exuberant personality, and it is fun to be with him.	彼は熱狂的な人格の持ち主で、彼と一緒にいるのは楽しい。
1214	3D printing technology allows us to make a facsimile of an everyday object.	３Ｄプリント技術のおかげで日常的な物の複製を作ることができる。
1215	The Fourth of July speech paid homage to the founders of the country.	独立記念日のスピーチで建国の祖に敬意を払った。
1216	She was very forthcoming and cooperative in our investigation.	彼女はとても積極的で私たちの捜査にも協力的だった。
1217	He got a black eye in the fray in the bar.	彼はバーでの喧嘩で目にあざを作った。
1218	There was a media frenzy when the famous couple announced they were having a baby.	有名なカップルが子供が生まれると公表すると、マスコミが狂乱した。
1219	She grew up in the ghetto, a very poor area of the city, where the residents were mostly members of the same ethnic group.	彼女は、その都市のとても貧しい地域である貧民街で育ち、そこでは大部分の住民は同じ民族出身であった。
1220	The movie had too much gratuitous violence, so the mother did not allow her children to see it.	その映画は意味のない暴力が多すぎるので、母親は子供たちがそれを見るのを許可しなかった。
1221	It was a prison camp, or gulag, in Siberia.	それはシベリアの捕虜収容所または強制労働収容所だった。
1222	He's a famous business guru, and many people have purchased his books.	彼は有名なビジネスの教祖的存在で、多くの人が彼の本を購入している。
1223	Lack of sleep is playing havoc with my concentration.	睡眠不足は私の集中力をめちゃくちゃにしている。
1224	Leopards belong to the feline family of animals.	ヒョウはネコ科の動物に属する。

No.	見出し語	発音	意味
1225	**mammoth**	[mǽməθ]	形 巨大な 名 マンモス = 形 gigantic (巨人のような；莫大な)
1226	**impunity**	[impjúːnəti] 〈社会〉	名 処罰を受けないこと，免責 = freedom from punishment (罰せられないこと)
1227	**incessantly**	[insésəntli]	副 ひっきりなしに = 副 constantly (絶えず)
1228	**anthropomorphic**	[æ̀nθrəpəmɔ́ːrfik] 〈文学〉	形 擬人化された 形 anthropomorphous (人間の姿をした)
1229	**leach**	[líːtʃ]	動 にじみ出る，しみ出る；(灰・土などが)こされる 名 濾過器，こし器
1230	**malignant**	[məlígnənt] 〈医療〉	形 悪性の；(人・行為などが)悪意に満ちた；有害な ⇔ 形 benign (良性の)
1231	**lore**	[lɔ́ːr] 〈文化〉	名 (伝承・風習による)知識，言い伝え = 名 folklore (民間伝承)
1232	**lousy**	[láuzi]	形 下手な，お粗末な；不潔な，シラミのたかった；病気の
1233	**lob**	[láb]	動 ～をロブで返す；～を高く放り上げる
1234	**imbue**	[imbjúː] 〈思想〉	動 (思想・主義など)を植えつける；(水分など)をしみ込ませる；～を(色で)染める；～を汚す
1235	**manure**	[mənjúər]	名 肥やし，肥料 動 ～に肥料を施す，肥やしをやる
1236	**memento**	[məméntou] 〈社会〉	名 記念の品；(カトリックの)記念唱

1225	This is a **mammoth** undertaking and will take years to complete.	これは巨大な事業で完成させるのに何年もかかる。
1226	The king operated with **impunity** in ancient society.	王は古代の社会において処罰を受けずに活動を行った。
1227	The blue jays were **incessantly** noisy.	アオカケスはひっきりなしに鳴いた。
1228	Many cartoon characters are animals with **anthropomorphic** attributes.	多くの漫画の登場人物は擬人化された性格を持つ動物だ。
1229	The chemicals from this old mine have **leached** into the soil.	古い採鉱場からの化学物質が土壌ににじみ出ている。
1230	When they heard the tumor was **malignant**, they were very concerned.	その腫瘍は悪性だと聞いたとき、彼らはとても心配した。
1231	Her grandmother is teaching her herbal **lore**.	彼女の祖母はハーブの知識を彼女に伝授している。
1232	I am a **lousy** piano player as I never practiced very much.	めったに練習をしなかったので私は下手なピアノ弾きだ。
1233	The tennis player **lobbed** the ball right back to her opponent.	そのテニス選手は相手の方にすぐにボールをロブで返した。
1234	The novelist **imbued** his main character with a strong sense of loyalty.	小説家は主人公に強い忠誠心を植えつけた。
1235	They shoveled the **manure** from the horses into the garden to use as fertilizer.	彼らは馬の肥やしを肥料として庭にシャベルですくって入れた。
1236	She kept the concert program as a **memento** of the occasion.	彼女はコンサートのプログラムをその出来事の記念の品として保管していた。

1237	**obnoxious** [əbnákʃəs]	形 とても不快な 名 obnoxiousness (とても不快なこと)
1238	**palpable** [pǽlpəbl]	形 容易にわかる，明白な；《医療》触診可能な = 形 tangible (あきらかな；触知できる) ⇔ 形 impalpable (理解しがたい；触知できない)
1239	**pebble** [pébl]	名 小石 動 (道など)を小石で舗装する
1240	**perspire** [pərspáiər]	動 汗をかく，発汗する 名 perspiration (発汗，汗) = 動 sweat (汗をかく)
1241	**onerous** [ánərəs]	形 難儀な，厄介な 名 onus (負担，義務，責任)
1242	**prelude** [prélju:d] 《芸術》	名 前奏曲，プレリュード；前触れ；前置き = 名 introduction (前奏；前書き)
1243	**rail** [réil]	動 非難する；〜に柵を設ける 名 横木；レール = 動 rebuke (〜を非難する，なじる)
1244	**reminiscent** [rèmənísnt]	形 思い起こさせる，連想させる 名 reminiscence (回想，追憶) 動 reminisce (回想する；回顧録を書く)
1245	**pulverize** [pʌ́lvəràiz]	動 〜を粉々にする，砕く = 動 shatter (〜を粉砕する)
1246	**purview** [pə́:rvju:] 《社会》	名 (職権・活動などの)範囲，権限 = 名 authority (権限，職権)
1247	**prematurely** [prì:mətʃúərli]	副 時期尚早に 形 premature (時期尚早の，早計な)
1248	**propound** [prəpáund]	動 〜を提唱[提議]する = 動 advocate (〜を主張する)

1237	His <u>obnoxious</u> behavior makes it very unpleasant to be around him.	彼の反抗的な行動のせいで彼の周りにいると<u>とても不快な</u>思いをする。
1238	Her embarrassment was <u>palpable</u> as her face turned bright red.	彼女は困ると顔が真っ赤になるので<u>容易にわかった</u>。
1239	She skipped a <u>pebble</u> across the surface of the water.	彼女は水面も<u>小石</u>をかすめ飛ばした。
1240	She <u>perspires</u> when she plays tennis in the hot sun.	彼女は熱い太陽の下でテニスをして<u>汗をかく</u>。
1241	He had the <u>onerous</u> duty of informing the boy's parents that he had been killed in the war.	戦争で少年は戦死したと両親に伝える<u>難儀な</u>任務が彼にはあった。
1242	The organist played a <u>prelude</u> at the beginning of the service.	オルガン奏者は礼拝の始まりに<u>前奏曲</u>を演奏した。
1243	She <u>railed</u> against the new rules, which she felt were unjust.	彼女は新しい規則を<u>非難した</u>。彼女はこの規則は不公平だと感じていた。
1244	His smile is <u>reminiscent</u> of his father's, which reminds his mother of happy times.	彼の笑顔は彼の父親の笑顔を<u>思い起こさせ</u>、彼の母親に幸せな日々を思い出させる。
1245	The blast <u>pulverized</u> the rocks into dust.	爆発が岩を粉塵になるまで<u>粉々にした</u>。
1246	The department chairperson said this issue was outside his <u>purview</u>, but that he would bring it up with the president.	学部長はこの問題は彼の<u>範囲</u>外だが、学長に提起すると言った。
1247	His hair went <u>prematurely</u> gray when he was only 18 years old.	彼はまだ18歳だというのに<u>時期尚早</u>に髪に白髪が交ってきた。
1248	The scientist <u>propounded</u> a new theory based on the results of his research.	科学者は彼の研究結果に基づく新たな理論を<u>提唱した</u>。

1249	**sprout** [spráut] 《生物》	動 発芽する，芽生える 名 芽；芽キャベツ = 動 germinate（芽を出す）
1250	**squat** [skwát]	動 しゃがむ，うずくまる = 動 crouch（身をかがめる，しゃがむ）
1251	**scorn** [skɔ́ːrn]	動 〜を冷笑する，軽蔑する 名 冷笑，あざけり = 動 deride（〜を冷笑する，あざ笑う）
1252	**usurp** [jusə́ːrp] 《政治》	動 (王座・権力など)を奪う；(他人の権利などを)侵害する；〜を強奪する 名 usurpation（権利侵害，横領）
1253	**allay** [əléi]	動 〜を和らげる，静める = 動 appease（〜を和らげる） = 動 soothe（〜をなだめる，和らげる）
1254	**soluble** [sáljubl] 《化学》	形 溶けやすい，溶解性の；解決できる 動 solve（〜を溶解する）
1255	**sprawl** [sprɔ́ːl] 《社会》	名 スプロール現象；不規則な広がり 動 (都市・建物が)無計画に広がる；(だらしなく)手足を伸ばして寝る
1256	**retroactively** [rètrouǽktivli]	副 以前に遡(さかのぼ)って 形 retroactive（遡る）
1257	**runoff** [ránɔ̀ːf]	名 排水；決勝戦 [レース / 投票]
1258	**swoop** [swúːp]	動 急降下する；急襲する 熟 swoop down（〔空から〕急降下する） 名 急襲；急降下
1259	**sexist** [séksist] 《社会》	形 性差別的な，女性蔑視の 名 性差別主義者
1260	**sinister** [sínistər]	形 悪意のある，腹黒い；縁起の悪い，不吉な = 形 vicious（悪意のある，意地の悪い）

1249	The lettuce seeds sprouted in our garden.	レタスの種が庭で発芽した。
1250	The pre-school teacher squatted down to listen to the little boy.	幼稚園の先生はその小さな男の子の話を聞こうとしゃがんだ。
1251	They scorned my help, so I left.	彼らは私の手助けを冷笑したので、私はその場を去った。
1252	In feudal times, different leaders tried to usurp the throne.	封建時代、様々なリーダーたちが王位を奪おうとした。
1253	You can allay the pain with aspirin.	アスピリンで痛みを和らげられる。
1254	The substance is soluble in water.	その物質は水に溶けやすい。
1255	He was sad to see the urban sprawl on the land that once had orchards of fruit.	かつて果樹園があった土地に都会のスプロール現象ができているのを見て彼は悲しくなった。
1256	She received the pay raise retroactively, and it went back six months, so she got a good sum of money.	彼女は以前に遡って給与引き上げを受け取り、それが6ヵ月遡ったので、相当な金額を受け取った。
1257	The water runoff from the fields sends chemicals into the streams from the pesticides that are used on the farmland.	畑からの水の排水で、農場で使われている農薬からの化学物質が小川に流れる。
1258	The red-tailed hawk swooped down to capture his prey.	アカオノスリは獲物をとらえようと急降下した。
1259	The women at his company objected to his sexist remarks.	彼の会社の女性たちは彼の性差別的発言を嫌った。
1260	The man seemed sinister so she didn't trust him.	彼は悪意がありそうだったので、彼女は彼を信用しなかった。

1261	**asymptomatic** [eisìmptəmǽtik] 《医療》	形 自覚症状がない，無症状(性)の ⇔ 形 symptomatic (症状を示す)
1262	**attuned** [ətjúːnd]	形 慣れて；理解できて 熟 be attuned to ~ (~に慣れる，適合する) 動 attune (~を適合させる)
1263	**condescending** [kàndiséndiŋ]	形 見下ろすような； (目下の者に)優しい，謙虚な 動 condescend (謙遜する)
1264	**courier** [kə́ːriər]	名 配達人；(外交)特使；案内人 動 (荷物・書類など)を急送する = 名 messenger (メッセンジャー)
1265	**befall** [bifɔ́ːl]	動 (悪いことが)起こる = 動 happen (偶然に起こる[生じる])
1266	**brink** [bríŋk]	名 寸前，瀬戸際；(崖などの)縁，先端 熟 at[on] the brink of ~ (~寸前で，~の間際で) = 名 verge (間際)
1267	**capricious** [kəpríʃəs]	形 気まぐれな，移り気な 名 caprice (気まぐれ；急激な変化)
1268	**causative** [kɔ́ːzətiv]	形 原因となる；《語学》使役の causative verbs (使役動詞) 名 cause (原因)
1269	**avatar** [ǽvətɑːr]	名 化身，アバター；(抽象原理などの)具体化
1270	**barrack** [bǽrək]	名 〈複〉兵舎；仮設住宅 動 (兵士)を兵舎に収容する
1271	**cradle** [kréidl]	名 発祥地；ゆりかご，小児用ベッド； 〈the —〉幼年時代
1272	**cramp** [krǽmp] 《生理》	名 (筋肉の)けいれん，引きつり； 激しい腹痛；締めつけ金具

1261	At this point he is asymptomatic, so there is no evidence of the disease.	現時点で彼は自覚症状がないので、その病気の兆候はない。
1262	He is attuned to living in the rural area and has come to enjoy the quiet life.	彼は田舎の地域に住むことに慣れ、静かな生活を楽しむようになってきている。
1263	She always speaks to me in a condescending way as if I was three years old.	彼女は私があたかも3歳児であるかのように見下ろすような方法で私に話しかける。
1264	He's a bicycle courier in San Francisco, so he climbs hills to deliver his documents.	彼はサンフランシスコの自転車に乗った配達人なので、坂を上って書類を届ける。
1265	He was always cheerful no matter what befell.	彼は何が起ころうともいつも明るかった。
1266	We are standing at the brink of war, and I do not know if it can be avoided.	私たちは戦争寸前であるのだが、それを避けられるかどうか私にはわからない。
1267	She is very capricious; one day she loves me and the next she hates me.	彼女はとても気まぐれだ。ある日私のことを好きかと思えば次の日には嫌いになっている。
1268	This was a causative event leading up to the war.	これは戦争へつながる原因となる出来事であった。
1269	The avatar had both alien and human DNA and was controlled by the genetically matched human.	その化身は異星人と人間の両方のDNAを持ち遺伝子的に適合する人間に制御されていた。
1270	We are housing the refugees in the old army barracks.	私たちは難民たちを軍の古い兵舎に泊まらせている。
1271	Ancient Mesopotamia is considered the cradle of western civilization.	古代メソポタミアは西洋文明の発祥地とみなされている。
1272	After swimming for a long time, I developed a cramp in my leg muscle.	長時間泳いだ後で、脚の筋肉にけいれんが起きた。

No.	英単語	発音	意味
1273	**crest**	[krést] 《地学》	名 峰，頂上；とさか；たてがみ 動 (山など)の頂上に達する
1274	**demarcate**	[dimá:rkeit]	動 ～を画定する，～の境界を定める 名 demarcation (境界)
1275	**demoralize**	[dimɔ́:rəlàiz]	動 (人)の自信を失くさせる；～を混乱させる；～の風紀を乱す
1276	**extradite**	[ékstrədàit] 《政治》	動 ～を引き渡す，送還する；(国外逃亡犯人など)の引き渡しを受ける
1277	**fallout**	[fɔ́:làut]	名 (好ましくない)結果；副産物；(核爆発の後の)放射性物質の降下
1278	**diabolical**	[dàiəbálikəl]	形 極悪非道な 形 diabolic (悪魔のような；残酷な)
1279	**dither**	[díðər] 《心理》	名 戸惑い，ためらい 動 (心・考えなどが)迷う，優柔不断になる
1280	**doze**	[dóuz]	動 うたた寝する，居眠りする 熟 doze off (うたた寝する) 名 うたた寝，まどろみ，居眠り
1281	**elated**	[iléitid]	形 大喜びの，大得意の = 形 jubilant (喜びにあふれた)
1282	**equestrian**	[ikwéstriən]	名 騎手 形 乗馬の，馬術の；騎士(階級)の
1283	**derange**	[diréindʒ]	動 ～を錯乱させる，乱す 形 deranged (錯乱した)
1284	**detest**	[ditést]	動 ～をひどく嫌う[憎む] = 動 abhor (～をひどく嫌う[憎む])

1273	We reached the crest, or the summit, of the mountain at noon.	私たちは正午に山の峰、つまり頂上に到達した。
1274	This fence demarcates the boundary between our two properties.	私たちの2つの土地の間の境界をこのフェンスが画定している。
1275	Losing the tenth game in a row demoralized our team.	10回連続で試合に負けたことが私たちのチームの自信を失くさせた。
1276	The government extradited the criminal so he could stand trial for his crime in his home country.	政府はその犯罪者を引き渡したので、彼は自国で彼の罪に対する裁判を受けることができた。
1277	The emotional fallout from their big argument made it difficult to talk the next day.	大論争から派生した感情的な結果のせいで、彼らは次の日話しづらくなった。
1278	The terrorists worked on a diabolical plan to blow up the airport.	テロリストたちは空港を爆破する極悪非道な計画に取り掛かった。
1279	We have lots of guests arriving tomorrow, and my mother is in a dither.	明日私たちのところに多くの客人が到着するので、私の母はどうしたらよいものか戸惑っている。
1280	He was so tired that he dozed off while sitting at his desk.	彼はとても疲れたので机に座ってうたた寝した。
1281	She was elated when she heard the good news.	彼女はその良い知らせを聞き大喜びであった。
1282	She is a skilled equestrian who loves horses.	彼女は馬を愛する腕の立つ騎手だ。
1283	The tragic death of all his family deranged him, and he has been recovering in a psychiatric hospital.	彼の家族全員が亡くなるという悲劇が彼を錯乱させたが、精神病院で回復してきている。
1284	She detested wasting her time, so she was very impatient about waiting in line at the store.	彼女は時間を無駄に使うのをひどく嫌うので、その店の行列で待つことにとてもイライラしていた。

1285	**flirtation**	[fləːrtéiʃən]	名 戯れの恋；(考えなどの)もてあそび 動 flirt (気がありそうに振る舞う)
1286	**foreword**	[fɔ́ːrwə̀ːrd] 《文学》	名 序文，はしがき = 名 preface (序文，前置き) ⇔ 名 afterword (あとがき)
1287	**gnaw**	[nɔ́ː]	動 (ガリガリ)かじる；悩ます，苦しめる = 動 nibble (少しずつかじる)
1288	**gutter**	[gʌ́tər]	名 排水路，側溝；《社会》⟨the —⟩貧民街 = 名 drain (下水管，溝)
1289	**malleable**	[mǽliəbl]	形 従順な，順応性のある； (金属が)打ち延ばしできる，可鍛性の = 形 pliable (柔軟な；曲げやすい)
1290	**meld**	[méld]	動 混合 [結合/併合] する 名 混合(物) = 動 mingle (混ざる，入り混じる)
1291	**howl**	[hául]	名 遠吠え；うめき声 動 遠吠えする；わめく，うなる = 名 bark (吠える声，鳴き声)
1292	**limelight**	[láimlàit]	名 スポットライト；石灰光； ⟨the —⟩注目の的，脚光 = 名 cynosure (注目の的)
1293	**magnify**	[mǽgnifài]	動 ～を拡大する，増大させる； ～を大げさに言う，誇張する = 動 intensify (～を増大させる)
1294	**hoax**	[hóuks]	名 悪ふざけ，いたずら；でっち上げ 動 ～をだます，かつぐ = 名 prank (いたずら，悪ふざけ)
1295	**hotly**	[hátli]	副 激しく，熱く；熱心に 形 hot (熱い，激しい)
1296	**neurotic**	[njuərátik] 《心理》	形 ひどく神経質な；神経症にかかった 名 神経質な人；ノイローゼ患者

1285	They enjoyed a short flirtation during the summer, but they never actually went on a date.	彼らは夏の間短い戯れの恋を楽しんだが、もう実際にデートに行くことはなかった。
1286	The author's close friend wrote a foreword to his book.	その作者の親友が彼の本の序文を書いた。
1287	The puppy gnawed on the bone.	子犬は骨をかじった。
1288	The extra water ran off the lawn and into the gutter at the side of the street where it later flowed into a storm drain.	芝生からあふれ出た水は、後で雨水排水に注ぐ通りの脇の排水路へ流れ出た。
1289	The minds of young children are very malleable.	幼い子供の心はとても従順だ。
1290	The red and yellow paint melded together to create orange.	オレンジを作るのに赤と黄色の絵の具を一緒に混ぜた。
1291	The howls of the wolves in the wilderness made us shiver in our tent.	荒野のオオカミの遠吠えが私たちをテントの中で震えさせた。
1292	He's a famous actor, so he's often in the limelight.	彼は有名な俳優なので、スポットライトに当たっていることが多い。
1293	The increase in population magnified the problem.	人口の増加はその問題を拡大させた。
1294	The reported kidnapping was later discovered to be a publicity hoax.	報道された誘拐は、後に世間の注目を集めるための悪ふざけだったことがわかった。
1295	The will is being hotly disputed by the children of the dead man.	この遺言は亡くなった男性の子供たちの間で激しく論争になっている。
1296	Her neurotic behavior came from her anxiety.	彼女のひどく神経質な行動は不安な気持ちから来ていた。

1297 outlay
[áutlèi] 《経済》

名 出費[支出](額), 経費
動 ~に出費[支出]する
= 名 expenditure (経費, 出費)

1298 overshadow
[òuvərʃǽdou]

動 ~の影を薄くする, ~を見劣りさせる;
~に影を投げ掛ける, ~を暗くする
= 動 pale (見劣りがする;暗くなる)

1299 paucity
[pɔ́:səti]

名 不足, 欠乏; 少量, 少数
= 名 lack (不足, 欠乏)

1300 propriety
[prəpráiəti]

名 妥当性, 適切さ; 礼儀正しさ, 作法
= 名 adequacy (適切さ, 妥当性)

1297	The father of four daughters discovered that the wedding of his first daughter required a huge outlay of money.	4人の娘の父親は長女の結婚式にかなりの出費が必要であることに気がついた。
1298	The younger brother was overshadowed by his older brother's accomplishments.	兄の才能に弟は影が薄くなった。
1299	She's very creative despite a paucity of resources.	彼女は資金不足にもかかわらず、とても創造的だ。
1300	His rude behavior was outside the bounds of propriety.	彼の失礼な態度は妥当性の範囲を超えていた。

No.	単語	意味
1301	**rabbi** [rǽbai] 《文化》	名 ラビ(ユダヤ教の宗教指導者);師
1302	**relinquish** [rilíŋkwiʃ]	動 (計画など)を断念する,諦める;(権利など)を放棄する,手放す = 動 abandon (〜を断念する;〜を放棄する)
1303	**resilient** [rizíljənt]	形 立ち直りが早い;弾力(性)のある 名 resilience (復活[回復]力) = 形 elastic (弾力性のある)
1304	**rote** [róut]	名 丸暗記,機械的手順 熟 rote learning (丸暗記学習) by rote (そらで,機械的に)
1305	**scam** [skǽm]	動 〜をだます,詐欺にかける 名 詐欺 = 動 deceive (〜をだます,欺く)
1306	**scandalous** [skǽndələs]	形 恥ずべき,けしからぬ;中傷的な 名 scandal (醜聞,不祥事;中傷)
1307	**vineyard** [vínjərd]	名 ブドウ園[畑]
1308	**wretched** [rétʃid]	形 惨めな,不幸な,哀れな = 形 miserable (惨めな,悲惨な)
1309	**abrasive** [əbréisiv]	形 しゃくにさわる,逆なでするような;すりむく;研磨の 名 研磨剤
1310	**affix** [əfíks]	動 〜を添える;(印)を押す;(切手など)を貼り付ける,添付する
1311	**snippet** [snípit]	名 (情報などの)断片,抜粋;(切り取られた)小片,切れ端 = 名 tidbit (断片;さわり)
1312	**sporadic** [spərǽdik]	形 時々起こる,散発性の;点在する,まばらの = 形 occasional (時折の)

	EXAMPLE SENTENCE	TRANSLATION
1301	The rabbi is the religious leader of the Jewish community.	ラビとはユダヤ人コミュニティの宗教的リーダーである。
1302	He relinquished the plan when he realized that it was not achievable.	彼は達成可能ではないと気づいたときその計画を断念した。
1303	He's very resilient as he continues to overcome many obstacles to reach his goal.	目標を達成するために多くの障害を克服し続けるというように彼は非常に立ち直りが早い。
1304	Memorization was emphasized in the system of rote learning.	丸暗記学習の体系において記憶は重視された。
1305	Those thieves scammed elderly people out of their savings.	あの泥棒たちは年配者をだまし、彼らの預金を奪った。
1306	Her recent scandalous behavior has embarrassed her family.	最近の彼女の恥ずべき行動に彼女の家族は当惑している。
1307	He cares for the grapes in the vineyard.	彼はブドウ園のブドウの手入れをしている。
1308	I've had the flu for three days, and I feel wretched.	私は3日間インフルエンザにかかっていて、惨めな気分だ。
1309	She has an abrasive manner, so she is not well-liked.	彼女はしゃくにさわる態度を取るので、好感を持たれていない。
1310	He affixed his signature to the contract.	彼は契約書に署名を添えた。
1311	I don't know much about the conference; I only heard a snippet of information about it.	私はその会議についてあまりよく知らない。私が聞いたのはその情報の断片だけだ。
1312	She told the doctor that the pain was sporadic and hard to predict.	その痛みは時々起こり予測するのは難しいと彼女は医者に話した。

1313	**subliminal** [sʌblímənəl] 《心理》	形 サブリミナルの，意識下の = 形 subconscious（潜在意識の）
1314	**supplant** [səplǽnt]	動 ～に取って代わる = 動 displace（～に取って代わる）
1315	**swatch** [swátʃ]	名 材料見本
1316	**taint** [téint] 《環境》	動 ～を汚染する；～を傷つける 名 汚れ；腐敗，堕落 = 動 pollute（～を汚染する）
1317	**titan** [táitn]	名 巨匠，巨人；〈T―〉《天文》タイタン；〈T―〉（ギリシャ神話の）巨人族
1318	**tributary** [tríbjutèri]	名 （川の）支流；《政治》属国 = 名 branch（支流）
1319	**uppermost** [ʌ́pərmòust]	形 最重要の，一番の 副 真っ先に = 形 foremost（一番先の）
1320	**variegated** [véəriəgèitid]	形 斑入りの，まだらの；多様な = 形 spotted（斑点のある）
1321	**sedition** [sidíʃən] 《政治》	名 （反政府的な）扇動，治安妨害 = 名 incitement（扇動；誘因）
1322	**seduce** [sidjúːs]	動 ～を誘惑する，引きつける 名 seduction（誘惑，そそのかし） = 動 lure（～を誘惑する）
1323	**sentinel** [séntənəl]	名 歩哨，監視員 動 （見張りをして）～を守る 名 sentry（見張り；衛兵）
1324	**simile** [síməli] 《語学》	名 直喩 ⇔ 名 metaphor（隠喩，メタファー）

1313	The advertisers used <u>subliminal</u> messages to attract customers in their ads.	広告主は顧客を引きつけるため広告の中でサブリミナルメッセージを用いた。
1314	The online material <u>supplanted</u> the hard copy textbooks.	オンライン教材が印刷された教科書に取って代わった。
1315	She took home a <u>swatch</u> of fabric from the store to decide on the color for a new couch in her house.	彼女は家にある新しいカウチの色を決めるため、店から生地の材料見本を家に持ち帰った。
1316	The water was <u>tainted</u> with mercury from the abandoned mines.	その水は廃坑となった鉱山からの水銀で汚染された。
1317	The <u>titans</u> of industry in the United States built the railroads.	アメリカ合衆国の工業界の巨匠たちが鉄道を通した。
1318	This <u>tributary</u> joins the larger river before it flows into the sea.	この支流はより大きな川と合流して海に流れている。
1319	The final is our <u>uppermost</u> concern right now.	最終試験は現在私たちの最重要課題である。
1320	The leaves on this plant are <u>variegated</u>, which makes it more interesting.	この植物の葉は斑入りなので、それでより味が出ている。
1321	Members of the rebel group were arrested on charges of <u>sedition</u>.	反乱グループのメンバーは扇動の罪で逮捕された。
1322	He was <u>seduced</u> by the promise of money and fame.	彼は金と名声の約束に誘惑された。
1323	Like a <u>sentinel</u> standing guard, the new father watched over his sleeping son.	歩哨のように、新米の父親は眠る息子を見守った。
1324	"Her skin is like ivory" is a <u>simile</u>, which compares her skin to ivory and uses the word "like."	「彼女の肌は象牙のようだ」は直喩であり、彼女の肌を象牙に例え「ようだ」という語を用いている。

No.	見出し語	発音	意味
1325	**apathetic**	[ǽpəθétik] 《心理》	形 無関心な，冷淡な；無感情の，無感動の 名 apathy (無関心；無感動)
1326	**apocryphal**	[əpákrəfəl]	形 作り話の，出典が疑わしい
1327	**archaic**	[ɑːrkéiik]	形 古い，旧式の；初期の，古代の = 形 out-of-date (旧式の，時代遅れの)
1328	**prank**	[prǽŋk]	名 いたずら，悪ふざけ = 名 hoax (いたずら，悪ふざけ)
1329	**rebuke**	[ribjúːk]	動 〜を叱る，強く非難する，なじる 名 叱責，非難 = 動 berate (〜をとがめる，非難する)
1330	**reprehensible**	[rèprihénsəbl]	形 非難されるべき 名 reprehension (叱責) = 形 culpable (非難に値する)
1331	**benefactor**	[bénəfæktər] 《社会》	名 後援者；恩人；寄付者 = 名 donor (寄贈者)
1332	**benign**	[bináin] 《医療》	形 良性の；温和な，親切な ⇔ 形 malignant (悪性の)
1333	**buoyant**	[bɔ́iənt]	形 浮力[浮揚性]がある；快活な，明るい 動 buoy (〜を浮かせる；〜を元気づける)
1334	**canonize**	[kǽnənàiz] 《文化》	動 〜を聖人と認める，列聖する 名 canon (法令；聖者録) = 動 saint (〜を列聖する)
1335	**capitulate**	[kəpítʃəlèit]	動 (条件付きで)降参[降伏]する； (不本意ながら)黙って従う = 動 yield (屈する；従う)
1336	**circumvent**	[sə̀ːrkəmvént]	動 〜を回避する；〜を迂回する = 動 avoid (〜を避ける)

1325	He's an apathetic citizen who never exercises his right to vote in elections.	彼は選挙で投票権を行使したことのない無関心な市民である。
1326	It's a great story, but I doubt it's true; it's merely apocryphal.	これはすばらしい物語だが、それは真実ではないと私は思う。それはほとんど作り話だ。
1327	Your accounting system is archaic; you should digitize your records.	あなたの会計システムは古い。記録をデジタル化するべきだ。
1328	The students played a prank on their teacher, but their teacher didn't think it was funny.	生徒たちは先生にいたずらしたが、先生はそれを面白いとは思わなかった。
1329	His teacher rebuked him for talking in class.	先生は授業中におしゃべりしていたことで彼を叱った。
1330	Her reprehensible behavior got her kicked out of the private school.	彼女は非難されるべき行動をしたせいで私立学校を退学になった。
1331	A kind benefactor made a generous donation to the university to fund the new science building.	親切な後援者は新しい科学棟の資金として大学に多額の寄付をした。
1332	The doctor said the tumor was benign, so we all relaxed.	その腫瘍は良性だと医者が言い、私たちはみなほっとした。
1333	The hollow winter fur of the caribou makes them buoyant in the water as they cross rivers on their migration.	カリブーの冬の毛は中が空洞なので、移動で川を渡る際に水中で浮力を持つことができる。
1334	She has the patience of a saint; they should canonize her.	彼女は聖人のような忍耐力の持ち主である。聖人と認めるべきだ。
1335	At first he argued with me, but he finally capitulated and agreed to my plan.	最初彼は私と言い合ったが、最終的に彼は私に降参し私の計画に賛同した。
1336	He circumvented the rules to achieve his success.	彼は成功を勝ち取るためそのルールを回避した。

1337	**lisp** [lísp]	名 舌足らずな話し方 動 舌足らずに話す
1338	**medley** [médli]	名 混在，寄せ集め；《芸術》混合曲，メドレー
1339	**nefarious** [niféəriəs]	形 極悪な，非道な = 形 diabolical（極悪な，非道な）
1340	**nugget** [nʌ́git]	名 貴重な[価値のある]もの；(天然の金の)塊
1341	**divulge** [diváldʒ]	動 ～を漏らす，暴露する = 動 reveal（～を暴露する，あきらかにする）
1342	**emirate** [imíərət] 《政治》	名 首長国 名 emir（首長）
1343	**encumber** [inkʌ́mbər]	動 ～を邪魔する，妨げる；〈受身〉(債務・重荷などを)負わせる = 動 hinder（～を妨げる）
1344	**estranged** [istréindʒd]	形 別居中の；疎遠になった = 形 alienated（疎遠になった）
1345	**fervor** [fə́:rvər]	名 熱意，情熱，熱烈 形 fervent（熱烈な） = 名 zeal（熱心，熱意）
1346	**gallant** [gǽlənt]	形 親切な，思いやりのある；勇ましい = 形 attentive（親切な，思いやりのある） = 形 brave（勇敢な）
1347	**glitch** [glítʃ]	名 (機械・計画の)欠陥，故障，問題 = 名 fault（欠陥，落ち度）
1348	**grumble** [grʌ́mbl]	動 不平を言う；《気象》(雷などが)ゴロゴロ鳴る = 動 complain（文句を言う）

1337	The young boy is working with a speech therapist to correct his lisp.	幼い少年は舌足らずな話し方を矯正するため言語療法士と共に取り組んでいる。
1338	The recipe used many different spices, which created a medley of flavors.	そのレシピでは様々な多くのスパイスが使われており、味の混在を生み出していた。
1339	The police uncovered a nefarious plot to kidnap the child of the president.	警察は大統領の子供を誘拐する極悪な計画を暴いた。
1340	The reporter asked the author if she had any nuggets of wisdom for aspiring writers.	作家志望者に対し何か貴重な教えはないかと、レポーターは作家に尋ねた。
1341	She won't divulge your secret; she's very trustworthy.	彼女はあなたの秘密を決して漏らさない。彼女はとても信用できる。
1342	The emirate is the territory ruled by an emir or prince.	首長国とは首長または王子が統制する領土である。
1343	The shopping bags encumbered her progress through the mall.	彼女がショッピングモールで買い物を続けるのに買い物袋が邪魔だった。
1344	She has difficulty dealing with her estranged husband.	彼女は別居中の夫の対処に苦労している。
1345	The politician talked about his plans for the future with great fervor.	政治家は大きな熱意を持って将来の自分の計画について話した。
1346	He always offers his seat on the train to a lady; he's very gallant.	彼は電車の中では常に女性に席を譲る。彼はとても親切だ。
1347	The anniversary celebration went off without a glitch, and everyone had a good time.	記念式典は何の欠陥もなく進行し、みな楽しい時間を過ごした。
1348	He grumbled about the changes in the cafeteria food.	彼はカフェテリアのメニューの変更について不平を言った。

STAGE 14

263

1349	**hassle** [hǽsl]	名 面倒な問題, 困難なこと；言い合い, 口論 動 口論[喧嘩]する；困った立場に陥る
1350	**hemorrhaging** [hémərid ʒiŋ] 《医療》	名 (多量)出血；大量の損失[流出] = 名 bleeding (出血)
1351	**hindsight** [háindsàit]	名 後になっての判断, 後知恵 ⇔ 名 foresight (先見の明；予兆)
1352	**hype** [háip]	名 誇大広告[宣伝]；あおること 動 ~を誇大に宣伝する, あおる
1353	**ineffable** [inéfəbl]	形 言いようのない, 言語に絶した = 形 unutterable (言いようのない) ⇔ 形 effable (言葉で表せる)
1354	**introspective** [ìntrəspéktiv] 《心理》	形 内観的な, 内省的な 名 introspection (内省, 自己反省)
1355	**jolt** [dʒóult]	動 ~に衝撃を与える；~を急に揺らす 名 (精神的な)衝撃；急な揺れ = 動 shock (~に衝撃を与える)
1356	**kindle** [kíndl]	動 ~に火を付ける, 燃やす； 　(人)をたきつけて~させる = 動 ignite (~に火を付ける)
1357	**comeback** [kʌ́mbæ̀k]	名 うまい受け答え；復帰, 返り咲き
1358	**consecrate** [kάnsəkrèit]	動 ~を捧げる；~を神聖にする, 清める
1359	**decimate** [désəmèit]	動 ~の多くの人を殺す；~を滅ぼす 名 decimation (多数の殺害)
1360	**determinate** [ditə́ːrmənət]	形 限定された；既定の 名 determination (決定, 決断) = 形 definite (一定の；明確な)

1349	Finding a parking place near this popular restaurant is always such a hassle.	この人気のレストランの近くに駐車場を見つけるのはいつも面倒な問題だ。
1350	A blood vessel ruptured and caused hemorrhaging, so the doctors were very busy.	血管が破裂し出血を引き起こしたので、医者はとても忙しかった。
1351	In hindsight, I would have done things differently.	後から考えると、違うやり方でやればよかった。
1352	There has been a lot of hype surrounding this company's IPO.	この会社の新規株式公開をめぐっては誇大広告が多くあった。
1353	When her son returned safely from the war, she was filled with a sense of ineffable joy.	彼女の息子が戦争から無事戻ったとき、彼女は言いようのない喜びの気持ちでいっぱいになった。
1354	She's an introspective person who is in touch with her feelings and emotions.	彼女は自身の気持ちや感情と共鳴した内観的な人である。
1355	The news of the disaster in our hometown jolted us all.	故郷での災害のニュースに私たちはみな衝撃を受けた。
1356	The enthusiastic professor kindled her interest in anthropology.	熱心な教授は人類学への彼女の興味に火を付けた。
1357	Whenever she is teased, she always has a witty comeback.	彼女はからかわれるといつも、機知に富んだうまい受け答えをする。
1358	Jonas Salk lived a life consecrated to science; he refused to profit from his vaccine for polio.	ジョナス・ソークは科学に人生を捧げた。彼はポリオワクチンで生じた利益を拒んだ。
1359	The disease decimated the population.	その病気で人口が大幅に減少した。
1360	She has a determinate amount of money to spend on this.	彼女がこれに費やせる金額は限定されている。

265

1361	**pacify** [pǽsəfài]	動 ~をなだめる，静める = 動 soothe (~をなだめる)
1362	**retrofit** [rètroufít]	動 ~を改良する 名 旧型装置の改造；改造品；改造部品
1363	**unscrupulous** [ʌ̀nskrúːpjuləs]	形 あくどい，無節操な unscrupulous lawyer (悪徳弁護士)
1364	**phony** [fóuni]	形 偽りの，でっち上げの 名 偽物，まがい物 = 名 sham (偽物，まがい物)
1365	**blaze** [bléiz]	名 火災，炎；閃光 形 燃えさかる = 名 flame (火炎；きらきらする光)
1366	**boon** [búːn]	名 恩恵，たまもの 形 面白い，愉快な = 名 godsend (天の恵み [たまもの])
1367	**plummet** [plʌ́mit]	動 急降下する；まっすぐに落ちる = 動 plunge (急落する)
1368	**arduous** [ɑ́ːrdʒuəs]	形 骨の折れる，努力を要する 副 arduously (骨を折って，苦労して)
1369	**barrage** [bərɑ́ːʒ]	名 (質問などの)連発，集中 動 ~に集中砲火を浴びせる
1370	**beckon** [békən]	動 手招きする，合図する；~を誘う，招く
1371	**pedigree** [pédəgrìː] 《動物》	名 (動物の)血統(書)；家系(図)，血筋
1372	**peruse** [pərúːz]	動 ~を熟読[精読]する；~を精査する = 動 pore (熟読する；じっくり研究する)

1361	The mother pacified the crying baby by rocking him.	母親は泣いている赤ちゃんを揺らしてなだめた。
1362	That airline is retrofitting some of their older planes and replacing some parts.	あの飛行機は古い飛行機のいくつかを改良し、部品を数か所取り替えている。
1363	He's an unscrupulous businessman, so I would not recommend him.	彼はあくどいビジネスマンなので、私は彼を勧めない。
1364	She gave the boy a phony phone number because she didn't want him to contact her.	彼女は彼に連絡してきてほしくなかったので偽りの電話番号を渡した。
1365	There was a fire on the hillside, but the fire department was able to quickly extinguish the blaze.	丘の中腹で火事があったが、消防はその火災をすぐに消すことができた。
1366	The Internet is a boon for people who want to find information quickly.	情報をすぐに見つけたい人にとってインターネットは恩恵だ。
1367	The temperature plummeted as the darkness fell, so they went inside.	闇が下りるとともに気温が急降下したので、彼らは室内に入った。
1368	This is an arduous hike that covers very steep, mountain trails.	これはとても急な山道を網羅する骨の折れるハイキングだ。
1369	When the teacher announced the final, she was hit with a barrage of questions.	先生が最終試験について発表すると、質問の連発を受けた。
1370	I am ready for a long break and plan to go camping; the great outdoors is beckoning.	私は長期休暇の用意ができていてキャンプに行くつもりだ。大自然が手招きしている。
1371	The dog has papers to show his pedigree; he is a pure-bred Labrador retriever.	その犬には血統を示すための書類がある。純血種のラブラドール・レトリバーなのだ。
1372	She is carefully perusing the budget information.	彼女は予算情報を慎重に熟読している。

1373	**tamper** [tǽmpər]	動 (許可なく・不正に)いじくる，改ざんする 熟 tamper with ～ (～をいじくる，改ざんする)
1374	**unobtrusive** [ʌ̀nəbtrúːsiv]	形 控えめな，でしゃばらない = 形 modest (控えめな) ⇔ 形 obtrusive (押しつけがましい，でしゃばりの)
1375	**up-and-coming** [ʌ́pənkʌ́miŋ]	形 新進気鋭の，将来有望な = 形 promising (将来有望な)
1376	**upbeat** [ʌ́pbìːt]	形 明るい；楽観的な be upbeat about ～ (～について楽観視している) = 形 positive (前向きな；楽天的な)
1377	**adversary** [ǽdvərsèri]	名 敵，対戦相手 形 敵の，対戦相手の adversary relationship (敵対関係)
1378	**allure** [əlúər]	名 魅惑 動 ～を魅惑する = 動 attract (～を魅了する)
1379	**wharf** [hwɔ́ːrf] 〈地学〉	名 埠頭 = 名 pier (埠頭，桟橋) = 名 dock (波止場，埠頭)
1380	**abyss** [əbís] 〈地学〉	名 断崖絶壁；深海；(心の)奥底
1381	**adamant** [ǽdəmənt]	形 譲らない，断固たる adamant attitude (断固たる態度) = 形 determined (断固たる，確固たる)
1382	**verbatim** [vərbéitim] 〈語学〉	副 逐語的に，文字どおりに 形 逐語的な，文字どおりの = 副 literally (文字どおりに，そっくりそのまま)
1383	**wanton** [wɑ́ntən]	形 理不尽な，残酷な； 　みだらな，ふしだらな；過度の
1384	**ancillary** [ǽnsəlèri]	形 付属の；補助の 名 補助者；付属品 = 形 auxiliary (補助的な；付属の)

1373	We found that someone had tampered with the medicine bottle, so we threw it away.	誰かが薬のビンをいじくった（＝異物を混入した）とわかり、私たちはそれを捨てた。
1374	She is shy and unobtrusive, so many people don't notice her.	彼女はシャイで控えめなので、多くの人は彼女に気づかない。
1375	She's an up-and-coming designer and her dresses have been worn by many famous actresses.	彼女は新進気鋭のデザイナーで多くの有名な女優が彼女のドレスを着ている。
1376	It's pleasant to hear some upbeat news for a change.	気分転換に明るいニュースを聞くのは気持ちが良い。
1377	She is a worthy adversary, and I will enjoy competing against her in the race.	彼女は相手として不足のない敵で、その競争で彼女と競うのを楽しむつもりだ。
1378	The big city held a great deal of allure for a girl from a very small town.	とても小さな町から来た少女にとってその大都市にはかなり多くの魅惑があった。
1379	They tied up their boat alongside the wharf and unloaded their cargo.	彼らは埠頭に平行してボートをくくり付け貨物を降ろした。
1380	It was a very deep gorge or abyss that cut through the earth.	それは地球を切り開くとても深い峡谷または断崖絶壁だった。
1381	His father was adamant that he should finish school.	彼の父親は彼が学校を卒業すべきだと譲らなかった。
1382	He repeated her words verbatim, exactly word for word.	彼は彼女の言葉を逐語的にくり返した、一語一語正確に。
1383	It was a wanton attack on innocent people.	それは罪なき人々に対する理不尽な攻撃だった。
1384	The hotel offers many ancillary services like dry cleaning.	そのホテルはドライクリーニング等多くの付属サービスを提供している。

1385	**annul** [ənʌ́l]	動 ~を解消する，破棄する annul a judgment（判決を破棄する） = break off（~を取りやめる，解消する）
1386	**apportion** [əpɔ́ːrʃən]	動 ~を配分する 名 apportionment（割り当て） = 動 allocate（~を配分する）
1387	**barge** [báːrdʒ]	動 （ぶしつけに）入り込む，押しかける 熟 barge into ~（~にずかずかと入り込む）
1388	**bewildering** [biwíldəriŋ]	形 途方に暮れる，困惑する 動 bewilder（~を困惑させる） = 形 confusing（混乱させる）
1389	**pique** [píːk]	動 （興味・好奇心）をそそる，刺激する； 　~を怒らせる = 動 arouse（~を刺激する）
1390	**plank** [plǽŋk]	名 （厚）板；《政治》(党の)政策，綱領の項目 動 ~に板を張る
1391	**concoct** [kɑnkɑ́kt]	動 （材料を混ぜ合わせて飲み物など）を作る； 　（作り話など）をでっち上げる
1392	**concussion** [kənkʌ́ʃən] 《医療》	名 脳震とう；激震 動 concuss（~を激しく動かす）
1393	**fiasco** [fiǽskou]	名 大失敗 [失態] = 名 debacle（大失敗）
1394	**fleck** [flék]	名 斑点，小さな点 [しみ] 動 ~に斑点を付ける，~をまだらにする = 名 speck（斑点）
1395	**evasion** [ivéiʒən]	名 言い逃れ；回避 形 evasive（回避的な） 動 evade（~を回避する）
1396	**exterminate** [ikstə́ːrmənèit]	動 ~を駆除する；~を絶滅させる = 動 annihilate（~を根絶する）

1385	They <u>annulled</u> or canceled their marriage by going through a series of legal procedures.	彼らは一連の法的手続きを経て結婚を解消または取りやめた。
1386	The official report <u>apportioned</u> the blame evenly among the three agencies.	公式報告書はその責任を三者間に均等に配分した。
1387	He <u>barged into</u> my office without an appointment and demanded a refund.	彼は約束もないまま私の事務所にずかずかと入り込み、返金を要求した。
1388	She was faced with a <u>bewildering</u> number of options at the ice cream shop, which had thirty different flavors.	彼女はアイスクリームショップで途方に暮れる数の選択肢に直面したが、そのフレーバーは30種類もあった。
1389	The gossip <u>piqued</u> her interest about the new boy next door.	その噂話は隣に住む新しい少年への彼女の興味をそそった。
1390	He grilled the salmon on a cedar <u>plank</u> to add flavor.	彼は風味を付けるため鮭を杉の板の上で焼いた。
1391	My roommate is amazing; she can <u>concoct</u> a great meal from whatever we have left in the cupboard.	私のルームメイトはすばらしい。彼女は戸棚に残っているものからおいしい料理を作ることができる。
1392	He suffered a <u>concussion</u> when the ball hit him in the head.	ボールが彼の頭に当たり、彼は脳震とうを起こした。
1393	It will be amazing if he can turn this <u>fiasco</u> into a success.	彼がこの大失敗を成功に変えられるとしたらそれはすごいことだ。
1394	There were <u>flecks</u> of mud on his boots as he had been working in the garden right after the rain.	彼は雨の直後に庭で作業をしていたのでブーツに泥の斑点が付いていた。
1395	The politician is very good at the art of <u>evasion</u> as he rarely answers questions directly.	その政治家は直接質問に答えることをめったにしないので言い逃れの技は非常に巧みだ。
1396	The pest control company <u>exterminated</u> the mice on the property.	害獣駆除業者はその施設のネズミを駆除した。

1397	**ferocious** [fəróuʃəs]	形 どう猛な,残忍な；猛烈な,ひどい = 形 fierce (どう猛な,荒々しい)
1398	**confluence** [kánfluəns] 〈地学〉	名 (河川の)合流点；人の流れ；群衆
1399	**eject** [idʒékt]	動 (飛行機などから人)を緊急脱出させる；〜を追い出す；〜を放出する 名 ejection (放出,排出)
1400	**forbear** [fɔːrbéər]	動 〜を差し控える,慎む；〜を我慢する 名 forbearance (差し控えること；忍耐) = 動 abstain (〜を慎む,控える)

1397	The African rhinoceros is a surprisingly ferocious animal.	アフリカのサイは意外にも、どう猛な動物だ。
1398	That town is located at the confluence of two big rivers.	あの町は2本の大きな川の合流点に位置している。
1399	The jet pilot was ejected from the plane before it crashed.	ジェット機のパイロットは機体が衝突する前にそこから緊急脱出した。
1400	I hope you can forbear arguing with him as it's a waste of time.	時間の無駄なので、あなたが彼との論争を差し控えてくれたらと思う。

No.	見出し語	意味
1401	**forgo** [fɔ́ːrgou]	動 ～なしで済ませる；～を控える，慎む = dispense with ～（～なしで済ませる） = refrain from ～（～を差し控える；～を我慢する）
1402	**galvanize** [gǽlvənàiz]	動 ～を奮い立たせる，活気づかせる = 動 exhilarate（～の気分をウキウキさせる）
1403	**hideout** [háidàut]	名 潜伏場所，アジト，隠れ家 = 名 den（巣窟；ほら穴，巣）
1404	**hilarious** [hiléəriəs]	形 とても愉快な，ひどく面白い；浮かれ騒ぐ
1405	**homologous** [həmάləgəs]	形 相同の
1406	**hyperbole** [haipə́ːrbəli] 《語学》	名 (修辞における)誇張 = 名 exaggeration（誇張） = 名 overstatement（誇張）
1407	**idyll** [áidl]	名 恋の思い出；牧歌的な出来事；牧歌，田園詩；田園風景
1408	**invigorate** [invígərèit]	動 ～を活性化させる，爽快にする 形 invigorating（元気づける，さわやかな）
1409	**lucid** [lúːsid]	形 明快な，わかりやすい；明晰な；意識のはっきりした = 形 luminous（明快な；光を反射する）
1410	**mainstay** [méinstèi]	名 頼みの綱，大黒柱 = 名 pillar（中心人物，大黒柱；柱，支え）
1411	**meticulous** [mətíkjuləs]	形 とても几帳面な［注意深い］ = 形 fastidious（几帳面な）
1412	**navigable** [nǽvigəbl]	形 航行可能な；操縦［誘導］できる 動 navigate（～を航行［操縦］する）

	EXAMPLE SENTENCE	TRANSLATION
1401	I will happily forgo sleeping in my bed tonight, so that our visitor can have my room.	訪問者が私の部屋を使えるよう、私は今夜喜んで自分のベッドで寝ずに済ませようと思う。
1402	The candidate's speech galvanized his supporters.	その候補者のスピーチは彼の支持者を奮い立たせた。
1403	The bandits have a hideout in the desert, just over the border.	山賊は砂漠の中、ちょうど国境を越えたところに潜伏場所を持っている。
1404	The stand-up comedian was hilarious, and we laughed so hard that we cried.	そのスタンドアップコメディアンはとても愉快で、私たちは笑いすぎて泣いてしまった。
1405	Despite the difference in their functions, a whale's flipper, a bat's wing, and a human's arm are homologous structures.	それらの機能の違いにもかかわらず、クジラの前ひれ、コウモリの翼、そして人間の腕は、相同の構造です。
1406	The advertisement was full of hyperbole, and I didn't believe the claims.	その広告はかなり誇張されていて、私はその宣伝文句を信用しなかった。
1407	The couple enjoyed a brief, romantic idyll.	そのカップルは短いが、ロマンチックな恋の思い出を楽しんだ。
1408	The early morning swim invigorated her, and she was ready to work.	早朝の水泳が彼女を活性化させ、彼女は仕事の準備ができた。
1409	He gave me a lucid explanation for his behavior, so I believe him.	彼は自身の行動について明快な説明をしたので、私は彼を信じる。
1410	Technology is the mainstay of companies in Silicon Valley.	シリコンバレーの企業にとってテクノロジーは頼みの綱だ。
1411	She's a meticulous person who pays close attention to details.	彼女は詳細に細心の注意を払うとても几帳面な人だ。
1412	They dredged the channel so that it would be navigable for larger ships.	大きな船を航行可能にするため彼らは運河を浚渫した。

1413	**osmosis** [ɑzmóusis]	名 (考えなどの)**吸収**；《生物》**浸透(性)** 熟 **through[by] osmosis** (徐々に；浸透によって)
1414	**ostentatious** [àstentéiʃəs]	形 **これ見よがしな；けばけばしい** = 形 garish (けばけばしい, 派手すぎる)
1415	**snoop** [snú:p]	動 **嗅ぎ回る，詮索する** = 動 interlope (他人事に立ち入る, でしゃばる)
1416	**subsume** [səbsjú:m]	動 **～を包含する，含める** 名 subsumption (包含, 包摂) = 動 encompass (～を包み込む)
1417	**prostrate** [prástreit]	動 **～を屈服させる，衰弱させる** 熟 **prostrate oneself** (ひざまずく, ひれ伏す)
1418	**quench** [kwéntʃ]	動 **(渇き)を癒す；(欲望など)を抑える；** **(火など)を消す；(熱いもの)を冷ます** ⇔ 動 kindle (～に点火する；燃える)
1419	**reparation** [rèpəréiʃən] 〈政治〉	名〈複〉(戦争の)**賠償金；償い，賠償** = 名 indemnification (賠償, 補償；保障)
1420	**reprisal** [ripráizəl]	名 **実力行使；**〈複〉**報復(行為)** in reprisal for ～ (～に報復して)
1421	**rivet** [rívit]	動〈受身〉(視線などが)**釘付けになる；** **～をしっかり固定する**
1422	**ruse** [rú:z]	名 **策略** = 名 stratagem (軍略；策略)
1423	**overpass** [óuvərpæs]	名 **陸橋；高架道路** ⇔ 名 underpass (地下通路, ガード下の道路)
1424	**pedestal** [pédəstl]	名 **台座，柱脚，支柱；基礎，根拠；** **重要な地位**

1413	He didn't take formal classes, but he picked up some computer skills at work through osmosis.	彼は公式な授業を取っていなかったが、仕事でコンピュータースキルを徐々に身につけていった。
1414	She prefers to dress in a simple rather than an ostentatious manner.	彼女はこれ見よがしな様よりもシンプルなドレスを好む。
1415	Who is that person in the bushes snooping around our yard?	私たちの庭の周りをコソコソ嗅ぎ回り、茂みに隠れるあの人は誰だ？
1416	These cases were subsumed under the new law.	これらの判例は新たな法律に包含された。
1417	He prostrated himself in front of the king as a sign of submission.	彼は従順の証として王の前にひざまずいた。
1418	When it's hot, lemonade quenches my thirst.	暑いときは、レモネードで喉の渇きを癒す。
1419	At the end of a war, the losing side sometimes has to pay reparations.	戦争の終わりに、負けた側が賠償金を支払わなければならないこともある。
1420	In an act of reprisal, one country seized a disputed territory.	実力行使として、ある国は係争中の領土を占拠した。
1421	All eyes in the stadium were riveted on the ball.	球場の観客の全ての目がそのボールに釘付けになった。
1422	The law enforcement agencies cooperated in a trick or ruse to catch the criminals.	法執行機関は犯人をつかまえるため秘策や策略で協力した。
1423	They built an overpass above the freeway so pedestrians and cyclists could cross there.	歩行者や自転車が渡れるよう高速道路の上に陸橋が作られた。
1424	The pedestal is the architectural support for the column.	台座とは柱を立てるための構造上の支えである。

1425 succinct
[səksíŋkt] 《語学》
形 (言葉が) 簡潔な，ずばりの
= 形 compendious (簡潔にまとめた)
⇔ 形 circuitous (遠回しの，回りくどい)

1426 banal
[bəná:l]
形 ありふれた，陳腐な
名 banality (陳腐さ，平凡な表現[もの])
= 形 commonplace (ありふれた，陳腐な)

1427 barren
[bǽrən] 《環境》
形 (土地が) 不毛の；不妊の，実を結ばない；内容のない，役に立たない
= 形 sterile (不毛の；不妊の)

1428 acculturation
[əkÀltʃəréiʃən] 《社会》
名 (異文化との接触による) 文化変容；《心理》(成長期の) 文化的適応，社会化
動 acculturate (〜を文化変容させる)

1429 antiseptic
[æntəséptik] 《医療》
名 消毒剤；防腐剤
形 殺菌力のある；消毒済みの
名 antisepsis (消毒法；防腐法)

1430 appease
[əpí:z]
動 (空腹など) を満たす；〜をなだめる，和らげる；〜の要求に譲歩する

1431 apprise
[əpráiz]
動 〜に知らせる，通知する
熟 apprise A of B (BをAに知らせる，通告する)
= inform A of B (BをAに知らせる，告げる)

1432 undertow
[Ándərtòu] 《地学》
名 引き波；底流，暗流

1433 wreath
[rí:θ]
名 リース，花輪；(雲などの) 輪，渦

1434 blare
[bléər]
動 鳴り響く
名 〈単〉騒々しい音

1435 complexion
[kəmplékʃən]
名 肌の色，顔色；〈単〉様相，外観
= 名 coloring (顔色；色合い；着色)

1436 consternation
[kÀnstərnéiʃən]
名 仰天，非常な驚き
熟 to the consternation of 〜 (〜が仰天したことに)

1425	Her explanation was short and succinct; she's very concise.	彼女の説明は短く簡潔だった。彼女はとても簡明だった。
1426	The critic complained of the banal humor in the movie, which was far from original.	評論家はその映画の中のありふれたユーモアを、オリジナルとかけ離れていると訴えた。
1427	The land was barren and no farmers had been successful in growing crops there.	その土地は不毛で、そこで作物を育てることに成功した農家は1人もいなかった。
1428	The young student went through a process of acculturation when his family moved to a different part of the world.	彼の家族が世界の別な地域に引っ越し若い学生は文化変容のプロセスを経験した。
1429	The nurse used antiseptic on the cut to prevent infection.	感染を防ぐため看護師は傷口に消毒剤を塗布した。
1430	The bread appeased his hunger.	パンで彼の空腹を満たした。
1431	Her financial advisor apprised her of her tax obligations.	彼女の財務アドバイザーは納税義務を彼女に知らせた。
1432	He cautioned her about swimming in the ocean on that beach as there was a very strong undertow.	とても強い引き波があるのでそのビーチの海の中で泳ぐことについて彼は彼女に警告した。
1433	During the holidays, they put a wreath on their door made of pine branches.	休暇の間、彼らはドアに松の枝で作ったリースを飾った。
1434	The loud music blared from the speakers, and the neighbors complained.	スピーカーから大音量の音楽が鳴り響き、近所の人々は苦情を言った。
1435	She is careful to stay out of the sun to maintain her ivory complexion.	象牙のような肌の色を維持するため、彼女は太陽を避けるのに抜かりない。
1436	The show was canceled at the last minute to the consternation of the ticket holders.	チケットを持ってる人が仰天したことに、そのショーは直前にキャンセルになった。

1437	**enmity** [énməti] 《社会》	名 確執，敵意，対立
1438	**enunciate** [inʌ́nsièit]	動 ~を明瞭に発音する；(意見など)を明確に述べる；~を発表[宣言]する 名 enunciation (発音の仕方；公表)
1439	**depraved** [dipréivd]	形 邪悪な，堕落した；倒錯した 動 deprave (~を悪化[堕落]させる) ⇔ 形 virtuous (高潔な，徳の高い)
1440	**despicable** [dispíkəbl]	形 卑劣な，見下げ果てた = 形 sordid (下劣な，浅ましい；みすぼらしい)
1441	**devoid** [divɔ́id]	形 欠いている，持っていない 熟 be devoid of ~ (~を欠いている)
1442	**loophole** [lúːphòul] 《法律》	名 (法律などの)抜け道，抜け穴；狭間；小窓
1443	**metamorphosis** [mètəmɔ́ːrfəsis] 《動物》	名 変態；変形[変容/変化]した形[姿]；(魔法による)変身 動 metamorphose (~を変容[変形]させる)
1444	**panoply** [pǽnəpli]	名 見事な勢ぞろい；完璧な装い；甲冑一式
1445	**embezzle** [imbézl] 《社会》	動 ~を横領[着服]する = 動 misappropriate (~を使い込む，着服[横領]する)
1446	**enigmatic** [ènigmǽtik]	形 謎めいた，得体の知れない 名 enigma (謎，不可解なもの)
1447	**cull** [kʌ́l]	動 (余分な家畜など)を選ぶ，間引く 名 間引き，選択
1448	**denigrate** [dénigrèit]	動 ~を過小評価する；~を中傷[侮辱]する；~を汚す ⇔ 動 praise (~をほめる)

1437	The <u>enmity</u> between the two brothers was the result of an argument over a girl.	2人の兄弟の間の<u>確執</u>は1人の少女をめぐる口喧嘩から生まれた。
1438	If you <u>enunciate</u> your words clearly, you will be easier to understand.	言葉をはっきりと<u>明瞭に発音し</u>たら、あなたの話すことが理解しやすくなるだろう。
1439	He was a <u>depraved</u> and corrupt individual.	彼は<u>邪悪</u>で堕落した人間だった。
1440	He was banned from the social club because of his <u>despicable</u> behavior.	<u>卑劣な</u>行動が理由で彼は社交クラブから追放された。
1441	His presentation was very dry and boring; it was <u>devoid</u> of any humor.	彼のプレゼンテーションは無味乾燥でとてもつまらなかった。ユーモア<u>を欠いていた</u>。
1442	The company's CFO found a <u>loophole</u> in the tax law that helped them save thousands in taxes.	会社のCFOはかなりの税金を節約できる<u>抜け道</u>を税法に見つけた。
1443	The caterpillar went through a <u>metamorphosis</u> to become a butterfly.	毛虫は<u>変態</u>を経てチョウになった。
1444	We were overwhelmed by the <u>panoply</u> of choices.	私たちは選択肢の<u>見事な勢ぞろい</u>に驚いた。
1445	The accountant <u>embezzled</u> money from his company, and he was fired and arrested.	会計士は会社から金を<u>横領し</u>、解雇され逮捕された。
1446	He plays an <u>enigmatic</u> character who has dark secrets.	彼は後ろめたい隠し事をする<u>謎めいた</u>役を演じる。
1447	The wolves <u>cull</u> the young and the weak from the herd of caribou.	オオカミはカリブーの群れから子供と弱っているのを<u>選ぶ</u>。
1448	My manager <u>denigrated</u> my work, so I found another job.	私のマネージャーは私の仕事を<u>過小評価する</u>ので、別の仕事を見つけた。

1449	**ephemeral** [ifémərəl]	形 つかの間の；はかない
1450	**excursion** [ikskə́:rʒən]	名 小旅行，遠足；(割引料金の)団体旅行；(話などの)脱線，逸脱
1451	**exhilarating** [igzílərèitiŋ]	形 爽快な，ウキウキさせるような 動 exhilarate (〜をウキウキ[陽気に]させる) = 形 stimulating (活気づける；刺激的な)
1452	**ignoble** [ignóubl]	形 下品な，卑しい；身分の低い ⇔ 形 noble (高潔な，気高い，高尚な)
1453	**incriminate** [inkrímənèit] 《法律》	動 〜を有罪とする，告発する；〜を(事件などに)巻き込む；〜を原因であるとする
1454	**irreparable** [irépərəbl]	形 取り返しのつかない ⇔ 形 reparable (取り返しのつく)
1455	**disdain** [disdéin]	動 〜を軽蔑する，見下す 熟 **disdain to** do (〜するのを拒絶する，恥とする) 名 軽蔑，侮蔑，蔑み
1456	**downplay** [dáunplèi]	動 〜を重要視しない；〜を控えめに言う
1457	**earmark** [íərmɑ̀:rk] 《経済》	動 〈受身〉(お金)を取っておく 名 〈複〉目印，特徴；(家畜の)耳印
1458	**predicament** [pridíkəmənt]	名 苦境；(論理学の)範ちゅう = 名 plight (窮状)
1459	**projectile** [prədʒéktil]	名 発射物 形 推進する；(動物の体の部分が)突き出た 動 project (〜を発射する；〜を突き出す)
1460	**prorate** [prouréit] 《経済》	動 〜を日割計算する，比例配分する 名 proration (比例配分)

1449	The 20-day life span of some butterflies seems ephemeral compared to the 100-year life span of a giant tortoise.	チョウの20日の寿命はゾウガメの100年の寿命に比べるとつかの間のようだ。
1450	The senior center is sponsoring an all day excursion to the museum.	高齢者センターは博物館への一日小旅行に出資している。
1451	She liked to go walking in the cool, crisp weather; she found it exhilarating.	彼女は涼しく、さわやかな天気のときに散歩に出掛けるのが好きだった。爽快だと感じたのだ。
1452	His mean-spirited comments revealed his ignoble character.	彼の意地悪なコメントは彼の下品な性格を暴露した。
1453	The attorney presented evidence to the court that clearly incriminated the accused.	被疑者を有罪とするあきらかな証拠を弁護士は裁判所へ差し出した。
1454	I fear that her lifelong habit of smoking has done irreparable harm to her lungs at this point.	生涯にわたる彼女の喫煙の習慣は現時点で肺に取り返しのつかない被害を与えてきていると思う。
1455	I disdain to reply to that insult.	私はその侮辱に答えるのを拒絶する。
1456	He's a modest man who downplays his accomplishments.	彼は自分の成果を重要視しない謙虚な人だ。
1457	That money is earmarked for a special purpose.	そのお金は特別な目的のために取っておいている。
1458	We find ourselves in a difficult predicament or dilemma, and we have to make some hard choices.	私たちは気がつくと困難な苦境すなわちジレンマに陥っており、難しい選択をしなければならない。
1459	In the action movie, the hero has to avoid projectiles like rocks and spears, which are thrown at him.	アクション映画の中で、主人公は岩や矢など、彼に向かって飛んでくる発射物を避けなければならない。
1460	We moved in on the fifteenth of the month, so the landlord prorated the rent.	私たちはその月の15日に引っ越して来たので、家主は家賃を日割計算した。

1461	**protruding** [proutrúːdiŋ]	形 突き出た 名 protrusion (突出, でっぱり)
1462	**quiver** [kwívər]	動 震える, 揺れる；(人・動物が)〜を細かく震わせる 名 震え, 震動
1463	**ratchet** [rǽtʃit]	動 (ラチェットで)徐々に動かす 熟 ratchet up 〜 (〜を徐々に上げる, 増やす) 名 ラチェット(爪車)
1464	**swath** [swάθ]	名 一刈りの幅 [範囲]
1465	**tenor** [ténər]	名 趣旨, 大意；方針, 傾向；《芸術》テノール = 名 purport (趣意, 要旨)
1466	**scribble** [skríbl]	動 〜を殴り[走り]書きする 名 走り書き, 乱筆 = 動 jot (〜を手早く書き留める)
1467	**straighten** [stréitn]	動 〜を整える；〜をまっすぐにする = 動 tidy (〜を整える, 整理[整頓]する)
1468	**submissive** [səbmísiv]	形 服従的な, 従順な 名 submission (服従, 従順；提出) = 形 obedient (従順な, 服従する)
1469	**superfluous** [suːpə́ːrfluəs]	形 余分な, 必要以上の = 形 redundant (余分の；冗長な)
1470	**regurgitate** [rigə́ːrdʒətèit]	動 〜を受け売りする；(理解せずに)〜をくり返す；(飲み込んだ食べ物)を口に戻す
1471	**resurge** [risə́ːrdʒ]	動 復活[再起]する, 生き返る 名 resurgence (再起, 復活)
1472	**trifle** [tráifl]	名 些細なもの, 取るに足らないこと 動 粗末に扱う；もてあそぶ

1461	The climber grabbed onto a protruding rock to pull himself up.	登山家は上へ進むため突き出た岩をつかんだ。
1462	She was quivering with excitement as she waited to greet her idol.	彼女はアイドルを出迎えるのに待っている間興奮に震えていた。
1463	The Federal Reserve has ratcheted up interest rates recently.	最近、連邦準備金制度が利率を徐々に上げてきている。
1464	His lawn mower cut a wide swath through the grass.	彼の芝刈り機は、幅広い一刈りの幅で芝を刈った。
1465	The tenor of the meeting changed when the chairperson began criticizing her co-workers.	その会議の趣旨は議長が同僚を批判し始めてから変わった。
1466	I didn't take good notes; I just scribbled a few words.	私は良いノートを取っていなかった。ただいくつか言葉を殴り書きしただけだ。
1467	My desk was a mess, so I straightened it up, which made it easier for me to work.	私の机は散らかっていたので、整えて、作業をしやすくした。
1468	In a wolf pack there are two alpha mates, and the other wolves have a submissive attitude toward this pair.	オオカミの群れには2頭のアルファと呼ばれるオオカミがおり、そのほかのオオカミはその2頭に対し服従的な態度を取る。
1469	We have already agreed on our objectives, so I think another meeting would be superfluous.	私たちは既に目標に対し合意したので、また会議を行うのは余分だと思う。
1470	It was clear that the student had not fully understood the lecture; she just regurgitated it on the exam.	その学生は講義を完全には理解していなかったのは確かだった。彼女は試験でただ受け売りしただけだった。
1471	Interest in this ancient art form has resurged recently.	最近この古代美術への関心が復活してきている。
1472	It was not valuable; it was just a small trifle.	それは価値のあるものではなかった。ただ些細なものであった。

ROUND 3 STAGE 15 No.1401–1500

1473 turnout
[tə́ːrnàut] 《政治》
名 (選挙の)**投票者数**;(催しなどの)**人出**;《経済》**生産高**;(車の)**待避所**,(鉄道の)**待避線**

1474 catapult
[kǽtəpʌ̀lt]
動 **突然~の状態になる**

1475 chivalry
[ʃívəlri] 《思想》
名 **騎士道(精神)**
形 chivalric (騎士道の)

1476 absolve
[əbzálv] 《法律》
動 **~に無罪を言い渡す**;(責任など)を**放免する**
熟 absolve A of ~ (~についてAを無罪にする)
= 動 exonerate (~を免除する,解放する)

1477 accolade
[ǽkəlèid]
名 **称賛(の言葉),栄誉**
= 名 applause (称賛,拍手喝采)

1478 astute
[əstjúːt]
形 **明敏な,抜け目のない**
= 形 shrewd (賢い,抜け目のない)

1479 banter
[bǽntər]
名 **気さくな会話**;(悪意のない)**からかい,冗談**
動 **冗談を言い合う,気さくに話す**
= 名 josh ([悪意のない] からかい,冗談)

1480 canister
[kǽnəstər]
名 (小型で蓋付きの)**缶,容器**
= 名 tin (缶)

1481 untenable
[ʌ̀nténəbl]
形 **擁護[支持/主張]できない**
⇔ 形 tenable (主張できる,擁護できる)

1482 veracity
[vərǽsəti]
名 **真実,真相;正確さ**
形 veracious (真実の;正確な)
= 名 truth (真理;真実性)

1483 commensurate
[kəménsərət]
形 **ふさわしい,釣り合った;同程度の**
= 形 appropriate (適した,ふさわしい)

1484 congregate
[káŋgrigèit]
動 **集まる,集合する**
形 **集まった,集団の**
名 congregation (集合;集会)

1473	The voter turnout was excellent for this election as people were very interested in it.	今回の選挙は人々がとても関心を持っていたのですばらしい投票者数だった。
1474	He catapulted to fame after his first album was released and sold millions.	彼の初アルバムがリリースされそれが何百万枚も売れると彼は突然有名人になった。
1475	She thought chivalry was dead until she saw the young boy give up his bus seat for an elderly woman.	その少年が年老いた女性にバスの席を譲るのを見るまで、彼女は騎士道精神は過去のものだと思っていた。
1476	The investigation absolved him of any blame for the accident.	その捜査はその事故の責任について彼を無罪にした。
1477	The author received accolades from the critics on her new book.	その作家は彼女の新しい本に対する評論で称賛を得た。
1478	Sherlock Holmes was an astute investigator.	シャーロック・ホームズは明敏な探偵だった。
1479	She missed the easy banter of colleagues when she decided to stay home with her new twins.	彼女は双子の赤ちゃんと共に家で過ごすことに決めると、同僚との気さくな会話を恋しく思った。
1480	She stored the sugar in a metal canister in her kitchen.	彼女は砂糖を金属の缶に入れて台所に保管していた。
1481	I found myself in an untenable position, a position that could not be defended.	私は擁護できない立場、すなわち防衛されえない立場にいると気づいた。
1482	I doubt the veracity of that statement; I think it's questionable.	私はその声明の真実を疑っている。それは疑いの余地があると思う。
1483	Her skills were not commensurate with the job, so they fired her.	彼女の技能はその仕事にふさわしくなかったので、彼女は解雇された。
1484	Pigeons congregate in the square during the lunch hour hoping to find food on the ground.	昼食時地面にある食べ物を見つけに鳩が広場に集まる。

1485	**convex** [kɑnvéks]	形 凸状の, 凸型の 名 凸面 ⇔ 形 concave (へこんだ, 凹型の)
1486	**cusp** [kʌ́sp]	名 入口, 幕開け；尖った先, 先端
1487	**defile** [difáil]	動 ～を汚す, ぼうとくする；～を不潔にする ＝ 動 blaspheme (～をぼうとくする)
1488	**detergent** [ditə́ːrdʒənt]	名 (合成)洗剤, 浄化剤 形 洗浄性の ＝ 名 cleanser (洗剤, クレンザー)
1489	**forerunner** [fɔ́ːrrʌ̀nər]	名 先駆け；前兆；先人, 先祖 ＝ 名 pioneer (先人, 先駆者) ＝ 名 predecessor (先行したもの；前任者)
1490	**gambit** [gǽmbit]	名 (チェスの序盤の)作戦, さし初めの手, 先手； (会話の)糸口, 切り出しの言葉
1491	**echelon** [éʃəlɑ̀n] 《社会》	名 層, 階級；(軍隊の)梯団 ＝ 名 class (階級)
1492	**embargo** [imbɑ́ːrgou] 《政治》	名 禁輸, 出入港禁止 動 ～の通商を停止[禁止]する
1493	**falter** [fɔ́ːltər]	動 たじろぐ, くじける；よろめく, つまずく ＝ 動 shrink (ひるむ, 尻込みする)
1494	**feeble** [fíːbl]	形 (体が)弱い；(音・光などが)かすかな ＝ 形 weak (弱い)
1495	**feedstock** [fíːdstɑ̀k]	名 原(材)料 ＝ 名 ingredient (材料, 原料, 成分)
1496	**flurry** [flə́ːri]	名 混乱；《気象》にわか雨[雪] ＝ 名 turmoil (混乱)

1485	The convex surface of the glass rounded outward.	ガラスの凸状の表面は外側へ丸くなっていた。
1486	I believe we are on the cusp of a new discovery in this field.	私たちはこの分野の新たな発見の入口にいると私は信じている。
1487	The priest told him that bringing a gun into the church defiled the sacred place.	教会へ銃を持ち込むことは聖域を汚すと牧師は彼に言った。
1488	She uses powdered detergent in her dishwasher to clean the dishes.	彼女は食器洗浄機で粉の洗剤を使い皿を洗う。
1489	The model T Ford was the forerunner for modern cars.	フォードのモデルTは現代の車の先駆けであった。
1490	She sacrificed her pawn in her opening gambit in the chess game.	彼女はチェスの試合の開幕作戦でポーン（チェスのコマの1つ）を犠牲にした。
1491	After many years of hard work, she has risen to the upper echelon of the company.	何年も懸命に働き、彼女は会社の上層部に昇格した。
1492	An arms embargo meant that they could not sell grenades or rocket launchers to that foreign nation.	武器禁輸とはその外国へ手榴弾やロケット発射装置を販売することができないということを意味していた。
1493	His courage faltered, and he failed to follow through on his promise.	彼の勇気はたじろぎ、最後まで約束を貫くことができなかった。
1494	As they age, humans often become frail or feeble.	人間は年を重ねるごとに、もろくまたは弱くなっていくものだ。
1495	The feedstock is the raw material used in manufacturing.	原料とは製造の過程で用いられる加工される前の材料である。
1496	There was a sudden flurry of activity in the house as they prepared to leave on vacation.	彼らが休暇に出掛ける準備をしているので家の中は突然混乱状態になった。

1497 **disheveled** [diʃévəld]	形 (髪や服装が)乱れた，だらしない 動 dishevel ([髪や服装]を乱す，だらしなくする)
1498 **ebb** [éb]	名 衰退(期)，減退；《地学》〈the —〉引き潮 動 衰える；潮が引く ⇔ 名 flood (満ち潮)
1499 **germinate** [dʒə́ːrmənèit]	動 (考え・感情が)生まれる，芽生える；芽を出す = 動 sprout (芽を出す)
1500 **grandiose** [grǽndiòus]	形 壮大な，雄大な；気取った，偉そうな 名 grandeur (壮大，雄大)

1497	Her appearance was disheveled as she had just gotten out of bed and had not combed her hair.	ベッドから起きたばかりでまだ髪をとかしていないので彼女の外見は乱れていた。
1498	Her energy was at a low ebb, so she decided she needed to take a vacation.	自分の元気は衰退期に差し掛かっているので、休暇を取る必要があると彼女は判断した。
1499	The idea germinated after a while, and she eventually started a company based on it.	しばらくしてアイディアが生まれ、彼女はそれをもとに最終的には会社を起こした。
1500	He always makes very grandiose plans, but he never completes them.	彼はいつもとても壮大な企画を立てるが、完成させたことはない。

Column 3 — The Earth（地球）

▶ Reading や Listening でよく扱われるテーマです。知っている単語も多いでしょうが，これを機にしっかり見直しましょう。

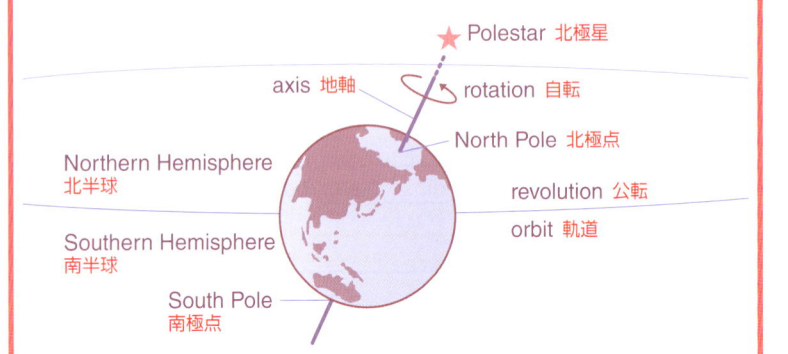

- Polestar 北極星
- axis 地軸
- rotation 自転
- North Pole 北極点
- Northern Hemisphere 北半球
- revolution 公転
- orbit 軌道
- Southern Hemisphere 南半球
- South Pole 南極点

- continent 大陸
- Antarctica 南極大陸
- North America 北アメリカ大陸
- South America 南アメリカ大陸
- Australia オーストラリア大陸
- Eurasia ユーラシア大陸
- Africa アフリカ大陸
- prime meridian 本初子午線
- International Date Line 国際日付変更線

- ocean 大洋
- Arctic Ocean 北極海
- Pacific Ocean 太平洋
- Atlantic Ocean 大西洋
- Indian Ocean インド洋
- Southern Ocean 南氷洋, 南極海
- equator 赤道
- longitude 経度
- latitude 緯度

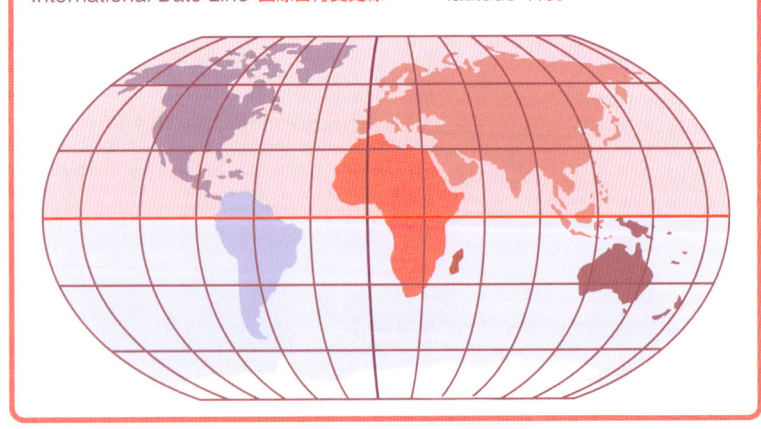

ADVANCED ENGLISH WORDS FOR THE TOEFL TEST

ROUND 4

STAGE 16-20
No.1501-2000

The University of Chicago is a world-class institution of higher education. Its mission is to produce a caliber of teaching and research that regularly leads to advances in fields such as medicine, biology, physics, economics, critical theory and public policy. Our Facilities Services' team supports that mission through efforts to maintain and enhance the University campus and environment and provide superior client service to our community including faculty, students, staff, neighbors and visitors.

The University of Chicago

No.	見出し語	MEANING
1501	**glide** [gláid]	動 滑空する
1502	**stunt** [stʌ́nt]	動 (成長)を妨げる
1503	**showdown** [ʃóudàun]	名 決着の場, 大詰め = 名 climax (最高潮, クライマックス) = 名 confrontation (対峙, 対決, 直面)
1504	**hideous** [hídiəs]	形 見るも恐ろしい, ひどく醜い ⇔ 形 aesthetic (美的な；美に関する)
1505	**minstrel** [mínstrəl] 《文学》	名 吟遊詩人 = 名 bard (詩人；吟遊詩人)
1506	**manic** [mǽnik] 《医療》	形 躁病の manic depression (躁うつ病)
1507	**epithet** [épiθèt]	名 口汚い言葉, 蔑称；通称, 別名；(特長を表した)形容詞句
1508	**callous** [kǽləs]	形 無情な, 冷淡な；(皮膚が)硬くなった, たこになった
1509	**hue** [hjúː]	名 色調, 色合い；色相；(意見などの)種類, 傾向 of every hue (様々な種類[傾向]の)
1510	**hefty** [héfti]	形 高額の；(量などが)かなりの；(人が)たくましい；大きくて重い
1511	**impotent** [ímpətənt]	形 (〜することが)できない, 無力な；力のない；《生理》(男性が)性的不能な = 形 powerless (無力な；効能のない)
1512	**languish** [lǽŋgwiʃ]	動 惨めに暮らす, つらい思いをする；(人が)元気がなくなる, しおれる 形 languishing (衰弱する；感傷的な；けだるい)

	EXAMPLE SENTENCE	TRANSLATION
1501	The Andean condor rarely flaps its wings as it <u>glides</u> on rising air currents.	アンデスコンドルは上昇気流に乗って<u>滑空する</u>ので、めったに羽をはばたかせない。
1502	Inadequate nutrition <u>stunted</u> his growth as a child.	不十分な栄養は子供の頃の彼の成長を<u>妨げた</u>。
1503	The final game was a <u>showdown</u> between the two major competitors.	その最終試合は2名の主要なライバル間の<u>決着の場</u>だった。
1504	The story was about a <u>hideous</u> monster that fell in love with a beautiful girl.	その物語は美しい少女に恋をした<u>見るも恐ろしい</u>モンスターにまつわるものであった。
1505	In medieval times, traveling <u>minstrels</u> performed their songs at noble houses.	中世の頃、旅周りの<u>吟遊詩人</u>は貴族の家々で歌を披露した。
1506	His behavior seemed <u>manic</u>; he was overly excited and constantly moving.	彼の行動は<u>躁病</u>であるようだった。彼は過度に興奮し常に動いていた。
1507	He yelled angry <u>epithets</u> at her as she left.	彼女が去るとき彼は怒りで<u>口汚い言葉</u>を彼女に向かって大声で叫んだ。
1508	The <u>callous</u> dictator seemed indifferent to the suffering of his people.	<u>無情な</u>独裁者は人々の苦しみに無関心なようだった。
1509	I like the color, but I think I would like it in a lighter <u>hue</u>.	私はその色が好きだが、もっと明るい<u>色調</u>の方がいいと思う。
1510	He paid a <u>hefty</u> fine for driving without his seatbelt because it was required by law.	彼はシートベルトをせずに運転しそれは法律で要求されていることであるから<u>高額の</u>罰金を支払った。
1511	He felt <u>impotent</u> to change her mind as she refused to listen to him.	彼女は彼の言うことを聞こうとしないので彼女の気持ちを変えることが<u>できない</u>と彼は感じた。
1512	He <u>languished</u> in prison for many years before his innocence was proven.	彼は無実が証明されるまで刑務所で何年も<u>惨めに暮らした</u>。

STAGE 16

1513	**full-fledged** [fúlflédʒd]	形 一人前の；十分に発達した，成熟した
1514	**outstrip** [àutstríp]	動 ～を上回る，～にまさる；(競走などで)～を追い越す = 動 surpass (～を上回る，～にまさる)
1515	**mime** [máim]	名 パントマイム (役者)；物真似，身振り，手振り
1516	**desolate** 形 [désələt] 動 [désəlèit]	形 (土地などが)荒涼とした；(人などが)孤独な，寂しい 動 〈受身〉～を荒廃させる；～を悲しませる
1517	**ruffle** [rʌ́fl]	動 (本のページ)をパラパラめくる；～をくしゃくしゃにする；(心)を乱す
1518	**psychotic** [saikátik] 《心理》	形 精神的に異常な，精神病の 名 精神病患者 派 psychiatry (精神医学)
1519	**diatribe** [dáiətràib]	名 強烈な非難，酷評
1520	**engulf** [ingʌ́lf]	動 (強い感情が)～を襲う；〈受身〉～を飲み[包み]込む = 動 inundate (〈受身〉～に押し寄せる)
1521	**profuse** [prəfjúːs]	形 あふれんばかりの，おびただしい；物惜しみしない 派 profusion (豊富さ)
1522	**purveyor** [pərvéiər]	名 調達者；(王族)御用達 動 purvey (～を調達[供給]する)
1523	**winnow** [wínou]	動 ～を選り分ける；(穀物)をふるい分ける；(もみ殻)を吹き飛ばす
1524	**espionage** [éspiənàːʒ] 《政治》	名 諜報，スパイ行為

1513	Our son is a full-fledged adult who is self-supporting and living on his own.	私たちの息子は自立し1人暮らしをしている一人前の大人だ。
1514	Demand for the product outstripped supply, so the price started to rise.	その製品に対する需要が供給を上回ったので、価格が上昇し始めた。
1515	The mime performed in a black outfit and used only movement to convey his message.	パントマイムは黒い衣装を着てパフォーマンスを行い動きだけでメッセージを伝えた。
1516	It was a desolate place in the middle of nowhere with no grass or trees.	それは草も木もない辺ぴな場所にある荒涼としたところだった。
1517	She ruffled through the pages of the book.	彼女はその本のページをパラパラめくった。
1518	The man had a psychotic break, and his behavior was out of control.	その男性は精神的に異常をきたし、彼の行動は制御不能になった。
1519	The politician launched into a bitter diatribe against his opponent.	その政治家は対抗者に対し辛辣で強烈な非難をし始めた。
1520	He was engulfed in sadness when he heard the bad news.	彼は悪い知らせを聞き悲しみに襲われた。
1521	Despite his profuse apologies, she refused to forgive him.	彼のあふれんばかりの謝罪にもかかわらず、彼女は彼を許すのを拒否した。
1522	That store is a purveyor of imported cheeses.	その店は輸入チーズの調達者だ。
1523	They winnowed the truth from the lies by analyzing the data.	彼らはそのデータを分析することで嘘と真実を選り分けた。
1524	The spy has worked in the field of espionage for many years.	そのスパイは何年も諜報の分野に従事してきている。

297

1525	**infidelity** [ìnfədéləti]	名 不貞，不義
1526	**lush** [lʌʃ]	形 (植物が)青々とした，みずみずしい；贅沢な
1527	**alliteration** [əlìtəréiʃən]《語学》	名 頭韻法 ⊗ rhyme (脚韻) ⊗ assonance (類韻；音の類似)
1528	**grope** [gróup]	動 模索する，手探りで探す 名 手探り；(体を)まさぐること
1529	**adorn** [ədɔ́ːrn]	動 ～の身を飾る，～を装飾する；～に花を添える；～を魅力的にする ⊗ adornment (装飾品)
1530	**flimsy** [flímzi]	形 薄っぺらな，もろい；(根拠などが)薄弱な，説得力がない ＝ 形 dubious (怪しげな，疑わしい)
1531	**exfoliate** [eksfóulièit]	動 (皮膚など)をこそぎ落とす，剥ぎ取る；剥離する
1532	**eavesdrop** [íːvzdràp]	動 盗み聞きする
1533	**onslaught** [ánslɔ̀ːt]	名 猛攻；(注文などの)殺到
1534	**archipelago** [àːrkəpéləgòu]《地学》	名 多島海；列島，群島
1535	**grouse** [gráus]	動 ぶつぶつ不満を言う 名 不満 ＝ 動 mumble (ぶつぶつ不満を言う)
1536	**delude** [dilúːd]	動 ～をだます，欺く；～を惑わす 熟 delude onself (思い違いをする，勘違いする) ⊗ delusion (錯覚；妄想)

1525	The wife divorced her husband over his repeated infidelities.	妻はくり返される夫の不貞が原因で夫と離婚した。
1526	The consistent rainfall made the region lush with grass and trees.	一貫して降った雨でその地域は草や木で青々としていた。
1527	The children's story used alliteration with lines like, "Lazy lizards leaped."	その子供向けの物語は、「Lazy lizards leaped」のくだりのように頭韻法を用いていた。
1528	When it came to his turn, he groped for an answer as he was confused by the question.	彼の順番になると、彼はその質問に困惑していたので返答を模索した。
1529	On her wedding day, she adorned herself with her grandmother's pearl necklace.	結婚式当日、彼女は祖母の真珠のネックレスで身を飾った。
1530	The structure was flimsy and didn't last long.	その構造は薄っぺらで長くは持たなかった。
1531	The gentle brush exfoliated the dry skin from her body.	優しいブラシで彼女は体の乾燥した皮膚をこそぎ落とした。
1532	I think he's eavesdropping on our conversation; let's move further away from him.	彼は私たちの会話を盗み聞きしているようだ。彼からもっと離れよう。
1533	The troops were unprepared for the violent onslaught, and they had to retreat.	その部隊は激しい猛攻に対する準備ができておらず、彼らは撤退しなければならなかった。
1534	It is one of a group islands in the archipelago.	それは多島海の内の群島の1つだ。
1535	He's always grousing about the food in the cafeteria, but he certainly manages to eat a lot of it.	カフェテリアの食事について彼はいつもぶつぶつ不満を言っているが、必ずなんとかたくさん食べている。
1536	I think he is deluding himself if he thinks he's going to pass the test without studying.	勉強せずに試験に合格すると彼が思っているとしたら彼は思い違いをしていると私は思う。

№	単語	発音	意味
1537	**blistering**	[blístəriŋ]	形 (日差しなどが)猛烈な，ひどく暑い；(言葉などが)辛辣な，痛烈な
1538	**invincible**	[invínsəbl]	形 無敵の，征服できない；(意志などが)揺るぎない ⇔ 形 vulnerable (傷つきやすい)
1539	**retardant**	[ritá:rdənt] 《化学》	名 遅延反応剤　熟 flame-retardant (難燃剤)　fire-retardant (耐火性の)
1540	**apparition**	[æ̀pərí∫ən]	名 (突然現れる)亡霊，幻影；出現
1541	**anabolic**	[æ̀nəbálik] 《化学》	形 同化作用の　熟 anabolic steroid (同化ステロイド)
1542	**meddle**	[médl]	動 干渉する，余計な世話をやく；もてあそぶ，いじくりまわす ＝ 動 intrude (押しかける，邪魔に入る)
1543	**leash**	[lí:ʃ]	名 ひも，鎖　動 ～を革紐でつなぐ，制御する
1544	**perturb**	[pərtə́:rb]	動 ～を心配[動揺]させる　名 perturbation (心の動揺，狼狽)
1545	**calibrate**	[kǽləbrèit]	動 (計器など)の目盛り[口径]を調整する　名 caliber (直径，口径；力量，質)
1546	**indoctrinate**	[indáktrinèit]	動 ～を教え込む　名 doctrine (主義，信条；学説)
1547	**forensics**	[fərénsiks] 《社会》	名 科学捜査
1548	**gravitate**	[grǽvətèit]	動 引き寄せられる；沈下する；引力に引かれる　名 gravitation (引力)

1537	During the summer, the temperature in Death Valley reaches 116 degrees F, so the heat is blistering.	夏の間、デス・バレーの気温は華氏116度に達するため、その暑さは猛烈だ。
1538	The army was considered invincible, so it was a great surprise when they lost the battle.	その軍隊は無敵と考えられていたので、戦闘に負けたときかなりの驚きだった。
1539	The material had been treated with flame-retardant to make it more resistant to fire.	その素材は火への耐久性を強化するため、難燃剤で処理された。
1540	For a moment he thought he saw an apparition, but it was just a trick of the light.	一瞬彼は亡霊を見たのだと思ったが、それはただの光のトリックだった。
1541	Athletes sometimes take anabolic steroids to build up muscle.	アスリートは筋肉を増強するため同化ステロイドを使うこともある。
1542	She constantly meddles in other people's business, which is very annoying.	彼女は常に他人の個人的な事柄に干渉するが、それがとても気にさわる。
1543	She pulled on the dog's leash to get its attention.	彼女は犬の関心を引くためにひもを引いた。
1544	It always perturbs their mother when she and her brother argue at the dinner table.	彼女と彼女の弟が食卓で口論をするときは常に母親を心配させる。
1545	They calibrated their instruments periodically to maintain accuracy.	彼らは精度を維持するために定期的に機器の目盛りを調整した。
1546	Most cultures try to indoctrinate children with their values before they reach adulthood.	ほとんどの文化において子供が大人になる前にその文化の価値観を教え込もうとする。
1547	Students on the debating team are learning a lot about forensics.	討論チームの学生は科学捜査について多く学んでいる。
1548	The young people gravitated toward the outskirts of the city where the rents were cheaper.	若者たちは家賃が安い街のはずれに向かって引き寄せられた。

301

1549	**camaraderie** [kɑ̀ːmərɑ́ːdəri]	名 仲間意識，友情
1550	**vertex** [vɚ́ːrteks]	名 頂上，最高点；《数学》(図形の)頂点
1551	**gainful** [géinfəl]	形 実入りの多い，もうかる 動 gain (〜を得る，もうける)
1552	**maim** [méim] 《医療》	動 〜に重傷を負わせる = 動 mutilate (〈受身〉〜の手足を損傷させる) = 動 cripple (〜を不自由[不具]にする)
1553	**behest** [bihést] 《社会》	名 命令，要請；しつこい要請 熟 at the behest of 〜 (〜の命令により)
1554	**counterpoint** [káuntərpɔ̀int] 《芸術》	名 対位旋律；対位法 動 (対比によって)〜を際立たせる
1555	**bifurcate** [báifərkèit]	動 〜を二分する，分岐させる； ２つに分かれる，分岐する 名 bifurcation (分岐点；格差)
1556	**ballistic** [bəlístik]	形 弾道の 熟 ballistic missile (弾道ミサイル)
1557	**litigate** [lítəgèit] 《法律》	動 〜について訴訟する，法廷で争う 名 litigation (訴訟；告訴)
1558	**bummer** [bʌ́mər]	名 残念なこと，失敗 熟 What a bummer! (まいったな！)
1559	**domicile** [dáməsàil] 《法律》	名 本籍，定住所；居住地 形 domiciled (居住している)
1560	**standoff** [stǽndɔ̀ːf]	名 引き分け；(議論などの)行き詰まり，膠着状態

1549	He enjoyed the camaraderie among his fellow athletes on the swim team.	彼は水泳チームの選手仲間との仲間意識を楽しんだ。
1550	The vertex of the pyramid was its highest point.	ピラミッドの頂上は最も高いところだった。
1551	His parents urged him to find gainful employment after he graduated.	彼の両親は卒業後、彼に実入りの多い職業を見つけるよう促した。
1552	The explosion killed many people and maimed others.	爆発で多くの人が犠牲になり重傷を負った人もいた。
1553	They attended the school event at the behest of the principal.	校長の命令により彼らは学校のイベントに参加した。
1554	That composer uses an interesting counterpoint rhythm.	あの作曲家は面白い対位旋律リズムを用いる。
1555	At one time, the Berlin Wall bifurcated Germany.	かつて、ベルリンの壁はドイツを二分していた。
1556	They are investigating whether a ballistic missile caused the jet to crash.	弾道ミサイルがジェット機の衝突を引き起こしたのかどうか彼らは捜査している。
1557	The attorney successfully litigated the case against his client in court.	その弁護士は彼のクライアントを相手取り訴訟することに成功した。
1558	I have to study all summer to prepare for my tests; what a bummer!	試験の準備のため夏中ずっと勉強しなければならない。まいったな！
1559	Your domicile is your legal residence.	本籍は法的な居住地である。
1560	They played into overtime, but neither team scored, so it was a standoff.	彼らは延長戦に入り試合をしたが、どちらのチームも点が入らず、引き分けとなった。

1561	**citadel** [sítədel]	名 要塞，砦，城；拠点，本拠（地）
1562	**enthrall** [inθrɔ́:l]	動 ～を魅了する，～の心を奪う；～を束縛する ＝ 動 fascinate（～を魅了する）
1563	**serf** [sə́:rf] 《歴史》	名 (中世の)農奴；奴隷
1564	**inscrutable** [inskrú:təbl]	形 不可解な，計り知れない ＝ 形 mysterious（不可解な，謎めいた） ＝ 形 arcane（秘密の；難解な）
1565	**pathologist** [pəθɑ́lədʒist] 《医療》	名 病理学者
1566	**inebriated** [iní:brièitid]	形 酔った；(気分が)高揚した
1567	**taunt** [tɔ́:nt]	動 ～をあざ笑う，罵る 名 〈複〉あざけり，嘲笑，愚弄
1568	**detour** [dí:tuər]	名 回り道，迂回路；遠回り 動 迂回する ＝ 名 deviation（逸脱）
1569	**limbo** [límbou]	名 (天国と地獄の間の)辺獄；忘却のかなた；どっちつかずの状態，中間状態 熟 in limbo（宙に浮いた状態で，不安定な状態で）
1570	**sparse** [spá:rs]	形 わずかな，乏しい；まばらな，点在する
1571	**tribunal** [traibjú:nəl] 《法律》	名 法廷，裁判所；裁き（の場）；<the ―〉判事席
1572	**baroque** [bəróuk] 《芸術》	形 バロック様式［音楽］の；風変わりな；過度に装飾的な 名 〈B―〉バロック様式

1561	This <u>citadel</u> is our stronghold in the city, and I don't think it will be easily destroyed.	この<u>要塞</u>はこの都市の砦であり、簡単には破壊されないだろう。
1562	The dancer <u>enthralled</u> the audience as she was both beautiful and graceful.	そのダンサーは美しくかつ優雅で観客を<u>魅了した</u>。
1563	At one time, the peasants who worked the land were called <u>serfs</u>.	かつて、その土地を耕す小作農は<u>農奴</u>と呼ばれた。
1564	I don't understand her motives; they are <u>inscrutable</u> to me.	彼女の動機を理解できない。彼女の動機は私にとっては<u>不可解</u>だ。
1565	The <u>pathologist</u> was studying the virus to learn more about how it spread.	<u>病理学者</u>はウイルスがどのように広がるのかについてより知識を深めるため研究していた。
1566	The <u>inebriated</u> man was told that he should call a taxi to drive him home from the bar.	<u>酔った</u>男性はバーから家に運転してもらって帰るようタクシーを呼ぶべきだと言われた。
1567	The children <u>taunted</u> the new boy as he was different from the others.	その子供たちは新しく来た少年がほかの人とは違うからと彼を<u>あざ笑った</u>。
1568	We made a <u>detour</u> off the main road and got lost.	私たちは主要道路からはずれて<u>回り道</u>をし、道に迷った。
1569	The lawsuit against the government has put the fate of these people in <u>limbo</u> until the case is decided.	政府に対する訴訟でこの判決が決定するまで、これらの人々の運命は<u>宙に浮いた状態</u>になった。
1570	We have received <u>sparse</u> information about the sale of the company.	その会社のセールに関しては<u>わずかな</u>情報しか受け取っていない。
1571	The judge was the head of the <u>tribunal</u>.	裁判官は<u>法廷</u>の長であった。
1572	Bach was a famous composer of <u>baroque</u> music.	バッハは<u>バロック様式の</u>音楽の有名な作曲家であった。

1573	**debacle**	[deibáːkl]	名 総崩れ, 瓦解；大失敗
1574	**makeshift**	[méikʃìft]	形 間に合わせの, 一時しのぎの 名 間に合わせのもの, 一時しのぎのもの
1575	**levee**	[lévi]	名 堤防, 土手；埠頭
1576	**coax**	[kóuks]	動 ～をなだめて誘う；～をなだめる, おだてる
1577	**crumble**	[krʌ́mbl]	動 粉々に砕ける；崩れる, 滅びる；～を粉々に砕く
1578	**fleece**	[flíːs]	動 ～に法外な金額をふっかける
1579	**lagoon**	[ləgúːn] 《地学》	名 潟 (湖)；礁湖；(下水処理用の) 貯水池, ラグーン
1580	**glade**	[ɡléid]	名 林間の空き地
1581	**outcry**	[áutkrài] 《社会》	名 激しい抗議；大声, 叫び声；騒音
1582	**venerable**	[vénərəbl]	形 立派な, 尊い；(建築物などが) 由緒ある, 非常に古い 動 venerate (～を敬う)
1583	**effusive**	[ifjúːsiv] 《心理》	形 感情をあらわにした；《地学》火成岩の effusive rock (火山岩) ⇔ 形 plutonic (深成の)
1584	**capstone**	[kǽpstòun]	名 絶頂, 極致；(石柱・壁などの) かさ石

1573	The battle turned into a debacle as the losing army retreated.	その戦闘は負けている軍が撤退したので総崩れとなった。
1574	When we first moved in, we used a large box as a makeshift table for meals.	最初に引っ越してきたとき、私たちは食事をするのにこの大きな箱を間に合わせのテーブルとして使った。
1575	When the levees broke, the town was flooded.	堤防が崩壊し、街は洪水になった。
1576	He coaxed the kitten out from its hiding place under the couch.	彼は長イスの下の隠れている場所から子猫をなだめて誘い出した。
1577	The cookie crumbled in the child's hand.	クッキーが子供の手の中で粉々に砕けた。
1578	The criminal fleeced the stranger with a complicated investment scheme.	犯人は複雑な投資計画を用いて見知らぬ人に法外な金額をふっかけた。
1579	The shallow lagoon was separated from the ocean by a series of dunes.	浅い潟はいくつもの砂丘によって海から切り離された。
1580	They met in the grassy glade surrounded by the trees of the forest.	森の木々に囲まれた緑で青々した林間の空き地で彼らは会った。
1581	When the curfew was announced, there was a huge outcry from the population.	外出禁止令が発令され、人々から大きく激しい抗議があった。
1582	The venerable professor is well-liked and well-respected by both his colleagues and his students.	その立派な教授は同僚と学生の両方からよく好かれよく尊敬されている。
1583	He was effusive in his praise of her performance.	彼は彼女の演技に対し感情をあらわにして称賛した。
1584	Winning the Nobel Prize for literature provided a capstone to his achievements in his field.	文学でのノーベル賞受賞で彼の成果は彼の分野において絶頂を迎えた。

1585	**balk**	[bɔ́ːk]	動 尻込みする；〜を妨害する 名 (野球の)ボーク；妨害；挫折
1586	**penitent**	[pénətənt]	形 悔悟[後悔]している 名 罪を悔いている人，悔悟者；告解者 名 penitentiary (州[連邦]刑務所；感化院)
1587	**posse**	[pási]《社会》	名 民警団，市民警察隊；仲間 名 posseman (民警団員)
1588	**progeny**	[prádʒəni]	名〈集合的に〉子孫；子供たち；結果，成果 = 名 offspring (子；結果)
1589	**mar**	[máːr]	動〈受身〉〜を台無しにする，損なう 名 傷，欠点
1590	**pinnacle**	[pínəkl]	名〈the —〉頂点，絶頂；尖塔；尖峰
1591	**loathe**	[lóuð]	動 〜を嫌う
1592	**aberrant**	[æbérənt]	形 常軌を逸した，突飛な；(生物が)異常型の，異常な 名 aberration (異常；逸脱)
1593	**impoverished**	[impávəriʃt]《社会》	形 貧窮化した 動 impoverish (〜を貧乏にする；〜を低下させる) = 形 destitute (困窮した)
1594	**clamor**	[klǽmər]《社会》	名 叫び声，どよめき；(要求などの)人々の叫び，怒号 動 叫ぶ，騒ぎ立てる；要求する = 名 outcry (大声，叫び声)
1595	**assail**	[əséil]	動 〜を襲う，攻撃する；〜を批判する；〈受身〉〜を悩ませる
1596	**circumscribe**	[sə́ːrkəmskràib]	動 〜を制限する，抑える；〜を区切る；《数学》〜に外接させる；外接円を描く

1585	She tried to get him to go to the dance, but he balked at the idea.	彼女は彼をダンスに誘い出そうとしたが、彼はそのアイディアに尻込みした。
1586	He regrets his actions, and says he is penitent.	彼は自身の行動を後悔しており、自分は悔悟していると彼は言っている。
1587	In the Wild West, the sheriff would form a posse of citizens to go after the bad guys.	アメリカの西部では、悪物を追いかけるため保安官が市民による民警団を結成した。
1588	She is a great-grandmother, and her many progeny gather every year to celebrate her birthday.	彼女は曽祖母で、彼女の誕生日を祝うため毎年多くの子孫が集まる。
1589	The tablecloth was marred by the wine stain.	テーブルクロスがワインのしみで台無しになった。
1590	He just became president of the university; he's at the pinnacle of his career.	彼は大学の学長になったばかりだ。彼は彼自身のキャリアの頂点にいる。
1591	She loathes the bullies who threaten the other children.	彼女はほかの子供を脅すいじめっ子のことを嫌っている。
1592	His recent aberrant behavior is unusual; I'm not sure what is causing it.	彼の最近の常軌を逸した行動はふつうじゃない。何がそうさせたのか私にはわからない。
1593	The drought and high taxes left the village of farmers impoverished.	干ばつと高い税でその農村は貧窮化した。
1594	There was a loud clamor outside their windows as the protesters passed by.	抗議団体が通りかかったので窓の外から大きな叫び声が聞こえた。
1595	When we came out of the dark theater, the bright light assailed our eyes.	暗い劇場から出てきたとき、明るい光が我々の目を襲った。
1596	Her circumscribed behavior is dictated by her position as a member of the royal family.	彼女の制限された行動は王室の一員としての彼女の立場において決められている。

1597	**upstart** [ʌ́pstɑ̀ːrt]	形 新興の, 成金の
1598	**lunatic** [lúːnətik]	名 奇人, 狂人 形 常軌を逸した；狂気じみた = 形 insane（正気でない, 狂気の）
1599	**convalesce** [kɑ̀nvəlés] 《医療》	動 快方に向かう = 動 recuperate（回復する, 元気になる）
1600	**redact** [ridǽkt]	動 (原稿など)を編集する； 〜を起草する, 作成する

1597	They were surprised when an upstart company dominated the marketplace.	新興企業が市場を独占したとき彼らは驚いた。
1598	Some people think he is a lunatic for believing in extraterrestrial visitors.	彼は宇宙からの訪問者を信じる奇人だと思う人もいる。
1599	The soldier convalesced from his injuries at the veteran's hospital.	その兵士は退役軍人病院で怪我から快方に向かった。
1600	He redacted elements of his speech as he wanted it to be perfect.	彼はスピーチを完全なものにしたかったのでその要素を編集した。

ROUND 4 STAGE 17 No.1601-1700

MEANING

1601 bash [bǽʃ]
- 名 パーティー；強打，大打撃
- 動 ～をぶつける，強く打つ

1602 litany [lítəni]
- 名 長く退屈な話
- 熟 **a litany of** ～（しつこいほどくり返される～）
- a litany of lies（嘘に嘘を重ねること）

1603 quixotic [kwiksátik]
- 形 非現実的な，空想的な
- ＝形 romantic（空想的な；ロマンチックな）

1604 hieroglyphic [hàiərəglífik] 《歴史》
- 形 象形文字の；判読しづらい，わけのわからない
- 名 hieroglyph（ヒエログリフ，象形文字）

1605 pedantic [pədǽntik]
- 形 学者ぶった
- 副 pedantically（訳知り顔で）

1606 insurmountable [ìnsərmáuntəbl]
- 形 乗り越えられない，克服できない
- ＝形 impassable（通り抜けできない；克服できない）
- ＝形 unbeatable（負かすことができない，強敵の）

1607 strut [strʌ́t]
- 名 支柱；〈単〉気取った歩き方
- 動 気取って歩く

1608 chastise [tʃæstáiz]
- 動 ～をひどく叱る，厳しく罰する；～を厳しく非難する
- ＝動 baste（～を叱りつける；～を非難する）

1609 trilogy [trílədʒi] 《文学》
- 名 （劇・小説・オペラなどの）三部作

1610 inwardly [ínwərdli]
- 副 内心は；小声で，低い声で

1611 debunk [dìːbʌ́ŋk]
- 動 ～が偽りであることを証明する[暴く]

1612 waif [wéif] 《社会》
- 名 浮浪児
- ＝名 gamin（浮浪児）

#	EXAMPLE SENTENCE	TRANSLATION
1601	We are planning a big <u>bash</u> for our daughter's sixteenth birthday, and you are invited.	私たちは娘の16歳の誕生日のために大きな<u>パーティー</u>を計画していて、あなたも招待されている。
1602	He had a <u>litany</u> of excuses for not finishing the job.	彼は仕事を完了させていないことに対して<u>しつこいほどくり返される</u>言い訳をした。
1603	He's a <u>quixotic</u> character in the story who is a romantic visionary.	彼はその話の中ではロマンチックな空想家で<u>非現実的な</u>役柄である。
1604	The ancient Egyptians used <u>hieroglyphic</u> symbols.	古代エジプト人は<u>象形文字</u>の記号を使った。
1605	She often makes long, boring and <u>pedantic</u> explanations for things in an effort to show off her knowledge.	彼女は自身の知識をひけらかそうとして物事に対し長く、つまらなく<u>学者ぶった</u>説明をすることがよくある。
1606	I don't believe that these problems are <u>insurmountable</u>.	これらの問題は<u>乗り越えられない</u>ものだなんて、私は信じない。
1607	The <u>struts</u> provided support in the framing of the house.	<u>支柱</u>は家の骨組みの中で支えとなっていた。
1608	The mother <u>chastised</u> the small boy by slapping his hand to keep him away from the hot stove.	熱いコンロから離れるようにと母親は小さな少年の手をピシャリとたたいて彼を<u>ひどく叱った</u>。
1609	The movie was released in three parts or a <u>trilogy</u>.	その映画は3つのパートすなわち<u>三部作</u>で公開された。
1610	She was polite to him, but <u>inwardly</u> she disliked him intensely.	彼女は彼に対していねいだったが、<u>内心は</u>彼女は彼のことを猛烈に嫌っている。
1611	The professor <u>debunked</u> the myth with his careful explanation.	教授は慎重な説明でその通説が<u>偽りであることを証明した</u>。
1612	In the story, she was a <u>waif</u> without home or family.	その物語の中で、彼女は家も家族もない<u>浮浪児</u>だった。

No.	見出し語	発音	意味
1613	**incendiary** [inséndièri] 《社会》	形 扇動的な；放火の 名 扇動者，アジテーター = 形 inflammatory (扇動的な)
1614	**recoup** [rikú:p] 《経済》	動 (損失など)を取り戻す；〜を弁償する；《法律》〜を差し引く，控除する
1615	**amply** [ǽmpli]	副 十分に；広々と 形 ample (広々とした，広大な) = 副 adequately (十分に)
1616	**condolence** [kəndóuləns]	名 〈複〉お悔やみ，哀悼の言葉；弔慰 = 名 lamentation (哀悼，悲嘆)
1617	**bigot** [bígət]	名 偏屈者，頑固者 名 bigotry (偏見，偏狭な考え)
1618	**burgeoning** [bə́:rdʒəniŋ]	形 急成長する；発芽する 動 burgeon (急速に発展する)
1619	**recalcitrant** [rikǽlsitrənt]	形 反抗的な；手に負えない，扱いにくい = 形 defiant (反抗的な，喧嘩腰の)
1620	**grunt** [grʌ́nt]	動 ぶつぶつ不満を言う；(ブタが)ブーブー鳴く 名 ブーブー[ぶつぶつ]言う声 = 動 grumble (ぶつぶつ不満を言う)
1621	**veneer** [vəníər]	名 化粧板；見せかけ，うわべだけのもの
1622	**disgruntled** [disgrʌ́ntld]	形 不満を抱いた，不機嫌な = 形 morose (気難しい，不機嫌な)
1623	**implore** [implɔ́:r]	動 〜に懇願する implore 〜 for help (〜に助けを請う) = 動 beg (〜に請う)
1624	**expropriate** [ikspróuprièit] 《経済》	動 〜を買い上げる；〜を没収する = 動 impound (〜を押収する，没収する)

1613	The protest leader made an incendiary speech.	抗議運動のリーダーが扇動的なスピーチをした。
1614	He tried to recoup his losses by going back to the gambling tables.	彼は賭博台に戻ることで損失を取り戻そうとした。
1615	The teenagers purchased a variety of junk food for their overnight, so they were amply supplied.	10代の若者たちは一泊旅行のために色々なジャンクフードを買ったので、十分に足りていた。
1616	We sent our condolences to the family on the death of their grandfather.	その家族の祖父の死に際し私たちは彼らにお悔やみを送った。
1617	She is intolerant of other beliefs, which makes her a bigot.	彼女は他者の信念を寛容できず、それで彼女は偏屈者になっている。
1618	The burgeoning town was building new schools to house the increased student population.	急成長する街は拡大する学生人口を収容するため新たな学校を建設中だった。
1619	The teacher always has difficulty with one recalcitrant student who resists her authority.	先生の権威に抵抗する1人の反抗的な学生の対処に彼女はいつも苦労している。
1620	The furniture was very heavy, and the movers grunted as they lifted it.	その家具はとても重く、引っ越し業者はそれを持ち上げながらぶつぶつ不満を言った。
1621	The furniture had a thin veneer of marble, but underneath it was plywood.	その家具は大理石の薄い化粧板が施されていたが、その下は合板だった。
1622	A disgruntled customer complained to the manager about the service.	不満を抱いた顧客はそのサービスについてマネージャーに苦情を言った。
1623	He implored her to stay, but she left.	彼は彼女に留まるように懇願したが、彼女は出て行った。
1624	The state expropriated the private property as they needed to own it to build a highway.	州は幹線道路を建設するのにその私有地を所有する必要があったのでそれを買い上げた。

1625	**slick** [slík]	形 ツルツルした；口先のうまい, 巧みな 名 滑らかな場所 = 形 slippery (滑りやすい)
1626	**obverse** [ábvəːrs]	名 (コインなどの)表, 表面； 　対応するもの, 正反対のもの ⇔ 名 reverse (裏, 裏面)
1627	**pensive** [pénsiv] 《心理》	形 物思いにふける；哀愁を漂わせる, 悲しげな = 形 reflective (思慮深い, 考え込む)
1628	**furrow** [fə́ːrou]	名 (畑の)溝
1629	**splay** [spléi]	動 ～を広げる, 伸ばす 形 外側に広がった splayfoot (扁平足)
1630	**jester** [dʒéstər] 《歴史》	名 (中世王侯貴族お抱えの)道化師；冗談好きの人 = 名 clown (道化師)
1631	**feign** [féin]	動 ～を装う, ～のふりをする； 　～を捏造する, でっち上げる 名 feint (見せかけ, 装い, ふり)
1632	**bonfire** [bánfàiər]	名 たき火, 大かがり火 = 名 balefire (かがり火)
1633	**vie** [vái]	動 競争する, 張り合う = 動 compete (競争する, 競い合う)
1634	**misconstrue** [mìskənstrúː]	動 ～を誤解する, 誤って解釈する = 動 misinterpret (～を誤って解釈[説明]する)
1635	**stratosphere** [strǽtəsfìər]	名 最高位, 最高レベル；《地学》〈the ―〉成層圏 熟 hit the stratosphere (高騰する) 形 stratospheric (最高位の)
1636	**sensual** [sénʃuəl] 《生理》	形 官能的な；感覚の 名 sense (感覚)

1625	When it rains, the roads are more dangerous as they become slick.	雨が降ると、道路はツルツルになるのでより危険だ。
1626	The profile of the president is on the obverse side of the coin.	大統領の横顔がコインの表側にある。
1627	He is in a thoughtful, pensive mood as he prepares for his final day of teaching at the university.	彼は大学での講義の最終日に向けて準備しながら考え込み、物思いにふける気分になっている。
1628	The farmer planted the seeds in the furrows he plowed in the ground.	農夫は地面を耕して作った溝に種を植えた。
1629	When drinking at a watering hole, the giraffe splays its long legs so that it can reach the water.	水たまりで水を飲むとき、キリンは水に届くように長い脚を広げた。
1630	During the Middle Ages, the jester, or the king's fool made the king laugh.	中世の頃、道化師、すなわち王のお笑い芸人は王を笑わせた。
1631	The child feigned illness because she hadn't studied for the test that was scheduled at school.	学校で予定されていたテストに向けて勉強していなかったのでその子供は病気を装った。
1632	We built a large bonfire at the beach as the night would be cooler.	夜になると涼しくなってくるので私たちは海辺で大きなたき火をした。
1633	Runners from around the world are vying for the championship.	世界中からのランナーが優勝を争って競争している。
1634	It's difficult to communicate with him as he always misconstrues my meaning.	彼はいつも私の意図することを誤解するので、彼とコミュニケーションを図るのは難しい。
1635	Housing prices in this area have hit the stratosphere.	この地域の住宅価格が高騰してきている。
1636	A massage can be a very sensual experience.	マッサージはとても官能的な経験になり得る。

1637	**helm** [hélm]	名 舵, 舵輪；〈the →〉指導的地位, 支配 at the helm (舵を取って；指揮を執って)
1638	**buggy** [bÁgi]	名 乳母車, ベビーカー = 名 stroller (ベビーカー)
1639	**bleak** [blíːk]	形 (見通しが)暗い, 希望のない； 吹きさらしの, 荒涼とした, 寒々とした = 形 desolate (荒涼とした, わびしい)
1640	**hive** [háiv]	名 中心地；ハチの巣；人ごみ, 群衆
1641	**onlooker** [ánlùkər]	名 見物人, 傍観者 = 名 viewer (見物人；視聴者)
1642	**laudable** [lɔ́ːdəbl]	形 称賛に値する 名 laud (称賛, 賛美；讃美歌) = 形 commendable (称賛すべき, 立派な)
1643	**dole** [dóul]	動 〜を分け与える, 分配する 熟 **dole out** 〜 (〜を〔人に〕分け与える) = 動 dispense (〜を分配する, 施す)
1644	**digress** [daigrés]	動 (本題から)脱線する, わき道へそれる = 名 digression (脱線, 余談)
1645	**pedagogically** [pèdəgádʒikəli] 《教育》	副 教育学上 名 pedagogy (教育学, 教授法) 形 pedagogical (教育の, 教育学の)
1646	**colossal** [kəlásəl]	形 とてつもなく大きな, 壮大な = 形 grandiose (壮大な, 雄大な)
1647	**insinuate** [insínjuèit]	動 〜を徐々に入り込ませる；ほのめかす； (考えなど)を徐々に植えつける 熟 **insinuate oneself into** 〜 (〜にこっそり入り込む)
1648	**diurnal** [daiə́ːrnəl] 《動物》	形 昼行性の；昼間の ⇔ 形 nocturnal (夜行性の)

1637	The captain is at the wheel or **helm** of the ship.	船長は船のハンドルまたは舵のあるところにいる。
1638	She put her twins in the baby **buggy** and took them for a walk.	彼女は双子を乳母車に乗せ散歩に連れて行った。
1639	In the science fiction story about the future, the outlook is **bleak** and depressing.	未来についてのSF物語の中で、将来の展望は暗く、気がめいる。
1640	The community center was a **hive** of activity.	その地域センターは活動の中心地だった。
1641	The **onlookers** cheered when the man rescued the child from the burning building.	男性が燃えている建物から子供を救出したとき見物人たちは喝采を送った。
1642	Her efforts to learn another language are **laudable**.	ほかの言語を学ぶ彼女の努力は称賛に値する。
1643	We were running low on water during our hike, so we **doled** it out in small amounts to each person.	私たちはハイキングの間少しの水でまかなっていたので、互いに少しずつ分け与え合った。
1644	She often **digresses** from the main point in her lectures.	彼女は自身の講義で本題から脱線することがよくある。
1645	The university has reviewed the language program and has determined that it is **pedagogically** sound.	大学は語学プログラムを再検討し、それは教育学上正当であると判断した。
1646	I think I made a **colossal** mistake by not investing in that company as its stock has tripled.	その会社の株式は3倍になったのでそこに投資しなかったのはとてつもなく大きな間違いだったと思う。
1647	He **insinuated** himself into our conversation.	彼は私たちの会話にこっそり入り込んだ。
1648	Many birds are **diurnal** animals that are active during the day and sleep at night.	多くの鳥は昼間に活動し夜に眠る昼行性の動物である。

1649	**interpolate** [intə́ːrpəlèit]	動 ~を付け加える，書き入れる；~を改変[改ざん]する 名 interpolation (書き足し；挿入)
1650	**anthem** [ǽnθəm]	名 賛歌；聖歌 熟 national anthem (国歌) = 名 hymn (聖歌，讃美歌)
1651	**dovetail** [dʌ́vtèil]	動 一致する，ぴったりはまる = 動 coincide (合致する，ぴったり合う)
1652	**numb** [nʌ́m] 《生理》	形 麻痺した，しびれた；(悲しみなどで)呆然とした 動 〈受身〉~の感覚をなくさせる
1653	**ledge** [lédʒ]	名 台，枠，(壁から突き出た)棚 熟 window ledge (窓台)
1654	**convoluted** [kánvəlùːtid]	形 屈曲した，入り組んだ；(議論などが)複雑[難解]な
1655	**droop** [drúːp]	動 垂れ下がる，うなだれる；衰える，(植物が)しおれる = 動 sag (垂れ下がる，たわむ)
1656	**stronghold** [strɔ́ːŋhòuld]	名 拠点，本拠地；砦，要塞
1657	**rapture** [rǽptʃər]	名 歓喜，有頂天 go into raptures (有頂天になる) = 名 euphoria (幸福感，充実感)
1658	**caustic** [kɔ́ːstik]	形 辛辣な，痛烈な；腐食性の，苛性の = 形 incisive (痛烈な，鋭い)
1659	**gorge** [gɔ́ːrdʒ] 《地学》	名 峡谷，山峡 動 (食物)を腹いっぱいに詰め込む = 名 ravine (峡谷，谷間)
1660	**excrete** [ikskríːt] 《生理》	動 ~を排泄する 名 excretion (排泄，排泄作用)

1649	They interpolated additional, irrelevant information into their report.	彼らは報告書に、追加の無関係な情報を付け加えた。
1650	It is customary to stand when the national anthem is played at a baseball stadium.	野球の球場で国歌が演奏されるときは起立するのが習慣となっている。
1651	Your vacation plans dovetail perfectly with ours; maybe we can rent a house at the beach together.	あなたの休暇計画は私たちの休暇と完全に一致する。一緒にビーチで家を借りることもできるかもしれない。
1652	Her cheek felt numb after her visit to the dentist to fill a cavity.	虫歯に詰め物をするのに歯医者を訪れた後で彼女は頬に麻痺感を覚えた。
1653	The pigeons gathered on the window ledge.	窓台に鳩が集まった。
1654	His path to success was not direct; it was convoluted.	彼の成功への道のりはまっすぐではなかった。それは屈曲していた。
1655	The child's eyes drooped as he became more and more sleepy.	子供はどんどん眠くなるにつれ目が垂れ下がった。
1656	The rebel forces have established a stronghold in that city.	反乱軍はその街に拠点を設置した。
1657	Listening to her favorite jazz group perform put her in a state of rapture.	彼女のお気に入りのジャズグループの演奏を聴いて彼女は歓喜の状態になった。
1658	She is very critical and usually makes caustic remarks.	彼女はとても批評的でたいてい辛辣な発言をする。
1659	A stream runs through that narrow gorge in the rock.	岩の狭い峡谷の間を小川が流れている。
1660	The kidneys excrete waste from the human body.	腎臓は人体からの老廃物を排泄する。

1661	**muzzle** [mʌ́zl]	名 口輪 動 ～に口輪をはめる；～の口封じをする
1662	**sustenance** [sʌ́stənəns]	名 生命の維持；生計の手段；支えること，維持 動 sustain (～を維持する)
1663	**cadence** [kéidns]	名 リズム，歩調
1664	**straddle** [strǽdl]	動 ～を両足でまたぐ；(問題など)に曖昧な態度を取る 名 またがること
1665	**windmill** [wíndmìl]	名 風車，風車小屋 [装置]
1666	**ostensibly** [asténsəbli]	副 表向きは；見たところ 形 ostensible (表向きの，うわべだけの)
1667	**abhorrent** [æbhɔ́:rənt]	形 許しがたい，嫌悪すべき；相反して
1668	**deride** [diráid]	動 ～をあざ笑う，馬鹿にする = 動 ridicule (～をあざ笑う，冷笑する)
1669	**infamy** [ínfəmi] 〈社会〉	名 悪名，悪評；不名誉 形 infamous (悪名高い) = 名 notoriety (悪評，悪名)
1670	**solace** [sɑ́ləs]	名 慰め，癒し 動 (苦痛・悲しみ)を和らげる
1671	**heinous** [héinəs]	形 凶悪な，憎むべき = 形 hateful (憎むべき，いまいましい)
1672	**clinch** [klíntʃ]	動 (取引・議論など)の片 [決着] をつける；～を固定する，結びつける = 動 conclude (～を完結させる；～を結ぶ)

1661	The dog wore a muzzle to prevent it from biting people.	犬は人を噛まないよう口輪を装着していた。
1662	Mosquitoes feed on nectar for sustenance, but the female also needs blood to nourish her eggs.	蚊は生命の維持に花の蜜を常食とするが、メスはまた卵に栄養を与えるため血液を必要とする。
1663	The cadence of life today is much faster than it was one hundred years ago.	今日の生活のリズムは100年前のより格段に速い。
1664	The cowboy straddled the bucking horse and held on tightly with his knees.	カウボーイは荒くれ馬を両足でまたぎ、膝でしっかりつかまえた。
1665	The wind turbine or windmill generates electricity.	風力タービンまたは風車は電力を生み出す。
1666	The information gathered by the company is ostensibly used to provide better service.	その会社が収集した情報は、表向きはより良いサービスを提供するために使われるとされている。
1667	The idea was abhorrent to her, and she rejected it immediately.	その考えは彼女にとって許しがたく、彼女はすぐにそれを却下した。
1668	A group of politicians from the other party derided the speaker.	ほかの政党の政治家集団はその話し手をあざ笑った。
1669	The infamy of that dictator lives on.	あの独裁者の悪名は生き続ける。
1670	Her many friends were a source of solace when her husband died.	夫が亡くなったとき、彼女の多くの友人たちは彼女の慰めのもとだった。
1671	It was a heinous crime, and the victim's family hoped he would be punished severely.	それは凶悪な犯罪で、被害者の家族は彼が厳罰に処されることを望んだ。
1672	They clinched the deal by offering the buyers a ten percent discount.	買い手に10％の割引を提供することで彼らは取引の片をつけた。

No.	単語	発音	意味
1673	**incinerate**	[insínərèit]	動 ~を焼却する；~を火葬する 图 incinerator (焼却炉；火葬炉)
1674	**symbiotic**	[sìmbaiátik] 《生物》	形 共生の 图 symbiosis (共生，共存) ⇔ 形 parasitic (寄生の)
1675	**hilt**	[hílt]	图 (道具・武器などの) 柄 to the hilt (徹底的に，とことんまで)
1676	**slew**	[slú:]	图 多く，多量 熟 a slew of ~ (多くの~，多量の~)
1677	**camouflage**	[kǽməflà:ʒ]	動 (~を) 偽装 [カムフラージュ] する 图 偽装，迷彩，カムフラージュ = 動 disguise (~を偽装させる)
1678	**desist**	[dizíst]	動 やめる，思いとどまる 熟 cease and desist (停止する) = 動 cease (~をやめる，中止する)
1679	**picky**	[píki]	形 好みのうるさい，気難しい = 形 particular (気難しい；特定の)
1680	**heave**	[hí:v]	動 ~を放り投げる；~を持ち上げる = 動 lift (~を持ち上げる)
1681	**prowess**	[práuis]	图 優れた腕前；勇気，力量；勇敢さ
1682	**sanity**	[sǽnəti]	图 正気；(思想・判断などの) 健全さ ⇔ 图 insanity (狂気，精神錯乱)
1683	**glisten**	[glísn]	動 きらめく，キラキラ光る 图 きらめき，輝き = 動 glitter (キラキラ輝く，ぴかぴか光る)
1684	**jingle**	[dʒíŋgl]	图 CMソング；調子の良い文句 動 (鈴・鍵などが) ちりんちりんと鳴る

1673	They incinerated the remains, and only ashes were left.	彼らは残りものを焼却し、灰だけが残った。
1674	The Galápagos tortoise has a symbiotic relationship with the finch, which eats ticks from its skin.	ガラパゴスゾウガメはフィンチと共生の関係を持ち、フィンチはゾウガメの皮膚からダニを食べる。
1675	The hilt of the knife was decorated with inlaid ivory.	ナイフの柄は象眼細工の象牙で装飾されていた。
1676	The current Congress is very productive, and they have passed a slew of laws.	現在の議会はとても生産的で、彼らは多くの法律を通過させた。
1677	The red-eyed tree frog camouflages itself by closing its eyes, so its green skin can blend in with the rainforest.	アカメアマガエルは目を閉じることで偽装するので、緑の皮膚を熱帯雨林に溶け込ませることができる。
1678	The builders were ordered to cease and desist until the lawsuit was decided.	その訴訟が決着するまで建築業者は停止するよう命令された。
1679	She's a very picky eater, which makes it hard to plan a menu for her.	彼女はとても食べ物の好みのうるさい人で、そのことで彼女のための献立を考えるのを難しくしている。
1680	The sailors heaved the heavy anchor overboard.	船員は重いいかりを船外へ放り投げた。
1681	The story of Achilles told of his prowess as a warrior in battle.	アキレスの物語では戦闘の戦士としての彼の優れた腕前が語られていた。
1682	Her recent behavior has been so strange that her friends are questioning her sanity.	彼女の最近の行動がとてもおかしいので彼女の友達は彼女の正気を疑っている。
1683	The frost glistened on the grass in the early morning light.	霜が芝生の上で早朝の光に照らされきらめいた。
1684	I keep remembering the advertising jingle; it's hard to forget.	そのCMソングを覚えたままでいる。なかなか忘れられない。

1685	**bustle** [bʌ́sl]	動 せわしく [ばたばたと] 動き回る；(〜で) にぎわう，雑踏する 名 にぎわい，大騒ぎ，喧騒
1686	**extrovert** [ékstrəvə̀ːrt] 《心理》	名 外向性な人 形 外向的な，社交的な ⇔ 名 introvert (内向的な人)
1687	**cannibal** [kǽnəbl] 《文化》	名 カニバル，人肉を食べる人 形 人食いの
1688	**dearth** [də́ːrθ]	名 不足，欠乏 = 名 shortage (不足)
1689	**headway** [hédwèi]	名 前進，進歩 = 名 progress (進歩，発展)
1690	**swoon** [swúːn]	動 気絶する；うっとりする，恍惚となる = 動 faint (失神する)
1691	**veritable** [vérətəbl]	形 本物の，真の 動 verify (〜が正しいことを確かめる) = 形 authentic (真正の)
1692	**bellow** [bélou] 《動物》	名 うなり声，鳴き声 動 (牛などが) 大声で鳴く
1693	**caliber** [kǽləbər]	名 力量，能力；(円筒状の物の) 直径；(銃の) 口径 = 名 capability (能力，手腕)
1694	**snicker** [sníkər]	動 (〜を) くすくす笑う；(馬が) 低くいななく 名 忍び笑い；馬のいななき = 動 giggle (くすくす笑う)
1695	**overstep** [òuvərstép]	動 〜の限度を超える = 動 outreach (〜の先まで達する，〜を越す)
1696	**diminutive** [dimínjutiv]	形 小型の，小柄の；小さい人 [物]；愛称，呼称 名 diminution (縮小すること)

1685	She **bustled** around the kitchen preparing a big breakfast for her guests.	彼女は客人のための大掛かりな朝食を用意するのに台所を<u>せわしく動き回った</u>。
1686	She's an **extrovert** who is very outgoing and likes spending time with people.	彼女はとても社交的で人と一緒に時間を過ごすのが好きな<u>外向性な人</u>だ。
1687	The **cannibals** ate human flesh.	<u>カニバル</u>は人肉を食べた。
1688	It is a very small town, so there is a **dearth** of employment options.	とても小さな町なので、職業の選択肢が<u>不足</u>している。
1689	We are making **headway** in the negotiations, so we should have a contract soon.	交渉において私たちは<u>前進</u>しているので、すぐに契約を結ぶはずだ。
1690	In the 19th century novel, she **swooned** or fainted, and he caught her in his arms.	19世紀の小説の中で、彼女は<u>気絶</u>または失神し、彼が腕の中で彼女をつかまえた。
1691	We uncovered a **veritable** treasure of old photos in the attic.	私たちは屋根裏部屋で古い写真の<u>本物の</u>宝物を発掘した。
1692	The male elephant seal defends his territory with loud **bellows**.	オスのゾウアザラシは大きな<u>うなり声</u>で自分のなわばりを守る。
1693	That tech company attracts employees of the highest **caliber** as they offer a wide range of extra benefits.	あのテクノロジー企業は幅広い追加報酬を提供し最も優秀な<u>力量</u>を持つ従業員を引きつけている。
1694	The children **snickered** in the back of the classroom where a classmate was making fun of the teacher.	教室の後ろで1人の生徒が先生をからかい子供たちは<u>くすくす笑った</u>。
1695	She **overstepped** her authority when she made that decision without checking with her manager.	彼女は自分の権限の<u>限度を超え</u>てマネージャーの確認無しに判断をした。
1696	He purchased **diminutive** plastic trees for the setting for his electric train set.	彼は電車のおもちゃの環境設定のためプラスチック製の<u>小型の</u>木を購入した。

1697	**ventral** [véntrəl] 《生理》	形 腹部の, 腹の
1698	**reverberation** [rivə̀ːrbəréiʃən]	名 〈複〉影響, 反響；余波；(音の)反響, 残響
1699	**quell** [kwél] 《政治》	動 (反乱など)を鎮める；(恐怖など)を抑える, 和らげる
1700	**spout** [spáut]	動 (液体などが)噴き出す；~をとうとうとまくしたてる 名 噴出口；雨どい

1697	The word "ventral" comes from a Latin word for "belly," and it refers to the underside of a fish.	「腹部の(ventral)」という単語はラテン語の「腹部(belly)」から来ていて、これは魚の下面を指す。
1698	The reverberations of this decision will be felt throughout the company for many years.	この決定の影響は会社中で何年にもわたって感じ取られるだろう。
1699	The uprising was quelled by the military.	軍によって暴動が鎮められた。
1700	The water spouted from the broken pipe flooding the street.	破損したパイプから水が噴き出し、通りを水浸しにした。

No.	Word	Meaning
1701	**ravine** [rəvíːn] 《地学》	名 峡谷 = 名 valley (谷, 峡谷)
1702	**lop** [láp]	動 切り落とす, 刈り込む 熟 lop off ~ (~を切り落とす) = cut off ~ (~を切り落とす)
1703	**mischief** [místʃif]	名 いたずら(者), 悪さ；損害, 悪影響 形 mischievous (いたずら好きな；有害な)
1704	**rummage** [rʌ́midʒ]	動 引っかき回して捜す 名 がらくた, 古着 rummage sale (がらくた市；慈善バザー)
1705	**sumptuous** [sʌ́mptʃuəs]	形 豪華な, 壮麗な；高価な = 形 splendid (壮麗な；立派な)
1706	**tactile** [tǽktil]	形 触覚の；触覚で感知できる = 形 tactual (触覚の)
1707	**vanquish** [vǽŋkwiʃ]	動 ~を打ち負かす, 征服する；~を克服する, 抑える = 動 defeat (~を破る, 負かす)
1708	**reductionism** [ridʌ́kʃənìzm] 《思想》	名 還元主義 名 reduction (減少, 削減)
1709	**dribble** [dríbl]	動 (液体が)垂れる, 滴る；ドリブルする = 動 trickle (滴る, ぽたぽた落ちる)
1710	**strenuous** [strénjuəs]	形 激しい, 精力的な；努力[奮闘]を要する = 形 arduous (努力を要する)
1711	**outwardly** [áutwərdli]	副 外見[表面]上は 形 outward (表面上の；外側の) = 副 superficially (表面上は, 外面的には)
1712	**sideline** [sáidlàin]	動 ~を欠場させる 名 副業, 内職 on the sidelines (傍観して)

#	EXAMPLE SENTENCE	TRANSLATION
1701	While hiking, I slipped and fell into a ravine and twisted my ankle.	ハイキングの間、私は滑って峡谷に落ち足首をひねった。
1702	Two of the king's wives had their heads lopped off.	王の妻の2人は頭を切り落とされた。
1703	When I leave him alone for just a few minutes, he always seems to get into mischief.	ほんの2、3分彼を1人にしておくと、彼はいつもいたずら者になるようだ。
1704	I rummaged through my drawers, but I couldn't find my keys.	私は引き出しの中を引っかき回して捜したが、鍵を見つけられなかった。
1705	They planned a sumptuous feast for the visiting dignitaries.	滞在中の高官のため彼らは豪華な祝宴を企画した。
1706	If you are a tactile learner, you learn best by experiencing or doing something.	あなたが触覚で学ぶ人なら、経験することまたは何かをすることで一番よく覚えられる。
1707	Genghis Khan vanquished the enemy many times in battle.	チンギス・ハンは戦闘で何度も敵を打ち負かした。
1708	I'm not a fan of reductionism as I think it oversimplifies things.	還元主義は物事を単純にとらえすぎていると思うので、私は好きではない。
1709	The baby food dribbled down the toddler's chin.	幼児のあごにベビーフードが垂れ落ちた。
1710	The doctor advised her to avoid strenuous exercise for one week.	1週間激しい運動は避けるようにと医者は彼女に助言した。
1711	He said later that he was nervous, but outwardly he seemed very calm at the time.	後になって彼は緊張したと言ったが、外見上はその当時とても冷静に見えた。
1712	The injury to his pitching arm sidelined the baseball player for the season.	投球する方の腕の怪我でその野球選手はそのシーズンの間欠場した。

1713	**topple** [tápl]	動 ~を倒す，ぐらつかせる
1714	**solemn** [sáləm]	形 厳粛な，荘厳な = 形 grave（厳粛な，重々しい）
1715	**contrite** [kəntráit]	形 深く悔いている，悔恨の 名 contrition（悔恨） = 形 repentant（悔いている）
1716	**unspeakable** [ʌnspíːkəbl]	形 言葉では表せないほどの，言語に絶する；口に出せない
1717	**quip** [kwíp]	名 気の利いた言葉；機知に富んだ皮肉
1718	**cavern** [kǽvərn] 《地学》	名 (大)洞窟 = 名 cave（洞窟，洞穴）
1719	**outpouring** [áutpɔ̀ːriŋ]	名 あふれ出し，流出 熟 outpouring of ~（あふれんばかりの~） 動 outpour（~を流出する）
1720	**detonate** [détənèit]	動 ~を爆発させる = 動 blast（~を爆発させる，爆破する）
1721	**twitch** [twítʃ]	動 ぴくぴく動く，引きつる；~をぐいと引っ張る 名 けいれん，引きつり；引っ張ること = 動 wiggle（ぴくぴく動く）
1722	**rugged** [rʌ́gid]	形 岩だらけの，凹凸のある；粗野な，質素な；たくましい，(物が)丈夫な
1723	**scald** [skɔ́ːld] 《医療》	動 ~をやけどさせる；~を熱湯をかけて消毒する 名 やけど 形 scalding（やけどするような）
1724	**scoundrel** [skáundrəl] 《社会》	名 悪党，ならず者 形 scoundrelly（悪党のような，無礼な）

1713	The children built a block tower and then <u>toppled</u> it.	子供たちはブロックの塔を組み立て、その後それを<u>倒した</u>。
1714	He took a <u>solemn</u> vow in the marriage ceremony that he has always honored.	彼は結婚式で常に誠実であると<u>厳粛な</u>誓いをした。
1715	He gave us a <u>contrite</u> apology, and we forgave him.	彼は私たちに<u>深く悔いた</u>謝罪をし、私たちは彼を許した。
1716	The torturer caused him <u>unspeakable</u> pain.	拷問者は彼に<u>言葉では表せないほどの</u>痛みを与えた。
1717	He has some clever <u>quip</u> to add to the discussion.	議論に挟む賢く<u>気の利いた言葉</u>が彼にはある。
1718	The divers explored the underwater <u>cavern</u>.	ダイバーは海底の<u>大洞窟</u>を探検した。
1719	There was an <u>outpouring</u> of support for the famous leader when his child became very ill.	有名なリーダーの子供が深刻な病気になったとき彼のために<u>あふれんばかりの</u>支援が集まった。
1720	The terrorist <u>detonated</u> the bomb in the busy square.	テロリストは混雑した広場で爆弾を<u>爆発させた</u>。
1721	The cat's tail <u>twitched</u> as she stalked her prey.	猫のしっぽは獲物をこっそり追跡するとき<u>ぴくぴく動いた</u>。
1722	The <u>rugged</u> ground made it difficult to hike at a very fast pace.	<u>岩だらけの</u>地面がとても速いペースで登ることを難しくさせた。
1723	Be careful as the water is very hot and may <u>scald</u> you.	そのお湯はとても熱く<u>やけどする</u>かもしれないので気をつけて。
1724	He's a villain and a <u>scoundrel</u>, and I don't trust him.	彼は悪人で<u>悪党</u>なので、私は彼を信用しない。

333

No.	見出し	発音	意味
1725	**loitering**	[lɔ́itəriŋ] 《法律》	名 (犯意を持った)徘徊 動 loiter (ぶらぶら[うろうろ]歩く；だらだら過ごす) = 動 wander (ぶらつく，徘徊する)
1726	**scapegoat**	[skéipgòut]	名 犠牲，身代わり；《宗教》贖罪
1727	**bulwark**	[búlwərk]	名 砦，防波堤 = 名 fort (砦，要塞)
1728	**tout**	[táut]	動 ～を強く薦める，大げさに宣伝する； ～を押し売りする
1729	**overtly**	[ouvə́ːrtli]	副 あからさまに，明白に 形 overt (あからさまな，明白な) = 副 plainly (明白に)
1730	**muse**	[mjúːz] 《文学》	名 詩神 動 ～を熟考する；物思いにふける = 動 meditate (～を熟考する；黙想する)
1731	**emissary**	[éməsèri] 《政治》	名 特使，使者；密者 = 名 envoy (使節，使者)
1732	**serenity**	[sərénəti]	名 平静，〈S—〉殿下 (西欧の王族の敬称に付けて用いる) 形 serene (おだやかな)
1733	**loaf**	[lóuf]	動 だらだらと過ごす，怠ける 名 loafer (怠け者；浮浪者)
1734	**contraption**	[kəntrǽpʃən]	名 奇妙な機械装置
1735	**backlog**	[bǽklɔ̀ːg]	名 未処分，残務；在庫；大きな丸太[薪]
1736	**synergy**	[sínərdʒi]	名 相乗効果 形 synergistic (相乗効果の；共働の)

1725	The police officer told the group to move on, or they would be arrested for loitering.	警察官はその集団に対し立ち去るか、さもなければ徘徊で逮捕するぞと言った。
1726	Many people contributed to the problem, but one man became a scapegoat for all the blame.	多くの人がその問題に関わったが、1人の男性がその全ての責任の犠牲になった。
1727	He is my bulwark in times of trouble.	彼は困ったときの私の砦だ。
1728	This restaurant has been highly touted as a great place to eat.	このレストランは食事するのにすばらしい場所だとして、とても強く薦められていた。
1729	The latest move by the mayor seems overtly political.	市長の最新動向はあからさまに政治的であるように思われる。
1730	The famous author said his wife was his muse, and she inspired him to write.	有名な作家は妻は自分の詩神だと言い、彼女は彼に書くひらめきを与えた。
1731	That country sent emissaries to negotiate a peace.	その国は和平交渉を行うため特使を派遣した。
1732	Meditation helps her to achieve a state of serenity.	瞑想は彼女が平静の感覚を得るのに役立つ。
1733	He is just loafing around today and not accomplishing anything.	今日彼はただだらだらと過ごしていて何も成し遂げていない。
1734	Your robot is an interesting contraption.	あなたのロボットは面白く奇妙な機械装置だ。
1735	We have a big backlog of work that built up when we went on vacation.	私たちが休暇に出掛けていたとき立て込んだ未処理分の仕事がたくさんある。
1736	We can apply what we learned in our last research project to this new one; there's great synergy.	私たちは最近の研究で学んだことを、この新しい研究にも応用できる。すばらしい相乗効果がある。

335

1737	**murky** [mə́ːrki]	形 濁った；暗くて陰気な、どんよりした = 形 dismal (陰気な、暗い)
1738	**budding** [bʌ́diŋ]	形 新進の，世に出始めた；芽を出しかけた 動 bud (芽を出す，発芽する)
1739	**gizmo** [gízmou] 〈IT〉	名 機器 = 名 gadget (機械装置)
1740	**vandalism** [vǽndəlìzm] 《法律》	名 公共物［美術品］破損 動 vandalize (〔公共物［美術品］〕を破壊する)
1741	**seep** [síːp]	動 しみ出る；(考え方などが) 浸透する 名 水たまり；しみ出てたまったところ 名 seepage (漏出)
1742	**thoroughfare** [θə́ːroufèər]	名 幹線道路、大通り；通り、往来 No thoroughfare. (通行禁止) = 名 arterious (幹線)
1743	**vestige** [véstidʒ]	名 名残，面影；痕跡 = 名 remnant (残されたもの；名残)
1744	**scorch** [skɔ́ːrtʃ]	動 〜を焦がす，〜の表面を焼く； しなびれる，枯れる；(車が)疾走する 形 scorching (焼きつくように暑い)
1745	**sojourn** [sóudʒəːrn]	名 (短期)滞在 動 (短期間)滞在する = 名 stay (滞在)
1746	**spew** [spjúː]	動 噴出する；吐き出す； (怒りなど)をぶちまける = 動 belch (〜を噴出する，吹き出す)
1747	**charlatan** [ʃɑ́ːrlətn] 〈社会〉	名 偽医者；ペテン師 = 名 fraud (詐欺師，ペテン師)
1748	**stoke** [stóuk]	動 (火)をかき立てる，〜に燃料をくべる； (欲望など)をかき立てる = 動 fuel (燃料を入れる；〜をあおる)

1737	The water was murky, so it was difficult to see if there were any sharp rocks on the bottom.	その水は濁っていたので、底に尖った岩があるかどうか見えづらかった。
1738	The child loved experiments, so her father said she must be a budding scientist.	その子供は実験が大好きだったので、彼女の父親は彼女は新進の科学者にちがいないと言った。
1739	He loves to buy the latest gizmos as he is fascinated by technology.	彼はテクノロジーに魅了されているので、最新機器を買うのが大好きだ。
1740	Vandalism at the school building over the weekend caused damage to the new science lab.	週末にかけて学校の建物で公共物破損があり新しい科学研究室が被害を受けた。
1741	The water seeped in from a crack in the wall and damaged the plaster in the old house.	壁の亀裂から水がしみ出て、古い家のしっくいをだめにした。
1742	That road is the main thoroughfare through the town.	その道路は街を通る主要な幹線道路だ。
1743	There are only a few broken pieces of marble left, vestiges of the lovely statues.	壊れた大理石の破片がほんの少し残っているだけで、(それは) すばらしい像の名残である。
1744	The wildfire scorched the earth and left a blackened landscape.	野火は地を焦がし、真っ黒になった景観を残した。
1745	They met when he was staying in Barcelona on his one-month sojourn in that city.	彼らは彼の1ヵ月のバルセロナ短期滞在中に出会った。
1746	Untreated sewage spewed out of the broken pipe.	未処理の汚水が壊れたパイプから噴出した。
1747	He pretends to be able to heal people, but I think he is a charlatan.	彼は人々を治癒できるふりをしているが、彼は偽医者だと私は思う。
1748	He stoked the fire by adding wood one piece at a time.	彼は木を一片ずつ加えて火をかき立てた。

337

No.	見出し語	発音	意味
1749	**mulch** [mʌ́ltʃ] 《生物》		名 根(ね)覆(おお)い, マルチング 動 ～に根覆いをする ※土壌の表面をわら・木片・ビニール等で覆うこと
1750	**radiant** [réidiənt]		形 晴れやかな, 嬉しそうな；放射の 名 radiance（〔表情の〕輝き）
1751	**deadlocked** [dédlàkt]		形 行き詰まった, 暗礁に乗り上げた 名 deadlock（行き詰まり） ＝名 standstill（行き詰まり；休止）
1752	**avarice** [ǽvəris]		名 強欲, 貪欲 形 avaricious（強欲の, 貪欲な） ＝名 greed（貪欲, 欲張り）
1753	**alchemy** [ǽlkəmi] 《歴史》		名 錬金術；魔力, 秘法 形 alchemic（錬金術の）
1754	**prescient** [préʃiənt]		形 先見の明がある, 予知する
1755	**rebate** [ríːbeit] 《経済》		名（多く支払った額の一部の）払い戻し ＝名 reimbursement（〔経費などの〕払い戻し） ＝名 refund（〔全額の〕払い戻し）
1756	**stampede** [stæmpíːd]		動（驚いて）どっと逃げ出す； 殺到する, 押し寄せる ＝動 avalanche（殺到する）
1757	**fizzle** [fízl]		動（計画などが）失敗に終わる, 立ち消える； シューッと音を出す ＝動 taper（先細りになる, 徐々に弱くなる）
1758	**amber** [ǽmbər]		形 琥珀色（製）の 名 琥珀（色）；（交通信号の）黄色
1759	**smack** [smǽk]		動（～に）ぶつかる；舌づつみを打つ 名 味, 風味
1760	**curfew** [kə́ːrfjuː] 《教育》		名 門限, (夜間)外出禁止令

1749	I put a mulch of straw around the plants in my garden to help prevent weeds.	雑草が生えないよう私の庭の植物の周りに藁の根覆いをした。
1750	Her radiant smile let everyone know that she was happy.	彼女の晴れやかな笑顔でみな彼女が幸せだということがわかった。
1751	The jury was deadlocked, and they could not come to a decision.	陪審は行き詰まり、彼らは結論に到達することができなかった。
1752	In the story, the dragon was filled with avarice and collected gold in his cave.	物語の中で、ドラゴンは強欲の塊でその洞窟の中に金を収集していた。
1753	During the Middle Ages, alchemy was a science that tried to turn base metals into gold.	中世の時代、錬金術とは卑金属を金に変えようとする科学だった。
1754	The political commentator seemed prescient when his predictions about the election came true.	選挙についての予測が当たり、その政治評論家は先見の明があるようだった。
1755	That company is advertising a rebate on their products, so they will refund part of the purchase price.	その企業は自社商品の払い戻しについて告知しているので、購入価格の一部を払い戻すだろう。
1756	The cattle were startled by the lightning, and they stampeded.	畜牛はその雷に驚き、どっと逃げ出した。
1757	Our plans to go out for the evening fizzled when we could not find a babysitter.	その夜に出掛ける私たちの計画はベビーシッターを見つけられなかったので失敗に終わった。
1758	The tiger had amber eyes, which seemed to glow in the dark.	トラは琥珀色の目を持ち、その目は暗闇で輝くように見えた。
1759	The two football players smacked together as they were running to get the ball.	2人のフットボール選手はボールを取ろうと走り互いにぶつかった。
1760	Her parents set her curfew for 11 PM, and she had to be home by then.	彼女の両親は彼女に午後11時の門限を設定し、彼女はそれまでに家に戻らなければならなかった。

1761	**amalgam** [əmǽlgəm]	名 混合(物), 合成(物); 《化学》アマルガム, 水銀合金
1762	**subterranean** [sÀbtəréiniən]	形 地下の; 隠れた 名 地下で働く[に住む]人[動物] = 形 underground(地下の; 秘密の)
1763	**beak** [bíːk] 《動物》	名 (ワシなどの尖った)くちばし; ワシ鼻 = 名 bill(〔鳥の〕くちばし)
1764	**peeved** [píːvd]	形 イライラした, 怒った 熟 be peeved at ~(~にいらだっている)
1765	**bristle** [brísl]	動 (人が)いらだつ, (動物が)毛を逆立てる; 密生する, 充満する 名 剛毛
1766	**dabble** [dǽbl]	動 ~に手を出す, ~をちょっとやってみる; (水)をはねかける
1767	**trinket** [tríŋkit]	名 ちょっとしたアクセサリー
1768	**chisel** [tʃízəl]	動 ~を(のみで)彫る[刻む]; ~をだます, だまし取る 名 のみ, 彫刻刀 = 動 swindle(~をだまし取る)
1769	**topical** [tápikəl]	形 局所の, 局部的な; 話題の, 時事的な 名 topic(話題)
1770	**upturn** [Áptə̀ːrn]	名 好転, 上昇 動 ~を上向きにする, ひっくり返す ⇔ 名 downturn(下落, 低迷, 下降)
1771	**requiem** [rékwiəm] 《芸術》	名 鎮魂曲, レクイエム; (カトリックの)死者のためのミサ
1772	**expletive** [éksplətiv]	名 罵り言葉 形 補足的な, 付け足しの

1761	His personality is an <u>amalgam</u> of various traits.	彼の性格は様々な特質の混合だ。
1762	They worked in a <u>subterranean</u> mine far below the surface.	彼らは地表よりはるか下の地下採掘抗で働いた。
1763	The hawk, like many birds of prey, had a curved <u>beak</u>.	そのタカは、猛禽類の多くにあるように、湾曲したくちばしを持っていた。
1764	She is <u>peeved</u> at him for being late all the time.	彼がいつも遅刻するので彼女は彼にいらだっている。
1765	She <u>bristled</u> at the idea that she was not to be trusted.	彼女は自分のことを信用できないとする考えにいらだった。
1766	I'm not a professional artist, but I do <u>dabble</u> a bit as I like to draw.	私はプロの芸術家ではないが、絵を描くのが好きなので少し手を出している。
1767	I brought back a small <u>trinket</u> from my trip.	私は旅行から小さなちょっとしたアクセサリーを持ち帰ってきた。
1768	The names of the family members were <u>chiseled</u> on the gravestones.	家族の名前が墓石に彫られていた。
1769	This is a <u>topical</u> anesthetic that can be applied to the skin.	これは皮膚に塗布できる局所麻酔薬である。
1770	There's been a welcome <u>upturn</u> in the economy, and more people are being hired.	待ち望んだ景気の好転があり、雇用者数が増えている。
1771	The musical composition was a <u>requiem</u> composed to honor the dead.	この楽曲は故人に敬意を表して作曲された鎮魂曲だった。
1772	In his surprise he uttered an <u>expletive</u> or swear word.	驚いたことに、彼は罵り言葉あるいは汚い言葉を口にした。

No.	単語	発音	意味
1773	**mangle**	[mæŋgl]	動 ~を(切って)ずたずたにする = 動 rend (~を引き裂く)
1774	**belch**	[béltʃ]	動 おくびを出す，げっぷする； ~を噴出する，吹き出す = 動 spew (~を噴出する，吐き出す)
1775	**reclusive**	[riklúːsiv]	形 引きこもりがちな ⊘ recluse (引きこもり，隠遁者)
1776	**mirage**	[mirάːʒ]	名 幻想；蜃気楼；はかない夢 = fata morgana (蜃気楼)
1777	**wrangle**	[ræŋgl]	動 口論する，喧嘩する
1778	**dredge**	[drédʒ]	動 ~を蒸し返す，掘り起こす； (河川などから)~をさらい上げる
1779	**clemency**	[klémənsi] 《社会》	名 寛容な措置，慈悲； 《気象》(天候の)温暖さ，温和さ = 名 mercy (寛容，慈悲)
1780	**tote**	[tóut]	動 ~を運ぶ，背負う；~を合計する = 動 shoulder (~をかつぐ，背負う)
1781	**plod**	[plάd]	動 (重い足取りで)とぼとぼと歩く； こつこつ働く[勉強する] = 動 trudge (とぼとぼと歩く)
1782	**rustic**	[rʌ́stik]	形 粗野な，素朴な；田舎の； 丸太造りの；(石工の)粗面仕上げの
1783	**sabotage**	[sǽbətὰːʒ] 《社会》	動 ~の破壊工作を行う 名 サボタージュ，破壊[妨害]行為
1784	**fallow**	[fǽlou]	形 休閑中の，作付けしていない 熟 lie fallow ([土地が]休閑中である，休ませてある)

1773	The cuff of my pants was caught in the bicycle chain, and it mangled the fabric.	ズボンの裾が自転車のチェーンに絡まり、布地をずたずたにした。
1774	Belching after a meal is not polite in some cultures.	文化によっては食事の後におくびを出すことは礼儀に反する。
1775	He's a reclusive person who has not gone out in public for many years.	彼は何年も公の場に出ていない引きこもりがちな人である。
1776	The shimmering lake in the middle of the desert was just a mirage; it was not real.	砂漠のど真ん中でキラキラ光る湖はただの幻想だった。それは本物ではなかった。
1777	We spent months wrangling over the details of the building plans, but we finally came to an agreement.	我々はその建築計画の詳細について口論するのに数カ月を費やしたが、ようやく同意に至った。
1778	Let's not dredge up old arguments.	過去の議論を蒸し返すのはやめよう。
1779	The governor granted clemency to the prisoner, so he was freed.	州知事はその囚人に対して寛容な措置を与えたので、彼は解放された。
1780	She totes her books back and forth from home to class in a red backpack.	彼女は本を赤いバックパックに入れて家から教室まで行ったり来たりして運ぶ。
1781	He was tired, but he still had a long way to go, so he plodded on and on.	彼は疲れていたが、まだまだ先は長いので、延々とぼとぼと歩いた。
1782	The rustic cabin was very different from her modern, comfortable apartment.	その粗野な山小屋は彼女の現代的で快適なアパートとは全く異なっていた。
1783	During the war, resistance members sabotaged railway lines and power plants.	戦時中、レジスタンスのメンバーは線路や発電所の破壊工作を行った。
1784	The farmer lets some fields lie fallow for a year before he replants them.	農夫は畑の一部を植えかえる前に1年間休閑中にさせている。

1785	**emblematic** [èmbləmǽtik]	形 (〜を)象徴して，象徴的な 名 emblem (象徴；紋章) = 形 symbolic (象徴して，象徴的な)
1786	**repulsion** [ripʌ́lʃən]	名 嫌悪；《物理》反発作用 動 repulse (〜に嫌悪感を与える) 形 repulsive (とても嫌な，嫌悪感を起こさせる)
1787	**excruciating** [ikskrúːʃièitiŋ] 《生理》	形 ひどく痛む；(状況が)ひどい 動 excruciate (〜を苦しめる；〜を拷問にかける)
1788	**remorse** [rimɔ́ːrs] 《心理》	名 自責の念，激しい後悔 形 remorseful (自責の念にあふれた)
1789	**obstinate** [ɑ́bstənət]	形 頑固な，強情な；(病気が)手に負えない = 形 stubborn (頑固な，扱いにくい)
1790	**procrastinate** [proukrǽstənèit]	動 〜を先延ばしにする 名 procrastination (遅延) = put off 〜 (〜を延期する)
1791	**crustacean** [krʌstéiʃən] 《動物》	名 甲殻類 形 甲殻類の
1792	**despot** [déspɑt] 《政治》	名 独裁者，専制君主；暴君 = 名 tyrant (専制君主；暴君)
1793	**ruminate** [rúːminèit]	動 思いをめぐらす；(牛・羊などが)反芻する，くり返し噛む 名 rumination (沈思黙考)
1794	**simmer** [símər]	動 コトコト煮る；(怒りなどで)今にも爆発しそうである 動 seethe ((怒りで)煮えくり返る)
1795	**swindle** [swíndl]	動 (人)から(金などを)だまし取る，巻き上げる 名 詐欺，ペテン = 動 cheat (〈人〉から〈…を〉だまし取る)
1796	**rubric** [rúːbrik]	名 項目

1785	The symbol of the open hand is <u>emblematic</u> of their philosophy of caring.	広げた手の記号は彼らの思いやりの哲学を<u>象徴している</u>。
1786	Snakes fill her with a sense of <u>repulsion</u>, and she has always been very afraid of them.	彼女はヘビを見ると<u>嫌悪</u>感でいっぱいになり、いつもヘビをとても怖がっている。
1787	Her compound fracture was <u>excruciating</u>, and she was grateful when she received something for the pain.	彼女の複雑骨折は<u>ひどく痛み</u>、その痛みのための何かを受け取って彼女は感謝した。
1788	He was filled with <u>remorse</u>, and he deeply regretted his past actions.	彼は<u>自責の念</u>でいっぱいで、過去の行動を深く後悔していた。
1789	He can be very <u>obstinate</u>, so it will be difficult to get him to change his mind.	彼はとても<u>頑固</u>であるので、彼に気持ちを変えさせるのは難しいだろう。
1790	Some people <u>procrastinate</u> and delay doing things, so they don't accomplish anything.	やるべきことを<u>先延ばしにし</u>遅らせる人もいるが、そのような人は何も達成しない。
1791	Sea otters like to eat <u>crustaceans</u>, mainly mussels.	ラッコは<u>甲殻類</u>、主にイガイを食べるのを好む。
1792	The <u>despot</u> ruled over his people with an iron hand.	<u>独裁者</u>は強制的手法で国民を支配した。
1793	The old man <u>ruminated</u> on the events in his life.	その年老いた男性は彼の人生の出来事について<u>思いをめぐらした</u>。
1794	The recipe says the liquid should <u>simmer</u> for 20 minutes on the stove.	レシピには液体をコンロの上で20分間<u>コトコト煮る</u>と書いてある。
1795	The thief <u>swindled</u> the group of retirees out of all their savings.	その盗人は退職者たちから彼らの貯蓄の全てを<u>だまし取った</u>。
1796	The <u>rubric</u> they use for the scoring of essays is published on their web site.	彼らがエッセイの採点に用いる<u>項目</u>が、彼らのウェブサイト上に公開されている。

1797	**debase** [dibéis] 〈社会〉	動 (評判など)を下げる，落とす = 動 depreciate (〜の価値を下げる)
1798	**fiduciary** [fədúːʃièri] 〈社会〉	形 受託の
1799	**mishap** [míshæp]	名 不運な出来事，災難 = 名 mischance (不運，不幸)
1800	**congenial** [kəndʒíːniəl]	形 愛想が良い，親しみがある； うまが合う，気性の合った

1797	The inflation debased the value of the dollar.	インフレがドルの価値を下げた。
1798	The attorney has a fiduciary responsibility to manage the trust fund for his client.	弁護士はクライアントの信託資金を管理する受託責任を持つ。
1799	It was an unfortunate mishap, which was no one's fault.	それは残念で不運な出来事で、誰のせいでもなかった。
1800	He's very friendly and congenial.	彼はとても親しみやすく愛想が良い。

No.	単語	発音	意味
1801	**ruff**	[rʌ́f]	名 ひだ襟
1802	**semblance**	[sémbləns]	名 うわべ，見せかけ，外見；類似 熟 semblance of ~（うわべだけの~）
1803	**proboscis**	[proubásis]《動物》	名 (ゾウなどの)長い鼻，(人の)大きい鼻 = 名 trunk（ゾウの鼻）
1804	**pretentious**	[priténʃəs]	形 思い上がった，うぬぼれた； 見栄を張った，これ見よがしの = 形 conceited（うぬぼれた，思い上がった）
1805	**hoof**	[húːf]《動物》	名 (馬などの)ひづめ 動 (ひづめで)~を蹴る[踏む]
1806	**desecrate**	[désikrèit]《文化》	動 ~の神聖を汚す，~をぼうとくする = 動 defile（~をぼうとくする）
1807	**vilify**	[vílifài]	動 ~を非難する，けなす = 動 malign（~を中傷する，~の悪口を言う）
1808	**haggle**	[hǽgl]《経済》	動 値下げの交渉をする
1809	**parochial**	[pəróukiəl]	形 視野が狭い，偏狭な；教(会)区の = 形 provincial（偏狭な，偏屈な）
1810	**jagged**	[dʒǽgid]	形 ギザギザのある，尖った 名 jag（ギザギザ；尖った角）
1811	**stash**	[stǽʃ]	動 ~を隠す，しまっておく；~を蓄える 名 隠れ家；隠してある物 = 動 hide（~を隠す）
1812	**pomp**	[pámp]	名 (儀式の)壮麗なもの，華やかなもの； 虚飾，見せびらかし 形 pompous（壮麗な，華やかな；仰々しい）

	EXAMPLE SENTENCE	TRANSLATION
1801	The Andean condor has a ruff of feathers around its neck that makes its bald head stand out.	アンデスコンドルは首の周りにひだ襟のような羽があり、それによりはげ頭が目立っている。
1802	There is not even a semblance of normality here.	ここにはうわべだけの正常性さえもない。
1803	The elephant has a large proboscis or trunk.	ゾウは大きな長い鼻すなわちtrunk（鼻）を持っている。
1804	She's a pretentious person who is always talking about the famous people she knows.	彼女は知っている有名人の話をいつもしている思い上がった人だ。
1805	Caribou have large hooves that help support their weight on the snow and help them paddle through water.	カリブーは雪上で体重を支え水中を漕いで進むのに役立つ大きなひづめを持っている。
1806	Vandals desecrated a number of graves in the cemetery.	破壊者が共同墓地で多くの墓の神聖を汚した。
1807	He was vilified in the press as a mean and greedy person.	彼はマスコミに意地悪で卑しい人物だと非難された。
1808	They haggled over the price for a few minutes before they finally agreed on an amount.	彼らは最終的に金額に合意する前に数分間価格について値下げの交渉をした。
1809	They have a parochial or very limited viewpoint.	彼らは視野が狭い、またはとても限られた視点しか持ち合わせていない。
1810	She cut her finger on a jagged piece of glass.	ギザギザのあるガラスの破片で彼女は指を切った。
1811	He stashed some money in a savings account that he kept secret from the rest of the family.	彼は家族のほかの者には秘密にしてある普通預金口座にいくらかお金を隠した。
1812	There is a great deal of pomp connected with the ritual of crowning a king or queen.	王や女王を王位につかせる儀式に関連した壮厳なものがたくさんある。

1813	**rarity** [réərəti]	名 珍しいこと，まれなこと 形 rare (まれな，希少な) = 名 scarcity (まれなこと，希少性)
1814	**drowsiness** [dráuzinəs] 〈生理〉	名 眠気 形 drowsy (眠い；眠気を誘う)
1815	**mire** [máiər]	動 ぬかるみ [泥] にはまる；窮地 [苦境] に陥る 名 泥沼，ぬかるみ；窮地，苦境
1816	**ferret** [férət]	動 (〜を)探し出す，探索する；(フェレットでウサギを)狩る，追い出す 名 フェレット
1817	**reconvene** [rìːkənvíːn]	動 再召集する；再開する 動 convene (〜を招集する；〜を開く)
1818	**convoy** [kánvɔi]	名 護衛(部隊)，護送 動 〜を護送する，護衛する = 名 escort (護衛者，護送隊)
1819	**trance** [trǽns] 〈心理〉	名 恍惚状態，有頂天；昏睡状態，失神 = unconsciousness (意識を失った状態；無意識)
1820	**booty** [búːti]	名 強奪 [略奪] 品，戦利品；もうけもの，賞金
1821	**funk** [fʌ́ŋk] 〈心理〉	名 (気分の)落ち込み，憂鬱な気分；尻込み，臆病 動 おじけづく，尻込みする
1822	**exult** [igzʌ́lt]	動 大喜びする，歓喜する；勝ち誇る 形 exultant (大喜びの；勝ち誇った)
1823	**propitious** [prəpíʃəs]	形 幸先の良い，幸運な；好都合な；慈悲深い = 形 fortunate (幸運な)
1824	**impervious** [impə́ːrviəs]	形 通さない，不浸透性の；影響されない；鈍感な = 形 resistant (抵抗力のある)

1813	Hailstorms are a rarity in San Francisco, California.	あられを伴う嵐はカリフォルニアのサンフランシスコでは珍しいことだ。
1814	This medication may cause drowsiness, so it's recommended that you don't drive while taking it.	この薬剤は眠気を引き起こす可能性があるので、服用中は運転しないことを勧められる。
1815	This discussion got mired in the details, and we lost sight of the big picture.	この議論は詳細のぬかるみにはまり、大局を見失った。
1816	We worked hard to ferret out the facts of the case.	その事件の事実を探し出そうと私たちは懸命に取り組んだ。
1817	Let's reconvene next week at the same time and place.	来週も同じ時間と同じ場所で再召集しよう。
1818	The military convoy traveled in a tight group.	軍の護衛部隊は密集して移動した。
1819	When the little boy is watching a video, he seems to go into a trance as it is very hard to get his attention.	その男の子はビデオを観ているとき、彼の関心を引くのは非常に難しく彼は恍惚状態に入るようだ。
1820	The robbers gathered to divide the booty from their robbery.	強盗たちはその強盗事件から得た強奪品を山分けするために集まった。
1821	She has been in a funk ever since she got the bad news.	悪い知らせを聞いて以来彼女はずっと落ち込んでいる。
1822	The sports team exulted in their victory.	そのスポーツチームは自分たちの勝利に大喜びした。
1823	We were lucky to have propitious weather for the outdoor wedding.	野外結婚式に幸先の良い天候で私たちは幸運だった。
1824	The new, lightweight fabric is impervious to moisture, which makes it ideal for the rainy climate.	新しく、軽やかな生地は水分を通さないため、雨の気候にもってこいだ。

1825	**reprieve** [riprí:v] 《社会》	名 猶予；一時的救済
1826	**scrawl** [skrɔ́:l]	動 〜を殴り書きする
1827	**jumble** [dʒʌ́mbl]	名 混乱（状態）；ごちゃまぜ（の状態） 動 〜を乱雑にする，ごちゃまぜにする = 名 mess（混乱；ごちゃまぜ）
1828	**wane** [wéin]	動 (季節・期間などが)終わりに近づく； (力・光などが)衰える，徐々に弱まる； (月が)欠ける
1829	**smirk** [smə́:rk]	動 気取った笑い方をする，にやにや笑う 名 気取った笑い，にやにやした笑い
1830	**gush** [gʌ́ʃ]	動 夢中でしゃべる；(水・血が)噴出する = 動 spurt（噴出する）
1831	**hubris** [hjú:bris] 《心理》	名 (過剰な)自信；傲慢
1832	**interlude** [íntərlù:d]	名 合間(の出来事)，幕あい；《芸術》間奏(曲) = 名 interval（合間；間隔）
1833	**pigment** [pígmənt] 《生物》	名 色素；顔料，絵の具 = 名 paint（ペンキ，塗料）
1834	**bipartisan** [baipá:rtəzn] 《政治》	形 二大政党連携の；二党の
1835	**glimmer** [glímər]	名 わずかな兆し；かすかな光 動 かすかに光る；かすかに現れる
1836	**tussle** [tʌ́sl]	動 〜と取っ組み合いをする 名 取っ組み合い，乱闘 = 動 scuffle（取っ組み合う，乱闘する）

1825	Our teacher is sick, so we got a **reprieve** as we won't be having a test tomorrow.	私たちの先生は病気で、明日テストがなくなったので私たちは猶予を得た。
1826	He **scrawled** his name quickly on the white board.	彼はホワイトボードに自分の名前をすばやく殴り書きした。
1827	My office desk is a mess right now; it's just a **jumble** of books and papers.	私のオフィスの机は今散らかっている。本や書類の混乱状態だ。
1828	Summer is **waning** and the days are growing cooler as fall approaches.	秋が近づくに従い夏は終わりに近づき、日中も涼しくなってきている。
1829	She didn't like the way he **smirked** at her; it made him appear smug.	彼が彼女に対して気取った笑い方をするその仕草が、彼女は好きではなかった。それにより彼はきざに見えた。
1830	She **gushes** with pride about her new grandchild and shows pictures to everyone.	彼女は生まれたばかりの孫について誇らしげに夢中でしゃべり、写真をみなに見せる。
1831	He is filled with **hubris**, which makes him overly confident.	彼は自信に満ちあふれていて、それが彼を自信過剰にさせている。
1832	Returning from a business trip, we stopped in Paris and spent a week, which was a nice **interlude**.	出張から戻り、私たちはパリへ立ち寄って一週間を過ごしたが、これが快適な合間の出来事となった。
1833	The color of a flamingo's feathers comes from the **pigment** in the algae they eat.	フラミンゴの羽の色はフラミンゴが食す藻に含まれる色素から来ている。
1834	The **bipartisan** legislation was supported by both political parties.	二大政党連携の法律制定は両政党から支持されていた。
1835	The teacher saw a **glimmer** of understanding in the student's eyes.	先生は生徒の目に理解のわずかな兆しを見た。
1836	The young boys were **tussling** on the grass, and they took turns wrestling each other to the ground.	若い少年たちは芝生の上で取っ組み合いをしていて、順番に互いを地面に組み伏せた。

1837	**emaciated**	[iméiʃièitid]	形 やせ衰えた, やつれた 動 emaciate (ひどくやせる)
1838	**inept**	[inépt]	形 能力に欠ける, 不向きな ⇔ 形 capable (能力のある, 有能な)
1839	**ram**	[rǽm]	動 激突する, 衝突する 名《動物》雄羊, ラム = 動 hurtle (激しくぶつかる, 衝突する)
1840	**gullible**	[gʌ́ləbl]	形 だまされやすい = 形 credulous (すぐ真に受ける, 信じやすい)
1841	**lambast**《社会》	[læmbéist]	動 ~を激しく非難する, こきおろす; ~を殴る, むち打つ = 動 lash (~を激しく非難する, こきおろす)
1842	**garbled**	[gɑ́ːrbld]	形 要領を得ない; 事実をゆがめた 動 garble (~を取り違える; ~を誤って伝える)
1843	**extricate**	[ékstrikèit]	動 ~を救い出す, 解放する = 動 relieve (~を救い出す, 脱却させる)
1844	**recap**	[ríːkæp]	動 ~の要点をまとめる [くり返す] 名 要約 = 動 summarize (~を要約する)
1845	**sublime**	[səbláim]	形 卓越した; 崇高な, 雄大な = 形 distinguished (抜群の, 優れた)
1846	**preempt** = **pre-empt**	[priémpt]	動 (予定の番組を)取って代える; ~を先取する 名 preemption (先取り, 先制)
1847	**preamble**	[príːæmbl]	名 序文, 前置き, 前文;《法律》〈P—〉(米憲法の)前文 = 名 preface (序文, 前書き)
1848	**concise**	[kənsáis]	形 簡潔な, 簡明な = 形 brief (簡潔な, 手短な)

1837	The survivors of the concentration camp looked <u>emaciated</u> from a lack of proper food.	強制収容所の生存者たちは適切な食糧の不足から<u>やせ衰えて</u>いるようだった。
1838	The waiter seemed <u>inept</u> as he forgot our order and then spilled the coffee.	そのウェイターは私たちの注文を忘れさらにコーヒーをこぼしたので<u>能力に欠ける</u>ようだった。
1839	The car behind me was going too fast, and it <u>rammed</u> into me.	私の後ろの車がかなり高速で走っていて、私に<u>激突した</u>。
1840	She's easy to tease as she's very <u>gullible</u>.	彼女はとても<u>だまされやすい</u>ので彼女をからかうのは簡単だ。
1841	The candidate <u>lambasted</u> his opponent for his voting record.	候補者は投票記録について競争相手を<u>激しく非難した</u>。
1842	The <u>garbled</u> message was difficult to understand; she had to ask for clarification.	<u>要領を得ない</u>メッセージを理解するのは難しかった。彼女は説明を求めなければならなかった。
1843	He <u>extricated</u> himself from the relationship with difficulty.	彼は苦労してその関係から自身を<u>救い出した</u>。
1844	I arrived late to the meeting, so the facilitator graciously <u>recapped</u> what had been covered for me.	私は会議に遅れて到着したので、進行役が私のために何が話されていたのかていねいに<u>要点をまとめた</u>。
1845	The chocolate cake was <u>sublime</u>; I've never eaten anything so delicious.	そのチョコレートケーキは<u>卓越して</u>いた。それほどまでにおいしいものを私は食べたことがない。
1846	They <u>preempted</u> the television show with a message about the tornado.	彼らはそのテレビのショーを竜巻に関する情報に<u>取って代えた</u>。
1847	The <u>preamble</u> is the introductory statement in a document.	<u>序文</u>とは文書の導入の記述である。
1848	His response to the question was short and <u>concise</u>.	彼の質問に対する返答は短く<u>簡潔</u>だった。

1849	**frantic** [frǽntik]	形 取り乱した；大急ぎの 副 frantically (必死に；大急ぎで)
1850	**parchment** [pάːrtʃmənt] 《歴史》	名 羊皮紙，パーチメント
1851	**equivocate** [ikwívəkèit]	動 言葉を濁す，曖昧な言葉を使う 形 equivocal (曖昧な；どの意味にも解釈できる)
1852	**pheromone** [férəmòun] 《生物》	名 フェロモン (ほかの個体の反応を誘引する分泌物)
1853	**belligerent** [bəlídʒərənt]	形 好戦的な，喧嘩好き[腰]の；交戦中の，交戦国の 名 交戦国[者]
1854	**abstention** [əbsténʃən] 《政治》	名 (投票の)棄権，不参加；慎むこと 動 abstain (棄権する；慎む，控える)
1855	**flamboyant** [flæmbɔ́iənt]	形 鮮やかな；けばけばしい；きらびやかな，華々しい ＝形 showy (華やかな；けばけばしい)
1856	**parsimony** [pάːrsəmòuni] 《経済》	名 極度の倹約；けち ＝名 thrift (倹約，節約)
1857	**suckle** [sʌ́kl] 《動物》	動 ～を乳で育てる，～に授乳する ＝動 nurse (～に授乳する)
1858	**iota** [aióutə]	名 みじん，微小 not an iota of ～ (～が少しもない)
1859	**gulp** [gʌ́lp]	動 (急いで)ゴクゴク飲む，がつがつ食べる；(感情を)飲み込む，こらえる
1860	**laissez-faire** [lèiseiféər] 《社会》	形 (自由)放任的な，無干渉の；(自由)放任主義の，無干渉主義の ＝形 hands-off (不干渉の)

1849	When the child did not come home from school on time, his mother was <u>frantic</u> with worry.	子供が学校から時間どおりに帰宅しなかったとき、彼の母親は心配で取り乱した。
1850	Earlier cultures wrote on <u>parchment</u> made from sheepskin.	以前の文化では羊の皮で作られた羊皮紙に文字を書いた。
1851	When asked about her position on the issue, the politician <u>equivocated</u>.	その問題における彼女の立場について尋ねられたとき、その政治家は言葉を濁した。
1852	Ants leave a trail of <u>pheromone</u> deposits for other ants to follow.	アリはほかのアリが後ろをついて来られるようフェロモン付着物の痕跡を残す。
1853	He's a <u>belligerent</u> person and often gets in fights.	彼は好戦的な人で頻繁に喧嘩をしている。
1854	There were five committee members, and there were four votes in favor of the legislation and one <u>abstention</u>.	委員会メンバーは5人いて、法律制定に好意的な票は4票で棄権が1票だった。
1855	The <u>flamboyant</u>, tropical flowers were both colorful and exotic looking.	鮮やかな、熱帯地方の花は色とりどりで異国情緒にあふれていた。
1856	His <u>parsimony</u> is well-known; he will invite you to lunch and then ask you to pay.	彼の極度の倹約はよく知られている。彼はランチに誘い、その後支払いを依頼する。
1857	Jaguar cubs are <u>suckled</u> by their mother until they are three months old.	アメリカヒョウの子供は生後3ヵ月になるまで母親の乳で育てられる。
1858	She said the paper was perfect and she would not change one <u>iota</u> of it.	彼女はその論文は完璧でそれをみじんも変更しないと言った。
1859	He was in a hurry, so he <u>gulped</u> down his coffee.	彼は急いでいたので、コーヒーをゴクゴク飲みました。
1860	They take a <u>laissez-faire</u> attitude about the economy and believe the government should rarely intervene.	彼らは経済について放任的態度を取り政府はあまり関与すべきでないと考えている。

357

1861	**consort** 動[kənsɔ́ːrt] 名[kánsɔːrt]	動 交わる，交際する；調和する 名 (王族の)配偶者；仲間
1862	**preposterous** [pripástərəs]	形 本末転倒の；不合理な，馬鹿げた = 形 absurd (不合理な，馬鹿げた)
1863	**unfurl** [ʌ̀nfə́ːrl]	動 ~を展開する，広げる ⇔ 動 furl (~を巻き上げる；~を畳む)
1864	**insidious** [insídiəs]	形 油断のならない，陰険な； (病気などが)潜行性の = 形 treacherous (油断できない，危険な)
1865	**heirloom** [éərlùːm]	名 家宝；《法律》法定相続動産 名 heir (相続人)
1866	**fodder** [fádər]	名 ネタ，素材；(家畜の)飼料 動 (家畜)に飼料を与える
1867	**swat** [swát]	動 ~をピシャリとたたく[打つ] 名 ピシャリとたたく[打つ]こと = 動 slap (~をピシャリとたたく[打つ])
1868	**exhume** [igzúːm]	動 (死体)を掘り起こす； (忘れ去られた物事)を明るみに出す
1869	**forestall** [fɔːrstɔ́ːl]	動 ~を未然に防ぐ，~の機先を制する = 動 prevent (~を防ぐ，阻む)
1870	**sanguine** [sǽŋgwin] 《心理》	形 楽観的な；陽気な = 形 optimistic (楽天的な)
1871	**remand** [rimǽnd] 《法律》	動 ~を再拘留する；(係争)を下級審に差し戻す 名 再拘留；差し戻し
1872	**enclave** [énkleiv] 《社会》	名 (異民族の)居留地；飛び領土 = 名 exclave (飛び領土)

1861	She was arrested for consorting with the enemy during the war.	彼女は戦争中に敵と交わったことで逮捕された。
1862	His story sounded preposterous, and no one believed it.	彼の話は本末転倒に聞こえ、誰もそれを信用しなかった。
1863	The solar sail spacecraft has automatic furl and unfurl devices to open the sail panels.	太陽帆の宇宙船には帆となるパネルを開くための自動の巻き上げ展開装置がある。
1864	Climate change is an insidious problem.	気候変動は油断のならない問題だ。
1865	The emerald ring was a family heirloom from her great grandmother.	そのエメラルドの指輪は曽祖母から伝わる家族の家宝だった。
1866	The new president is great fodder for the comedians as he is so clumsy.	新しい大統領はとても不器用なのでコメディアンにとって恰好のネタだ。
1867	She swatted the mosquito that landed on her arm.	彼女は腕に乗った蚊をピシャリとたたいた。
1868	The police exhumed the dead body as part of their investigation.	警察は捜査の一環として遺体を掘り起こした。
1869	He's trying to forestall the inevitable.	彼は不可避のことを未然に防ごうとしている。
1870	She has a sanguine disposition, and is usually very cheerful.	彼女は楽観的な気質を持っていて、大抵はとても元気だ。
1871	The accused was remanded back into custody to wait for the next step in the process.	被疑者は進行中の次の段階を待って拘置所に再拘留された。
1872	There is an enclave of immigrants from Russia in that American city.	そのアメリカの街にはロシアからの移民の居留地がある。

No.	見出し語	発音	意味
1873	**misnomer**	[misnóumər]	名 誤った名称，不適切な名前
1874	**omen**	[óumən]	名 予兆，前兆；予言；(神の)お告げ 形 ominous (不吉な；不穏な) = 名 portent (兆し，前兆，前触れ)
1875	**sleuth**	[slúːθ]	名 刑事，探偵 動 探偵をする = 名 detective (探偵；刑事)
1876	**throng**	[θrɔ́ːŋ] 《社会》	名 群衆，人だかり 動 群がる，殺到する = 名 swarm (群衆，群れ)
1877	**carnage**	[káːrnidʒ]	名 大虐殺 = 名 slaughter (大虐殺，殺戮)
1878	**insolvent**	[insálvənt] 《法律》	形 破産した，支払い不能の 名 破産者 ⇔ 形 solvent (支払い能力のある)
1879	**trooper**	[trúːpər]	名 騎馬警官；騎(馬)兵 = mounted policeman (騎馬警官)
1880	**squabble**	[skwábl]	動 (つまらないことで)言い争いをする，口論する 名 (つまらないことでの)口喧嘩，口論 = 動 quarrel (喧嘩する，口論する)
1881	**knoll**	[nóul] 《地学》	名 小山，円丘 = 名 hill (丘，小山)
1882	**sidestep**	[sáidstèp]	動 〜を回避する
1883	**prodigal**	[prádigəl]	形 物惜しみしない；金遣いの荒い 名 浪費家；放蕩者 = 形 extravagant (無駄遣いする，金遣いが荒い)
1884	**frugal**	[frúːgəl] 《経済》	形 質素な；つましい，倹約する 名 frugality (倹約，質素) = 形 austere (耐乏の，質素な)

1873	Some women think the term "working mother" is a misnomer as they feel all mothers work.	母親はみな働いていると感じるので「働く母親」とは誤った名称だと考える女性も中にはいる。
1874	In some cultures, people believe that the owl is an omen for death.	いくつかの文化において、人々はフクロウは死の予兆だと信じている。
1875	She decided to hire a private detective or sleuth.	彼女は私立探偵あるいは刑事を雇うことに決めた。
1876	A large crowd or throng of tourists was gathered at the cable car stop in San Francisco.	観光客の大きな人ごみすなわち群衆がサンフランシスコのケーブルカーの停留所に群がっていた。
1877	The Civil War in the United States resulted in great carnage.	アメリカ合衆国の南北戦争は大虐殺をもたらした。
1878	That company became insolvent and was not able to pay off their creditors.	あの企業は破産になり、債権者に支払いをすることができなかった。
1879	Golden Gate Park in San Francisco is policed by troopers on horseback.	サンフランシスコのゴールデン・ゲート・パークは馬の背に乗った騎馬警官によって治安が維持されている。
1880	The children squabbled over possession of the toy.	子供たちはおもちゃの所有権をめぐって言い争いをした。
1881	They had their picnic on the ground near a grassy knoll or hill.	草深い小山あるいは丘の近くの地面の上で彼らはピクニックをした。
1882	She successfully sidestepped the issue and changed the subject.	彼女はその問題を回避し、話題を変えることに成功した。
1883	Even his friends were shocked by his prodigal spending.	彼の物惜しみしない出費に彼の友達でさえも驚いていた。
1884	She's very frugal, and she hates to spend money.	彼女はとても質素であり、散財することを嫌う。

1885	**remuneration** [rimjùːnəréiʃən] 《経済》	名 報酬 = 名 reward (報酬)
1886	**interject** [ìntərdʒékt]	動 (言葉)を差し挟む = 動 interrupt (〜に口を挟む, 割り込む)
1887	**shoal** [ʃóul] 《地学》	名 浅瀬
1888	**vignette** [vinjét]	名 (本の)装飾模様；(人物などの)短い描写 = 名 depiction (描写, 記述)
1889	**nudge** [nʌ́dʒ]	動 (注意を引くため)〜を軽く押す[突く]；〜を少しずつ動かす 名 軽いひと突き
1890	**flair** [fléər]	名 (天賦の)才能；鋭い勘, 嗅覚；センスの良さ, しゃれていること = 名 gift (天賦の才)
1891	**munch** [mʌ́ntʃ]	動 むしゃむしゃ[もぐもぐ]食べる = 動 crunch (〜をバリバリ噛み砕く)
1892	**gregarious** [ɡriɡéəriəs] 《心理》	形 社交的な；《生物》群生している, 群居性の = 形 sociable (社交的な, 交際上手な)
1893	**compartmentalize** [kəmpɑ̀ːrtméntəlàiz]	動 〜を区別[分類]する 名 compartmentalization (分類, 区分化)
1894	**finesse** [finés]	名 手際の良さ, 巧妙な処理, 技巧 ⇔ 名 awkwardness (ぎこちなさ, 不器用さ)
1895	**squander** [skwɑ́ndər]	動 〜を浪費する, 無駄遣いする = 動 waste (〜を浪費する, 無駄にする)
1896	**impound** [impáund] 《法律》	動 〜を押収する；〜を囲いに収容する = 動 confiscate (〜を押収する)

1885	He receives a small <u>remuneration</u> for his work taking care of our pets.	私たちのペットの世話をする仕事に対し彼はささやかな<u>報酬</u>を受け取っている。
1886	He <u>interjected</u> a question in the middle of the conversation.	彼は会話の真っ最中に質問を<u>差し挟んだ</u>。
1887	The water in that channel is shallow in places, so boats have to be careful not to get stuck on the <u>shoal</u>.	その運河の水は所々浅いので、ボートは<u>浅瀬</u>にひっかからないよう注意しなければならない。
1888	There is a <u>vignette</u> of grape leaves at the bottom of each page in the old manuscript.	古い原稿の各ページの下部にはブドウの葉の<u>装飾模様</u>がある。
1889	The person behind me in the crowd <u>nudged</u> me forward by pushing on my back.	人ごみの中で私の後ろにいた人が私の背中を突いて私を前の方へ<u>軽く押した</u>。
1890	She has a <u>flair</u> for style, and her home is both welcoming and lovely.	彼女は様式での<u>才能</u>があり、彼女の家は心地良くかつすてきだ。
1891	He <u>munched</u> on potato chips while he watched the football game.	彼はフットボールの試合を見ながらポテトチップスを<u>むしゃむしゃ食べた</u>。
1892	It's always fun to go to a party with Mike as he is very <u>gregarious</u> and enjoys meeting and talking with people.	マイクはとても<u>社交的</u>で人と会って話をするのを楽しむので彼と一緒にパーティーに行くのはいつも楽しい。
1893	He's able to relax at home and not worry about work as he <u>compartmentalizes</u> things.	彼は物事を<u>区別する</u>ので家では仕事のことを心配せずにリラックスできる。
1894	He's very diplomatic as he handles complicated problems with <u>finesse</u>.	彼は<u>手際良く</u>複雑な問題に対処するとても如才ない人だ。
1895	He <u>squandered</u> his time playing video games, so he didn't have time left to study for the test.	彼はテレビ[ビデオ]ゲームをして時間を<u>浪費した</u>ので、テスト勉強するための時間は残っていなかった。
1896	The police <u>impounded</u> his car when he parked it illegally, and he had to pay a fine to get it back.	彼が車を違法に駐車したときに警察がその車を<u>押収し</u>、取り戻すには彼は罰金を支払わなければならなかった。

363

1897	**posthumously** [pástʃuməsli]	副 死後に；遺作となって 形 posthumous (死後の；死後に出版された)
1898	**irk** [ə́ːrk]	動 ～をイライラさせる，うんざりさせる 形 irksome (面倒な，飽き飽きする)
1899	**placate** [pléikeit]	動 ～をなだめる，和らげる = 動 appease (～をなだめる，和らげる) = 動 soothe (～をなだめる，落ち着かせる)
1900	**infuriate** [infjúərièit]	動 ～を激怒 [憤慨] させる = 動 enrage (～をひどく怒らせる)

1897	The soldier was awarded the medal <u>posthumously</u> as he had died in the war.	その兵士は戦争で亡くなったので死後にメダルが授与された。
1898	It <u>irks</u> him when she is always late.	彼女がいつも遅刻することは彼をイライラさせる。
1899	The manager <u>placated</u> employees who wanted a raise with bonuses.	マネージャーはボーナスの増額を望む従業員をなだめた。
1900	His actions <u>infuriated</u> her, so she left him.	彼の行動は彼女を激怒させたので、彼女は彼のもとを去った。

No.	見出し語	意味
1901	**blatant** [bléitənt]	形 (嘘・違反などが)あからさまな；(差別などが)露骨な
1902	**teeter** [tíːtər]	動 危うい立場にいる；ぐらつく
1903	**dissuade** [diswéid]	動 〜を説得してやめさせる ⇔ 動 persuade (〜を説得する)
1904	**caveat** [káːviàːt] 〈法律〉	名 警告；利害関係通告
1905	**proffer** [práfər]	動 〜を申し出る，差し出す 名 提供，申し出
1906	**crescendo** [krəʃéndou]	名 最高潮，クライマックス；(音・声の)高まり；クレッシェンド
1907	**indiscretion** [ìndiskréʃən]	名 軽率[無分別]な行動；軽率，無分別 形 indiscreet (軽率な，無分別な)
1908	**inexorable** [inéksərəbl]	形 動かし得ない，避けられない；厳しい 副 inexorably (容赦なく，どうしようもなく)
1909	**affront** [əfrʌ́nt] 〈社会〉	名〈単〉侮辱，無礼 動 〜を侮辱する，傷つける = 名 insult (侮辱，無礼)
1910	**theocracy** [θiákrəsi] 〈政治〉	名 神政国家，神政政治
1911	**suitor** [súːtər]	名 (男性の)求婚者；《経済》企業買収を図る企業 = 名 wooer (求婚者)
1912	**perspicuity** [pə̀ːrspəkjúːəti]	名 明快さ

#	EXAMPLE SENTENCE	TRANSLATION
1901	In a blatant violation of the dress code, she wore a bikini to school.	服装規定のあからさまな違反で、彼女は学校にビキニを着て行った。
1902	That company is teetering on the brink of collapse.	あの企業は崩壊寸前の危うい立場にいる。
1903	His girlfriend dissuaded him from joining the army.	彼の彼女は彼が軍隊に入ることを説得してやめさせた。
1904	He presented his report with several caveats, which made us proceed cautiously.	彼はいくつかの警告と共にその報告書を提出し、そのため私たちは慎重に進めた。
1905	He proffered his help with her building project.	彼女の建築プロジェクトに対し彼は支援を申し出た。
1906	The music increased in intensity as it reached a crescendo.	その音楽は最高潮に近づくにつれて激しさが増した。
1907	His career was ruined by a momentary indiscretion.	彼のキャリアは一時的な軽率な行動で台無しになった。
1908	He was saved by the inexorable truth.	彼は動かし得ない真実に救われた。
1909	His negative comment was an affront to people from my country.	彼の否定的なコメントは私の国の出身者にとって侮辱だった。
1910	It was a theocracy, and a group of priests were in charge of the government.	それは神政国家で、神父の集団が政治を任されていた。
1911	The suitor asked for her hand in marriage.	求婚者は彼女に結婚を申し込んだ。
1912	He values perspicuity, so he makes sure his communication is clear and transparent.	彼は明快さを尊重したいので、彼自身のコミュニケーションが明白でわかりやすいようにしている。

No.	見出し語	意味
1913	**extraterrestrial** [ékstrətəréstriəl] 《宇宙》	形 宇宙からの，地球外の 名 宇宙人
1914	**gossamer** [gásəmər]	形 薄い；繊細な 名 薄い布地，ガーゼ；小グモの糸
1915	**abut** [əbʌ́t]	動 (国・建物などが)～に隣接する 名 abutment (隣接)
1916	**gargantuan** [gɑːrgǽntʃuən]	形 巨大な；大量の = 形 gigantic (巨大な)
1917	**encase** [inkéis]	動 ～をケースに入れる
1918	**patina** [pǽtənə]	名〈単〉緑青；古つや ※緑青…金属の銅に生じる緑色の錆のこと
1919	**tightrope** [táitròup]	名 綱渡りの綱
1920	**conciliation** [kənsìliéiʃən] 《社会》	名 和解，調停 = 名 accommodation (和解，調停)
1921	**recant** [rikǽnt]	動 ～を撤回する，取り消す = 動 withdraw (～を撤回する)
1922	**fidget** [fídʒət]	動 そわそわする，もじもじする
1923	**savor** [séivər]	動 (食べ物)を十分に味わう， ～を心ゆくまで楽しむ
1924	**unfathomable** [ʌnfǽðəməbl]	形 測り知れない；理解できない = 形 immeasurable (測り知れない)

1913	The famous movie was the story of a friendship between a boy and an extraterrestrial visitor to earth.	その有名な映画は少年と、地球へ来た宇宙からの訪問者との間の友情の物語であった。
1914	The gossamer wings of a dragonfly are translucent.	トンボの薄い羽は半透明である。
1915	Canada abuts the United States in the north and Mexico abuts the U.S. in the south.	カナダはアメリカ合衆国の北に隣接し、メキシコはアメリカ合衆国の南に隣接する。
1916	The blue whale is gargantuan in size.	シロナガスクジラの大きさは巨大だ。
1917	They encased the artifact in glass to preserve it.	彼らはその芸術品を保管するためガラスのケースに入れた。
1918	The copper statue had a green patina caused by oxidation.	赤銅の像は酸化によって緑色の緑青が出てきた。
1919	The acrobat balanced on the tightrope high above the audience.	曲芸師は観客の頭上高くに張られた綱渡りの綱の上でバランスを取った。
1920	Conciliation is our goal as we want to end this hostility.	この対立を終わらせたいので、和解が私たちの目標である。
1921	The political figure formally recanted his earlier statement.	政界実力者は以前の声明を公式に撤回した。
1922	The teacher told the little boy to stop fidgeting.	先生はその小さな男の子にそわそわするのを止めなさいと言った。
1923	I savored the time to relax and read on my vacation.	私は休暇でリラックスし読書をする時間を十分に味わった。
1924	The oceanographer was fascinated by the unfathomable depths of the ocean.	海洋学者はその海の測り知れない深さに魅了された。

No.	見出し語	意味
1925	**fulcrum** [fʌ́lkrəm]	名 支点；支え
1926	**rind** [ráind] 《生物》	名 (果実・野菜などの)皮 = 名 peel（〔柑橘類の〕皮）
1927	**demagogue** [déməgɑ̀g] 《政治》	名 扇動政治家，デマゴーグ
1928	**tipsy** [típsi]	形 ほろ酔いの，千鳥足の
1929	**rehash** [rìːhǽʃ]	動 (議論)を蒸し返す；~を作り直す 名 蒸し返し；作り直し
1930	**totter** [tátər]	動 よろよろ歩く；(建物などが)ゆらぐ = 動 stagger（よろよろ歩く）
1931	**atypical** [eitípikəl]	形 変則的な，非定型の；代表例ではない 副 atypically（変則的に）
1932	**affable** [ǽfəbl]	形 愛想の良い；優しい，ていねいな = 形 pleasant（愛想のいい；快活な）
1933	**asynchronously** [eisíŋkrənəsli]	副 非同期的に 形 asynchronous（非同期の，同時に起こらない） ⇔ 副 synchronously（同時に）
1934	**deface** [diféis]	動 (落書きなどで)~を汚す，~の外観を損なう
1935	**implode** [implóud]	動 内破する；崩壊する
1936	**entreaty** [intríːti] 《社会》	名 嘆願，懇願 動 entreat（~に嘆願する）

1925	The shoulder joint serves as the fulcrum for a bird's wing.	鳥の羽にとって肩関節は支点としての機能をはたしている。
1926	He ate the watermelon, but left the rind.	彼はスイカを食べたが、皮は残した。
1927	That demagogue is an expert at manipulating crowds with his speeches.	あの扇動政治家はスピーチで聴衆を操る達人だ。
1928	She had a little too much champagne, so she was feeling tipsy.	彼女は少しシャンパンを飲み過ぎたので、ほろ酔いになった。
1929	He rehashed the argument, which I thought was a waste of time.	彼は口論を蒸し返したが、それは時間の無駄だと私は思った。
1930	The old man tottered slowly out of his house and down the street.	年配の男性が家から外の通りへゆっくりよろよろと歩いていった。
1931	This behavior is not normal; it is atypical.	この行動は正常ではない。それは変則的である。
1932	He's very affable and easy to approach.	彼はとても愛想が良く近づきやすい。
1933	The reporting is delivered asynchronously because it is gathered and processed in three locations.	その報告は3地点から集められ加工されるので、非同期的に放送される。
1934	The young people defaced the sign with graffiti.	若者たちはその看板をいたずら書きで汚した。
1935	The deep sea submersible imploded when it went too deep.	深海潜水艦は深く潜りすぎて内破した。
1936	The students made a formal entreaty to the college board, and their petition was signed by 3000 students.	学生たちは大学委員会に対し公式の嘆願を行い、その嘆願書には3000名の学生が署名した。

No.	見出し語	発音	意味
1937	**poach**	[póutʃ]	動 (客・人材など)を引き抜く；〜を盗む；〜を侵害する
1938	**eschew**	[istʃúː]	動 〜を避ける ＝ 動 avoid (〜を避ける)
1939	**polyp**	[pálip] 《医療》	名 ポリープ
1940	**snag**	[snǽg]	名 思わぬ困難な問題；鋭い突起物
1941	**nimble**	[nímbl]	形 機敏な，軽快な；理解が早い
1942	**inalienable**	[inéiliənəbl] 《法律》	形 不可譲の，奪うことのできない 熟 inalienable rights (不可譲の権利) ⇔ 形 alienable (譲渡できる)
1943	**scuttle**	[skʌ́tl]	動 チョコチョコと走る，急いで走る
1944	**extol**	[ikstóul]	動 〜を褒め立てる
1945	**doggerel**	[dɔ́ːgərəl] 《文学》	形 (韻律不整で)滑稽な 名 韻律がそろっていない詩，滑稽詩；下手な詩
1946	**trove**	[tróuv]	名 発見物；収集品 熟 treasure trove (宝の山)
1947	**chide**	[tʃáid]	動 〜をたしなめる；小言を言う
1948	**esoteric**	[èsətérik]	形 難解な；深遠な；秘儀の

1937	The tech companies poached employees from each other as good software engineers were hard to find.	テクノロジー企業は優秀なソフトウェアエンジニアを見つけるのが困難なので各社従業員を互いに引き抜き合っていた。
1938	She eschews dairy products and eats only organic fruits and vegetables.	彼女は乳製品を避け、有機栽培の果物や野菜だけを食べる。
1939	The surgeon removed the polyp or lump.	外科医はポリープすなわちしこりを取り除いた。
1940	We hit a snag in our negotiations, so it slowed us down.	私たちは交渉の中で思わぬ困難な問題にぶつかったので、私たちのペースは落ちた。
1941	He's a wonderful dancer as he is very nimble and light on his feet.	彼はとても機敏で足取りも軽いのですばらしいダンサーだ。
1942	Citizens have inalienable rights in democracies.	市民は民主主義国家において不可譲の権利を持っている。
1943	The lizards scuttled along the sand.	トカゲが砂の上をチョコチョコと走った。
1944	He extolled the beauty of Tuscany and praised the food and the people.	彼はトスカーナ州の美しさを褒め立て、そこの食事や人々を称賛した。
1945	The doggerel verse made fun of the leaders of the organization.	滑稽な詩はその組織のリーダーを風刺した。
1946	She found a treasure trove of lovely antiques in the attic of her grandmother's house.	彼女は祖母の家の屋根裏部屋ですてきなアンティークの宝の山を見つけた。
1947	She gently chided him for his thoughtless remarks.	彼の軽率な発言に彼女は彼を優しくたしなめた。
1948	Some of the information in his article was very esoteric and could only be understood by a few people.	彼の記事中のいくつかの情報は非常に難解でわずかな人にしか理解できなかった。

No.	見出し語	意味
1949	**uproar** [ʌ́prɔ̀ːr] 《社会》	名 騒動；騒音 = 名 disturbance (騒動；障害)
1950	**exhortation** [èɡzɔːrtéiʃən]	名 熱心な忠告（の言葉）；熱心な勧め 動 exhort (〜に熱心に説く；〜を促す)
1951	**leeway** [líːwei]	名 余裕，余地 = 名 room (余地)
1952	**superlative** [supə́ːrlətiv]	形 最高の；《語学》最上級の superlative degree (《語学》最上級)
1953	**erudite** [érjədàit] 《学問》	形 博学な，学問的な = 形 encyclopedic (博学な)
1954	**bicentennial** [bàisenténiəl]	名 200年記念 名 centennial (100年祭)
1955	**depreciate** [diprí:ʃièit] 《経済》	動 (価値が) 下落する；〜の価値を下げる ⇔ 動 appreciate (〔価値が〕高騰する)
1956	**lampoon** [læmpúːn] 《社会》	動 〜を風刺する 名 風刺 = 動 satirize (〜を風刺する)
1957	**exculpate** [ékskʌlpèit] 《法律》	動 〜の無罪を証明する = 動 vindicate (〜の嫌疑を晴らす)
1958	**divest** [daivést]	動 〜から(…を)奪う，剥奪する；〜から(…を)脱がせる 熟 divest oneself of (〔自分の資産〕を売却する)
1959	**fallback** [fɔ́ːlbæ̀k]	名 代替(物)；後退 = 名 backup (代替物；支援)
1960	**hearten** [háːrtn]	動 〜を励ます，元気づける ⇔ 動 dishearten (〜を気落ちさせる，落胆させる)

1949	Her surprise announcement created an uproar.	彼女の驚くべき発表で騒動が起きた。
1950	Her exhortations were wasted on him; he went forward with the risky plan despite her advice.	彼女の熱心な忠告（の言葉）は彼には無駄だった。彼は彼女の助言に反して危険を伴う計画を押し進めた。
1951	We only have five minutes of leeway in our schedule, so it is tight.	スケジュールでは5分の余裕しかないので、タイトだ。
1952	That investor gets superlative results; I wonder what his secret is.	あの投資家は最高の成果を得ている。その秘訣はなんだろう。
1953	The erudite professor displayed his great knowledge of the period in his many interesting lectures.	博学な教授は彼の多くの興味深い講義においてその時代の多くの深い知識を披露した。
1954	The United States celebrated its bicentennial in 1976, two hundred years after its founding.	アメリカ合衆国は、合衆国創始の200年後である1976年に200年記念を祝った。
1955	The value of this property has depreciated dramatically as the neighborhood has gotten worse.	この土地の価値はこの地域が悪くなってきたので急激に下落した。
1956	The cartoonist lampooned the political figure in his latest cartoon.	その漫画家は最新の漫画の中で政界実力者を風刺した。
1957	The new evidence exculpated him from any blame.	新たな証拠は、どの非難からも、彼の無罪を証明した。
1958	That company is divesting itself of its subsidiaries and selling them to the highest bidder.	あの企業は自社の子会社を売却することにし最高入札者にその子会社を売却している。
1959	I asked him what his fallback plan was if plan "A" didn't work.	もし「A」プランがうまくかなかった場合の代替プランがどのようなものか私は彼に尋ねた。
1960	He was heartened by his friend's support when his father died.	彼は父親が亡くなったとき友人の支援に励まされた。

1961	**cove**	[kóuv] 《地学》	名 入江，小湾 = 名 bay (入江，湾) ※ cove は bay より小さい入江を指す
1962	**scurry**	[skə́:ri]	動 あわてて走る 名 急ぎ足；大急ぎ
1963	**tenacity**	[tinǽsəti]	名 粘り強さ；固持；粘着力
1964	**stoic**	[stóuik]	形 平然とした；禁欲的な；《思想》〈S—〉ストア学派の
1965	**stupendous**	[stjupéndəs]	形 驚くような，並はずれた
1966	**mnemonic**	[nimánik]	形 記憶（術）の；記憶を助ける 副 mnemonically（記憶術を用いて，覚えやすいように）
1967	**hectic**	[héktik]	形 非常に忙しい；(熱などが)消耗性の 副 hectically（熱狂的に）
1968	**gnash**	[nǽʃ]	動 (歯)をきしませる；〜を噛む
1969	**fortuitous**	[fɔ:rtjú:ətəs]	形 (良い結果をもたらす)偶然の，思いがけない 副 fortuitously（偶然に，思いがけず）
1970	**dower**	[dáuər] 《法律》	名 寡婦産 ※寡婦（未亡人）が相続する死んだ夫の財産のこと
1971	**conflagration**	[kànfləgréiʃən]	名 大火災；(災害などの)突発
1972	**larceny**	[lá:rsəni] 《法律》	名 窃盗罪 名 larcener（窃盗犯）

1961	The crew of the ship did repairs while they were anchored in the sheltering <u>cove</u>.	船の乗組員は避難できる<u>入江</u>内で船をいかりで固定し修繕作業をした。
1962	The rats <u>scurried</u> away when she opened the door.	彼女がドアを開けるとネズミが<u>あわてて走り</u>去った。
1963	His <u>tenacity</u> is well-known; he doesn't give up easily.	彼の<u>粘り強さ</u>はよく知られている。彼は簡単には諦めない。
1964	He maintained a <u>stoic</u> expression despite the drama surrounding him.	劇的な状況が彼を取りまいていたものの、彼は<u>平然とした</u>表情を保った。
1965	The new action movie had <u>stupendous</u> special effects.	その新しいアクション映画には<u>驚くような</u>特殊効果が用いられていた。
1966	He used a <u>mnemonic</u> system to remember all their names.	彼らの名前全てを覚えるために彼は<u>記憶</u>法を用いた。
1967	Modern life is very <u>hectic</u>, and it is difficult to unplug and relax.	現代の生活は<u>非常に忙しく</u>、テクノロジーを排除しリラックスすることは難しい。
1968	When his team was defeated again, he <u>gnashed</u> his teeth in frustration.	彼のチームがまた負けたとき、彼は悔しさのあまり歯を<u>きしませた</u>。
1969	Meeting her was a <u>fortuitous</u> event as she became critical to his success.	彼女は彼の成功に批判的になっていたので彼女に会うことは<u>偶然の</u>出来事だった。
1970	By law, the widow is entitled to a <u>dower</u>, or part of her husband's estate when he dies.	法によると、未亡人は夫の死後<u>寡婦産</u>すなわち夫の遺産の彼女の配分を得る権利がある。
1971	An entire block of stores and houses burned down in the <u>conflagration</u>.	店や家のその一角全てが<u>大火災</u>で全焼した。
1972	He was convicted of grand <u>larceny</u> for stealing the funds.	資金を盗んだとして彼は重<u>窃盗罪</u>で有罪判決を受けた。

No.	見出し語	意味
1973	**promulgate** [prάməlgèit] 《政治》	動 ~を公布する，発布する；(教義・主義など)を宣伝する[広める] = 動 proclaim (~を公布する)
1974	**hypersensitive** [hàipərsénsətiv] 《心理》	形 過敏な；過敏症の
1975	**beleaguer** [bilí:gər]	動 ~を悩ます；~を取り囲む
1976	**devolve** [divάlv] 《社会》	動 (権利・職務などが)移る，譲渡される 名 devolution ([権利・職務などの]委譲)
1977	**misfire** [mìsfáiər]	動 不発に終わる；(計画が)失敗する 名 不発；失敗
1978	**hitch** [hítʃ]	名 (予定・計画などの)障害；中断
1979	**meager** [mí:gər]	形 わずかばかりの，乏しい；やせ衰えた = 形 paltry (わずかな；つまらない)
1980	**deciduous** [disídʒuəs] 《生物》	形 落葉性の ⇔ 形 evergreen (常緑の)
1981	**wimp** [wímp]	名 弱虫；体の弱い人
1982	**decorum** [dikɔ́:rəm]	名 上品さ，礼儀正しい行為；〈複〉礼儀作法
1983	**tumultuous** [tjumʌ́ltʃuəs]	形 荒れた，騒々しい；動揺した
1984	**malaise** [mæléiz]	名 不安；不調；停滞 = 名 uneasiness (不安)

1973	The president promulgated his new policy for immigration.	大統領は移民に関する新たな政策を公布した。
1974	She is hypersensitive and reacts strongly to the slightest criticism.	彼女は過敏で、ほんの些細な批判にも強く反応する。
1975	My garden has been beleaguered with pests this year.	私の庭は今年害虫に悩まされている。
1976	The responsibility for the care of the estate devolved on me when my father died.	父が亡くなりその不動産の管理責任が私に移った。
1977	The gun misfired, so she didn't hit her target.	その銃は不発に終わったので、彼女は的を打てなかった。
1978	The car breaking down put a hitch in our plans for vacation.	車が故障し私たちの休暇の予定に障害が生じた。
1979	They only had a meager amount of food left in their backpacks, so they were hungry when they arrived home.	バックパックにはわずかばかりの食糧しか残されていなかったので、彼らは家に到着したとき空腹だった。
1980	That tree is deciduous, and its leaves turn red in the autumn before they fall.	あの木は落葉性で、葉は落ちる前に秋に赤く色づく。
1981	The other children call him a wimp as they think he is weak.	ほかの子供たちは彼のことを弱いと思っているので弱虫と呼んでいる。
1982	She's a model of decorum as both her behavior and dress is always appropriate.	彼女は行動も服装もいつも両方適切なので上品さのお手本だ。
1983	The couple married and divorced each other twice; they had a tumultuous relationship.	そのカップルはお互いと2度結婚し離婚した。彼らは荒れた関係だ。
1984	A feeling of malaise overcame him, and he had trouble motivating himself to do anything.	不安な気持ちが彼を襲い、彼は何かする気を起こさせるのを辛く感じた。

No.	単語	発音	意味
1985	**whittle**	[hwítl]	動 ~を少しずつ減らす；削減する
1986	**rowdy**	[ráudi]	形 騒々しい，乱暴な；喧嘩好きの = 形 disorderly (騒々しい；無秩序な)
1987	**pang**	[pǽŋ]《生理》	名 痛み；《心理》心の痛み the pangs of conscience (良心の呵責)
1988	**mediocre**	[mì:dióukər]	形 平凡な，二流の = 形 banal (陳腐な，平凡な)
1989	**lunge**	[lʌ́ndʒ]	動 突進する；突く 名 突進；突き
1990	**philistine**	[fíləstì:n]	名 (無教養な)俗物；〈P—〉ペリシテ人
1991	**mogul**	[móugəl]《社会》	名 重要人物，権力者
1992	**matriarch**	[méitrià:rk]《社会》	名 女家長 ⇔ 名 patriarch (男家長)
1993	**adulation**	[ædʒəléiʃən]	名 誇大な称賛，お世辞 = 名 flattery (お世辞)
1994	**squirm**	[skwə́:rm]	動 身をよじる，もがく
1995	**motley**	[mátli]	形 種々雑多な；まだらの，雑色の 名 雑色；まだらの服
1996	**castigate**	[kǽstigèit]	動 ~を厳しく罰する；~を酷評する

1985	They are whittling down their debt by paying off their credit cards.	彼らはクレジットカードの支払いをすることで負債を少しずつ減らしている。
1986	She has five boys, and they are often rowdy when they play together.	彼女には5人の息子がおり、彼らが一緒に遊ぶと騒々しくなることはしょっちゅうだ。
1987	She had not eaten her usual big breakfast, so by mid-morning, she was feeling hunger pangs.	彼女はいつものようなたっぷりの朝食を食べてこなかったので、午前半ばには、痛みが伴うほど空腹を感じた。
1988	The teacher thought the student's essay was mediocre as it did not address the topic thoroughly.	その学生のエッセイは主題に完全には取り組んでいなかったので先生はそれを平凡だと感じた。
1989	The thief lunged toward the woman in an attempt to steal her purse, but her husband blocked him.	その盗人は財布を盗もうとして女性に向かって突進したが、彼女の夫が彼を阻んだ。
1990	She thinks he is a philistine as he is not interested in any of her cultural pursuits.	彼は彼女の文化的な趣味の一切に興味がないので彼女は彼を俗物だと思っている。
1991	He's a Hollywood mogul and is well-known in the film industry.	彼はハリウッドの重要人物で映画業界ではよく知られている。
1992	The grandmother is the matriarch of the family.	祖母は家族の女家長だ。
1993	Young girls show their adulation for the famous singer with screams and shouts.	若い少女たちは悲鳴を上げ叫びその有名な歌手へ誇大な称賛を注ぐ。
1994	The toddler squirmed in his arms, eager to be free.	幼児は、自由になりたくて、彼の腕の中で身をよじった。
1995	He has a motley collection of friends from very different backgrounds.	彼にはとても異なる経歴を持つ種々雑多な友達がいる。
1996	The mother castigated her child severely for running into the street as she feared for his life.	母親は自分の子供が通りに走って出て行ったのをその子の安否を気遣って厳しく罰した。

1997	**muffled** [mʌ́fld]	形 はっきり聞こえない 動 muffle（〔音〕を消す；〜を包む）
1998	**fraternize** [frǽtərnàiz]	動 親しくする；(敵と)親しくなる
1999	**ploy** [plɔ́i]	名 (人をだます)策略
2000	**effigy** [éfidʒi]　《芸術》	名 肖像；彫像

1997	She heard muffled voices outside her door.	彼女のドアの外からはっきり聞こえない声が聞こえた。
1998	He fraternizes with co-workers at the restaurant on Friday night.	彼は金曜の夜にレストランで同僚と親しくする。
1999	He used a ploy or ruse to get her to sign the document.	彼は策略または計略を用いて彼女にその文書へ署名させた。
2000	The effigy of this famous man is on display in the sculpture garden.	この有名な男性の肖像は彫刻庭園に展示されている。

Column 4 — The Universe (宇宙)

▶ Reading や Listening でよく扱われるテーマです。知っている単語も多いでしょうが，これを機にしっかり見直しましょう。

Mercury 水星　Earth 地球　Jupiter 木星　Uranus 天王星　Pluto 冥王星
Sun 太陽　Venus 金星　Mars 火星　Saturn 土星　Neptune 海王星

solar eclipse 日食　　moon 月　　comet 彗星　　solar system 太陽系
ultraviolet 紫外線　　crescent 三日月(形)
corona コロナ　　　　lunar eclipse 月食
　　　　　　　　　　satellite 衛星
　　　　　　　　　　crater クレーター

observatory 観測台
telescope 望遠鏡
spacecraft 宇宙船
space shuttle スペースシャトル
celestial 天体の　　　　　Galaxy 銀河系
astronomer 天文学者　　　asteroid 小惑星
astronaut 宇宙飛行士　　　nova 新星
atmosphere 大気　　　　　supernova 超新星
gravity 重力　　　　　　　nebula 星雲
space exploration 宇宙開発　constellation 星座
cosmology 宇宙論　　　　　meteorite 隕石
astronautics 宇宙航行学　　light year 光年

ADVANCED ENGLISH WORDS FOR THE TOEFL TEST

ROUND 5

STAGE 21-25
No.2001-2500

Imperial College embodies and delivers world class scholarship, education and research in science, engineering, medicine and business, with particular regard to their application in industry, commerce and healthcare. We foster multidisciplinary working internally and collaborate widely externally.

Imperial College London

No.	単語	発音	意味
2001	**paltry**	[pɔ́:ltri]	形 (金額が)微々たる；つまらない
2002	**insolent**	[ínsələnt]	形 横柄な，生意気な 名 insolence (横柄，傲慢，無礼) = 形 impolite (無礼な)
2003	**perforated**	[pə́ːrfərèitid]	形 ミシン目の；穴の空いた 動 perforate (～に穴を開ける；～にミシン目を入れる)
2004	**venom**	[vénəm] 《動物》	名 (ヘビ・クモなどの)毒，毒液
2005	**accede**	[əksí:d]	動 応じる，同意する；即位する；加盟する 名 accedence (同意；即位；加盟)
2006	**scavenge**	[skǽvindʒ]	動 (廃品など)をあさる；(動物が腐肉など)をあさる
2007	**alight**	[əláit]	動 舞い降りる，飛び降りる 形 光が灯って；輝いて
2008	**ambiance**	[ǽmbiəns]	名 雰囲気；周囲，環境 = 名 atmosphere (雰囲気)
2009	**parry**	[pǽri]	動 (質問など)をかわす，そらす；～を受け流す
2010	**obviate**	[ábvièit]	動 ～を未然に防ぐ，取り除く = 動 preclude (～を未然に防ぐ)
2011	**clanging**	[klǽŋiŋ]	名 (金属音の)カーンカーンという音
2012	**truancy**	[trú:ənsi] 《社会》	名 ずる休み，無断欠勤 名 truant (怠け者；無断欠席者)

	EXAMPLE SENTENCE	TRANSLATION
2001	The assistant's position offered a paltry salary, but it had many benefits.	助手の立場には微々たる給与しか与えられなかったが、多くの利得があった。
2002	The teenager was insolent to his father, so he lost the right to drive for two weeks.	その10代の若者は彼自身の父親に対し横柄だったので、彼は2週間運転する権利を失った。
2003	The bottom of the page had a ticket, which could be torn at the perforated section.	そのページの下部はチケットになっていて、ミシン目のところで切り取れるようになっていた。
2004	The venom of the rattlesnake can be deadly.	ガラガラヘビの毒は命取りになることもある。
2005	If I accede to your request, will you help me with my problem?	もし私があなたの要求に応じたら、私の問題を手伝ってくれますか?
2006	The homeless people scavenged food from the Dumpsters.	ホームレスの人々は大型ごみ容器から食べ物をあさった。
2007	The blue morpho butterfly alighted on the rotting fruit and sipped the juices.	ブルーモルフォチョウは、腐りかけの果物の上に舞い降り、果汁を吸った。
2008	The lighting contributed to the ambiance in the restaurant.	その照明がレストラン内の雰囲気に貢献していた。
2009	The politician effectively parried the questions from the reporters by changing the subject in his response.	政治家は返答の際に主題を変えることで記者からの質問を効果的にかわした。
2010	Helmets obviate the risk of skull fracture for cyclists.	自転車に乗る人にとってヘルメットは頭蓋骨折の危険性を未然に防ぐ。
2011	The cable car approached the intersection with a loud clanging.	大きなカーンカーンという音と共にケーブルカーが交差点に近づいた。
2012	The school district is trying to reduce truancy and make sure students come to classes.	その学校区はずる休みを削減し、確実に学生が授業に来るよう試みている。

2013	**amputate** [ǽmpjutèit] 〈医療〉	動 (手術をして手・脚など)を切断する 名 amputation (切断) 名 amputator (切断手術をする人)
2014	**daze** [déiz]	名 ボーっとした状態 動 ~をボーっとさせる；~の目をくらませる
2015	**epitomize** [ipítəmàiz]	動 ~の良い例[典型]となる；~を要約する
2016	**pallor** [pǽlər]	名 青白さ，蒼白
2017	**rustle** [rʌ́sl]	動 (葉・絹・服などが)サラサラ[カサカサ]と鳴る
2018	**antics** [ǽntiks]	名〈複数扱い〉ふざけた態度，おどけた仕草
2019	**cajole** [kədʒóul]	動 ~をおだてる，丸め込む 熟 cajole A into ~ (A をおだてて~させる) 名 cajolement (甘言)
2020	**hobble** [hábl]	動 足を引きずって歩く，よろよろ歩く = 動 stagger (よろよろ歩く)
2021	**portent** [pɔ́ːrtent]	名 前触れ，前兆；驚異的なもの[人] = 名 omen (予兆，前兆；予言)
2022	**pilfer** [pílfər]	動 ~をくすねる，盗む
2023	**ooze** [úːz]	動 (液体が)流れ出る；(感情が)あふれ出る
2024	**amicably** [ǽmikəbli]	副 友好的に，平和的に

2013	The doctor had to amputate his foot to prevent the infection from spreading to the rest of his body.	感染が体のほかの部分に広がらないよう、医者は彼の足を切断しなければならなかった。
2014	I think he must be in love; he's been walking around in a daze.	彼は恋しているにちがいないと思う。彼はボーっとしながら歩き回っている。
2015	She epitomizes the ambitious members of the younger generation.	彼女は若い世代の大望のあるメンバーたちの良い例となる。
2016	The pallor of his skin was evidence of his long illness.	彼の肌の青白さは彼の長い病気の証だった。
2017	The layers of silk rustled softly as she moved.	彼女が動くと絹の層が柔らかにサラサラと鳴った。
2018	The teacher told them to stop their antics as she was tired of their tricks.	先生は彼らの悪ふざけに飽きていたので、ふざけた態度を止めるよう言った。
2019	She always tries to cajole me into helping her with her computer by flattering me.	彼女はいつも私をおだててコンピューターの手伝いをさせようとする。
2020	He hobbled along the path, slowed by his injured leg.	怪我を負った脚で遅くなりながらも、彼は小道に沿って足を引きずって歩いた。
2021	In many cultures, the owl is considered a bad portent.	多くの文化で、フクロウは悪いことの前触れと考えられている。
2022	She pilfers office supplies like pens and markers to take home to her children.	彼女は自分の子供のために家に持ち帰るためペンやマーカーといった事務用品をくすねる。
2023	The mud oozed under the door as the floodwaters rose.	洪水の水位が上昇したのでドアの下から泥水が流れ出た。
2024	They parted amicably, and still remain friends.	彼らは友好的に別れ、今でも友達のままでいる。

2025	**jiggle** [dʒígl]	動 ~を(左右に)軽く揺らす 名 小刻みな揺れ
2026	**garish** [géərɪʃ]	形 けばけばしい, 派手な；ギラギラ光る = 形 glaring (ギラギラ光る)
2027	**parch** [pá:rtʃ]	動 (土地・喉など)を渇かす 形 parched (〔喉が〕からからの；〔土地が〕干上がった)
2028	**cringe** [kríndʒ] 《心理》	動 (恐怖などで)縮み上がる；へつらう
2029	**meridian** [mərídiən] 《地学》	名 子午線, 経線； 〈the —〉(太陽や星の)最も高く昇った点
2030	**dint** [dínt]	名 くぼみ, へこみ 熟 **by dint of** ~ (~の力によって)
2031	**oligarchy** [áləgà:rki] 《政治》	名 少数独裁政治, 寡頭政治
2032	**drizzle** [drízl]	動 ~を振りかける；小雨が降る 名 小雨
2033	**parlay** [pá:rlei] 《経済》	動 (資金など)を運用して増やす；(お金)を賭ける
2034	**personable** [pá:rsənəbl]	形 愛想が良い；容姿端麗で人柄の良い
2035	**nebulous** [nébjuləs]	形 漠然とした, 不明瞭な = 形 vague (漠然とした)
2036	**furor** [fjúərɔ:r] 《社会》	名 (大衆の怒りの表現としての)騒動；熱狂；流行

2025	The lock was sticky, so he jiggled the door handle.	錠がベトベトしていたので、彼はドアの取っ手を軽く揺らした。
2026	She hated the garish decorations as she thought they were ugly.	彼女はけばけばしい装飾は醜いと思っているのでそれを嫌っていた。
2027	Running in the hot summer weather parched his throat.	夏の暑い天気の下でのランニングが彼の喉を渇かせた。
2028	She cringed in fear when the robber pulled out a gun.	強盗が銃を取り出すと彼女は恐怖で縮み上がった。
2029	A meridian, or line of longitude, runs from the North to the South Pole creating half of an imaginary circle on the Earth's surface.	子午線、つまり経度の線は、北極から南極へ伸び地球表面上に架空の半円を描く。
2030	She rose in the company by dint of hard work and intelligence.	彼女は懸命な仕事ぶりと知性の力によってその会社で昇格した。
2031	The government in that country is ruled by an oligarchy, a few powerful people.	その国の政府は数名の権力者からなる少数独裁政治によって統制されている。
2032	She drizzled the balsamic vinegar on the cheese to enhance its flavor.	風味を良くするため彼女はチーズの上にバルサミコ酢を振りかけた。
2033	He parlayed his small savings into a much larger amount by investing it in the stock market.	彼は少ない貯蓄を株式市場に投資することでかなりの額に増やした。
2034	The new hire is very personable, and I think he will make friends easily.	新しい採用者はとても愛想が良く、彼は簡単に友達を作れると私は思う。
2035	I have a nebulous memory of the event as I was ill at the time.	私はその当時具合が悪かったのでその出来事についての記憶は漠然としている。
2036	There was a furor when they announced the new entrance requirements.	新たな入学条件が発表されたとき騒動が起きた。

2037	**perverse** [pərvə́ːrs]	形 ひねくれた；道理に反する 名 perversity（ひねくれた行為；邪悪）
2038	**prickly** [príkli]	形 厄介な；怒りっぽい；とげだらけの 名 prickle（とげ；針） ＝ 形 thorny（厄介な，困難な；とげだらけの）
2039	**diametrically** [dàiəmétrikəli]	副 正反対に 形 diametrical（正反対の；直径の）
2040	**condone** [kəndóun]	動 ～を容赦する，許す
2041	**frothy** [frɔ́ːθi]	形 薄っぺらな，実質のない；泡の（ような）
2042	**hiatus** [haiéitəs]	名 休止，中断；空白；隙間，割れ目 ※ 複数形は hiatuses
2043	**lacerate** [lǽsərèit] 〈医療〉	動 (皮膚)を傷つける，深く切り裂く； (人の感情)をひどく傷つける
2044	**stammer** [stǽmər]	動 どもる，口ごもる；～をどもって言う 名 どもり，口ごもり
2045	**intemperate** [intémpərət] 〈気象〉	形 (気候が)厳しい；おだやかでない，乱暴な； 酒におぼれる ⇔ 形 temperate（穏やかな，節度のある）
2046	**nadir** [néidər]	名 最悪の状態；〈the ―〉天底 ⇔ 名 zenith（絶頂；天頂）
2047	**imperceptible** [ìmpərséptəbl]	形 感知できない；(気づかれないほど)わずかな ⇔ 形 perceptible（感知できる，気づけるほどの）
2048	**myopic** [maiápik]	形 短絡的な，視野の狭い；〈医療〉近視の 名 myopia（近視；視野の狭さ）

2037	When he's in a **perverse** mood, he reacts negatively to any suggestion I make.	彼はひねくれた気分のときは、私がするどんな提案にも否定的な反応をする。
2038	This is a **prickly** problem, and it will be difficult to solve.	これは厄介な問題で、解決するのは難しいだろう。
2039	It will be hard to find someone else as **diametrically** opposed to the idea.	その考えと正反対なのでほかの誰かを見つけるのは困難だろう。
2040	The organization does not **condone** violence.	その組織は暴力を容赦しない。
2041	The talk at the cocktail party was **frothy**; we didn't discuss anything of consequence.	カクテルパーティーでの会話は薄っぺらだ。私たちは重要なことは何も話し合わなかった。
2042	We enjoyed a brief **hiatus** in our work when the lab was closed for renovations.	改築のため実験室が閉まっていたので私たちはつかの間の仕事の休止を楽しんだ。
2043	The rope **lacerated** the cowboy's hands after he lost his gloves.	彼が手袋を失った後、ロープがカウボーイの手を傷つけた。
2044	He **stammers** when he is very nervous, so he is seeing a speech therapist for help.	彼はとても緊張するとどもるので、言語聴覚士に支援を求めている。
2045	The climate of Antarctica is **intemperate**.	南極大陸の気候は厳しい。
2046	His political career reached its **nadir** when the latest set of charges were brought against him.	彼の政治生命は彼に対する最近の一連の起訴により最悪の状態だった。
2047	The change was so small that it was **imperceptible** to most people.	その変化はとても小さかったので大部分の人が感知できなかった。
2048	His **myopic** vision of the future is very narrow and intolerant.	彼の将来に対する短絡的な見通しはとても狭く偏狭である。

2049	**subservient** [səbsə́ːrviənt]	形 補助的な，助けになる；追従的な，へつらう
2050	**ordeal** [ɔːrdíːəl]	名 厳しい試練，つらい体験
2051	**budge** [bʌ́dʒ]	動 意見を変える；ちょっと動く；～に意見を変えさせる；～をちょっと動かす
2052	**exonerate** [igzánərèit] 《法律》	動 ～の潔白を証明する；～を免れさせる
2053	**naught** [nɔ́ːt]	名 無；《数学》ゼロ 熟 for naught（無駄に，むなしく）
2054	**mince** [míns]	動 ～を細かく刻む 熟 not mince one's words（遠慮なくずばりと言う）
2055	**coarse** [kɔ́ːrs]	形 粗い；粗末な；下品な = crude（粗雑な；下品な）
2056	**opine** [oupáin]	動 見解を述べる
2057	**oust** [áust] 《政治》	動 ～を失脚させる，(地位などから)追い払う；《法律》(財産など)を取り上げる
2058	**behoove** [bihúːv]	動 ～にとって当然である，義務である
2059	**blip** [blíp] 《経済》	名 一時的な急上昇[急下落]；ピッという音
2060	**sorcery** [sɔ́ːrsəri] 《文学》	名 魔法，黒魔術

2049	She's not in charge; she actually works in a <u>subservient</u> position.	彼女は責任を負わない。実際彼女は<u>補助的な</u>立場で働いている。
2050	The interrogation was an <u>ordeal</u> because it went on and on.	その尋問は何度も続いたので、<u>厳しい試練</u>だった。
2051	I've talked to him about changing his vote, but he won't <u>budge</u> on this issue.	彼の投票を変えることについて彼に話しかけたが、彼はその問題について<u>意見を変え</u>ようとしない。
2052	The latest evidence <u>exonerated</u> him of the crime.	最新の証拠でその犯罪に対する彼の<u>潔白を証明した</u>。
2053	He told his wife that she was worrying for <u>naught</u> and that everything would be fine.	<u>無駄に</u>心配しているが全てうまくいくだろうと、彼は妻に言った。
2054	He never <u>minced</u> his words; his comments were always direct and sometimes cutting.	彼はどんなときも<u>遠慮なくずばりと言った</u>。彼のコメントは常に率直で時には痛烈だった。
2055	The fabric of the blanket was <u>coarse</u>, and it irritated her skin.	毛布の繊維が<u>粗く</u>、彼女の皮膚を刺激した。
2056	The experts <u>opined</u> loudly about the need for cyber security.	専門家はサイバー・セキュリティの必要性について声高に<u>見解を述べた</u>。
2057	The people <u>ousted</u> the dictator and replaced him with an elected president.	人々はその独裁者を<u>失脚させ</u>、選挙で選ばれた大統領に替えた。
2058	It would <u>behoove</u> you to study harder for the tests.	あなたがテストに向けてより懸命に勉強することは<u>当然</u>だろう。
2059	There was a small <u>blip</u> in sales last month, but we don't know if it will continue.	先月は売上でわずかに<u>一時的な急上昇</u>があったが、それが続くかどうか私たちにはわからない。
2060	The dark wizard in the story used <u>sorcery</u>, or black magic, to overcome his opponent.	物語の中の邪悪な魔術師は<u>魔法</u>、つまり黒魔術を使って敵を打ち負かした。

No.	見出し語	発音	意味
2061	**taciturn**	[tǽsətə̀:rn]	形 口数が少ない；陰気でむっつりとした
2062	**patter**	[pǽtər] 《気象》	動 (雨などが)パラパラと降る[音を立てる]；パタパタと走る
2063	**shirk**	[ʃə́:rk]	動 ～から(怠けて・おじけづいて)逃げる = 動 evade (～から〔ずるく〕逃れる)
2064	**exorbitant**	[igzɔ́:rbətənt]	形 法外な，途方もない 名 exorbitance (法外さ，不当)
2065	**spasm**	[spǽzm] 《医療》	名 けいれん；発作
2066	**drudge**	[drʌ́dʒ]	名 奴隷のように働かされる人；単調で骨の折れる仕事 動 こつこつと仕事をする
2067	**jetty**	[dʒéti]	名 突堤，防波堤；桟橋
2068	**corrode**	[kəróud] 《化学》	動 ～を腐食させる 名 corrosion (腐食〔作用〕)
2069	**virility**	[vəríləti]	名 力強さ；男らしさ 形 virile (力強い；男らしい)
2070	**suffocate**	[sʌ́fəkèit] 《医療》	動 窒息死する，息苦しくなる 形 suffocating (息苦しい)
2071	**cacophony**	[kəkáfəni]	名 耳障りな音，不協和音
2072	**creak**	[krí:k]	動 きしむ 名 ギーギー鳴る音，きしみ

2061	He is usually taciturn, so I was surprised to find him so talkative.	彼はいつもは口数が少ないので、彼がとても饒舌なのを見て私は驚いた。
2062	The light rain pattered against the windows of the car.	小雨が車の窓にはね返りバラバラと音を立てた。
2063	She never shirks her duty, even if the task is unpleasant.	自分の作業が嫌なものであったとしても、彼女は自分の義務から決して逃げたりしない。
2064	The exorbitant prices in that store prevent us from shopping there.	あの店は法外な価格なのでその店で買い物するのを私たちは避けている。
2065	He had spasms in his leg muscles after completing a long run without adequate water.	適度な水分補給をせずに長距離を走った後で彼の脚の筋肉はけいれんした。
2066	I have been cleaning the house all day; I feel like a drudge.	私は一日中家を掃除し続けている。奴隷のように働かされる人のような気分だ。
2067	The jetty was built to protect the harbor.	港を守るため突堤が建てられた。
2068	The salt on the roads in winter corroded the car's metal.	冬の道路上の塩が車の金属を腐食させた。
2069	His virility was not in question as he was the proud father of six children.	彼は誇りを持った6人の子供の父親なので彼の力強さは疑いようがなかった。
2070	The rescuers sent capsules of oxygen enriched air into the mine so that the miners would not suffocate.	鉱山労働者が窒息死しないよう救助者は酸素富化空気のカプセルを採鉱場に送った。
2071	The traffic jam approaching the bridge produced a cacophony of sounds.	橋に差し掛かっている交通渋滞で耳障りな音が生じていた。
2072	The wood floor creaked as he walked across it.	彼が木の床を歩いて渡ると床がきしんだ。

2073	**haphazardly** [hæphǽzərdli]	副 行き当たりばったりに，手当たり次第 形 haphazard（行き当たりばったりの，無計画の）
2074	**muck** [mʌ́k]	名 ふん，堆肥；汚れ
2075	**splatter** [splǽtər]	動 飛び散る；〜をはね飛ばす
2076	**deign** [déin]	動 (目上の人が)（もったいなくも）〜してくださる
2077	**apogee** [ǽpədʒìː] 《宇宙》	名 遠地点；最高点，絶頂 ⇔ 名 perigee（近地点）
2078	**revile** [riváil]	動 〜を非難する，罵る = 動 malign（〜を中傷する，〜の悪口を言う）
2079	**deftly** [déftli]	副 器用に，巧みに
2080	**penchant** [péntʃənt]	名 強い好み = 名 fondness（好み；いつくしみ）
2081	**vegan** [víːgən] 《思想》	名 完全菜食主義者 ※ 卵・チーズ・はちみつなどもとらない菜食主義者
2082	**dilapidated** [dilǽpidèitid]	形 荒廃した；おんぼろの 動 dilapidate（〜を荒廃させる）
2083	**straggler** [strǽglər]	名 はぐれた仲間，落伍者
2084	**expendable** [ikspéndəbl]	形 使い捨ての 名 〈複〉消耗品

2073	They put this together rather haphazardly at the last minute.	彼らは直前にやや行き当たりばったりにこれを考え合わせた。
2074	The horse's stall was filled with muck, which needed to be cleaned out regularly.	その馬の馬房はふんでいっぱいなので、定期的に清掃する必要があった。
2075	When I kicked over the can of paint, it splattered against the wall.	ペンキの缶を蹴って倒すと、それは壁にぶつかってペンキが飛び散った。
2076	He would not deign to speak with me; I guess he thinks I am not worth his time.	彼は私に話しかけてくださらなかった。たぶん彼の時間を取るほどの価値が私にあると彼は思わないのだろう。
2077	The moon is at its apogee, or most distant point from the earth in its orbit.	月が遠地点、すなわち地球から最も遠ざかる軌道の地点にある。
2078	The newspaper article reviled the group responsible for the disaster.	新聞記事はその災害に対する集団責任を非難した。
2079	The pickpocket deftly lifted the wallet from the back pocket of his victim, and disappeared into the crowd.	スリは彼の被害者の後ろのポケットから財布を器用に盗み、人ごみの中に消えていった。
2080	She has a penchant for languages, so she is considering a career as a translator.	彼女は言語に対し強い好みを持っているので、彼女は翻訳者としてのキャリアを考えている。
2081	She's a vegan, so she eats no meat or dairy products.	彼女は完全菜食主義者なので、肉も乳製品も食べない。
2082	The dilapidated building needed major repairs before anyone could live there.	誰かがそこに住めるようになる前にその荒廃した建物には大掛かりな修繕が必要だった。
2083	The Boy Scout leader ran back along the trail to find any stragglers.	ボーイスカウトのリーダーは、はぐれた仲間がいないか探しに小道を走って戻った。
2084	This is an expendable item that cannot be reused.	これは再利用できない使い捨ての商品である。

No.	見出し語	意味
2085	**writhe** [ráið]	動 身もだえする，のたうち回る
2086	**adjourn** [ədʒə́ːrn] 《社会》	動 ～を一時休止する，延期する 名 adjournment（延期，休会）
2087	**veer** [víər]	動 それる，向き[進路]を変える；(話などが)脱線する
2088	**flounder** [fláundər]	動 もがき苦しむ；もたつく
2089	**fungicide** [fʌ́ndʒəsàid] 《化学》	名 防カビ剤，殺菌剤
2090	**belatedly** [biléitidli]	副 遅ればせながら；時代遅れで 形 belated（遅れた）
2091	**guttural** [gʌ́tərəl]	形 ガラガラ声の；喉の
2092	**bask** [bǽsk]	動 日向ぼっこする；(恩恵などに)浸る
2093	**marauder** [mərɔ́ːdər]	名 略奪者
2094	**stymie** [stáimi]	動 ～を窮地に立たせる，～の邪魔をする
2095	**filial** [fíliəl]	形 子供としてふさわしい；雑種の
2096	**opulent** [ápjulənt]	形 贅沢な，豪華な；裕福な = 形 luxurious（贅沢な，豪華な）

2085	The child writhed in pain, and the doctor discovered he had severe appendicitis.	子供は痛みに身もだえし、医者は彼に重度の虫垂炎を発見した。
2086	It was getting late, so we adjourned the meeting until the following Tuesday.	遅くなってきたので、私たちは会議を次の火曜日まで一時休止した。
2087	The truck veered off the road when the driver fell asleep at the wheel.	運転手が運転中に居眠りしトラックは道路からそれた。
2088	The young man floundered around for a bit; he changed majors six times before settling on engineering.	その若い男性はしばらくの間もがき苦しんだ。彼は6回専攻を変えエンジニアリングに落ち着いた。
2089	They sprayed a fungicide on the vineyards to prevent powdery mildew.	彼らはうどん粉病を予防するためブドウ園で防カビ剤を散布した。
2090	He sent her birthday wishes belatedly, as he had mixed up the date.	彼は、日付について混乱していたので、遅ればせながら誕生日を祝う言葉を彼女に伝えた。
2091	The animal made a harsh, guttural sound.	その動物は耳障りな、ガラガラ声の鳴き声を発した。
2092	The cat basked in the sunlight stretching out its legs.	猫が足を伸ばしながら日向ぼっこしていた。
2093	We've been looking for the marauder that is raiding the chicken coop.	私たちは鶏舎を襲った略奪者を探している。
2094	Researchers have been stymied by this latest development.	研究者たちは最新の情勢により窮地に立たされている。
2095	He fulfilled his filial obligations by caring for his parents in their old age.	彼は年老いた両親の世話をすることで子供としてふさわしい義務をはたした。
2096	It was an opulent hotel with a spa in every room.	それは各部屋にスパが備わった贅沢なホテルだった。

2097	**clad** [klǽd]	形 (〜を)**着た**；(〜に)**覆われた** 熟 **clad in** 〜（〜を身にまとった） 動 clothe（〜に衣服を着せる）
2098	**polygamy** [pəlígəmi] 《社会》	名 **一夫多妻制，複婚制** ⇔ 名 monogamy（一夫一妻制）
2099	**chafe** [tʃéif]	動 (皮膚など)を**すりむく**；〜を**こすって温める**； 　　〜を**いらだたせる** 名 すり傷；いらだち
2100	**cabal** [kəbǽl] 《社会》	名 **陰謀団，秘密結社；陰謀**

2097	Clad in a pale pink suit, she looked ready for her press conference.	薄いピンクのスーツを身にまとい、彼女は記者会見への準備ができているようだった。
2098	The practice of polygamy, or having more than one spouse, is illegal in the United States.	一夫多妻制を実行すること、すなわち複数の配偶者を持つことは、アメリカ合衆国では違法である。
2099	The wool sweater chafed the skin of her neck.	毛糸のセーターとの摩擦で彼女の首の皮膚がすりむけた。
2100	He believes there is evidence of a cabal, a small group plotting against the government.	彼は陰謀団、すなわち政府に対し陰謀を企てている小集団の証拠があると信じている。

ROUND 5 STAGE 22 No.2101–2200 | MEANING

No.	単語	意味
2101	**rasping** [rǽspiŋ]	形 耳障りな；擦れる[きしむ]ような ※ガリガリ・ギシギシ・ガーガー・ゴシゴシといった音
2102	**itinerant** [aitínərənt]	形 巡回の；あちこち旅をする 名 巡歴者；行商人
2103	**fluke** [flú:k]	名〈単〉まぐれ，幸運 動 ~をまぐれで手に入れる
2104	**tarnish** [tá:rniʃ] 〈社会〉	動 (名誉・評判など)を汚す；~を変色させる
2105	**farce** [fá:rs]	名 茶番；馬鹿げたこと，滑稽；笑劇 形 farcical (馬鹿げた；茶番劇風の)
2106	**fluff** [flʌ́f]	名 つまらないもの；うぶ毛；毛玉
2107	**ingratiate** [ingréiʃièit]	動 ~を気に入られるようにする 熟 ingratiate oneself with ~ (~の機嫌を取る)
2108	**rubble** [rʌ́bl]	名 がれき，破片；粗石
2109	**fuselage** [fjú:səlà:ʒ]	名 (飛行機の)胴体
2110	**minuscule** [mínəskjù:l]	形 極めてわずかな[小さい]；小文字の = 形 tiny (とても小さい)
2111	**spat** [spǽt]	名 些細な喧嘩[口論]
2112	**leery** [líəri]	形 警戒心を抱いて，用心して = 形 wary (用心して，慎重な)

	EXAMPLE SENTENCE	TRANSLATION
2101	The red-tailed hawk let out a rasping cry as it descended on its prey.	アカオノスリは獲物に飛びつくとき耳障りな鳴き声を発した。
2102	He was an itinerant preacher who traveled from town to town.	彼は街から街へ移動する巡回説教師だった。
2103	I got into the school on a fluke; it was a happy accident.	私はまぐれでその学校に入学した。それは幸運な偶然だった。
2104	The scandal tarnished his reputation as an honest person.	そのスキャンダルは彼の誠実な人という評判を汚した。
2105	The defendant claimed the trial was a farce, and that he was unjustly accused.	被告人はその裁判は茶番であり、彼は不当に告発されたと主張した。
2106	I think that magazine is a silly waste of time; it's pure fluff.	あの雑誌はくだらなく時間の無駄だと思う。それは純然たるつまらないものだ。
2107	He tried to ingratiate himself with his boss by letting him win when they played golf together.	彼は上司と一緒にゴルフをしたとき、上司を勝たせることで上司の機嫌を取ろうとした。
2108	After the explosion, crews cleared away the rubble.	爆発の後、作業員たちはがれきを片づけた。
2109	The fuselage is the main body of an aircraft.	胴体は飛行機の主部である。
2110	He used a minuscule amount of color in the design, so the effect was subtle.	彼はそのデザインに極めてわずかな色しか用いなかったので、その効果はわかりづらかった。
2111	We had a small argument, just a little spat.	私たちは小さな口論をした、ただの些細な喧嘩である。
2112	I am leery of his promises as he seems a little glib.	彼は少し軽薄なので私は彼の約束に警戒心を抱いている。

405

No.	見出し語	発音	意味
2113	**tacky**	[tæki]	形 ださい，趣味の良くない；みすぼらしい；安っぽい
2114	**snare**	[snéər]	名 (動物をとらえる縄の)罠；誘惑 動 ~を縄でとらえる；~を誘惑する
2115	**snarl**	[snáːrl] 〈社会〉	動 (交通・事態など)を混乱させる；怒鳴る
2116	**petrify**	[pétrəfài]	動 ~を動けなくする，呆然とさせる；《地学》(動植物)を石化する
2117	**sludge**	[slʌdʒ]	名 汚泥，ヘドロ；泥
2118	**supple**	[sʌpl]	形 柔軟な，曲げやすい；素直な ⇔ 形 stiff (かたい，こわばった)
2119	**legume**	[légjuːm] 〈生物〉	名 マメ科植物
2120	**reticent**	[rétəsənt]	形 控えて，無口な 名 reticence (無口，沈黙) = 形 reserved (控えめな，無口な)
2121	**infatuated**	[infætʃuèitid]	形 夢中になった，のぼせあがった 熟 be infatuated with ~ (~に夢中になる)
2122	**guile**	[gáil]	名 ずるさ，悪知恵 = 名 cunning (ずるさ，狡猾さ，悪知恵)
2123	**flagrant**	[fléigrənt]	形 目にあまる；あからさまな，露骨な = 形 blatant (あからさまな，露骨な)
2124	**purloin**	[pərlɔ́in]	動 ~を盗む，盗んで悪事に使う

2113	She told her friend that wearing the short skirt and low blouse to work was tacky.	短いスカートをはき、襟ぐりの深いブラウスを着て仕事に行くのはださいと彼女は友達に言った。
2114	As a young boy in the country, he learned to catch rabbits with a homemade snare.	田舎の若い少年ということで、彼は自作の罠を使ってウサギをつかまえる方法を習得した。
2115	The accident snarled traffic in both directions on the highway.	その事故は幹線道路の両方向の交通を混乱させた。
2116	His parents were petrified with fear when they heard he was missing in action.	彼が戦闘中行方不明になったと彼の両親が聞いたとき彼らは不安で動けなくなった。
2117	The sludge at the bottom of the tank is a combination of mud and chemicals.	タンクの底の汚泥は泥と化学薬品が混じり合ったものだ。
2118	The branches of the young tree were supple, so it could be easily trained on the trellis.	若い木の枝は柔軟だったので、簡単に格子にはわせられた。
2119	She is fond of legumes, and includes beans in many of her recipes.	彼女はマメ科植物を好み、彼女のレシピの多くには豆が使われている。
2120	The older man has always been reticent to talk about his experiences in the war.	年配の男性は戦争中の彼の経験について話すのをいつも控えている。
2121	She is infatuated with him, and she thinks about him all the time.	彼女は彼に夢中になり、ずっと彼のことを考えている。
2122	His guile enables him to trick many people out of their life savings.	彼は彼のずるさから多くの人々から全財産をだまし取ることができる。
2123	His book was filled with flagrant errors, and the critics were unmerciful.	彼の本は目にあまる誤りが多く、批評は無慈悲だった。
2124	He purloined my idea, and then published it as his own.	彼は私のアイディアを盗み、それからそれを自分自身のものとして出版した。

2125	**coed** [kóuèd] 《教育》	形 男女共学の ※ coeducational の略語
2126	**inure** [injúər]	動 ~を慣れさせる；《法律》(法的に)効力が生じる 熟 be inured to ~ (~に慣れている)
2127	**precipice** [présəpis] 《地学》	名 断崖；危機
2128	**presentable** [prizéntəbl]	形 体裁の良い，人前に出せる；(提出物を)受け取ってもらえる
2129	**tether** [téðər]	動 (馬・牛など)をロープでつなぐ；~を縛る
2130	**soothsayer** [sú:θsèiər] 《文化》	名 予言者；占い師 = 名 prophet (予言者；預言者)
2131	**blemish** [blémiʃ]	名 傷；汚点 動 ~を傷つける，汚す
2132	**embroiled** [imbrɔ́ild]	形 巻き込まれて，関係して 動 embroil (~を巻き込む)
2133	**intrepid** [intrépid]	形 勇敢な，大胆な
2134	**nautical** [nɔ́:tikəl]	形 海事の，航海(術)の = 形 marine (海事の，海洋の)
2135	**cranium** [kréiniəm] 《医療》	名 頭蓋
2136	**lurch** [lə́:rtʃ]	動 (突然)よろめく，よろめきながら進む；(恐怖で心臓が)飛び出しそうになる

2125	Would you prefer to attend an all-girls high school or a coed high school?	女子高と男女共学の高校ではどちらに通いたいですか？
2126	After living in Alaska, I am inured to the cold.	アラスカに住んだ後で、私は寒さに慣れている。
2127	He stood on the edge of the precipice and looked down into the canyon.	彼は断崖の縁に立ち渓谷を見下した。
2128	The young man looked very presentable once he had a haircut and changed his clothes.	その若い男性は一旦髪を切り洋服を取り替えると、とても体裁の良いように見えた。
2129	He tethered his dog to the post outside the restaurant.	彼はレストランの外の柱に犬をロープでつないだ。
2130	People believe he is a soothsayer who can predict the future.	彼は未来を予測することができる予言者だと人々は信じている。
2131	He had a perfect record at the school with no blemish.	彼は傷のない完璧な校内記録を持っていた。
2132	I don't want to become embroiled in this controversy.	私はこの論争に巻き込まれたくない。
2133	He was an intrepid explorer who established an international reputation.	彼は国際的な名声を築いた勇敢な探検家だった。
2134	She didn't understand the directions to move to the port side as she was unfamiliar with nautical terms.	彼女は海事用語には精通していないのでポートサイドへ移動するという指示が理解できなかった。
2135	The cranium is the part of the skull that protects the brain.	頭蓋は脳を守る頭蓋骨の一部である。
2136	When he took his foot off the clutch, the car suddenly lurched forward.	彼がクラッチから足をはずすと、車は前に突然よろめいた。

2137	**revamp**	[rìːvǽmp]	動 ~を改訂する，改良する 名 改訂，改良
2138	**swagger**	[swǽgər]	動 肩で風を切って歩く，いばって歩く
2139	**chlorophyll**	[klɔ́ːrəfil]　《生物》	名 葉緑素，クロロフィル
2140	**outlandish**	[autlǽndiʃ]	形 奇抜な，風変わりな = 形 eccentric（風変わりな）
2141	**monolith**	[mánəlìθ]	名 一枚岩，一本柱
2142	**luster**	[lʌ́stər]	名 光沢，つや；栄誉
2143	**repatriate**	[riːpéitrièit]　《政治》	動 ~を（本国へ）送還する
2144	**sheen**	[ʃíːn]	名 輝き；つや，光沢
2145	**clod**	[klád]	名 塊；土壌
2146	**consonance**	[kánsənəns]	名 一致，調和；協和音 ⇔ 名 dissonance（不一致，不調和；不協和音）
2147	**outflow**	名 [áutflòu]　動 [àutflóu]	名 流出（物） 動 流れ出る ⇔ 名 inflow（流入〔物〕）
2148	**scamper**	[skǽmpər]	動 （子供・小動物が）駆け回る；あわてて走り去る，すばやく走る

2137	I <u>revamped</u> my paper based on my professor's feedback.	私は教授の返答に基づいて自分の論文を改訂した。
2138	The handsome young man <u>swaggered</u> about town.	ハンサムな若い男性は街を肩で風を切って歩いた。
2139	<u>Chlorophyll</u> is the green pigment in plants that uses sunlight for photosynthesis.	葉緑素とは日光を使い光合成を行う植物の中の緑色の色素である。
2140	That designer creates such <u>outlandish</u> outfits that I doubt most people would consider wearing them.	そのデザイナーは極めて奇抜な衣服を制作するが、これを着ようと考える人はあまりいないのではないかと思う。
2141	The statue was carved from a single <u>monolith</u> of stone.	その像は単一の一枚岩から彫って作られた。
2142	The pearl necklace had a lovely <u>luster</u>.	真珠のネックレスにはすてきな光沢があった。
2143	They <u>repatriated</u> the prisoners of war back to their home countries after the peace treaty was signed.	平和協定が署名された後彼らは戦争捕虜を自国へ送還した。
2144	Waxing the car gave the old paint a new <u>sheen</u>.	車にワックスをかけると古い塗装が新たな輝きをまとった。
2145	The children threw <u>clods</u> of earth at the wall and watched them break apart.	子供たちは土の塊を壁に投げつけ割れるのを見ていた。
2146	His decision to grow only organic food was in <u>consonance</u> with his belief that pesticides were damaging to the earth.	無農薬の食物だけを育てるとする彼の決意は農薬が地球に害を及ぼしているという彼の信念と一致していた。
2147	The company monitors the <u>outflow</u> of money carefully.	会社は資金の流出を注意深く監視する。
2148	The children <u>scampered</u> about the playground enjoying themselves.	その子供は楽しみながら遊び場をあちこち駆け回った。

No.	見出し語	発音	意味
2149	**scour**	[skáuər]	動 ~を捜し回る；~を急いで走る
2150	**ribald**	[ríbəld]	形 下品な，みだらな = 同 obscene（下品な；無節制な）
2151	**omnivore**	[ámnivɔ̀:r] 〈動物〉	名 雑食動物；なんでも食べる人 ⇔ 名 carnivore（肉食動物）
2152	**cursory**	[kə́:rsəri]	形 大雑把な；せっかちの = 同 hurried（急いでした，あわただしい）
2153	**blowhole**	[blóuhòul] 〈動物〉	名 (クジラの)噴水孔；通風孔
2154	**gauntlet**	[gɔ́:ntlit]	名 (鎧の)こて；(乗馬・フェンシングなどの)長手袋
2155	**embattled**	[imbǽtld]	形 追いつめられた，難問を抱えた；敵に包囲された；戦闘隊形を取った
2156	**snub**	[snʌ́b]	動 ~に冷たい態度を取る，~を鼻であしらう
2157	**mottled**	[mɑ́tld]	形 斑入りの，まだらの
2158	**mayhem**	[méihem] 〈社会〉	名 (破壊行為を伴う)大混乱；《法律》身体傷害(罪)
2159	**precocious**	[prikóuʃəs]	形 (子供の成長が)早熟な；ませた
2160	**nuptial**	[nʌ́pʃəl]	形 結婚(式)の 名 〈複〉結婚式

2149	I have scoured the neighborhood looking for our dog, but I can't find him.	私は私たちの犬を探して近所を捜し回ってきたが、その犬を見つけられない。
2150	It was a ribald joke and not appropriate for a young audience.	それは下品なジョークで若い観客にとっては適切ではなかった。
2151	The Kodiak bear is an omnivore as it eats both berries and salmon.	コディアック・ヒグマはベリー類も鮭も両方食べるので雑食動物である。
2152	He only gave it a cursory review, so he missed some things.	彼はそれに対し大雑把な再検討しかしなかったので、何か見落としていた。
2153	Whales have a blowhole at the top of their heads; they breathe through their blowholes when they surface.	クジラは頭のてっぺんに噴水孔を持ち、水面に浮上するとその噴水孔を使って呼吸をする。
2154	In medieval times, a knight would challenge another knight by throwing down his gauntlet or glove.	中世の頃、騎士はこて、すなわち手袋を投げ捨てほかの騎士に挑んだものだった。
2155	The embattled mayor finally resigned from office.	追いつめられた市長は最終的に辞職した。
2156	When I saw her at the mall, she snubbed me and walked right past.	モールで彼女を見かけたとき、彼女は私に冷たい態度を取りすぐ近くを通り過ぎていった。
2157	The mottled leaves were striking with their combination of colors.	斑入りの木の葉はそれらの色の組み合わせで印象的だった。
2158	The police were slow to respond to the mayhem.	警察はその大混乱への対応が遅かった。
2159	The precocious child was reading at three years.	早熟な子供は3歳で読みをしていた。
2160	The couple wrote their own nuptial vows for the wedding ceremony.	そのカップルは結婚式のための自身の結婚の誓約を書いた。

#	単語	発音	意味
2161	**rumbling**	[rʌ́mbliŋ]	名 グーグー[ゴロゴロ]鳴る音；ぶつぶつ不満を言うこと，〈複〉不満
2162	**impromptu**	[imprʌ́mptjuː]	形 急ごしらえの，即興の 副 準備なしに，即興で
2163	**jeer**	[dʒíər]	動 野次を飛ばす，あざける
2164	**sardonic**	[sɑːrdánik]	形 あざけりの，冷笑的な
2165	**pyre**	[páiər]	名 (火葬用の)薪の山；火葬
2166	**garnish**	[gáːrniʃ]	動 (料理)を飾る；《法律》〜を差し押さえる
2167	**tatter**	[tǽtər]	名 〈複〉ボロボロのもの ⊛ tatterdemalion (ぼろを着た人)
2168	**entrap**	[intrǽp]	動 〜を陥れる；〜を罠にかける
2169	**transcontinental**	[trænskɑntənéntl]	形 大陸横断の
2170	**accomplice**	[əkámplis] 〈社会〉	名 共犯者，加担者 = ⊛ conspirator (共謀者)
2171	**mull**	[mʌ́l]	動 じっくり考える ⊛ mull over 〜 (〜を熟考する) = 動 consider (〜を熟考する)
2172	**capsize**	[kǽpsaiz]	動 (船)を転覆させる

2161	The rumbling in his stomach reminded him that he hadn't eaten lunch.	彼のお腹のグーグー鳴る音は、昼食を食べていなかったことを彼に思い出させた。
2162	This is an impromptu meeting; it wasn't on the schedule.	これは急ごしらえの会議だ。スケジュールには載っていなかった。
2163	The crowd jeered loudly at the referee when he penalized the home team.	審判がホームチームにペナルティーを科したとき群衆は大声で彼に野次を飛ばした。
2164	His sardonic grin seemed to mock me.	彼のあざけりの笑いは私を馬鹿にするようだった。
2165	It was the custom to burn the dead body on a funeral pyre.	遺体を火葬のための薪の山で燃やすのが習慣だった。
2166	She garnished the tomatoes with a little basil.	彼女は少量のバジルでトマトを飾った。
2167	The flag needs to be replaced as it is in tatters.	その旗はボロボロになっているので取り替える必要がある。
2168	The authorities entrapped the politician by using an officer to pose as someone else.	権力者は誰かほかの人を装った警官を利用して政治家を陥れた。
2169	The transcontinental railroad connected the eastern and western United States.	大陸横断鉄道はアメリカ合衆国の東側と西側をつないだ。
2170	The robber was arrested along with his accomplice.	その強盗犯は共犯者と共に逮捕された。
2171	He is mulling over the job offer, and he will respond on Monday.	彼は仕事の申し出を熟考していて、月曜日に返答する予定だ。
2172	The high winds capsized the small boat on the lake, and the passengers had to swim to shore.	強風が湖面の小さなボートを転覆させ、乗客は岸まで泳がなければならなかった。

No.	見出し語	発音	意味
2173	**downpour**	[dáunpɔ̀:r]《気象》	名 どしゃ降りの雨
2174	**valiant**	[væljənt]	形 勇敢な，雄々しい = 形 courageous（勇敢な）
2175	**inordinate**	[inɔ́:rdənət]	形 とてつもない，過度の；無節制な
2176	**qualm**	[kwá:m]《心理》	名 〈複〉不安；良心の呵責；むかつき
2177	**suction**	[sʌ́kʃən]	名 吸引(力) 動 ~を吸い上げる
2178	**heist**	[háist]	名 強奪 動 ~を盗む
2179	**snafu**	[snæfú:]《社会》	名 混乱状態 形 混乱した
2180	**reprobate**	[réprəbèit]	名 堕落者，無頼漢；〈the ―〉神に見捨てられた人 動 ~を非難する；(神が人)を見捨てる
2181	**paraplegic**	[pæ̀rəplí:dʒik]《医療》	名 対麻痺患者 形 対麻痺の，下半身不随の
2182	**solstice**	[sɑ́lstis]《地学》	名 (太陽の)至；最高点 ● summer solstice（夏至） winter solstice（冬至）
2183	**doggedly**	[dɔ́:gidli]	副 忍耐強く；頑固に 形 dogged（忍耐強い；頑固な）
2184	**slouch**	[sláutʃ]《生理》	動 猫背になる，前かがみになる 名 猫背

2173	They were happy they had their umbrellas when they were caught in a sudden downpour.	突然のどしゃ降りの雨に降られたとき傘を持っていたので彼らは幸運だった。
2174	She made a valiant attempt to win the prize.	彼女はその賞を獲得するため勇敢な試みをした。
2175	It took them an inordinate amount of time to reach their destination as there was a huge traffic jam on the roads.	道路上は大渋滞だったので彼らが目的地に着くまでにとてつもない時間がかかった。
2176	Do you have any qualms about what we are doing here?	私たちがここでしていることについて何か不安はありますか？
2177	The suction is not very strong on my vacuum cleaner, so the hose may be blocked.	私の掃除機の吸引力はあまり強くないので、ホースが詰まっているのかもしれない。
2178	There were three robbers in the jewel heist.	宝石強奪には3人の強盗がいた。
2179	The web site was brought down in a digital snafu.	そのウェブサイトは数字の混乱状態になった。
2180	He's a reprobate, and I don't think there is hope for him; I think he's beyond salvation.	彼は堕落者で、彼には望みがないと私は思う。彼は救済の域を超えていると思う。
2181	Due to his spinal injury, he lost the use of his lower limbs and is a paraplegic.	脊髄損傷のため、彼は下肢の機能を失い対麻痺患者となっている。
2182	June 21st, summer solstice, is the longest day of the year in terms of sunlight.	6月21日すなわち夏至は1年で最も長く太陽光が射す日である。
2183	She has worked doggedly to assist the homeless and the poor.	ホームレスや貧しい人々の支援に彼女は忍耐強く取り組んできた。
2184	His mother told him to stand up straight and not slouch.	彼の母親は彼に猫背になるのではなくまっすぐ立つように言った。

No.	見出し語	発音	意味
2185	**renegade**	[rénigèid] 《政治》	名 裏切者；背教者 = 名 traitor（裏切者，反逆者）
2186	**sacrosanct**	[sækrousæŋkt] 《文化》	形 極めて神聖な，侵すことのできない = 形 sacred（神聖な，侵すことのできない）
2187	**illegible**	[ilédʒəbl]	形 判読不能の = 形 unreadable（判読しづらい；つまらない） ⇔ 形 legible（読みやすい）
2188	**fecundity**	[fikʌ́ndəti]	名 肥沃さ；多産性；豊かさ = 名 fertileness（肥沃；多産）
2189	**recuperate**	[rikjúːpərèit]	動 回復する；～を取り戻す 名 recuperation（回復）
2190	**windfall**	[wíndfɔ̀ːl] 《経済》	名 思いがけない大きな収入；風で落ちた果物
2191	**squalor**	[skwɑ́lər]	名 汚さ；卑しさ 形 squalid（汚い；卑しい）
2192	**interminable**	[intə́ːrmənəbl]	形 果てしなく続く，限りない = 形 boundless（果てしなく続く） ⇔ 形 terminable（終わらせることのできる，有限の）
2193	**movingly**	[múːviŋli]	副 感動的に
2194	**acrimony**	[ǽkrəmòuni]	名 とげとげしさ，辛辣さ
2195	**decry**	[dikrái]	動 ～を非難する；《経済》（通貨など）の価値を下げる = 動 condemn（～を非難する）
2196	**grovel**	[grʌ́vəl]	動 ひれ伏す，屈服する；はいつくばう

2185	He's a _renegade_ as he has changed parties, and some of his old colleagues think he's a traitor.	彼は政党を変えたので裏切者であり、彼の古い同僚の中には彼を裏切者だと思っている者もいる。
2186	His study is _sacrosanct_; he does not allow any family members to use it.	彼の書斎は極めて神聖だ。彼は家族の誰にもそれを使わせない。
2187	His handwriting is _illegible_, so I can't read his letter.	彼の手書きは判読不能なので、私は彼の手紙を読むことができない。
2188	The _fecundity_ of this region is well-known as the soil is rich and crops are abundant.	この地域の肥沃さは、その土壌が豊かで作物が豊富であることからよく知られている。
2189	She is _recuperating_ at home after her surgery.	彼女は手術の後家で回復している。
2190	He received an unexpected _windfall_ from the insurance company when his uncle died.	彼の叔父が亡くなったとき彼は保険会社から予期せぬ思いがけない大きな収入を受け取った。
2191	The _squalor_ in the slums attracted rats.	スラム街の汚さにネズミは引き寄せられた。
2192	The wait outside the operating room seemed _interminable_ to the family members.	家族たちにとって手術室の外で待つのは果てしなく続くように思えた。
2193	His best friend spoke _movingly_ at the young boy's funeral.	若い少年の葬儀で彼の親友が感動的に語った。
2194	The speech was filled with _acrimony_, and we were surprised at his bitterness.	そのスピーチはとげとげしさにあふれ、私たちは彼の辛辣さに驚いた。
2195	She _decried_ the recent violence.	彼女は最近の暴力を非難した。
2196	I will apologize to him, but I won't _grovel_.	私は彼に謝罪するつもりだが、ひれ伏しはしまい。

2197 lull
[lʌ́l]

名 **一時的な静けさ[休み]**；⟨a —⟩**小凪**
動 ~を**なだめて寝かしつける，あやす**；
　~を**なだめる**

2198 disbar
[disbɑ́ːr] 《法律》

動 ⟨受身⟩~から**弁護士の資格を剥奪する**

2199 remiss
[rimís]

形 **ぞんざいな，いいかげんな**
＝ⓇⓔⓁ negligent (いいかげんな，不注意な)

2200 obfuscate
[ɑ́bfəskèit]

動 ~を**混乱させる**；
　~を**わかりにくくする，ぼんやりさせる**

2197	There was a <u>lull</u> in the traffic just after lunchtime when most people had returned to work.	昼食時の後たいていの人が仕事に戻ったので、交通は一時的な静けさを取り戻していた。
2198	The attorney was disbarred from the legal profession for unprofessional conduct.	その弁護士はプロにふさわしくない言動を理由に法律職から弁護士の資格を剥奪された。
2199	I would be remiss in my duty if I didn't tell you about this.	私が自分の義務についてあなたに言わなかったら私はそれをぞんざいにしていただろう。
2200	Rather than clarify, he often obfuscates the problem.	彼は問題を解明するのではなく、混乱させることが多い。

No.	単語	発音	意味
2201	**douse**	[dáus]	動 (火)を消す；〜に浴びせる；(水などに)つかる 名 ずぶ濡れになること
2202	**derogatory**	[dirágətɔ̀:ri]	形 軽蔑的な = 形 insulting (侮辱的な)
2203	**heretofore**	[hìərtəfɔ́:r]	副 これまで = until now (これまで)
2204	**plush**	[plʌ́ʃ]	形 贅沢な，派手で豪華な
2205	**hoodlum**	[húːdləm] 《社会》	名 不良
2206	**flippantly**	[flípəntli]	副 不真面目に；生意気に 形 flippant (不真面目な；生意気な)
2207	**smattering**	[smǽtəriŋ]	名 わずか，少量 熟 a smattering of 〜 (わずかな〜，少しの〜)
2208	**pummel**	[pʌ́məl]	動 〜を拳で何回も殴る
2209	**gingerly**	[dʒíndʒərli]	副 恐る恐る，非常に慎重に
2210	**obsequious**	[əbsíːkwiəs]	形 こびへつらう，卑屈な = 形 servile (こびへつらう，従属的な)
2211	**natal**	[néitl] 《生理》	形 出産の；出生(地)の
2212	**hurtle**	[hə́ːrtl]	動 突進する；(石・矢などが)音を立てて進む

#	EXAMPLE SENTENCE	TRANSLATION
2201	He <u>doused</u> the campfire with water to make sure it would not start a forest fire.	絶対に森林火災を引き起こさないよう彼はキャンプファイヤーを水で<u>消した</u>。
2202	His <u>derogatory</u> comments about the restaurant made me hesitate to eat there.	そのレストランに関する彼の<u>軽蔑的な</u>コメントは私にそこで食べるのをためらわせた。
2203	The magazine promised <u>heretofore</u> uncovered secrets would be revealed in a series of articles.	一連の記事の中で<u>これまで</u>隠されていた秘密が覆いをはずされあきらかになることをその雑誌は約束した。
2204	The thick, new carpet felt <u>plush</u> and soft to my bare feet.	厚く、新しいじゅうたんは私の裸足に<u>贅沢で</u>柔らかな感触だった。
2205	Walking down the dark street at night, I was worried when I saw a group of <u>hoodlums</u> ahead.	暗い夜道を歩いていて、私は前方に<u>不良</u>の集団を見て心配になった。
2206	When he responded <u>flippantly</u> to his father's question, his father restricted him from going out.	彼が彼の父親の質問に<u>不真面目に</u>答え、父親は彼が外出するのを制限した。
2207	I only have a <u>smattering</u> of knowledge in this area, so I will need to do more research before my speech.	私はこの分野では<u>わずかな</u>知識しかないので、スピーチの前にもっと調査する必要があるだろう。
2208	They got in a fist fight, and the bigger boy <u>pummeled</u> the smaller boy.	彼らは殴り合いの喧嘩をし、大きい方の少年が小さい方の少年を<u>拳で何回も殴った</u>。
2209	He walked <u>gingerly</u> as he was slowly getting used to his hip replacement.	彼は徐々に人工股関節に慣れてきており<u>恐る恐る</u>歩いた。
2210	His <u>obsequious</u> manner towards management made him unpopular among his colleagues.	経営者に対する彼の<u>こびへつらう</u>立ち振る舞いで彼は同僚からあまり人気がなかった。
2211	<u>Natal</u> care is very important when babies are first born.	<u>出産</u>ケアは赤ん坊がまず生まれたときに非常に重要である。
2212	The truck <u>hurtled</u> down the freeway with great speed.	そのトラックは高速道路を猛スピードで<u>突進した</u>。

No.	見出し語	発音	意味
2213	**azure**	[ǽʒər]	形 紺碧の，空色の 名 紺碧，空色 ※紺碧…黒みを帯びた紺色
2214	**bevy**	[bévi] 《動物》	名〈単〉(若い女性・小鳥などの)**群れ** 関 flock ([羊・鳥などの] 群れ) 関 herd ([牛・馬などの] 群れ)
2215	**connive**	[kənáiv]	動 たくらむ；見て見ぬふりをする 名 connivance (黙認；たくらみ)
2216	**notary**	[nóutəri] 《法律》	名 公証人 熟 notary public (公証人)
2217	**ransack**	[rǽnsæk]	動 ～を捜し回る，くまなく捜す
2218	**centrist**	[séntrist] 《政治》	名 中道 [穏健] 派 ⇔ 名 extremist (過激派)
2219	**incredulous**	[inkrédʒuləs]	形 懐疑的な，容易に信じない
2220	**disjointed**	[disdʒɔ́intid]	形 支離滅裂な；(組織が)まとまりのない = 形 disconnected (ばらばらの，まとまりのない)
2221	**assiduous**	[əsídʒuəs]	形 (仕事・学業に)勤勉な；根気強い = 形 diligent (勤勉な)
2222	**heterogeneous**	[hètərədʒí:niəs] 《化学》	形 異成分からなる；異質の 名 heterogeneity (不均質；異種) ⇔ 形 homogeneous (均質の，同質の)
2223	**antagonize**	[æntǽgənàiz]	動 ～を敵に回す，～に反感を持たせる 名 antagonist (敵対者；ライバル)
2224	**disingenuous**	[dìsindʒénjuəs]	形 率直でない，不誠実な ⇔ 形 ingenuous (正直な；無邪気な)

2213	The azure sea stretched out before them under a cloudless sky.	雲1つない空の下、紺碧の海が彼らの前に広がっていた。
2214	A bevy of quail rose up at the sound of the gunshot.	ウズラの群れが銃声に飛び上がった。
2215	We found out that this group of investors connived to take over our business.	この投資家集団が私たちの業務を引き継ごうとたくらんでいることが発覚した。
2216	The document had to be notarized or certified by a notary public.	その文書は公証人によって認証または証明される必要があった。
2217	They ransacked the apartment looking for something.	彼らは何かを期待してアパートを捜し回った。
2218	That politician is a centrist who has moderate views.	その政治家は穏健な考えを持つ中道派である。
2219	His incredulous expression let us know that he was surprised at the results.	彼の懐疑的な表現は、彼がその結果に驚いたことを私たちにわからせた。
2220	His argument was disjointed and confusing.	彼の主張は支離滅裂でまぎわしかった。
2221	She is an assiduous student who consistently works hard.	彼女は絶えず懸命に頑張る勤勉な学生だ。
2222	The survey team tried to get a heterogeneous sample.	調査チームは異成分からなる試料を得ようと試みた。
2223	The two brothers often antagonize their sister, and she then complains to her mother.	2人の兄弟は頻繁に姉を敵に回し、その後彼女は母親に文句を言う。
2224	I found her comments disingenuous and lacking in sincerity.	彼女のコメントは率直でなく誠実さに欠けると私は感じた。

2225	**exude** [iɡzjúːd]	動 (自信・魅力など)をあふれ出させる；～を出す，浮かべる
2226	**poikilotherm** [pɔ́ikəlouθə̀ːrm] 〈動物〉	名 変温動物 ⇔ 名 homeotherm (恒温動物)
2227	**retinue** [rétənjùː]	名 お付きの一行，随行員 = 名 entourage (側近, 随行員)
2228	**ultraviolet** [ʌ̀ltrəváiəlit] 〈化学〉	形 紫外線の ultraviolet rays (紫外線) 形 infrared (赤外線の)
2229	**disrepute** [dìsripjúːt] 〈社会〉	名 不評，悪評；不名誉
2230	**limber** [límbər]	形 柔軟な；軽快な 動 柔軟体操をする
2231	**coy** [kɔ́i]	形 遠慮がちな，控えめの；(恋愛について)恥ずかしそうにする
2232	**curtsy** [kə́ːrtsi]	動 膝を曲げてお辞儀する
2233	**pelt** [pélt]	動 ～を投げつける；～を(雨が)強く打ちつける
2234	**ravenous** [rǽvənəs] 〈心理〉	形 ひどく空腹の；(比喩的に)非常に飢えている = 形 starving (ひどく空腹の)
2235	**tingle** [tíŋɡl]	動 〈進行〉うずうずする；ひりひり痛む
2236	**implacable** [implǽkəbl]	形 なだめられない；執念深い 副 implacably (執念深く)

2225	He <u>exudes</u> confidence which makes everyone on the team relax.	彼はチームのみんなをリラックスさせる自信をあふれ出させている。
2226	The body temperature of a reptile varies considerably, and so it is considered a <u>poikilotherm</u>.	爬虫類の体温はかなり変化するため、変温動物とみなされる。
2227	The movie star travels with a large <u>retinue</u> of hairdressers, makeup artists, and wardrobe people.	映画スターは美容師、メイクアーティスト、それに衣装担当の大勢のお付きの一行と共に移動する。
2228	<u>Ultraviolet</u> radiation is emitted in sunlight and causes suntans and sunburns.	紫外線放射は太陽光内で放射され日焼けや日光皮膚炎を引き起こす。
2229	He fell into <u>disrepute</u> after his research was found to be fraudulent.	彼の研究が詐欺行為だと発覚した後彼は不評になった。
2230	She stays <u>limber</u> by taking yoga classes regularly.	彼女は定期的にヨガのクラスを受け柔軟なままでいる。
2231	When asked about her future political plans, the woman was <u>coy</u> and did not respond directly.	その女性は自身の将来の政治計画について尋ねられると、遠慮がちになり直接的な回答をしなかった。
2232	She made a formal <u>curtsy</u> when she was introduced to the queen.	彼女は女王に紹介されたとき正式に膝を曲げてお辞儀した。
2233	The unruly crowd <u>pelted</u> the referee with tomatoes.	荒れ狂った群衆は審判にトマトを投げつけた。
2234	After swim practice, we were <u>ravenous</u> and ate lots of pasta.	水泳の練習の後、私たちはひどく空腹でパスタをたくさん食べた。
2235	The children are <u>tingling</u> with excitement as they prepare to open their gifts.	子供たちはプレゼントを開ける準備が整い興奮にうずうずしている。
2236	In the play, "Romeo and Juliet," the parents of the young lovers are <u>implacable</u> enemies, which creates great drama.	戯曲、「ロミオとジュリエット」において、若い恋人たちの両親はなだめられない敵同士で、それがすばらしいドラマを生み出す。

427

No.	単語	発音	意味
2237	**teem**	[tí:m]	動 いっぱいである 形 teeming（〔人や動物が〕たくさんいる）
2238	**uproot**	[ʌprú:t]	動 ~を立ちのかせる，強制的に退去させる；~を根こそぎ引き抜く
2239	**shack**	[ʃæk]	名 丸太小屋
2240	**hypodermic**	[hàipədə́ːrmik] 《医療》	形 皮下注射の；皮下の 名 皮下注射（器）
2241	**indelible**	[indéləbl]	形 消せない，いつまでも残る 副 indelibly（消えないように，永久に）
2242	**hunk**	[hʌ́ŋk]	名 厚切れ，大きな塊
2243	**gawk**	[gɔ́:k]	動 ぽかんと見とれる 名 gawker（気の利かない人）
2244	**prowl**	[prául]	動 ~をうろつく，ぶらぶらと見てまわる
2245	**virtuoso**	[vəˀːrtʃuóusou] 《芸術》	名 （芸術・音楽の）名人，巨匠
2246	**baseless**	[béislis]	形 根拠のない，事実無根の ＝ 形 unfound（事実無根の）
2247	**far-flung**	[fáːr flʌ́ŋ]	形 広範囲にわたる，遠方の
2248	**balmy**	[bá:mi] 《気象》	形 （天候が）さわやかな，温和な

2237	Bears are drawn to the rivers in Alaska, which <u>teem</u> with salmon during the spawning season.	熊はアラスカの川に引きつけられるが、そこは産卵期の鮭で<u>いっぱいである</u>。
2238	They <u>uprooted</u> their family and moved far away from their hometown.	彼らは家族を<u>立ちのかせ</u>、故郷を遠く離れた。
2239	The children discovered an abandoned <u>shack</u> in the woods.	子供たちは森の中で今はもう使われていない<u>丸太小屋</u>を見つけた。
2240	He's uncomfortable with <u>hypodermic</u> needles.	彼は<u>皮下注射</u>針に気が気でない。
2241	The woman made an <u>indelible</u> impression on him; he would never forget her.	その女性は彼に<u>消せない</u>印象を与えた。彼は彼女を決して忘れないだろう。
2242	I'd like a <u>hunk</u> of cheese to go with this French bread.	このフランスパンに合わせるのにチーズの<u>厚切れ</u>一枚が欲しい。
2243	When the movie star arrived at the restaurant, the waitresses <u>gawked</u> at him.	映画スターがレストランに到着し、ウェイトレスは彼に<u>ぽかんと見とれた</u>。
2244	Cats were <u>prowling</u> the alley and tipped over the garbage cans.	猫は路地を<u>うろつき</u>、ごみ箱をひっくり返した。
2245	She's a violin <u>virtuoso</u> and has played since she was a child.	彼女はバイオリンの<u>名人</u>で子供の頃から弾いている。
2246	His claims against us were <u>baseless</u>, so the court dismissed them.	私たちに対する彼の申し立ては<u>根拠のない</u>ものだったので、裁判所はそれを却下した。
2247	Graduates from that program in international business work in <u>far-flung</u> locations today.	国際ビジネスのあのプログラムの卒業生たちは現在<u>広範囲にわたる</u>場所で働いている。
2248	The weather is fair and <u>balmy</u> today, so we should go sailing.	今日の天気は快晴で<u>さわやか</u>なので、私たちはセーリング（ヨット競技）に行くべきだ。

2249	**florid** [flɔ́:rid] 《生理》	形 (顔色が)赤みがかった；(様式・文体が)華麗な，けばけばしい
2250	**senile** [sí:nail] 《生理》	形 ぼけた，老人の；(地形などが)老年期の senile dementia (老人性認知症)
2251	**botch** [bátʃ]	動 ～をしくじる，やり損なう 名 不出来な仕事
2252	**expatriate** [ekspéitrièit] 《社会》	名 海外居住者 形 海外居住の
2253	**belabor** [biléibər]	動 ～を不必要に［くどくど］くり返す
2254	**nocturnal** [nɑktə́:rnl] 《動物》	形 夜行性の；夜間の ⇔ 形 diurnal (昼行性の；昼間の)
2255	**equidistant** [ì:kwidístənt]	形 等距離のところにある
2256	**berserk** [bərsə́:rk]	形 荒れ狂った，狂暴な
2257	**mollusk** [máləsk] 《動物》	名 軟体動物
2258	**curio** [kjúəriòu]	名 骨董品；希少品
2259	**derelict** [dérəlìkt]	形 無責任な，怠慢な；見捨てられた 名 見捨てられた人；遺棄物
2260	**reacquaint** [rì:əkwéint]	動 ～を再び知らせる［わからせる］ 熟 get reacquainted (再び親しむ)

2249	His florid complexion indicated that he had been drinking all night.	赤みがかった顔で彼が一晩中飲んでいたことがわかった。
2250	As he grows older, he fears he may become senile and begin to forget things.	年を取るにつれ、彼は自身がぼけて物事を忘れ始めるのではないかと心配している。
2251	He botched the job in his first attempt at baking, so he started over again.	彼はパン製造の最初の試みでその仕事をしくじったので、最初からやり始めた。
2252	Some Americans retire in other countries and become expatriates.	アメリカ人の中には他国で隠居し海外居住者になる人もいる。
2253	Don't belabor the point; I think we all understand the issue.	要点を不必要にくり返さないでください。私たちはみなその問題を理解していると思います。
2254	The barn owl is a nocturnal animal that sleeps during the day.	メンフクロウは昼間に眠る夜行性の動物だ。
2255	Both restaurants are equidistant from my office, but in different directions.	どちらのレストランも私のオフィスから等距離のところにあるが、方向が違う。
2256	I don't know what set him off, but he suddenly went berserk and destroyed all the furniture.	何が彼の逆鱗に触れたのかわからないが、彼は突然荒れ狂い全ての家具を破壊した。
2257	Snails and squid belong to the category of animals known as mollusk.	カタツムリとイカは軟体動物として知られる動物の分類に属する。
2258	The collector has many curios in his cabinet.	その収集家は戸棚の中に多くの骨董品を所有している。
2259	The babysitter was derelict in her duties as she never changed the baby's diaper.	そのベビーシッターは赤ん坊のおむつを決して取り替えず自分の義務に無責任だった。
2260	I knew him when we were both children, and we met later and got reacquainted.	私たちが2人とも子供の頃に私は彼を知っていて、その後出会って再び親しんだ。

No.	見出し語	発音	意味
2261	**herculean**	[hə̀ːrkjulíːən]	形 非常に困難な、怪力を要する；(H—)怪力の
2262	**bashful**	[bǽʃfəl]	形 恥ずかしがり屋の、内気の = 形 shy (恥ずかしがり屋の)
2263	**haughty**	[hɔ́ːti]	形 高飛車な、傲慢な = 形 arrogant (高飛車な、傲慢な)
2264	**underclassman**	[ʌ̀ndərklǽsmən]	名 下級生 ⇔ 名 upperclassman (上級生)
2265	**eon**	[íːən]	名 〈複〉計り知れない長年月
2266	**trudge**	[trʌ́dʒ]	動 重い足取りで歩く 名 重い足取り
2267	**reconstitute**	[rìːkάnstətjuːt]	動 ～を(水を加えて)元に戻す； ～を再編成[構成]する
2268	**sear**	[síər]	動 ～を強く焼く；～を(記憶に)焼きつける
2269	**thermonuclear**	[θə̀ːrmənjúːkliər] 《物理》	形 熱核反応の 熟 thermonuclear war (熱核戦争)
2270	**wobble**	[wάbl]	動 (イス・テーブルが)ぐらぐらする； (人が)ふらつく、よろよろする；動揺する 名 よろめき、動揺；方向転換
2271	**delectable**	[diléktəbl]	形 おいしい；魅力的な = 形 delicious (おいしい)
2272	**glower**	[gláuər]	動 にらみつける 名 にらみつけること；渋い顔

2261	Our manager has given us a <u>herculean</u> task, and it may be beyond our abilities.	マネージャーは私たちに<u>非常に困難な</u>作業を与え、それは私たちの能力を超えているかもしれない。
2262	He has never asked a girl on a date as he is very <u>bashful</u>.	彼はとても<u>恥ずかしがり屋</u>なので女の子をデートに誘ったことがない。
2263	She has a <u>haughty</u> attitude, which makes people dislike her.	彼女は<u>高飛車な</u>態度を取るが、そのせいで彼女は嫌われる。
2264	The seniors teased and humiliated the <u>underclassman</u>.	上級生は<u>下級生</u>をからかい侮辱した。
2265	The giant panda has lived on the earth for <u>eons</u>, long before mankind.	ジャイアントパンダは<u>計り知れない長年月</u>、人類の歴史よりも長く、地球上に生息している。
2266	The tired soldiers <u>trudged</u> up the hill at the end of the day.	疲れた兵士たちは一日の最後に丘を<u>重い足取りで歩いた</u>。
2267	He <u>reconstituted</u> the dried noodles by adding water.	彼は渇いた麺に水を加え<u>元に戻した</u>。
2268	He <u>seared</u> the steaks at a high temperature to seal in the juices.	肉汁を中に閉じ込めるため彼は高温でステーキを<u>強く焼いた</u>。
2269	<u>Thermonuclear</u> war is not a viable option for the survival of the planet.	<u>熱核戦争</u>は惑星の生存にとって実行可能な選択ではない。
2270	The table <u>wobbled</u> as the legs were not even.	そのテーブルの脚は同じ高さではないため<u>ぐらぐらした</u>。
2271	This restaurant has <u>delectable</u> food and lots of choices.	このレストランは<u>おいしい</u>食べ物と豊富な選択肢がある。
2272	She <u>glowered</u> at me when I talked to her boyfriend.	私が彼女の彼氏と話しているとき彼女は私を<u>にらみつけた</u>。

STAGE 23

433

2273	**plaintive** [pléintiv]	形 悲しげな = 形 mournful (悲しみに沈んだ)
2274	**twinge** [twíndʒ] 《心理》	名 心痛, 呵責；発作的な鋭い痛み
2275	**fizzy** [fízi]	形 発泡性の 熟 fizzy drink (炭酸飲料) 名 fizziness (発泡性)
2276	**gelatinous** [dʒəlǽtənəs] 《化学》	形 ゲル状の, ゼラチンの；粘着性の
2277	**cellulose** [séljulòus] 《化学》	名 セルロース；繊維素
2278	**profligate** [práfligət]	形 放蕩な, 金遣いの荒い；不品行の 名 放蕩者 = 形 wasteful (浪費的な)
2279	**magnanimous** [mægnǽnəməs]	形 (敵に対して)寛大な, 度量の大きい = 形 generous (寛大な)
2280	**obtuse** [əbtjúːs]	形 鈍感な；《数学》鈍角の ⇔ 形 acute 《数学》(鋭角の)
2281	**sucker** [sʌ́kər]	名 だまされやすい人；夢中になる人
2282	**shard** [ʃɑ́ːrd]	名 (瀬戸物・陶器などの)破片
2283	**neophyte** [níːəfàit]	名 (若くて熱心な)初心者；新改宗者
2284	**grueling** [grúəliŋ]	形 過酷な, 極限まで疲れさせる = 形 exhausting (疲れさせる, 消耗させる)

2273	The injured animal made a *plaintive* cry as she approached it.	傷ついた動物は彼女が近づくと悲しげな鳴き声を上げた。
2274	She had a *twinge* of guilt about her earlier rude behavior.	彼女は過去の無礼な行動について罪から来る心痛を感じていた。
2275	The *fizzy* drink had mineral water in it.	炭酸飲料はその中に鉱水を含んでいた。
2276	The petri dish contained a thick, *gelatinous* substance.	そのペトリ皿には濃厚なゲル状の物質が入っていた。
2277	*Cellulose* is the main constituent of the cell walls of plants.	セルロースは植物の細胞壁の主成分である。
2278	Her *profligate* spending got her deep in debt.	彼女は放蕩なお金の使い方をするので借金で首が回らなくなった。
2279	In a *magnanimous* gesture, he offered to pay for the college education for all of his employees' children.	寛大な身ぶりで、彼は従業員の子供全員の大学教育のための費用を提供しようと申し出た。
2280	He was *obtuse* when it came to responding appropriately to his girlfriend's emotions.	ガールフレンドの感情に適切に応えることとなると彼は鈍感だった。
2281	The con artist thinks of his victims as *suckers* who believe his lies.	詐欺師は被害者を彼の嘘を信じるだまされやすい人とみなしている。
2282	He swept up the *shards* of glass from the broken vase.	彼は壊れた花瓶のガラスの破片を掃いた。
2283	He's a *neophyte* when it comes to riding horses, so he needed some basic instructions.	乗馬に関して彼は初心者なので、ある程度基本的な指導が必要だった。
2284	The marathon was a *grueling* race that exhausted many athletes.	マラソンは多くの選手を疲労困憊させる過酷なレースだった。

No.	見出し語	発音	意味
2285	**quandary**	[kwάndəri]	名 困惑，難局；板挟みの状態 = 名 dilemma（板挟みの状態，窮地）
2286	**flaunt**	[flɔ́:nt]	動 ～を見せびらかす 名 見せびらかし
2287	**slog**	[slάg]	名 つらい歩み[仕事]；苦闘 動 重い足取りで歩く；精を出す
2288	**tendril**	[téndril]	名 巻き毛；(植物の)巻きひげ
2289	**spurn**	[spə́:rn]	動 ～を拒絶する = 動 reject（～を拒否する）
2290	**itinerary**	[aitínərèri]	名 旅程；旅行計画 形 旅行の；旅程の
2291	**detritus**	[ditráitəs] 《地学》	名 岩屑；破片
2292	**homeotherm**	[hóumiəθə̀:rm] 《動物》	名 恒温動物 ⇔ 名 poikilotherm（変温動物）
2293	**rambunctious**	[ræmbʌ́ŋkʃəs]	形 やんちゃな，手に負えない
2294	**equinox**	[íkwinὰks] 《地学》	名 分点(赤道と王道が交わる点) the vernal equinox（春分[点]） the autumnal equinox（秋分[点]）
2295	**serrated**	[səréitid]	形 鋸歯状の，ギザギザの
2296	**endotherm**	[éndouθə̀:rm] 《動物》	名 内温動物 ⇔ 名 ectotherm（外温動物）

2285	I am in a quandary and not sure what to do.	私は困惑してしまい、何をしてよいかわからない。
2286	She flaunted her new engagement ring at the charity fundraiser.	彼女は慈善団体の募金集めイベントで新しい婚約指輪を見せびらかした。
2287	It was long slog across the fields, over the hill and down into the valley.	それは草原を横切る長くつらい歩みで、丘を越え谷を下った。
2288	A tendril of her hair fell across her face.	彼女の髪の巻き毛が彼女の顔にかかっていた。
2289	She spurned all our offers to help and said she would do it herself.	彼女は私たちの支援の申し出を全て拒絶し、自分ですると言った。
2290	I have to check my trip itinerary to see where we are staying during the second week.	2週間目にどこに滞在するのか確認するため旅程をチェックしなければならない。
2291	There was a pile of detritus at the base of the rock where it had been worn away.	摩擦を受けた岩の下部には岩屑の蓄積があった。
2292	A homeotherm is a warm-blooded animal.	恒温動物は温血動物である。
2293	She has three rambunctious boys, so she makes sure they exercise every day.	彼女にはやんちゃな3人の息子がおり、毎日必ず彼らを運動させる。
2294	The vernal equinox, when night and day are equal in length, occurs around March 21.	春分、つまり夜と昼の長さが同じになる日は、3月21日頃に訪れる。
2295	The serrated knife is perfect for cutting bread as it has a saw-like blade.	鋸歯状のナイフはのこぎりのような刃を持っているのでパンを切るのに最適だ。
2296	A polar bear is an endotherm or warm-blooded animal.	ホッキョクグマは内温動物もしくは温血動物である。

2297	**collegial** [kəlíːdʒiəl]	形 (同僚が)平等な権限を持っている；大学の
2298	**lax** [lǽks]	形 緩い，締まりのない；怠慢な；厳格でない
2299	**hunker** [hʌ́ŋkər]	動 しゃがむ；身をひそめる 熟 **hunker down**（〔仕事などに〕本腰を入れる）
2300	**cogent** [kóudʒənt]	形 説得力がある；適切な 名 cogency（説得力；適切さ） = 形 convincing（説得力のある）

2297	I like the collegial atmosphere as everyone works together well.	私はみなが共に調子よく働く平等な権限を持っている雰囲気が好きだ。
2298	The building security was lax, so it was easy to sneak inside.	その建物の警備は緩いので、中に忍び込むのは簡単だった。
2299	To meet this deadline, we have to hunker down and put in some long hours.	締め切りに間に合わせるため、私たちは本腰を入れて長い時間をそれに費やさなければならない。
2300	His argument was cogent, so everyone was convinced.	彼の主張は説得力があったので、みなが納得した。

No.	Word	Meaning
2301	**clandestine** [klændéstin]	形 内密の，秘密の
2302	**shoddy** [ʃádi]	形 手抜きの，粗悪な材料で作った
2303	**bastion** [bǽstʃən]	名 (生き方などの最後の) よりどころ；要塞
2304	**candid** [kǽndid]	形 率直な，包み隠さない
2305	**jettison** [dʒétəsən]	動 ～を投げ捨てる，(予定など)を放棄する
2306	**furtive** [fə́ːrtiv]	形 ひそかな，人目を忍んだ 熟 furtive glance (盗み見) 副 furtively (ひそかに，こっそりと)
2307	**docile** [dásəl]	形 従順な，素直な 名 docility (教えやすいこと；従順) = 形 obedient (従順な，おとなしい)
2308	**rascal** [rǽskəl]	名 わんぱく小僧，いたずらっ子；悪党 = 名 rogue (いたずらっ子；ごろつき)
2309	**foment** [foumént] 〈社会〉	動 ～を扇動 [助長] する
2310	**raucous** [rɔ́ːkəs]	形 騒々しい，耳障りな
2311	**subterfuge** [sʌ́btərfjùːdʒ]	名 口実，言い訳；詐術
2312	**verdant** [və́ːrdnt] 〈生物〉	形 緑で覆われた

	EXAMPLE SENTENCE	TRANSLATION
2301	The spy participated in many clandestine meetings.	スパイは内密な会合に数多く参加した。
2302	The shoddy workmanship caused the building to collapse.	施工の手抜きが原因でその建物は崩壊した。
2303	Members of that exclusive club think of it as a bastion of tradition.	その会員限定クラブのメンバーはそれを伝統のよりどころと考えている。
2304	The politician is rarely candid in his conversations.	その政治家は会話の中で率直に話すことはめったにない。
2305	When the waves became higher, he jettisoned some extra items to lighten the load in the boat.	波が高さを増すと、彼はボート内の荷重を軽くするためにいくらか余分な荷物を投げ捨てた。
2306	She was careful not to look at him directly; she only gave him a furtive glance.	彼を直接見ないようにと彼女は慎重だった。彼女は彼を盗み見しただけだ。
2307	The young horse was docile, and I enjoyed training her.	その若い馬は従順で、その馬を調教するのは楽しかった。
2308	The little boy is very cute, but he is a rascal.	その少年はとても可愛いが、わんぱく小僧である。
2309	Management believed that the union leaders were fomenting trouble.	経営者側は労働組合のリーダーが問題を扇動していると思っていた。
2310	The older man was kept awake by the raucous party next door.	年配の男性は、隣家の騒々しいパーティーの音に眠れずにいた。
2311	The legislators employed subterfuge and dirty tricks to get the bill passed.	その国会議員は法案を通過させるための口実と汚い手を用いた。
2312	After the winter rains, the hills were verdant with growth.	冬の雨の後で、丘は成長する緑で覆われていた。

2313	**snivel**	[snívəl]	動 すすり泣く = 動 whine（すすり泣く）
2314	**careen**	[kərí:n]	動 (乗り物が)傾く
2315	**asunder**	[əsʌ́ndər]	副 ばらばらに，離ればなれに
2316	**beseech**	[bisí:tʃ]　《社会》	動 ～に懇願［嘆願］する = 動 entreat（～に嘆願する）
2317	**specious**	[spí:ʃəs]	形 見せかけだけの，うわべは良く見える
2318	**torpid**	[tɔ́:rpid]　《心理》	形 無気力な，不活発な；鈍感な； (動物が休眠で)眠っている
2319	**gory**	[gɔ́:ri]	形 血だらけの，流血の； 恐ろしい，不愉快な
2320	**seethe**	[sí:ð]	動 〈進行〉(怒りで)わき立つ；騒然とする
2321	**goad**	[góud]	動 ～をあおり立てる； (家畜など)を棒で追い立てる
2322	**levity**	[lévəti]	名 軽率さ，無思慮
2323	**unbridled**	[ʌnbráidld]	形 制御のきかない，抑えきれない
2324	**carillon**	[kǽrəlàn]	名 カリヨン，組み鐘

2313	When she found she wasn't invited to her friend's party, she started sniveling.	彼女の友達のパーティーに自分が呼ばれていないとわかり、彼女はすすり泣き始めた。
2314	The car careened as the driver turned suddenly to avoid the dog.	運転手が犬を避けようと急に曲がったので車は傾いた。
2315	The country was torn asunder by the civil war.	その国は内戦によりばらばらに引き裂かれた。
2316	He beseeched the king for his help.	彼は助けを求めて王に懇願した。
2317	I found his argument specious, and I did not want to continue talking with him.	彼の議論は見せかけだけだと感じたので、私は彼と話し続けたくはなかった。
2318	After eating a huge lunch, I felt torpid and wanted to just rest.	昼食をたくさん取った後で、私は無気力を感じただ休みたかった。
2319	She chose not to attend the bullfight as she thought it would be gory.	彼女は闘牛を血だらけのものなのだろうと考え行かないことにした。
2320	I could tell by her expression that she was seething with anger.	彼女が怒りにわき立っているのは彼女の表現から察することができた。
2321	He's been goading me all evening, but I don't want to create drama.	彼は昨晩ずっと私をあおり立てていたが、私は大ごとにはしたくない。
2322	Her levity makes me question whether she is a good choice for the position.	彼女の軽率さを考えるとその地位に選出するのに彼女が適任かどうか疑わしくなる。
2323	Some people blamed the economic downturn on unbridled lending policies.	景気停滞の理由は制御のきかない貸し付け政策にあると非難する者もいた。
2324	The carillon sits in the middle of the university campus; you can hear the bells throughout the campus.	大学構内の真ん中にカリヨンがあり、大学構内に響き渡るベルの音を聞くことができる。

2325	**libation** [laibéiʃən]	名 酒；献酒，お神酒
2326	**adroit** [ədrɔ́it]	形 巧妙な，うまい；器用な 📖 adroitly（器用に）
2327	**stuffy** [stʌ́fi]	形 空気がよどんだ；鼻が詰まった
2328	**boondocks** [bú:ndɑ̀ks]	名〈複数扱い〉田舎，僻地
2329	**flout** [fláut]《法律》	動 (法・規則など)を無視する，馬鹿にして従わない
2330	**ruminant** [rú:mənənt]《動物》	名 反芻動物 形 反芻する；考え込むような 📖 ruminate（思いをめぐらす；反芻する）
2331	**frolic** [frálik]	動 (子供・動物などが)はしゃぐ
2332	**foible** [fɔ́ibl]	名〈複〉小さな弱点 ⇔ 名 forte（長所）
2333	**hermetic** [həɹmétik]	形 密封した，閉ざされた
2334	**foolhardy** [fú:lhɑ̀ɹdi]《心理》	形 無謀な，向こう見ずな
2335	**harangue** [həɹǽŋ]	動 ~に熱弁を振るう 名 熱弁；説教
2336	**oenophile** [í:nəfàil]《文化》	名 ワイン愛好家

2325	The group lined up at the bar and ordered their favorite libations.	その集団はバーに並びそれぞれ好みの酒を注文した。
2326	She is adroit in her use of words as a poet.	彼女は詩人なので言葉の使い方が巧妙だ。
2327	Please open a window as the air in the room feels stuffy.	部屋の空気がよどんでいるように感じるので窓を開けてください。
2328	She missed the big city and hated life in the boondocks.	彼女は大都市を恋しく思い田舎での生活に嫌気が差していた。
2329	He flouts the rules, which often gets him in trouble.	彼は規則を無視するので、彼は問題に巻き込まれることが多い。
2330	Bison and camels belong to the group of ruminant mammals.	バイソンやラクダは反芻動物の分類に属する。
2331	The children frolicked on the lawn in front of the house.	子供たちは家の前の芝生の上ではしゃいだ。
2332	As human beings, we are not perfect; we all have foibles.	人間なので、私たちは完全ではない。私たちにはみな小さな弱点がある。
2333	The hermetic seal prevented air and dirt from entering the chamber.	密封シールでその部屋に空気やほこりが入るのを防いだ。
2334	His latest escapade was very foolhardy.	彼の近頃の突拍子もない行動はとても無謀だった。
2335	The politician harangued the assembly.	その政治家は議会で熱弁を振るった。
2336	Once a month, she gathers with other oenophiles for a special wine tasting.	月に一度、彼女は特別なワイン試飲会のためにほかのワイン愛好家たちと集まる。

2337	**buffoon** [bəfúːn]	名 おどけ者，道化者 = 名 clown（道化者）
2338	**canvass** [kǽnvəs] 《政治》	動（世論などを）～に訪ね回る；～を念入りに調べる 名 選挙運動；聞き込み
2339	**roughhouse** [rʌ́fhàus]	動 大騒ぎする；乱暴する 名 大騒ぎ；大げんか
2340	**impugn** [impjúːn]	動 ～を非難する；～を疑う
2341	**assay** [æséi]	動 ～を測定[分析]する 名 測定，分析
2342	**pout** [páut]	動（口を尖らせて）ふくれっつらをする 名 ふくれっつら
2343	**impudent** [ímpjudnt]	形 生意気な，ずうずうしい 名 impudence（生意気〔な行為〕）
2344	**thrall** [θrɔ́ːl] 《社会》	名 奴隷；虜
2345	**maelstrom** [méilstrəm] 《気象》	名 大渦巻；大混乱
2346	**foist** [fɔ́ist]	動 ～を押しつける 熟 foist A on B（BにAを押しつける）
2347	**pauper** [pɔ́ːpər] 《社会》	名 貧困者
2348	**crimp** [krímp]	動 ～を妨害[抑制]する；(髪を)カールさせる

2337	He will do anything to make people laugh; he's a great **buffoon**.	彼は人を笑わせるためならなんでもする。彼はかなりのおどけ者だ。
2338	They are **canvassing** voters before the election to get their opinions on taxes.	選挙前に税についての意見を得ようと彼らは投票者を訪ね回っている。
2339	She told her sons to stop **roughhousing** in the dining room.	彼女は息子にダイニングルームで大騒ぎするのを止めるように言った。
2340	How dare you **impugn** my motives!	私の動機を非難するなんてどうしてそんなことができるのか！
2341	The coach put him through a series of challenges to **assay** his strength.	コーチは彼の体力を測定するため彼に一連の課題を受けさせた。
2342	When she wasn't chosen to join the game, she **pouted** in the corner.	試合への出場に選ばれなかったとき、彼女は隅でふくれっつらをした。
2343	The teacher punished the boy for his **impudent** behavior.	先生は生意気な態度を理由に少年を罰した。
2344	The cult leader held his members in **thrall**.	狂信的教団のリーダーはメンバーを奴隷化した。
2345	The boat was pulled into the **maelstrom** and destroyed.	ボートは大渦巻に引き込まれ破壊された。
2346	She was angry that he had **foisted** the responsibility on her.	彼が彼女に責任を押しつけたことを、彼女は怒っていた。
2347	He became a **pauper** when his business failed.	彼はビジネスに失敗し貧困者になった。
2348	A shortage of raw materials **crimped** the manufacturing process.	原材料の不足が製造過程を妨害した。

2349	**belittle** [bilítl]	動 ～を軽く扱う；～を小さく見せる
2350	**quaver** [kwéivər]	動 震える；震え声で話す [歌う] 名 震え声
2351	**cloudburst** [kláudbə̀ːrst] 《気象》	名 どしゃ降り，暴風雨
2352	**maven** [méivən]	名 専門家；(自称) もの知り = 名 expert (専門家，熟練者)
2353	**raptor** [ræptər] 《動物》	名 猛禽 (類) 形 raptorial (肉食の；猛禽類の)
2354	**swivel** [swívəl]	動 くるりと回転する
2355	**chaperone** [ʃǽpəròun]	動 付き添う 名 付き添い；引率者
2356	**forebode** [fɔːrbóud]	動 ～の前兆となる = 動 augur (～の前兆となる)
2357	**smidgen** [smídʒən]	名 ごくわずかの量 熟 a smidgen of ～ (ごくわずかな量の～)
2358	**fickle** [fíkl] 《心理》	形 移り気な；変わりやすい 名 fickleness (移り気，気まぐれ)
2359	**sentient** [sénʃənt]	形 感覚力がある；知覚できる，感じうる
2360	**angst** [áːŋkst] 《心理》	名 不安，恐怖；苦悩

2349	He often belittles his children, which is very unpleasant.	彼は自分の子供たちを軽く扱うことが多く、それはとても不愉快だ。
2350	Her voice quavered with fear in the dark room.	暗い部屋の中で彼女の声が恐怖に震えた。
2351	We all got wet in the sudden cloudburst.	突然のどしゃ降りで私たちはみな濡れた。
2352	She's a maven of Navajo art, and she has some beautiful examples of the handmade silver jewelry.	彼女はナバホアートの専門家で、美しい手作りのシルバージュエリーの見本を複数持っている。
2353	The peregrine falcon belongs to a group of birds called raptors that prey on other birds.	ハヤブサはほかの鳥を捕食する猛禽と呼ばれる鳥類に属する。
2354	The chair swivels around, so it easy for the dentist to move from side to side.	そのイスはくるりと回転するので、歯医者が端から端へ移動するのが楽だ。
2355	The school asked for parent volunteers who could chaperone at the school dance.	学校はスクールダンスの際にボランティアで付き添える保護者を募った。
2356	The changing temperature and clouds forebode a coming storm.	温度や雲の動きの変化は嵐の訪れの前兆となる。
2357	It's good, but it just requires a smidgen of salt to be perfect.	おいしい、でもただ完璧にするにはごくわずかな量の塩が必要だ。
2358	King Henry VIII was a fickle husband who had six wives.	ヘンリー8世は妻を6人持つ移り気な夫だった。
2359	The forest is filled with sentient creatures.	その森は感覚力のある生き物であふれている。
2360	The young adult novel captures teenage angst beautifully.	そのヤングアダルト小説では十代の不安が美しく描写されている。

2361	**unabashed** [ʌ̀nəbǽʃt]	形 臆面もない, 物おじしない
2362	**eviscerate** [ivísərèit]	動 ～を骨抜きにする；～の内臓を取り除く
2363	**lectern** [léktərn]	名 書見台, 演台 ⊗ lector (講師；読師)
2364	**retrench** [ritréntʃ] 《経済》	動 節約する；～を削減する
2365	**defray** [difréi] 《経済》	動 ～を支払う；～を負担する
2366	**irreverent** [irévərənt]	形 非礼な, 不敬な ⊗ irreverence (非礼, 不敬) = 形 impolite (無礼な, 失礼な)
2367	**impostor** [impástər] 《社会》	名 (身分・氏名の) 詐称者
2368	**sinuous** [sínjuəs]	形 曲がりくねった；しなやかな = 形 winding (曲がりくねった)
2369	**amiss** [əmís]	形 間違った, 適切でない；正常でない 副 間違って；正常でなく
2370	**errant** [érənt]	形 正道からはずれた；誤った
2371	**abrogate** [ǽbrəgèit] 《法律》	動 (法律・慣習など)を廃止[撤回]する ⊗ abrogation (廃止, 撤回)
2372	**surly** [sə́ːrli]	形 無愛想な, 不機嫌な

2361	He is <u>unabashed</u> in his campaign for president.	彼は大統領選においては臆面もない。
2362	Politicians from the opposing party <u>eviscerated</u> the legislation by adding so many changes.	反対政党の政治家たちは非常に多くの変更を加えることでその法律を骨抜きにした。
2363	The professor placed her notes on the <u>lectern</u> before she began the speech.	教授は話を始める前にメモを書見台の上に置いた。
2364	The committee had to <u>retrench</u> and begin again when their first recommendation was rejected.	委員会は最初の提案が却下されたので、節約し仕切り直す必要があった。
2365	The scholarship helped <u>defray</u> his expenses at the private university.	私立大学での彼の学費を支払うのにこの奨学金が役立った。
2366	The young boy demonstrated <u>irreverent</u> behavior during the church service.	教会の礼拝中に少年は非礼な行動を取った。
2367	They discovered the long lost cousin who was trying to claim the inheritance was an <u>impostor</u>.	彼らは相続権を主張しようとしている長らく音信不通だったいとこが詐称者であると知った。
2368	The <u>sinuous</u> garden path curved in and out of the sunlight until it reached the rock wall.	その曲がりくねった庭園の小道は太陽の光に入ったり出たり曲がりながら岩の壁へと続いた。
2369	I suspected something was <u>amiss</u> when I didn't hear from her promptly.	彼女からの連絡がすぐには来なかったので私は何か間違ったのではないかと感じた。
2370	The parents hired a resident tutor to discourage <u>errant</u> behavior in their children.	子供たちの正道からはずれた行動を止めさせるため両親は住み込みの家庭教師を雇った。
2371	They are not in favor of the treaty; they want to <u>abrogate</u> it.	彼らはその条約に賛成しておらず、それを廃止したいと考えている。
2372	His <u>surly</u> response was not well received.	彼の無愛想な受け答えはあまり歓迎されなかった。

2373	**squeamish** [skwíːmɪʃ]	形 すぐに気分が悪くなる；潔癖症の，神経質な
2374	**seismology** [saizmάlədʒi] 《学問》	名 地震学 形 seismic (地震の；影響力の強い)
2375	**awry** [ərái]	形 失敗した，間違った；曲がった 副 失敗して，間違って；曲がって
2376	**pelagic** [pəlǽdʒik] 《地学》	形 遠洋の；大洋の
2377	**dissemble** [disémbl] 《心理》	動 とぼける，しらばくれる；(意図・感情など)を偽る[隠す]
2378	**wince** [wíns]	動 顔をしかめる；ひるむ，たじろぐ 名 顔のゆがみ；ひるみ
2379	**placid** [plǽsid]	形 (物事が)おだやかな；落ち着いた = 形 calm (おだやかな；落ち着いた，冷静な)
2380	**jostle** [dʒάsl]	動 〜を押しのける；争う
2381	**dinghy** [díŋgi]	名 小ボート，小型ヨット 熟 rubber dinghy (ゴムボート)
2382	**pristine** [prístiːn]	形 新品同様の，汚れていない；初期の，原始の
2383	**convivial** [kənvíviəl]	形 愉快な；友好的な，親しみのある 名 conviviality (愉快さ，陽気さ)
2384	**maverick** [mǽvərik] 《社会》	名 一匹狼，異端者；《政治》無所属の政治家；《動物》所有者の焼印のない子牛

2373	She realized that she was too squeamish to become a doctor.	彼女はすぐに気分が悪くなるので医者にはなれないと実感した。
2374	The Richter scale is commonly used in the field of seismology to measure the severity of an earthquake.	リヒター・スケール（マグニチュード）は地震学の分野において地震の深刻度を測るために一般に用いられる。
2375	Despite our planning, the experiment went awry.	その実験は、計画とは反して、失敗した。
2376	The albatross is a pelagic creature that spends only a very small fraction of its life on shore.	アホウドリは生涯のほんのわずかな期間しか陸上で過ごさない遠洋性の動物である。
2377	When asked to explain her motives, she dissembled.	自身の動機を説明するよう求められ、彼女はとぼけた。
2378	He winced in pain when the doctor examined his broken arm.	医者が彼の骨折した腕を検査したとき彼は痛みで顔をしかめた。
2379	The water was placid as there was little wind, so we saw no sailboats on the bay.	風がほとんどなく水面はおだやかだったので、入江に帆船は見られなかった。
2380	The crowd jostled her as she moved toward the subway platform.	地下鉄のプラットフォームに近づくと、人ごみが彼女を押しのけた。
2381	Survivors of the shipwreck were found a week later in a rubber dinghy.	船の難破の生存者たちは一週間後にゴムボート内にいるところを発見された。
2382	The antique car was in pristine condition, so it sold for a high price.	そのアンティークカーは新品同様の状態だったので、高値で売れた。
2383	I enjoy the convivial atmosphere of this coffee house.	私はこの喫茶店の愉快な雰囲気が好きである。
2384	Very few of his colleagues share his opinions; he's a maverick.	彼の意見を共有している同僚は非常に少ない。彼は一匹狼なのだ。

No.	単語	発音	意味
2385	**obsidian**	[əbsídiən] 《地学》	名 黒曜石
2386	**augur**	[ɔ́:gər]	動 ～の前兆となる 名 占い師 = 動 forebode（～の前兆となる）
2387	**squelch**	[skwéltʃ]	動 ～を押しつぶす；～を抑える
2388	**unscathed**	[ʌnskéiðd]	形 無傷の = 形 unharmed（無傷の，無事の）
2389	**inveigh**	[invéi]	動 痛烈に非難する
2390	**arrears**	[əríərz] 《経済》	名〈複数扱い〉滞納，（債務遂行の）遅れ 熟 in arrears（〔支払いを〕滞納して）
2391	**demeaning**	[dimí:niŋ] 《社会》	形 屈辱的な；品位を傷つける 動 demean（～の品位を下げる） = 形 humiliating（屈辱的な）
2392	**melee**	[méilei] 《社会》	名 大混雑；乱闘 = 名 congestion（混雑，密集）
2393	**potentate**	[póutntèit] 《社会》	名 権力者，有力者；《政治》君主
2394	**corpulent**	[kɔ́:rpjulənt] 《生理》	形 肥満型の 名 corpulence（肥満） ※ fat（太った）の遠回しの表現
2395	**staunch**	[stɔ́:ntʃ]	形 断固たる，忠実な，信頼に足る
2396	**sled**	[sléd]	名〈小型の〉ソリ，犬ゾリ

2385	The ancient arrowheads were made from <u>obsidian</u>.	古代の矢尻は黒曜石で作られていた。
2386	Economists predict that lower interest rates <u>augur</u> increased housing sales this year.	経済学者たちは低い利子率が今年の住宅販売を増加させる前兆となると予測する。
2387	Her parents <u>squelched</u> her plans to stay out late the night before the exam.	試験の前夜に夜遅くまで外出する彼女の計画を両親が押しつぶした。
2388	He is lucky that he emerged from the battle <u>unscathed</u>.	無傷のまま戦闘から戻って来たので彼は幸運の持ち主だ。
2389	The conservative politician <u>inveighed</u> against a tax increase.	保守派の政治家は増税に関し痛烈に非難した。
2390	During the economic downturn, many homeowners were <u>in arrears</u> on their payments.	不景気の間、多くの家主が家屋の支払いを滞納していた。
2391	He felt the clerk job would be <u>demeaning</u> since he had a law degree.	彼は法律の学位を持っているので販売員の仕事は屈辱的だろうと思った。
2392	The after Christmas sale turned into a <u>melee</u>.	クリスマス後のセールは大混雑となった。
2393	The <u>potentate</u> spent a lifetime ruling over his small country.	その権力者は生涯を費やして彼の小国を統御した。
2394	He was <u>corpulent</u> until he joined that gym and began working out regularly.	彼はあのジムに入会し定期的に運動を始めるまで肥満型だった。
2395	He's a <u>staunch</u> supporter of individual rights.	彼は個人の権利の断固たる支持者だ。
2396	The children jumped on the <u>sled</u> and rode it down the snowy hill to the bottom.	子供たちはソリに飛び乗り雪の積もる丘を下まで滑り降りた。

2397	**grimace** [gríməs]	動 顔をゆがめる[しかめる] 名 しかめっつら
2398	**bicker** [bíkər]	動 (つまらないことで)口論する = 動 squabble (〔つまらないことで〕口論する)
2399	**jocular** [dʒákjələr]	形 滑稽な, 冗談好きな
2400	**reprove** [riprúːv]	動 ~を叱る, たしなめる

2397	When the nurse gave him the shot, he <u>grimaced</u>.	看護師が彼に注射を打ったとき、彼は顔をゆがめた。
2398	The politicians spent their time <u>bickering</u> and did not accomplish anything.	政治家たちは口論することに時間を費やしたが何も達成できていなかった。
2399	He's always making <u>jocular</u> remarks, but not everyone finds them amusing.	彼はいつも滑稽な発言をするが、誰もがみなそれを面白いと感じるわけではない。
2400	The teacher <u>reproved</u> her students for their mistakes.	先生は生徒たちの過ちに関しその生徒たちを叱った。

No.	見出し語	意味
2401	**jaunt** [dʒɔ́:nt]	名 小旅行
2402	**engorged** [ingɔ́:rdʒd] 《医療》	形 鬱血した,充血した 動 engorge (〜を鬱血させる;〜を膨張させる)
2403	**schizophrenia** [skìtsəfrí:niə] 《医療》	名 統合失調症 形 schizophrenic (統合失調症の;〔行動に〕一貫性のない)
2404	**dollop** [dáləp]	名 少量,わずか;塊
2405	**sidle** [sáidl]	動 にじり寄る;(こっそりと)横に歩く 熟 sidle up to 〜 (〜のそばへにじり寄る)
2406	**circumspect** [sə́:rkəmspèkt]	形 慎重な,用心深い
2407	**feral** [fíərəl] 《動物》	形 野生の;野蛮な
2408	**overture** [óuvərtʃər]	名 〈複〉申し出,提案;序曲,序章 = 名 proposal (申し出,提案)
2409	**jubilant** [dʒú:bələnt]	形 喜びに満ちた 名 jubilation (歓喜,歓声)
2410	**tailspin** [téilspìn] 《経済》	名 深刻な停滞;意気消沈 熟 go into a tailspin (〔経済・株価などが〕停滞に落ち込む)
2411	**scathing** [skéiðiŋ]	形 酷評する,(言葉などが)厳しい
2412	**missive** [mísiv] 《政治》	名 公文書;信書

	EXAMPLE SENTENCE	TRANSLATION
2401	Let's take a short <u>jaunt</u> to the wine country this weekend.	今週末はワインの産地に<u>小旅行</u>に出掛けよう。
2402	His veins were <u>engorged</u> with blood.	彼の静脈は血液で<u>鬱血していた</u>。
2403	Hallucinations are one of the symptoms of <u>schizophrenia</u>.	幻覚は<u>統合失調症</u>の症状の1つである。
2404	The chef put a <u>dollop</u> of cream on top of the dessert.	シェフはデザートの上にクリームを<u>少量</u>乗せた。
2405	He <u>sidled</u> up to her and tried to take her purse.	彼は彼女の財布を取ろうと、<u>彼女のそばへにじり寄った</u>。
2406	Her behavior is very <u>circumspect</u> as she wants to keep a low profile.	彼女はずっと目立たずにいたかったのでとても<u>慎重な</u>行動を取る。
2407	It is difficult to tame a <u>feral</u> cat.	<u>野生の</u>猫を飼いならすのは大変だ。
2408	The ambassador has made some <u>overtures</u> recently, so we may reopen the negotiations.	最近大使が複数の<u>申し出</u>をしたので、私たちは交渉を再開するかもしれない。
2409	Her supporters were <u>jubilant</u> when she was elected to Congress.	彼女が議会に選出されたとき、彼女の支援者たちは<u>喜びに満ちた</u>。
2410	The economy went into a <u>tailspin</u> after the housing collapse.	住宅バブルの崩壊後に経済は<u>停滞に落ち込んだ</u>。
2411	The food critic wrote a <u>scathing</u> review of the restaurant, so the chef was depressed.	料理評論家がそのレストランについて<u>酷評する</u>レビューを書いたので、シェフは落ち込んだ。
2412	He received a <u>missive</u> from the local consulate.	彼は地元の領事館から<u>公文書</u>を受け取った。

STAGE 25

No.	見出し語	意味
2413	**somber** [sámbər]	形 憂鬱な；(見通しが)くらい；(色が)黒ずんだ；(場所が)薄暗い
2414	**bludgeon** [bládʒən]	動 ～に無理やり…させる 名 棍棒 bludgeon one's way (無理やり突き進む)
2415	**paean** [píːən]	名 賛歌；感謝の歌
2416	**bequest** [bikwést] 《法律》	名 遺産；遺贈 = 名 inheritance (遺産；相続)
2417	**voracious** [vəréiʃəs]	形 貪欲な，飽くなき；(食欲が)旺盛な 名 voracity (貪欲さ；旺盛)
2418	**lackluster** [lǽklʌ̀stər]	形 精彩を欠いた，活気のない
2419	**vertigo** [və́ːrtigòu]	名 (回転性の)めまい = 名 dizziness ([フラフラする]めまい)
2420	**asphyxiation** [æsfiksiéiʃən] 《医療》	名 窒息(死)，窒息状態 動 asphyxiate (～を窒息させる) = 名 suffocation (窒息[死])
2421	**vacillate** [vǽsəlèit]	動 (2つのものの間で)迷う，動揺する
2422	**shrivel** [ʃrívəl]	動 (乾燥・熱などで)しなびる，縮む
2423	**impolitic** [impálətik]	形 不得策な，無分別な 形 impolite (無礼な，失礼な)
2424	**jut** [dʒʌt]	動 張り出す，突き出る 形 jutting (突き出た)

2413	The somber expression on her face indicated her depressed mood.	彼女の憂鬱な表情は彼女の落胆した気持ちを表していた。
2414	I didn't want to go, but my friends bludgeoned me into joining them.	私は行きたくなかったが、友達が無理やり私を参加させた。
2415	This book is a paean to the city of Paris.	その歌詞はパリ市街への賛歌である。
2416	When her great uncle died, he left her a small bequest.	彼女の大叔父が亡くなったとき、彼は彼女にわずかな遺産を残した。
2417	She is a voracious reader, and she especially enjoys detective stories.	彼女は貪欲な読書家で、特に推理小説を好んで読む。
2418	We were disappointed in the lackluster performance.	精彩を欠いた業績に私たちはがっかりした。
2419	She experienced vertigo as one of the symptoms of the problem with her inner ear.	彼女は内耳に抱えた問題の症状の1つとしてめまいを感じた。
2420	Victims of the fire died of asphyxiation.	その火災の被害者は窒息で亡くなった。
2421	She has been vacillating over which university she should choose for over a week.	彼女は一週間以上もどの大学を選ぶべきか迷い続けている。
2422	If you leave the apples out, they will shrivel and turn yellow.	リンゴを外に出したままにしておくと、しなびて黄色くなる。
2423	It would be impolitic to criticize him publicly.	公然と彼を批判するなんて不得策だろう。
2424	A small ledge jutted out from the rock wall.	小さな岩棚が岩壁から張り出した。

No.	見出し語	意味
2425	**parable** [pǽrəbl] 《語学》	名 比喩，たとえ話 = 名 allegory (たとえ話)
2426	**wangle** [wǽŋgl]	動 〜をまんまとせしめる；策略を用いる 名 ごまかし；ずるい策略
2427	**anorexia** [ænəréksiə] 《医療》	名 拒食症，神経性食欲不振症 ⇔ 名 bulimia (過食症)
2428	**delirious** [dilíəriəs] 《医療》	形 意識が混濁した；ひどく興奮した 副 deliriously (精神が錯乱して；無性に)
2429	**ruffian** [rʌ́fiən]	名 荒くれ者，無法者
2430	**sublimate** [sʌ́bləmèit] 《化学》	動 〜を昇華させる 名 sublimation (昇華)
2431	**finicky** [fíniki]	形 好みがうるさい，凝り性の；細部まで綿密な
2432	**girth** [gə́ːrθ]	名 胴周り；周囲の寸法
2433	**lair** [léər] 《動物》	名 巣穴；隠れ家
2434	**tad** [tǽd]	名 ⟨a 一⟩⟨副詞的に⟩少し，ちょっと
2435	**runt** [rʌ́nt]	名 小さな子 [動物]
2436	**tousle** [táuzl]	動 (髪や服)を乱す，くしゃくしゃにする 名 乱れ髪

2425	The professor likes to use parables in her lectures to illustrate her lessons.	授業内容を説明するため教授は講義の中で比喩を好んで使う。
2426	The journalist tried to wangle an invitation to the White House dinner.	そのジャーナリストはホワイトハウスの晩餐会への招待をまんまとせしめようと試みた。
2427	She's become very thin as a result of anorexia.	彼女は拒食症のせいでとてもやせてきている。
2428	Her high fever made her delirious for a short time.	彼女は高熱で少しの間意識が混濁した。
2429	He's a ruffian, not a gentleman.	彼は荒くれ者であって、紳士ではない。
2430	They sublimated the solid substance into a gaseous state.	彼らは固形物質を気体状態に昇華させた。
2431	It is difficult to have him as a dinner guest as he is a very finicky eater.	彼はとても食べ物の好みがうるさいので夕食の客としてもてなすのは難しい。
2432	The large girth of the walrus makes it awkward on the land.	セイウチは胴周りが太いため陸上で活動しづらい。
2433	Hibernating animals spend the cold months in their lairs.	冬眠する動物は寒い数ヵ月を巣穴の中で過ごす。
2434	The dish was good, but it could use a tad more salt.	その料理はおいしかったが、もう少し塩けがあった方がよいかもしれない。
2435	The runt of the litter was a small, spotted dog.	一緒に生まれた子犬たちの中の小さな子は小柄でぶちがあった。
2436	The wind tousled her hair.	風が彼女の髪を乱した。

No.	見出し語	意味
2437	**scion** [sáiən] 《社会》	名 御曹司；子孫
2438	**thud** [θʌd]	名 ドスンという音 動 ドスンと落ちる
2439	**servile** [sə́ːrvil]	形 こびへつらう，卑屈な = 形 obsequious（こびへつらう，卑屈な）
2440	**telltale** [téltèil]	形 隠し通せない，内情を暴露するような 名 密告者
2441	**dossier** [dɔ́ːsièi] 《社会》	名 調査書類；(ある問題に関する)書類一式
2442	**matriculation** [mətrìkjuléiʃən] 《大学》	名 大学入学 動 matriculate（〔大学に〕入学する）
2443	**eyesore** [áisɔ̀ːr]	名 目障りなもの
2444	**smudge** [smʌdʒ]	名 汚れ，しみ 動 ~を汚す，~にしみを付ける = 名 smear（汚れ，しみ）
2445	**nascent** [næsnt]	形 初期(段階)の，発生期の
2446	**cronyism** [króunìzm] 《社会》	名 縁故主義，身びいき
2447	**gainsay** [gèinséi]	動 ~を否定する；~に反論する
2448	**sprightly** [spráitli]	形 (高齢者が)快活な，元気な

2437	The young boy is the scion of a very wealthy family.	その少年はとても裕福な家族の御曹司である。
2438	The heavy object hit the ground with a thud.	ドスンという音と共に重い物が地面に当たった。
2439	His servile behavior with the CFO did not win him any friends amongst his peers.	CFOにこびへつらう態度のせいで彼は同僚の友達を得ることができなかった。
2440	Her red cheeks were a telltale sign that she felt embarrassed.	頬が赤くなっているのは彼女が恥ずかしいと思っていることを隠し通せない証拠だった。
2441	The secret service had a dossier on him.	シークレットサービスは彼に関する調査書類を持っていた。
2442	The criteria for matriculation at this university are very specific.	この大学の大学入学基準は非常に特殊である。
2443	The vacant lot with the abandoned cars was an eyesore in the neighborhood.	乗り捨てられた車が複数ある空き地はこの近所で目障りなものであった。
2444	The fire left sooty smudges on the kitchen wall.	台所の壁に火が原因のすすの汚れが残った。
2445	The nascent democracy is struggling to survive.	初期段階の民主主義国はその存続に悪戦苦闘している。
2446	Cronyism in that organization resulted in incompetent people in some positions.	その組織の縁故主義により結果としてある地位には無能な者が就いてしまっていた。
2447	To gainsay that conclusion would be ignoring the statistics.	その結論を否定するということはその統計を無視するということになるだろう。
2448	Despite his advanced age, he is a sprightly dancer.	高齢にもかかわらず、彼は快活なダンサーだ。

2449	**vapid** [vǽpid]	形 (人・会話などが)退屈な
2450	**sabbatical** [səbǽtikəl] 《社会》	名 長期有給休暇；休暇年度
2451	**wheedle** [hwíːdl]	動 ~を甘言で欺く, うまい言葉で誘う；~を口車に乗せて手に入れる
2452	**tenuous** [ténjuəs]	形 根拠が弱い；内容のない；非常に薄い[細い]
2453	**venal** [víːnl] 《政治》	形 賄賂で動く；腐敗した
2454	**laconic** [ləkánik]	形 簡潔な；口数の少ない
2455	**waterlogged** [wɔ́ːtərlɔ̀ːgd]	形 水浸しの, (服が)びしょ濡れの
2456	**hearty** [háːrti]	形 心のこもった；(食欲が)旺盛な
2457	**hoist** [hɔ́ist]	動 (旗・帆など)をあげる；~を高く上げる
2458	**queasy** [kwíːzi]	形 吐き気がする；《心理》不安で
2459	**tempestuous** [tempéstʃuəs] 《社会》	形 激動の, 動乱の；大嵐の
2460	**rancid** [rǽnsid]	形 嫌なにおいのする

2449	She found the vapid conversation tedious.	退屈な会話はつまらないと彼女は感じた。
2450	The professor took a nine-month sabbatical to write a book.	教授は本を書くために9ヵ月間の長期有給休暇を取った。
2451	She wheedled her father until he agreed to increase her allowance.	彼女は父を甘言で欺いて、お小遣いの値上げを承諾してもらった。
2452	Her claim to the property is tenuous; I don't think it will hold up in court.	彼女のその財産に対する申し立ては根拠が弱い。法廷で支持されるとは思えない。
2453	The venal politician had to serve time in jail.	賄賂で動いた政治家は服役する必要があった。
2454	His response was laconic and to the point.	彼の返答は簡潔で、的を射ていた。
2455	The soil was waterlogged after the big storm.	その土壌は大嵐の後で水浸しになった。
2456	He offered his hearty congratulations to the winner of the contest.	彼はコンテストの勝者に心のこもったお祝いの言葉を述べた。
2457	We hoisted the sail on our boat.	私たちはボートの帆をあげた。
2458	The rough storm made some of the passengers on the ship feel queasy.	荒々しい暴風で船の乗客の中には吐き気を感じる者もいた。
2459	The 14th century was a tempestuous period in Europe.	14世紀はヨーロッパにおける激動期だった。
2460	She left the butter out of the refrigerator, and it turned rancid.	彼女はバターを冷蔵庫から出したままにしておいたので、嫌なにおいのするようになった。

STAGE 25

No.	見出し語	発音	意味
2461	**sulk**	[sʌ́lk] 《心理》	動 不機嫌になる，すねる 形 sulky (不機嫌の，すねた)
2462	**derail**	[diːréil]	動 ～を頓挫させる，失敗させる
2463	**scoff**	[skɔ́f]	動 小馬鹿にする，あざ笑う 名 あざけり，嘲笑 = 動 mock (小馬鹿にする，あざ笑う)
2464	**divvy**	[dívi] 《経済》	動 ～を分配する，山分けする = 動 divide (～を分配する；分かれる)
2465	**interloper**	[íntərlòupər]	名 侵入者；でしゃばる人
2466	**smolder**	[smóuldər]	動 (怒り・不満が)くすぶる；(火が)くすぶる
2467	**tepid**	[tépid]	形 熱意のない；生ぬるい
2468	**paramour**	[pǽrəmùər]	名 愛人
2469	**uncouth**	[ʌnkúːθ]	形 粗野な，非礼な；無骨な
2470	**dowager**	[dáuədʒər]	名 年配の裕福な婦人；(貴族の)未亡人
2471	**livid**	[lívid]	形 激怒した；青ざめた = 形 furious (激怒した)
2472	**gerontology**	[dʒèrəntálədʒi] 《医療》	名 老年学 名 geriatrics (老人病学)

2461	He sulks like a two-year-old child when things don't go his way.	彼は自分の思うどおりに物事が進まないと2歳児のように不機嫌になる。
2462	His extended illness derailed his career.	彼の長引いた病気が彼のキャリアを頓挫させた。
2463	The other students scoffed at her idea, but she made it work.	ほかの生徒は彼女の考えを小馬鹿にしたが、彼女はそれを成功させた。
2464	He divvied up the property amongst his relatives.	彼はその資産を彼の親戚の間で分配した。
2465	She was not an official member of the group, and the others made her feel like an interloper.	彼女はそのグループの公式メンバーではなく、ほかのメンバーは彼女が侵入者であるかのように感じさせた。
2466	On the outside she was smiling, but on the inside she was smoldering with anger.	表向きには彼女は笑っていたが、内心では怒りがくすぶっていた。
2467	He gave her a very tepid welcome, which was disappointing.	彼は彼女を非常に熱意のない態度で出迎え、それは残念なものだった。
2468	King Henry VIII had many wives and many paramours.	ヘンリー8世には多くの妻と多くの愛人がいた。
2469	His uncouth behavior makes him unwelcome in many social situations.	粗野な態度を取るせいで彼は多くの社会状況において歓迎されない。
2470	The elderly dowager employs a man to manage her property.	その年配の裕福な婦人は自身の資産を管理するため男性を雇用している。
2471	She was livid when she found out that he had been stealing her money.	彼が彼女のお金を盗んでいたとわかり彼女は激怒した。
2472	The doctor specialized in gerontology, and he gave talks at the local senior center.	その医師は老年学を専門としており、地元の高齢者センターで講演をした。

No.	見出し語	発音	意味
2473	**menagerie** [mənǽdʒəri]		名 様々なもの；見世物用に集めた動物 熟 a menagerie of ~（多種多様な~）
2474	**blabber** [blǽbər]		動 ペラペラとしゃべる，うかつに漏らす
2475	**enervate** [énərvèit]		動 ~を弱体化させる，~の気力を奪う 形 enervated（力を失った；疲れた）
2476	**provost** [próuvoust] 《大学》		名 学部長，学長
2477	**furlough** [fə́ːrlou]		名（海外勤務者の）休暇 動 ~に休暇を与える
2478	**wanderlust** [wɑ́ndərlʌ̀st]		名 旅行熱［癖］
2479	**surfeit** [sə́ːrfit]		名 過度 熟 a surfeit of ~（過度の~）
2480	**plutocracy** [pluːtɑ́krəsi] 《政治》		名 金権国家［政治］
2481	**sedate** [sidéit]		形 おだやかな，落ち着いた 動 ~に鎮痛剤を与える 名 sedation（鎮痛剤での治療；鎮痛状態）
2482	**intertidal** [ìntərtáidəl] 《地学》		形 潮間の，潮間帯の
2483	**slumber** [slʌ́mbər]		名 眠り，まどろみ；無活動状態 動 眠る，うとうとする
2484	**relent** [rilént]		動 折れる，態度を軟化する；《気象》《天候が》和らぐ

2473	They have a large menagerie of animals from many different habitats.	彼らは多くの異なった生息地から非常に多種多様な動物を所有している。
2474	I would not trust him with a secret; he tends to blabber.	秘密について私は彼を信用しない。彼はペラペラとしゃべるところがある。
2475	The battle enervated their forces, and they had to retreat.	その戦闘は彼らの部隊を弱体化させたため、彼らは撤退しなければならなかった。
2476	The position of the provost is just below that of the college president.	学部長の地位は大学の学長の地位のすぐ下である。
2477	The soldier was granted a furlough to visit his family.	その兵士は家族を訪れるための休暇が許可されていた。
2478	I don't think he will ever settle down; he seems to be filled with wanderlust.	彼がこの先一か所に落ち着くなんて思えない。彼は旅行熱であふれているようだ。
2479	He felt sleepy after indulging in a surfeit of food and drink.	彼は過度の食べ物や飲み物を好きなだけ楽しんだ後で眠くなった。
2480	The poor do not take part in government in a plutocracy.	金権国家では貧困者は政府に参加しない。
2481	The garden party was very sedate.	そのガーデンパーティーはとてもおだやかだった。
2482	Many sea creatures thrive in the intertidal zone.	多くの海洋動物が潮間帯で成育する。
2483	Her slumber was interrupted by the loud siren.	大きな音のサイレンで彼女は眠りを妨げられた。
2484	He is stubborn; he will never relent on this.	彼は頑固だ。彼はこれについて決して折れないだろう。

No.	単語	発音	意味
2485	**trenchant**	[tréntʃənt]	形 切れの良い，痛烈な；(政策などが)強力な；効果的な
2486	**alacrity**	[əlǽkrəti]	名 敏速さ，即座 熟 with alacrity (敏速に，即座に)
2487	**gaudy**	[gɔ́ːdi]	形 派手な，けばけばしい
2488	**dawdle**	[dɔ́ːdl]	動 無駄にぶらぶら過ごす 名 dawdler (のろま；怠け者)
2489	**wistful**	[wístfəl]	形 切ない気持ちの，物思いに沈んだ 副 wistfully (もの悲しそうに)
2490	**attenuated**	[əténjuèitid] 《化学》	形 弱毒化した，弱体化した 動 attenuate (〜を弱める)
2491	**arboretum**	[àːrbəríːtəm]	名 樹木園；森林公園
2492	**photogenic**	[fòutədʒénik]	形 画面映えのする，写真写りの良い 形 telegenic (テレビ映りの良い)
2493	**filch**	[filtʃ]	動 〜を盗む，失敬する ※ steal (〜を盗む) の遠回しの表現
2494	**valedictorian**	[vælədiktɔ́ːriən] 《大学》	名 卒業生総代 名 salutatorian (〔卒業式の〕開会式辞朗読者)
2495	**officiate**	[əfíʃièit]	動 職務をはたす，役を務める；儀式を行う
2496	**succor**	[sʌ́kər] 《社会》	名 支援，救助 動 〜を支援する

2485	Her <u>trenchant</u> comments make her daily blog interesting to read.	彼女のコメントは切れが良いので彼女の日々のブログを読むのは面白い。
2486	She's a great employee as she performs all her tasks with <u>alacrity</u>.	彼女は全ての仕事を敏速に遂行する優れた従業員である。
2487	The girl arrived wearing lots of bracelets and necklaces, which the other girls thought was <u>gaudy</u>.	その女性はブレスレットやネックレスをたくさん身につけてやってきたが、ほかの女性はそれを派手だと思った。
2488	Please don't <u>dawdle</u>; we need to be quick.	無駄にぶらぶら過ごさないでほしい。私たちには急ぐ必要があるのだから。
2489	Visiting the campus again after many years left him feeling <u>wistful</u>.	何年も経ってからまたキャンパスを訪れたことは彼を切ない気持ちにさせた。
2490	In medicine, <u>attenuated</u> strains of a virus are used to produce vaccines for some diseases like smallpox.	医学では、天然痘といった病気のワクチンを作るのに弱毒化したウイルスの株が用いられる。
2491	That university has a lovely <u>arboretum</u>, which is managed by the botany department.	その大学にはすてきな樹木園があり、それは植物学科が管理している。
2492	She's very <u>photogenic</u>, which helps her career as a model.	彼女はとても画面映えするが、それがモデルとしてのキャリアに役立っている。
2493	I don't trust him; I saw him <u>filch</u> money from her purse.	私は彼を信用しない。私は彼が彼女の財布から金を盗むところを見た。
2494	The class <u>valedictorian</u> gave a speech at the graduation ceremony.	クラスの卒業生総代が卒業式で式辞を述べた。
2495	The umpire <u>officiated</u> at the professional baseball game.	審判員はプロ野球の試合で職務をはたした。
2496	That relief organization gives <u>succor</u> to millions of people affected by natural disasters.	その慈善救助組織は自然災害の被害を受けた多くの人々の支援を行っている。

| 2497 | **grandstand** [ɡrǽndstæ̀nd] | 動 目立つ行為をする, スタンドプレーをする 名 (競技場の) 正面特別観覧席 |

| 2498 | **famished** [fǽmiʃt] | 形 空腹の, 飢えた = 形 starving (ひどく空腹の) |

| 2499 | **paroxysm** [pǽrəksìzm] 〈心理〉 | 名 (感情の) 激発；発作 |

| 2500 | **satiated** [séiʃièitid] 〈心理〉 | 形 十分に満足した 動 satiate (〜を十分に満足させる) |

2497	The politician takes advantage of every opportunity to grandstand.	その政治家は目立つ行為をする機会は余すところなく利用する。
2498	The young boy was famished after running the race.	少年はレースで走った後空腹だった。
2499	He exploded in a paroxysm of rage.	彼は怒りの激発を爆発させた。
2500	After eating the big meal, he felt satiated.	たっぷりの食事を取った後で、彼は十分に満足だった。

Column 5 — Geometry（幾何）

▶ TOEFL テストでは，数学以外の分野でも「基本的な図形」の名称がよく出てきます。日本人にはなじみの薄い「基礎知識」です。

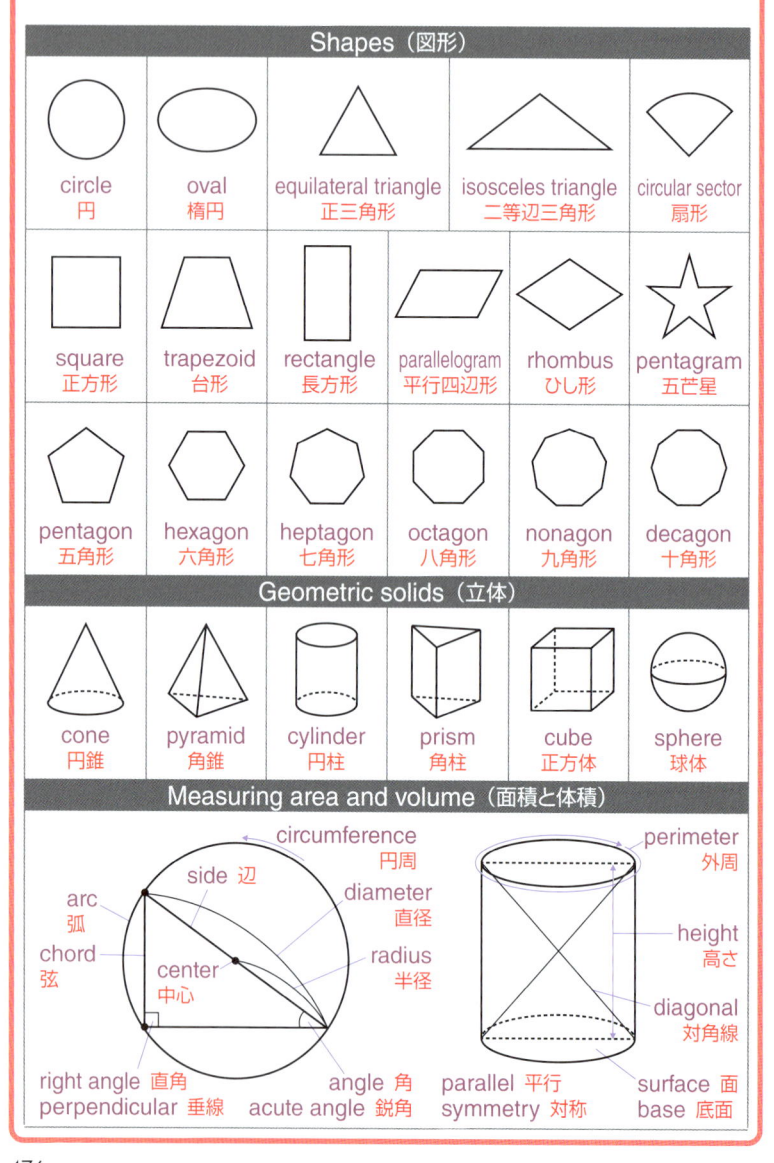

Shapes（図形）

circle 円	oval 楕円	equilateral triangle 正三角形	isosceles triangle 二等辺三角形	circular sector 扇形

square 正方形	trapezoid 台形	rectangle 長方形	parallelogram 平行四辺形	rhombus ひし形	pentagram 五芒星

pentagon 五角形	hexagon 六角形	heptagon 七角形	octagon 八角形	nonagon 九角形	decagon 十角形

Geometric solids（立体）

cone 円錐	pyramid 角錐	cylinder 円柱	prism 角柱	cube 正方体	sphere 球体

Measuring area and volume（面積と体積）

- circumference 円周
- side 辺
- diameter 直径
- arc 弧
- radius 半径
- chord 弦
- center 中心
- right angle 直角
- perpendicular 垂線
- angle 角
- acute angle 鋭角
- perimeter 外周
- height 高さ
- diagonal 対角線
- parallel 平行
- symmetry 対称
- surface 面
- base 底面

INDEX

2500 ADVANCED ENGLISH WORDS FOR THE TOEFL TEST

STAGE 01-25
No.0001-2500

- □ この索引には,本文の見出語(計2500語)およびその関連語(派生語・同義語・類義語・対義語)が掲載されています。
- □ 太字は見出語,細字は関連語として掲載されている単語です。
- □ 左端の赤文字(-bや-cなど)は「2つ目のスペル」です。例えば,A列にある-cの右側にはacで始まる単語(academicなど)がくるという意味です。単語検索の際にご活用ください。

A

- **-b** abandon 228,256
- abate 196
- abatement 196
- abdicate 146
- abdication 146
- abdomen 162
- abduct 226
- abduction 226
- aberrant 308
- aberration 308
- abhor 250
- abhorrent 322
- ablactate 226
- abominable 186
- abominate 186
- abomination 186
- abound 136
- abrasive 256
- abreast 98
- abridge 146
- abridged 146
- abrogate 450
- abrogation 450
- absolve 286
- abstain 150
- abstention 356
- absurd 358
- abut 368
- abutment 368
- abyss 268
- **-c** accede 386
- accedence 386
- acclaim 124
- acclaimed 124
- accolade 286
- accommodation 368
- accomplice 414
- accord 182
- accrue 150
- acculturate 278
- acculturation 278
- accumulate 226
- acquit 60
- acre 32
- acreage 32
- acrimony 418
- actuarial 84
- acute 434
- **-d** adamant 268

- adept 162
- adeptly 162
- adequacy 254
- adequately 314
- adjourn 400
- adjournment 400
- adjudicate 120
- administration 40
- admirable 124
- admire 124
- admonish 128
- admonition 128
- adorn 298
- adornment 298
- adroit 444
- adroitly 444
- adulation 380
- advanced 106
- adversary 268
- adverse 148
- advise 128
- advocate 244
- **-e** aeronautics 32
- aesthetic 294
- **-f** affable 370
- affecting 212
- affidavit 150
- affinity 50
- affix 256
- affront 366
- afterword 252
- **-g** aggravate 88
- aggrieved 234
- agree 80
- agronomist 36
- agronomy 36
- **-i** ail 152
- aisle 42
- **-l** alacrity 472
- alchemic 338
- alchemy 338
- alienable 372
- alienated 262
- alight 386
- allay 246
- allegorical 154
- allegory 154,462
- alliteration 298
- allocate 270
- allot 96
- allotment 96
- alloy 152

- allure 268
- alluvial 88
- **-m** amalgam 340
- amass 226
- amber 338
- ambiance 386
- ameliorate 208
- amenable 178
- amicably 388
- amiss 450
- amnesty 62
- amorphous 102
- amphibian 154
- ample 314
- amply 314
- amputate 388
- amputation 388
- amputator 388
- **-n** anabolic 300
- anachronism 226
- anachronistic 226
- anagram 68
- ancestor 36,38,118
- ancillary 268
- angst 448
- anguish 186
- anguished 186
- animosity 234
- annals 98
- annihilate 132,270
- annihilation 132
- annul 270
- anomalous 38
- anomaly 38
- anorexia 462
- antagonist 424
- antagonize 424
- antecedent 118
- anthem 320
- anthropomorphic 242
- anthropomorphous 242
- antics 388
- antidote 136
- antipathy 74
- antisepsis 278
- antiseptic 278
- antithesis 154
- antithetical 154
- **-p** apathetic 260
- apathy 260

- aperture 20
- apex 28
- apocryphal 260
- apogee 398
- apparatus 166
- apparition 300
- appease 278
- applause 286
- apportion 270
- apportionment 270
- appraisal 34
- appraise 34
- appreciate 374
- apprehend 156
- apprehension 156
- apprise 278
- appropriate 286
- aptitude 182
- **-q** aquaculture 156
- aquifer 152
- **-r** arable 234
- arboretum 472
- arcane 304
- archaic 260
- archipelago 298
- ardent 78
- arduous 266
- arduously 266
- armada 236
- armistice 190
- arouse 270
- arrears 454
- arrogant 178,432
- arthropod 152
- **-s** ascetic 226
- asphyxiate 460
- asphyxiation 460
- assail 308
- assay 446
- assemble 124,212
- assiduous 424
- assonance 298
- assort 62
- assorted 62
- assortment 62
- asteroid 236
- astonish 156
- astound 156
- astounding 156
- astral 160
- astronomical 60
- astute 286

	asunder	442	beleaguer	378	bluff	50
	asymptomatic	248	belittle	448	blunder	142
	asynchronous	370	belligerent	356	blur	24
	asynchronously	370	bellow	326	blurred	24
-t	atheism	132	-a babble	218	-o bog	216
	atheist	132	backfire	236	bellybutton	168	boisterous	226
	atmosphere	386	backlash	226	belongings	166	bolster	30
	atoll	226	backlog	334	benefactor	260	bonfire	316
	atone	102	backup	374	benevolence	60	boon	266
	atrium	132	baffle	216	benign	260	boondocks	444
	atrocious	84	baffling	216	bequest	460	booty	350
	atrophy	196	balefire	316	berate	238	botanical	50
	attack	128	balk	308	bereave	116	botany	50
	attentive	124,262	ballistic	302	bereavement	116	botch	430
	attenuate	472	balmy	428	berserk	430	bother	228
	attenuated	472	banal	278	beseech	442	bottleneck	62
	attest	102	banality	278	besiege	174	boundary	160
	attract	268	banish	102	besieger	174	boundless	418
	attrition	138	banquet	104	bestow	70	bountiful	208
	attune	248	banter	286	bestowal	70	bounty	208
	attuned	248	barb	110	betrayer	178	bout	128
	atypical	370	bard	216	bevy	424	boycott	110
	atypically	370	barge	270	bewilder	164,270	-r branch	258
-u	audacious	102	bark	252	bewildering	270	brave	262
	audacity	102	baroque	304	-i bicentennial	374	brawl	238
	audit	140	barrack	248	bicker	456	breach	232
	augment	118	barrage	266	bifurcate	302	break	92
	augur	454	barren	278	bifurcation	302	brevity	176
	austere	236	baseless	428	bigot	314	brew	162
	authentic	326	bash	312	bigotry	314	brewery	162
	authority	244	bashful	432	bill	340	brief	354
	autism	98	bask	400	binge	116	briefing	180
	autocracy	32	baste	312	biometrics	30	brilliant	36
	autocrat	32	bastion	440	bipartisan	352	brink	248
	auxiliary	118	battalion	194	biped	74	bristle	340
-v	avalanche	124	batter	186	bipedal	74	brood	128
	avarice	338	bay	376	bizarre	142	brooder	128
	avaricious	338	-e beachhead	58	-l blabber	470	brook	98
	avatar	248	bead	138	blare	278	-u buckle	206
	avenge	208	beak	340	blaspheme	288	bud	336
	avenger	208	beckon	266	blast	332	budding	336
	averse	232	befall	248	blatant	366	budge	394
	aversion	226	beg	230,314	blaze	266	buffoon	446
	avert	224	beget	66	bleak	318	buggy	318
	avid	226	beggar	230	bleeding	264	bulge	156
	avoid	260,372	beginning	42	blemish	408	bulimia	462
-w	awe	142	behavior	180	blip	394	bulwark	334
	awesome	126	behemoth	196	blistering	300	bummer	302
	awkwardness	362	behest	302	blitz	174	buoy	260
	awry	452	behoove	394	blob	114	buoyant	260
-z	azure	424	belabor	430	blot	124	burdensome	228
			belated	400	blowhole	412	burgeon	314
			belatedly	400	bludgeon	460		
			belch	342				

479

INDEX B–D

burgeoning	314
burglar	38
burglary	38
burrow	186
burrower	186
bustle	326
buttock	152
buttress	216

C — PAGE

-a cabal	402
cache	114
cacophony	396
cadence	322
cadre	164
cajole	388
cajolement	388
calamity	202
caldera	186
caliber	326
calibrate	300
caliph	62
caliphate	62
callous	294
calm	452
camaraderie	302
camouflage	324
candid	440
cane	130
canister	286
cannibal	326
canon	260
canonize	260
canopied	186
canopy	186
canvass	446
capability	326
capable	354
capillary	152
capitulate	260
caprice	248
capricious	248
capsize	414
capstone	306
captivate	208
captive	208
carbohydrate	62
carbon	62
cardiac	74
cardiovascular	18
careen	442
carillon	442
carnage	360
carnivore	146
carnivorous	146
caste	88
castigate	380
cataclysm	202
cataclysmic	202
catapult	286
catastrophe	202
caucus	216
causative	248
cause	248
caustic	320
cavalier	178
cavalry	80
cave	158,332
caveat	366
cavern	332
-e cease	324
cease-fire	190
cede	84
celestial	60
cellulose	434
centennial	104
centrist	424
-h chafe	402
chaff	194
chaperone	448
charge	20
charlatan	336
chasm	238
chastise	312
chastity	238
cheat	344
chide	372
chisel	340
chivalric	286
chivalry	286
chlorophyll	410
choreograph	20
choreographer	20
choreography	20
chuck	80
-i cipher	164
circuitous	278
circumscribe	308
circumspect	458
circumvent	260
citadel	304
-l clad	402
clamor	308
clandestine	440
clanging	386
class	288
cleanser	288
cleave	146
cleft	146
clemency	342
cliché	74
climax	294
clinch	322
clique	98
cloak	142
clod	410
clog	218
clogged	218
clothe	402
cloudburst	448
clown	316,446
clump	180
-o coarse	394
coax	306
cobble	208
coed	408
coerce	46
coercion	46
cog	180
cogency	438
cogent	438
cognitive	36
cognizant	36
cohort	114
coincide	320
collage	208
collar	130
collegial	438
collude	134
collusion	134
collusive	134
coloring	278
colossal	318
column	172
coma	226
comb	124
combustible	148
comeback	264
commemorate	70
commemoration	70
commemorative	70
commend	42
commendable	42,318
commensurate	286
commonplace	278
commute	76
compartmentalize	362
compartmentalization	362
compendious	278
compendium	138
compete	316
compilation	138
complacency	194
complacent	194
complacently	194
complain	262
complexion	278
concave	226
concede	46
conceit	36
conceited	36
concentric	120
conciliation	368
concise	354
conciseness	176
conclude	322
concoct	270
concord	224
concordant	208
concrete	94
concur	80
concuss	270
concussion	270
condemn	418
condescend	248
condescending	248
condolence	314
condone	392
conducive	40
cone	186
confiscate	134
confiscation	134
conflagration	376
conflict	154,182
confluence	272
confound	164
confrontation	294
confusing	270
congenial	346
congenital	208
congestion	454

congregate	286	copious	210	crowd	56	debilitate	130
congregation	286	cordial	96	crude	394	debris	44
congruence	28	corollary	120	crumble	306	debunk	312
congruent	28	coronary	42	crunch	124	deceive	256
conical	186	coronation	228	crusade	58	decency	210
conically	186	coroner	60	crush	234	decent	58, 210
conifer	152	corpulence	454	crustacean	344	deceptive	22
conjugate	118	corpulent	454	crutch	210	decidedly	18
conjugation	118	corroborate	156	crypt	216	deciduous	378
conjure	90	corroboration	156	cryptic	216	decimate	264
connivance	424	corrode	396	crystallization	134	decimation	264
connive	424	corrosion	396	crystallize	134	decipher	176
connotation	30	countenance	164	-u cuff	164	decisive	192
connotative	30	counterfeit	202	cull	280	decisively	192
connote	30	countermeasure		culminate	96	deconstruct	164
conquer	128		120	culmination	96	deconstruction	
conscript	72	counterpoint	302	culpable	142		164
conscription	72	courageous	416	cultivable	234	decorum	378
consecrate	264	courier	248	cumbersome	228	decoy	56
consider	414	courthouse	30	cunning	18	decrease	182
consonance	410	cove	376	curator	44	decry	418
consort	358	covert	148	curatorial	44	deface	370
conspicuous	70	covet	238	curb	100	defeat	330
conspiracy	130	covetous	238	curfew	338	defer	76
conspirator	414	coy	426	curio	430	deference	120
conspire	130	-r crackle	202	curricular	60	deferential	120
constantly	242	cradle	248	cursory	412	defiant	110
consternation	278	cram	202	curtail	192	deficient	232
constrict	82	cramp	248	curtailment	192	defile	288
consummate	216	cranium	408	curtsy	426	definite	264
contemplation		crank	148	cushion	142	deflate	148
	116	crankiness	148	cusp	288	deflated	148
contempt	26	cranky	148	-y cycle	28	deflation	148
contention	192	creak	396	cyclical	28	deforest	238
contentious	192	creativeness	104	cyclically	28	deforestation	238
contentiously	192	credential	94	cynosure	252	deform	100
contiguous	138	credulous	354	-z czar	68	deformation	100
contraption	334	creed	100			defray	450
contrite	332	cremate	228	**D**	PAGE	deftly	398
contrition	332	cremation	228	-a dabble	340	defuse	228
controversial	54	crescendo	366	dagger	238	defy	110
conundrum	210	crescent	138	danger	128	deign	398
convalesce	310	crest	250	daunt	64	delectable	432
convene	118	crimp	446	daunting	64	deleterious	148
convex	288	cringe	390	dawdle	472	deleteriously	148
convict	60	cripple	42	dawdler	472	deliberate	212
convincing	438	crippling	42	daze	388	delicate	182
convivial	452	crisp	46	-e deadlock	154, 338	delicious	432
conviviality	452	cronyism	464	deadlocked	338	delineate	180
convocation	216	crook	186	dearth	326	delineation	180
convoluted	320	crooked	186	debacle	306	delirious	462
convoy	350	crouch	246	debase	346	deliriously	462

INDEX D–E

delude	298
delusion	298
delve	120
demagogue	370
demarcate	250
demarcation	250
demean	454
demeaning	454
demeanor	180
demise	120
demolish	232
demoralize	250
demote	238
demur	238
demurral	238
den	274
denigrate	280
denominator	168
deoxidize	56
depiction	362
deplorable	72
deplore	72
deport	28
deportation	28
depose	58
deprave	280
depraved	280
depreciate	374
derail	468
derange	250
deranged	250
derelict	430
deride	322
derogatory	422
descendant	36,38
desecrate	348
desist	324
desolate	296
despicable	280
despond	152
despondent	152
despot	344
destabilization	64
destabilize	64
destitute	308
detain	94
detective	360
detention	94
deter	64
detergent	288
deteriorate	208
determinate	264
determination	264
determined	268
deterrent	64
detest	250
detonate	332
detour	304
detract	156
detractor	156
detrimental	176
detritus	436
deviance	148
deviant	148
deviate	110
deviation	304
devoid	280
devolution	378
devolve	378
devour	192
devourer	192
devouring	192
devout	78
dexterity	216
dexterous	216
-i diabolic	250
diabolical	250
diametrical	392
diametrically	392
diaspora	142
diatribe	296
dichotomy	100
dictator	76
didactic	132
didacticism	132
different	64
digress	318
digression	318
dilapidate	398
dilapidated	398
dilemma	436
diligent	38,424
dilute	28
diluted	28
dilution	28
diminution	326
diminutive	326
dinghy	452
dint	390
dire	54
dirty	220
disarm	138
disarmament	138
disband	238
disbandment	238
disbar	420
disburse	78
disbursement	78
disconnected	424
discord	182
discordant	208
discouraging	64
discredit	110
disdain	282
disease	158
disfigure	32
disfigured	32
disfigurement	32
disgrace	18
disgraceful	18
disgruntled	314
disguise	324
dishearten	374
dishevel	290
disheveled	290
dishonest	220
disingenuous	424
disintegrate	192
disintegration	192
disjointed	424
dislodge	216
dismal	228
dismantle	124
dismay	18
disorderly	380
disparage	90
disparagingly	90
dispel	90
dispense	318
disperse	18
displace	110,216,258
disrepute	426
dissect	42
dissected	42
dissection	42,230
dissemble	452
disseminate	18
dissipate	134
dissonance	100,410
dissonant	100
dissuade	366
distill	202
distillation	202
distinguished	36,354
disturbance	182,374
dither	250
diurnal	318
diverge	64
divergent	64
divest	374
divide	232,468
divulge	262
divvy	468
dizziness	460
-o docile	440
docility	440
dock	268
doctrine	300
dogged	416
doggedly	416
doggerel	372
dole	318
dollop	458
domestic	182
domesticate	182
domicile	302
domiciled	302
donor	260
dormant	210
dorsal	152
dossier	464
doubtfully	192
douse	422
dovetail	320
dowager	468
dower	376
downplay	282
downpour	416
downtime	142
downturn	66
doze	250
-r drain	252
drape	142
drapery	142
dreary	54
dredge	342
dribble	330
drizzle	390
droop	320
droplet	138
drowsiness	350
drowsy	350
drudge	396

- **-u dub** 156
- **dubious** 298
- **dud** 164
- **dukedom** 230
- **duly** 156
- **durable** 72
- **duress** 86
- **-w dwarf** 22
- **dwindle** 182
- **-y dysfunctional** 132

E

- **-a eager** 78
- **earmark** 282
- **ease** 38
- **eavesdrop** 298
- **-b ebb** 290
- **-c eccentric** 142, 410
- **echelon** 288
- **eclectic** 186
- **eclectically** 186
- **eclipse** 66
- **ecstasy** 130
- **ecstatic** 130
- **ectotherm** 436
- **-d edible** 192
- **edict** 202
- **edifice** 210
- **-f effable** 264
- **effigy** 382
- **efflux** 138
- **effusive** 306
- **-g egalitarian** 32
- **egalitarianism** 32
- **egregious** 148
- **egregiously** 148
- **egregiousness** 148
- **-j eject** 272
- **ejection** 272
- **-l elapse** 60
- **elastic** 256
- **elated** 250
- **ellipse** 150
- **ellipsis** 80
- **elongate** 192
- **elongated** 192
- **elucidate** 138
- **elucidation** 138
- **elucidatory** 138
- **elusive** 156
- **elusively** 156
- **elusiveness** 156
- **-m emaciate** 354
- **emaciated** 354
- **emanate** 104
- **emancipation** 18
- **emancipator** 18
- **embargo** 288
- **embarrass** 230
- **embattled** 412
- **embellish** 210
- **embezzle** 280
- **emblem** 344
- **emblematic** 344
- **embroil** 408
- **embroiled** 408
- **emeritus** 152
- **eminent** 36
- **emir** 262
- **emirate** 262
- **emissary** 334
- **empathize** 90
- **empathy** 90
- **emulate** 60
- **-n encapsulate** 118
- **encapsulation** 118
- **encase** 368
- **enclave** 358
- **encompass** 276
- **encore** 54
- **encroach** 142
- **encroachment** 142
- **encumber** 262
- **encyclopedic** 374
- **endear** 36
- **endotherm** 436
- **endure** 30
- **enervate** 470
- **enervated** 470
- **engender** 218
- **engorge** 458
- **engorged** 458
- **engrave** 130
- **engulf** 296
- **enigma** 280
- **enigmatic** 280
- **enmity** 280
- **ennui** 58
- **enophile** 444
- **enormously** 146
- **enrage** 100
- **enslave** 80
- **ensue** 44
- **entangle** 148
- **enthrall** 304
- **entice** 130
- **entomological** 142
- **entomologist** 142
- **entomology** 142
- **entourage** 238
- **entrance** 114
- **entrap** 414
- **entreat** 370, 442
- **entreaty** 370
- **entropy** 28
- **entrust** 92
- **enunciate** 280
- **enunciation** 280
- **envelop** 48
- **environment** 230
- **envoy** 148
- **-o eon** 432
- **-p ephemeral** 282
- **epicenter** 22
- **epiphany** 72
- **epithet** 294
- **epitomize** 388
- **-q equestrian** 250
- **equidistant** 430
- **equinox** 436
- **equivocal** 208, 356
- **equivocate** 356
- **-r ergonomic** 132
- **ergonomically** 132
- **ergonomics** 132
- **err** 66
- **errant** 450
- **erratic** 72
- **erratically** 72
- **erroneous** 80
- **error** 66, 80
- **erudite** 374
- **-s escapable** 38
- **eschew** 372
- **escort** 104
- **esoteric** 372
- **espionage** 296
- **espouse** 156
- **essence** 62
- **estivate** 228
- **estranged** 262
- **estuary** 192
- **-t etch** 130
- **etiquette** 104
- **-u eulogize** 138
- **eulogy** 138
- **euphemism** 228
- **euphemistic** 184, 228
- **euphoria** 138
- **euphoric** 138
- **-v evade** 122
- **evangelist** 218
- **evaporate** 18
- **evaporation** 18
- **evasion** 270
- **evasive** 270
- **evergreen** 378
- **evict** 164
- **eviction** 164
- **eviscerate** 450
- **evocation** 28
- **evocative** 28
- **evoke** 28
- **-x exaggeration** 274
- **exalt** 64
- **exaltation** 64
- **exalted** 64
- **examine** 120
- **exasperate** 238
- **excavate** 134
- **excavation** 134
- **excise** 86
- **exclave** 358
- **exclude** 222
- **excrete** 320
- **excretion** 320
- **excruciate** 344
- **excruciating** 344
- **exculpate** 374
- **excursion** 282
- **excuse** 76
- **exemplar** 18
- **exemplarily** 18
- **exemplary** 18
- **exfoliate** 298
- **exhale** 32
- **exhausted** 50
- **exhausting** 434
- **exhilarate** 274, 282
- **exhilarating** 282
- **exhort** 374
- **exhortation** 374
- **exhume** 358
- **exodus** 164
- **exonerate** 394
- **exorbitance** 396
- **exorbitant** 396

483

expatriate 430	fault 262	flame 266	forfeiture 44
expedite 176	fawn 58	flashback 192	forge 182
expeditious 176	fawning 58	flattery 380	forgery 182
expel 222	-e feast 104	flaunt 436	forgo 274
expendable 398	feat 44	flavorful 54	formative 118
expenditure 254	fecundity 418	fleck 270	formidable 126
expert 448	feeble 288	fledgling 210	forsake 228
expletive 340	feedstock 288	fleece 306	fort 334
explicable 130	feign 316	flexible 104	forte 444
explosion 194	feint 316	flimsy 298	forthcoming 240
expropriate 314	feline 240	fling 38	fortification 132
expulsion 114	felony 94	flippant 422	fortuitous 376
exquisite 48	feral 458	flippantly 422	fortuitously 376
exterminate 270	ferment 50	flirt 252	fortunate 350
extol 372	fermentation 50	flirtation 252	foul 144
extracurricular 60	ferocious 272	flock 44	fowl 24
extradite 250	ferret 350	flood 290	-r fragrance 206
extraneous 148	fertileness 418	flop 202	frail 182
extraneously 148	fervent 262	floppy 148	franchise 82
extrapolate 134	fervor 262	florid 430	frank 58
extrapolation 134	feud 86	flounder 400	frantic 356
extraterrestrial 368	feudal 36	flout 444	frantically 356
	-i fiasco 270	fluff 404	fraternity 166
extravagant 210	fickle 448	fluke 404	fraternize 382
extremist 424	fickleness 448	flurry 288	fraud 336
extricate 354	fidget 368	flutter 76	fray 240
extrovert 326	fiduciary 346	-o fodder 358	freak 122
exuberant 240	fierce 272	fog 144	frenzied 240
exude 426	figurative 186	foible 444	frenzy 240
exult 350	figuratively 186	foist 446	fret 228
exultant 350	filch 472	folio 186	fright 48
-y eyesore 464	filial 400	folklore 242	frighten 48
	filter 86	folly 38	frigid 56
F PAGE	filth 60	foment 440	frisk 156
-a facade 112	filthy 60	fondness 190, 398	frivolous 100
facsimile 240	filtrate 86	foolhardy 444	frolic 444
faction 98	finesse 362	forage 72	frothy 392
faint 326	finicky 462	forbear 272	fructose 86
fallacious 96	fire-retardant 300	forbearance 272	frugal 360
fallacy 96	firm 54	force 56	frugality 360
fallback 374	fission 182	forebear 38	fruitful 52
fallout 250	fissure 164	forebode 448	-u fuel 336
fallow 342	fixation 134	forefather 36	fulcrum 370
falsification 182	fizziness 434	foregone 142	full-blown 202
falter 288	fizzle 338	foremost 52	full-fledged 296
famished 474	fizzy 434	forensics 300	fume 130
farce 404	-l flabby 54	forerunner 288	functional 132
farcical 404	flagrant 406	foreshadow 202	fungicide 400
far-flung 428	flair 362	foresight 216	funk 350
fascinate 304	flake 156	forestall 358	funnel 100
fascist 24	flaky 156	foreword 252	furious 468
fastidious 274	flamboyant 356	forfeit 44	furl 358

	furlough	470		geyser	144	groove	122	hateful	322
	furor	390	-h	ghetto	240	grope	298	hatred	234
	furrow	316	-i	gift	362	grotto	158	haughty	432
	furtive	440		gigantic	242,368	groundbreaking		haul	158
	furtively	440		giggle	326		112	havoc	240
	fuselage	404		gill	152	groundwork	144	haze	144
	fusion	182		gingerly	422	grouse	298	hazy	144
	fuss	182		girth	462	grove	52	-e headway	326
	futile	202		gist	62	grovel	418	hearsay	152
	futility	202		gizmo	336	grubby	220	hearten	374

G

			-l	glade	306	grudge	204	heartland	228
				glaring	390	grudging	204	hearty	466
-a	gadget	336		glaze	202	grueling	434	heave	324
	gage	74		gleam	148	grumble	262	hectic	376
	gainful	302		glean	204	grunt	314	hectically	376
	gainsay	464		gleanings	204	-u guess	234	hedge	62
	gait	194		glide	294	guile	406	hefty	294
	gaiter	194		glimmer	352	guise	130	hegemonic	30
	gallant	262		glisten	324	gulag	240	hegemonism	30
	galvanize	274		glitch	262	gullible	354	hegemony	30
	gambit	288		glitter	324	gully	166	heinous	322
	game	82		gloomy	228	gulp	356	heir	358
	gamin	312		glower	432	gunk	126	heirloom	358
	gamut	186		glut	76	guru	240	heist	416
	gap	238	-n	gnash	376	gush	352	helm	318
	garble	354		gnaw	252	gust	176	hem	210
	garbled	354	-o	goad	442	gut	166	hemorrhaging
	gargantuan	368		godsend	266	gutter	252		264
	garish	390		gorge	320	guttural	400	herald	62
	garner	24		gory	442	-y gymnastic	188	herbivore	188
	garnish	414	-r	graft	164	gymnastics	188	herbivorous	188
	gasp	216		grandeur	290	gypsy	228	herculean	432
	gather	204		grandiose	290			herd	424

H

	gaudy	472		grandstand	474			heresy	26
	gauntlet	412		granular	82	-a haggle	348	heretic	26
	gawk	428		grapple	30	hajj	188	heretical	26
	gawker	428		grating	188	hajji	188	heretofore	422
-e	gel	104		gratuitous	240	hallmark	22	hermetic	444
	gelatinous	434		grave	150,332	halo	84	heterogeneity	24
	generate	218		gravel	182	hamlet	66	heterogeneous
	generous	434		gravelly	182	hamper	158		424
	genocidal	28		gravitate	302	handicraft	56	heuristic	98
	genocide	28		gravitation	300	hands-off	356	heuristically	98
	genus	176		greed	338	haphazard	398	heuristics	98
	geothermal	32		greeting	114	haphazardly	398	hexagon	84
	geriatric	134		gregarious	362	happen	248	hexagonal	84
	geriatrician	134		grief	178	harangue	444	heyday	228
	geriatrics	134,468		grill	176	harbinger	26	-i hiatus	392
	germinate	290		grim	210	harmful	220	hibernate	228
	gerontology	468		grimace	456	harmless	230	hide	348
	gestalt	104		groan	122	hash	94	hideous	294
	gestation	176				hassle	264	hideout	274

INDEX H–L

Word	Page
hieroglyph	312
hieroglyphic	312
hilarious	274
hill	360
hilt	324
hinder	262
hindsight	264
hinge	104
hitch	378
hive	318
-o hoard	66
hoarse	130
hoax	252
hobble	388
hoist	466
holocaust	22
homage	240
homeotherm	436
homogeneous	424
homologous	274
hoodlum	422
hoof	348
horde	56
horrible	92
horticultural	118
horticulture	118
horticulturist	118
hot	252
hotly	252
hover	72
howl	252
-u hub	228
hubris	352
huddle	220
hue	294
humble	36
humiliate	230
humiliating	454
hunch	220
hunk	428
hunker	438
hurl	194
hurried	412
hurtle	422
husky	130
-y hydrate	176
hymn	320
hype	264
hyperbole	274
hypersensitive	378
hypertension	66
hypertensive	66
hypocrisy	146
hypocrite	146
hypocritical	146
hypodermic	428
hysteria	182
hysterical	182

Word	PAGE
-d idiosyncrasy	188
idiosyncratic	188
idyll	274
-g ignite	210
ignition	210
ignoble	282
-l illegible	418
illiterate	130
illustrious	36
-m imam	204
imbecility	38
imbed	92
imbue	242
immaterial	46
immeasurable	368
immense	146
immensely	146
immutability	104
immutable	104
impalpable	244
impart	82
impassable	154,312
impasse	154
impel	56
impending	54
imperceptible	392
impervious	350
impetus	44
impinge	220
impious	78
implacable	426
implacably	426
implode	370
implore	314
impolite	386,450,460
impolitic	460
important	46
impostor	450
impotent	294
impound	362
impoverish	308
impoverished	308
impromptu	414
improvisation	26
improvise	26
improvised	26
impudence	446
impudent	446
impugn	446
impunity	242
impure	20
impurity	20
-n inactive	210
inalienable	372
inappropriate	128
inaugurate	38
incarnation	232
incendiary	314
inception	42
incessantly	242
incinerate	324
incinerator	324
incise	230
incision	230
incisive	320
incite	204
incitement	204,258
inclination	40
incomprehensible	130
incongruous	100
incontrovertible	54
increase	118
incredulous	424
increment	94
incremental	94
incriminate	282
incubate	30
incubation	30
incumbent	114
indecent	58
indelible	428
indelibly	428
indemnification	276
indestructible	72
indict	20
indictment	20
indignant	76
indiscreet	366
indiscretion	366
indisputable	54
indoctrinate	300
indubitable	212
induct	38
induction	38
industrious	38
inebriated	304
inedible	192
ineffable	264
inept	354
inertia	164
inescapable	38
inexorable	366
inexorably	366
inexplicable	130
infallible	90
infamous	322
infamy	322
infantry	90
infatuated	406
infest	220
infestation	220
infidelity	298
infiltrate	66
infiltrative	66
infiltrator	66
infinitesimal	194
infirm	188
infirmity	188
inflammation	72
inflammatory	72,314
inflection	134
inflow	410
influx	138
infraction	100
infrangible	72
infrared	182
infringe	18
infringement	18
infuriate	364
infuse	112
ingenious	32
ingenuity	104
ingenuous	424
ingest	44
ingestible	44
ingestion	44
ingrain	154
ingrained	154
ingratiate	404
ingredient	288

inhale	32	interrogate	132	-e jeer	414	lascivious	188

inhale 32
inheritance 460
inhibit 64
injurious 176
inlet 212
innate 208
innocuous 230
inoculate 166
inoculation 166
inordinate 416
insane 112, 310
insanity 112
insatiable 74
inscrutable 304
insecticide 166
insidious 358
insinuate 318
insolence 386
insolent 386
insolvent 360
instigate 176
instill 54
instillation 54
instinct 72
instinctive 72
instructive 132
insubordination 92
insular 134
insulate 32
insult 184, 366
insulting 422
insurgent 104
insurmountable 312
insurrection 90
intangible 84
integer 166
intemperate 392
intensify 252
intercede 230
interject 362
interlope 276
interloper 468
interlude 352
interminable 418
intermittent 194
intermittently 194
interpolate 320
interpolation 320
interpose 192
interposition 192

interrogate 132
interrogation 132
interrupt 362
intersperse 112
intertidal 470
interval 352
intervene 230
intestine 166
intoxicate 114
intoxicated 114
intractable 138
intrepid 408
intricate 100
introduction 244
introspection 264
introspective 264
introvert 220
intrude 300
intuitive 72
inundate 230
inure 408
invalidate 102
invariable 112
invariably 112
inveigh 454
inverse 84
invigorate 274
invigorating 274
invincible 300
inwardly 312
-o iota 356
-r irk 364
irksome 364
ironclad 86
irrelevant 148
irreparable 282
irreverence 450
irreverent 450
irritate 238
-s island 66
isle 66
isolate 212
-t itinerant 404
itinerary 436

J

-a jag 348
jagged 348
jargon 158
jarring 112
jaunt 458
javelin 50

-e jeer 414
jeopardize 64
jeopardy 64
jester 316
jettison 440
jetty 396
-i jiggle 390
jingle 324
jittery 138
-o jocular 456
jog 158
jolt 264
josh 286
jostle 452
jot 284
-u jubilant 458
jubilation 458
juggle 220
jumble 352
jut 460
jutting 460
juxtapose 166
juxtaposition 166

K

-e kerosene 168
-i kidnap 226
kindle 264
-n knack 182
knoll 360

L

-a labor 234
lace 212
lacerate 392
lack 254
lackluster 460
laconic 466
lagoon 306
lair 462
laissez-faire 356
lambast 354
lamentation 314
lampoon 374
lance 100
landslide 66
languish 294
languishing 294
larcener 376
larceny 376
larva 158
larval 158

lascivious 188
lasciviousness 188
lash 182
latent 90
latitude 82
laud 318
laudable 318
laureate 62
laurel 220
lavish 204
lax 438
layer 170
-e leach 242
leash 300
lectern 450
lector 450
ledge 320
ledger 166
leery 404
leeway 374
legible 418
legume 406
lengthen 192
leniency 176
lenient 176
lethargic 220
levee 306
leverage 18
leveraged 18
levity 442
-i liaise 36
liaison 36
libation 444
libel 118
lien 118
lift 324
limber 426
limbo 304
limelight 252
limp 192
limply 192
lineage 32
linger 176
liquidate 64
liquidation 64
lisp 262
litany 312
literal 186
literally 268
literate 130
litigate 302
litigation 302

487

INDEX L–P

lively 240
livid 468
-o loaf 334
loafer 334
loathe 308
lob 242
lodge 158
lofty 140
logistical 36
logistics 36
loiter 334
loitering 334
lone 158
loner 158
longitude 82
loom 44
looming 44
loophole 280
lop 330
lore 242
lousy 242
-u lubricant 192
lubricate 192
lubrication 192
lucid 274
lucrative 102
ludicrous 204
lull 420
luminous 274
lunatic 310
lunge 380
lurch 408
lure 130, 258
lurk 220
lush 298
luster 410
luxurious 400

M PAGE

-a macrocosm 230
maelstrom 446
magnanimous 434
magnify 252
maim 302
mainstay 274
maintain 128
majestic 44
majestically 44
majesty 44
makeshift 306
malady 158
malaise 378

malfunction 102
malign 348, 398
malignant 242
malleable 252
malnourished 26
malnutrition 26
mammoth 242
mangle 342
manic 294
manifold 122
mantle 26
manure 242
mar 308
marauder 400
marine 408
marked 90
markedly 90
maroon 212
marshal 48
martial 166
material 94, 132
materialize 132
maternal 76
matriarch 380
matriculate 464
matriculation 464
mausoleum 150
maven 448
maverick 452
mayhem 412
-e meadow 104
meager 378
meander 194
meddle 300
medial 38
mediocre 380
meditate 334
medium 38
medley 262
meld 252
melee 454
mellow 38
memento 242
memoir 24
memorable 48
menagerie 470
menstrual 230
menstruation 230
mercenary 84
mercy 342
meridian 390
mess 352

messenger 248
messiah 126
metabolic 188
metabolism 188
metabolize 188
metamorphose 280
metamorphosis 280
metaphor 258
metaphysical 94
meteorological 36
meteorologist 36
meteorology 36
meticulous 274
-i microbe 62
microcosm 230
microorganism 62
midterm 76
migratory 174
mileage 44
milieu 230
mime 296
mince 394
mingle 212
minstrel 294
minuscule 404
mirage 342
mire 350
misappropriate 280
mischance 346
mischief 330
mischievous 330
misconstrue 316
misdemeanor 92
miserable 256
misfire 378
mishap 346
misinterpret 316
misnomer 360
missive 458
mistaken 80
mistreat 178
misuse 178
mitigating 20
mitigation 20
-n mnemonic 376
mnemonically 376
-o mock 468
modest 268
mogul 380
mollify 106

mollusk 430
momentum 44
monogamy 402
monolith 410
monotone 122
monotonous 122
monthly 230
moot 72
moratorium 194
morbid 78
morbidity 78
morbidly 78
morose 314
mortify 230
mortuary 132
motley 380
mottled 412
mound 194
mournful 434
movingly 418
-u muck 398
muffle 382
muffled 382
mulch 338
mull 414
multiethnic 74
multilateral 90
mumble 298
munch 362
munition 122
murky 336
muse 334
mushroom 126
muster 212
mutilate 204
mutilation 204
mutiny 58
muzzle 322
-y myopia 392
myopic 392
mysterious 304
mythology 90

N PAGE

-a nadir 392
nag 188
nagging 188
narcotic 26
narrate 82
nascent 464
nasty 144
natal 422

Word	Page		Word	Page		Word	Page		Word	Page
naught	394		oblivion	158		ordeal	394		paean	460
nausea	72		oblivious	158		ordinal	26		pageant	166
nauseate	72		obnoxious	244		orthodox	102		pageantry	166
nauseating	72		obnoxiousness	244	-s	osmosis	276		paint	352
nautical	408		obscene	412		ostensible	322		painting	214
navel	168		obsequious	422		ostensibly	322		palatable	54
navigable	274		obsidian	454		ostentatious	276		pale	254
navigate	274		obstetrics	82		ostracize	222		paleontology	168
-e nebulous	390		obstinate	344	-u	oust	394		palliative	140
necessary	24		obstruct	22		outage	132		pallor	388
necessitate	24		obstruction	22		outburst	194		palpable	244
needy	128		obtrusive	268		outcry	306		paltry	386
nefarious	262		obtuse	434		outflow	410		pang	380
negligent	420		obverse	316		outgrowth	222		panhandle	206
neophyte	434		obviate	386		outlandish	410		panhandler	206
nervous	138	-c	occasional	256		outlaw	112		panoply	280
nestle	166	-d	odious	92		outlay	254		parable	462
nestling	166		odyssey	158		outlier	98		paraffin	168
neurotic	252	-e	oenophile	444		out-of-date	260		paralysis	38
-i nibble	252	-f	officiate	472		outpour	332		paralyze	38
nihilism	230		offspring	308		outpouring	332		paramour	468
nimble	372	-i	ointment	178		outreach	326		paraphernalia	166
nip	184	-l	oligarchy	390		outright	136		paraplegic	416
-o noble	282	-m	omen	360		outskirts	168		parasitic	324
nocturnal	430		ominous	360		outspoken	58		parcel	24
noisy	226		omnipotence	116		outstanding	48		parch	390
nomad	32		omnipotent	116		outstrip	296		parched	390
nomenclature	158		omnivore	412		outward	330		parchment	356
notary	424	-n	onerous	244		outwardly	330		parlay	390
notch	48		onlooker	318	-v	overcome	224		parochial	348
noteworthy	48		onslaught	298		overflow	230		parole	94
notoriety	322		onus	244		overhaul	136		paroxysm	474
nourish	24	-o	ooze	388		overpass	276		parry	386
nourishing	24	-p	opaque	116		overpower	128		parse	150
nourishment	24		opaquely	116		overrule	74		parsimony	356
noxious	220		opaqueness	116		overrun	184		partake	136
-u nuance	92		opiate	140		overshadow	254		particle	68
nudge	362		opine	394		overstatement	274		particular	324
nugget	262		opposite	154		overstep	326		particulate	68
numb	320		optimist	68		overt	148,334		partisan	26
numerator	168		optimistic	358		overtake	140		pasture	104
nun	22		opulent	400		over-the-counter	154		paternal	76
nuptial	412		opus	64		overtly	334		pathologist	304
nurse	356	-r	oration	106		overture	458		patina	368
nutrition	26		orator	106		overturn	66		patriarch	32
			oratory	106	-x	oxidize	56		patter	396
			orchard	220		oxymoron	230		paucity	254
			orchardist	220		oxymoronic	230		pauper	446
			orchestra	34					pavilion	128
			orchestrate	34					pawn	222
-b obedient	284,440		ordain	122	-a	pacify	266		payload	84
obfuscate	420									
oblique	184									
obliterate	188									
obliteration	188									

O

P

-e peak 28
pebble 244
peck 122
peculiarity 188
pedagogical 318
pedagogically 318
pedagogy 318
pedantic 312
pedantically 312
pedestal 276
pediatric 94
pediatrician 94
pediatrics 94
pedigree 266
peel 370
peeved 340
peg 80
pelagic 452
pelt 426
penance 222
penchant 398
pending 54
pendulous 64
pendulum 64
penitent 308
penitentiary 308
pensive 316
perceptible 392
perch 146
perennial 188
perennially 188
perforate 386
perforated 386
perigee 398
peril 128
perimeter 30
period 128
peripheral 96
periphery 96
perjure 44
perjurer 44
perjury 44
permeate 178
permutation 172
pernicious 146
perniciously 146
perpendicular 116
perpetrate 116
perpetration 116
perpetrator 116
perplex 194

perplexed 194
perplexity 194
personable 390
perspicuity 366
perspiration 244
perspire 244
persuade 366
perturb 300
perturbation 18
peruse 266
pervade 112
perverse 392
perversity 392
pessimism 68
pessimist 68
pest 30
petal 168
petite 196
petrify 406
pew 20
-h pheromone 356
philanthropic 134
philanthropist 134
philanthropy 134
philistine 380
phony 266
phosphorus 168
photogenic 472
photosynthesis 48
photosynthesize 48
photovoltaic 212
-i picky 324
pier 268
pierce 222
piggyback 196
pigment 352
pilfer 388
pillar 172
pinch 154
pinnacle 308
pinpoint 22
pioneer 288
pious 78
pique 270
pirate 82
pivot 96
pivotal 96
-l placate 364
placenta 86
placid 452

plagiarism 18
plagiarist 18
plagiarize 18
plainly 334
plaintive 434
plank 270
plateau 112
platoon 158
playwright 80
pleasant 370
plebiscite 48
plethora 196
pliable 252
plight 282
plod 342
plot 130
plow 42
ploy 382
pluck 184
plume 46
plummet 266
plump 56
plunge 68
plural 118
pluralism 118
plurality 118
plush 422
plutocracy 470
plutonic 306
ply 196
-o poach 372
podiatrist 42
podiatry 42
podium 114
poignant 212
poikilotherm 426
poise 102
poisonous 220
poke 140
pollen 168
pollute 258
polygamy 402
polyp 372
pomp 348
pompous 348
pore 68
porous 42
portent 388
portfolio 186
positive 268
posse 308
posseman 308

posthumous 364
posthumously 364
postulate 114
postulation 114
posture 76
potable 160
potentate 454
potential 90
pout 446
powerless 294
-r praise 40, 280
prank 260
preamble 354
precarious 212
precept 64
preceptor 64
precinct 82
precipice 408
preclude 386
precocious 412
preconceived 188
preconception 188
predecessor 288
predicament 282
predilection 190
predominance 80
predominant 80
predominate 80
preempt 354
preface 252, 354
prelude 244
premature 244
prematurely 244
premeditate 212
premeditated 212
preponderance 122
preposterous 358
prerogative 154
prescient 338
presentable 408
pretension 130
pretentious 348
pretext 76
prickle 392
prickly 392
primate 112
primeval 190
primordial 190
principality 230
principle 28

Word	Page
pristine	452
privilege	154
privy	48
probate	20
probe	120
proboscis	348
procession	58
proclaim	378
procrastinate	344
procrastination	344
proctor	26
prod	140
prodigal	360
prodigious	160
prodigy	160
product	134
profanation	190
profane	190
profanity	190
proffer	366
profligate	434
profuse	296
profusion	296
progeny	308
prognosis	40
progress	326
prohibitive	110
project	282
projectile	282
prolific	206
prominent	70,118
promising	268
promote	238
promulgate	378
prone	90
propagate	114
propagation	114
propel	96
propensity	40
prophet	408
prophylactic	232
propitious	350
proposal	458
propound	244
propriety	254
prorate	282
proration	282
prosthesis	150
prosthetic	150
prostrate	276
protagonist	106
protruding	284
protrusion	284
providence	222
provincial	348
provost	470
prowess	324
prowl	428
prudent	84
prune	168
pruning	168
-s psychiatric	184
psychiatry	296
psychic	206
psychoanalysis	184
psychotic	296
-u pucker	232
pueblo	168
pulmonary	172
pulp	160
pulpy	160
pulverize	244
pummel	422
punctual	58
punctuality	58
punctually	156
puncture	222
pundit	222
purloin	406
purport	26,284
purported	26
purportedly	26
purvey	296
purveyor	296
purview	244
-y pyre	414

Q

Word	Page
-u quadruple	174
quake	146
qualm	416
quandary	436
quantitative	60
quantity	60
quarantine	42
quarrel	238,360
quarry	82
quaver	448
queasy	466
quell	328
quench	276
quiescent	210
quip	332
quirk	222
quirky	222
quiver	284
quixotic	312
quotient	134

R

Word	Page
-a rabbi	256
rack	92
radiance	338
radiant	338
rail	244
rake	190
rally	24
ram	354
ramble	206
rambling	206
rambunctious	436
ramification	48
ramify	48
rampant	222
rancid	466
ransack	424
ransom	190
rant	184
rapport	48
raptor	448
raptorial	448
rapture	320
rare	350
rarity	350
rascal	440
rash	122
rasping	404
ratchet	284
ration	46
rattle	136
raucous	440
ravage	112
ravenous	426
ravine	330
raze	232
-e reacquaint	430
realistic	142
reap	68
reaper	68
rearrangement	172
rebate	338
rebound	86
rebuff	168
rebuke	260
rebut	178
rebuttal	178
recalcitrant	314
recant	368
recap	354
recede	122
recess	48
reclaim	146
recluse	342
reclusive	342
recompense	56
reconstitute	432
reconvene	350
recount	82
recoup	314
recourse	136
rectify	178
recuperate	418
recuperation	418
redact	310
redeem	190
redress	64
reduction	330
reductionism	330
redundant	284
referendum	48
refined	50
reflective	316
reflex	96
refract	98
refraction	98
refractor	98
refund	338
refurbish	46
regenerate	140
regent	34
registrar	168
regurgitate	284
rehabilitate	130
rehash	370
reimbursement	338
rein	190
reincarnate	232
reincarnation	232
reinforce	30
reiterate	178
reiteration	178
reject	124,168,436

INDEX R–S

rejoice	174
rejoinder	174
rejuvenate	20
relegate	196
relegation	196
relent	470
relic	62
relict	62
relieve	354
relinquish	256
relish	54
remand	358
reminisce	244
reminiscence	244
reminiscent	244
remiss	420
remission	132
remit	92
remnant	40
remodel	92
remorse	344
remorseful	344
remuneration	362
rend	342
renegade	418
renew	222
renounce	112
reparable	282
reparation	276
repatriate	410
repel	128
repentant	332
repercussion	86
repertoire	86
replenish	206
replenishment	206
replete	212
replicate	170
replication	170
reprehensible	260
reprehension	260
reprieve	352
reprimand	40
reprisal	276
reproach	206
reproachful	206
reprobate	416
reproduction	240
reprove	456
repudiate	124
repugnance	232
repugnant	232
repulse	128, 344
repulsion	344
repulsive	344
requiem	340
require	24
rescind	102
reserved	406
resilience	256
resilient	256
resistant	350
resourceful	196
resourcefulness	196
respectable	124
respectful	120
respiration	150
respite	92
response	174
restructure	24
restructuring	24
result	150
resurge	284
resurgence	284
resurrect	222
resuscitate	140
retaliate	22
retaliation	22, 206
retardant	300
reticence	406
reticent	406
retina	174
retinal	174
retinue	426
retort	54
retrace	74
retract	42
retraction	42
retrench	450
retribution	206
retroactive	246
retroactively	246
retrofit	266
retrospect	26
retrospective	26
revamp	410
reveal	262
revel	174
reverberation	328
revere	24
reverence	24
reverse	316
revile	398
revitalization	114
revitalize	114
reward	362
-h rhombus	150
rhyme	298
-i ribald	412
ridicule	322
ridiculous	204
rife	170
rift	232
rig	92
rind	370
rivet	276
-o rock	222
rocky	222
rogue	42
romantic	312
rookie	72
room	374
roster	20
rostrum	222
rotate	214
rote	256
roughhouse	446
rouse	184
rousing	184
rowdy	380
-u rubble	404
rubric	344
rudimentary	106
rue	40
ruff	348
ruffian	462
ruffle	296
rugged	332
rumbling	414
ruminant	444
ruminate	344
rumination	344
rummage	330
rumor	152
runoff	246
runt	462
ruse	276
rustic	342
rustle	388
ruthless	74

S   PAGE

-a sabbatical	466
sabotage	342
sacred	418
sacrosanct	418
sadist	212
sadistic	212
sag	320
saga	178
sage	96
saint	260
salient	118
saline	170
salinity	204
saliva	170
salutatorian	472
salute	114
sanguine	358
sanity	324
sap	28
sardonic	414
satiate	474
satiated	474
satirize	374
savant	224
savor	368
savvy	136
-c scald	332
scalding	332
scallop	160
scalp	110
scam	256
scamper	410
scandal	256
scandalous	256
scant	232
scapegoat	334
scarcity	196, 350
scathing	458
scatter	90
scavenge	386
schism	224
schizophrenia	458
schizophrenic	458
scholar	224
scintillating	22
scintillation	22
scion	464
scoff	468
scoop	214
scorch	336
scorching	336
scorn	246
scoundrel	332
scoundrelly	332

492

scour 412	-h shack 428	slick 316	sorcery 394
scourge 214	shackle 160	sling 174	sordid 280
scrape 204	sham 232	slippery 316	sorority 172
scrawl 352	shard 434	slit 50	-p spar 28
scribble 284	shatter 244	slog 436	sparing 160
scrutinize 140	sheen 410	slouch 416	sparingly 160
scrutiny 140	shelve 78	sludge 406	sparse 304
scuffle 352	shepherd 92	slug 232	spasm 396
scum 214	shirk 396	sluggish 232	spat 404
scurry 376	shoal 362	slumber 470	spear 50
scuttle 372	shock 264	slur 184	specious 442
-e seabed 56	shoddy 440	-m smack 338	speck 232
sear 432	shortage	smattering 422	spectroscope 170
secession 116	76,190,326	smear 214	spectroscopy 170
secessionism 116	shortcoming 98	smidgen 448	spendthrift 210
secessionist 116	shortfall 190	smirk 352	spew 336
seclude 68	shoulder 342	smolder 468	splatter 398
seclusion 68	shove 50	smother 198	splay 316
secretion 204	showdown 294	smothering 198	splendid 330
sect 40	showy 356	smudge 464	splice 160
sectarian 40	shred 204	smuggle 60	splinter 232
sedate 470	shrewd 54	smuggler 60	split 224
sedation 470	shrewdly 54	-n snafu 416	spoof 184
sedentary 174	shrink 288	snag 372	sporadic 256
sedition 258	shrivel 460	snare 406	spot 232
seduce 258	shroud 232	snarl 406	spotted 258
seduction 258	shrub 180	snatch 86	spout 328
seep 336	shy 432	sneer 74	sprain 170
seepage 336	-i sideline 330	snicker 326	sprawl 246
seethe 442	sidestep 360	snippet 256	spree 160
seismic 116	sidle 458	snivel 442	sprightly 464
seismology 452	sieve 20	snob 74	springboard 204
semantic 34	sign 26	snobbish 74	sprout 246
semantics 34	silo 40	snoop 276	spurn 436
semblance 348	simile 258	snowslide 124	spurt 154
seminal 84	simmer 344	snub 412	-q squabble 360
senile 430	sinister 246	-o soaked 172	squalid 418
sense 316	sinuous 450	sociable 362	squalor 418
sensual 316	-k skew 40	soggy 172	squander 362
sentient 448	skewed 40	sojourn 336	squash 234
sentinel 258	skirmish 214	solace 322	squat 246
sentry 258	skyrocket 234	solemn 332	squeamish 452
sequester 136	-l slab 102	solstice 416	squelch 454
sequestered 136	slack 68	soluble 246	squirm 380
serene 224,334	slant 160	solve 246	-t stabilize 64
serenity 334	slanted 160	solvent 360	stagger 370,388
serf 304	slap 358	somber 460	stagnant 140
serrated 436	slash 154	soot 172	stagnation 140
servile 464	slaughter 360	soothe 38	stalemate 206
servitude 190	sled 454	soothsayer 408	stammer 392
sever 46	sleuth 360	sop 184	stampede 338
sexist 246	slew 324	sopor 226	standoff 302

493

standstill	338	stubborn	344	supplant	258	tad	462
starch	170	stuffy	444	supple	406	tailspin	458
stark	206	stun	56	support	156	taint	258
starving	426, 474	stunt	294	suppose	46	tally	234
stash	348	stupendous	376	supposition	46	tame	182
static	140	stymie	400	surfeit	470	tamper	268
stature	160	-u subconscious	258	surly	450	tandem	146
staunch	454	subdue	128	surmise	234	tangent	94
stave	224	sublimate	462	surmount	224	tangential	94
stay	336	sublimation	462	surpass	296	tangible	94
stellar	160	sublime	354	surrogate	20	tantrum	198
stench	206	subliminal	258	surround	48	taper	184
sterile	278	submerge	174	surroundings	238	tapered	184
sterling	140	submission	284	sustain	322	tarnish	404
stern	46	submissive	284	sustenance	322	tart	58
stewardship	40	subordination	92	-w swagger	410	tatter	414
stickler	54	subservient	394	swamp	24	tatterdemalion	414
stiff	406	subside	136	swarm	360	taunt	304
stifle	224	subsidence	136	swat	358	taxonomic	116
stimulating	282	subsume	276	swatch	258	taxonomy	116
sting	224	subsumption	276	swath	284	-e tectonic	86
stinging	224	subterfuge	440	sway	64	teem	428
stint	224	subterranean	340	sweat	244	teeming	428
stipend	150	suburb	168	swerve	110	teeter	366
stipulate	96	subversion	80	swindle	344	telegenic	472
stipulation	96	subvert	80	swine	128	telltale	464
stitch	136	succinct	278	swirl	214	temperate	392
stitching	136	succor	472	swivel	448	tempestuous	466
stockpile	226	sucker	434	swoon	326	tenable	286
stoic	376	suckle	356	swoop	246	tenacity	376
stoke	336	suction	416	-y symbiosis	324	tendril	436
stomach	162	suffocate	396	symbiotic	324	tenement	208
stout	184	suffocating	396	symbolic	344	tenet	28
stoutly	184	suffocation	460	symptomatic	248	tenfold	56
straddle	322	suffrage	68	synagogue	208	tenor	284
straggler	398	suffragette	68	synchronously	370	tentacle	172
straighten	284	suitable	128			tentative	50
strain	170	suitor	366	syndicate	124	tentatively	50
strait	224	sulk	468	synergistic	334	tenuous	466
strapped	102	sulky	468	synergy	334	tepid	468
stratagem	276	summarize	354	synopsis	40	terminable	418
stratosphere	316	summary	40		PAGE	terminal	198
stratospheric	316	sumptuous	330			terminus	198
stratum	170	sundry	170	-a tableau	214	terrestrial	172
stray	64	superficially	330	taboo	110	tether	408
streamline	30	superfluous	284	tabulate	114	-h thaw	78
strenuous	330	superimpose	58	taciturn	396	theism	84
stride	82	superimposition	58	tacky	406	theistic	84
strife	154	superlative	374	tact	120	theocracy	366
stroller	318	supersede	110	tactful	120	thermonuclear	432
stronghold	320	superstition	76	tactile	330	thorax	172
strut	312	superstitious	76	tactual	330		

	thorn	94	transgressor	150	unanimous	124	upturn	340

thorn 94
thorny 94,392
thoroughfare 336
thrall 446
thrash 196
thrift 214,356
thrifty 214
throng 360
throughway 170
thud 464
thwart 146
-i tidbit 256
tidy 284
tier 116
tightrope 368
tin 286
tingle 426
tinker 224
tint 78
tiny 404
tipsy 370
titan 258
-o toast 140
toil 214
topic 340
topical 340
topographic 22
topography 22
topple 332
torpid 442
torrent 78
torso 172
tort 36
tote 342
totter 370
tousle 462
tout 334
-r traction 50
traitor 178
traitorous 178
tramp 170
trample 178
trance 350
tranquil 224
tranquility 224
transcend 68
transcendence 68
transcendently 68
transcontinental 414
transgress 150
transgression 150

transgressor 150
transpire 184
trapezoid 150
travail 234
traverse 96
treacherous 208
treachery 208
tread 224
trek 196
tremor 146
tremulous 146
trenchant 472
tribunal 304
tributary 258
tribute 240
trickle 196
trifle 284
trilogy 312
trimester 170
trinket 340
troll 50
trooper 360
trove 372
truancy 386
truant 386
truce 214
trudge 432
truncate 46
trunk 348
truth 286
-s tsarist 68
-u tumult 174
tumultuous 378
turf 88
turmoil 174
turnout 286
turnpike 170
tussle 352
-w tweak 80
twinge 434
twinkle 136
twitch 332
-y typography 46
tyrant 344

U PAGE
-l ultimate 226
ultimately 226
ultimatum 226
ultraviolet 426
-n unabashed 450
unanimity 124

unanimous 124
unbeatable 312
unbridled 442
unconsciousness 350
uncouth 468
underclassman 432
undercut 98
underground 340
underpass 276
understanding 214
undertow 278
undoubtable 212
unearth 56
unearthly 56
uneasiness 378
unequivocal 208
unfathomable 368
unfound 428
unfurl 358
ungulate 234
unharmed 454
unilateral 98
unobtrusive 268
unorthodox 102
unravel 120
unreadable 418
unscathed 454
unscrupulous 266
unspeakable 332
unstable 212
unsuitable 128
untenable 286
unutterable 264
-p up-and-coming 268
upbeat 268
upbringing 154
upheaval 120
upkeep 234
upperclassman 432
uppermost 258
uproar 374
uproot 428
upside 98
upstart 310
upsurge 234
uptake 214

upturn 340
-s usher 110
usurp 246
usurpation 246

V PAGE
-a vacant 110
vacate 110
vaccination 166
vacillate 460
vagabond 170
vagrancy 190
vagrant 190
vague 390
vain 76
valedictorian 472
valiant 416
valley 330
vandalism 336
vandalize 336
vanguard 208
vanquish 330
vantage 30
vapid 466
vapor 22
vaporize 22
variegated 258
various 170
varsity 234
vascular 52
-e veer 400
vegan 398
vehemence 172
vehement 172
veil 232
venal 466
veneer 314
venerable 306
venerate 306
vengeance 82
venom 386
vent 62
ventilate 116
ventilation 116
ventral 328
veracious 286
veracity 286
verbatim 268
verdant 440
verge 160
verify 326
veritable 326

495

INDEX V–Z

	vernacular	120	vortex	110	whim	234	worsen	88
	versatile	60	vouch	78	whimsical	234	-r wrangle	342
	versatility	60	voucher	78	whine	442	wreath	278
	vertebra	28	-u vulgar	50	whip	182	wrench	162
	vertebrate	28	vulnerable	300	whisker	224	wrenching	162
	vertex	302			whittle	380	wrestle	60
	vertigo	460	**W** PAGE		-i widespread	170	wretched	256
	vestige	336	-a wade	78	wield	198	wrinkle	232
	vex	214	wag	78	wiggle	332	writhe	400
-i	vicarious	40	waif	312	willful	80		
	vicariously	40	wander	334	willfully	80	**X** PAGE	
	vicious	246	wanderlust	470	willfulness	80	-e xenophobe	190
	vie	316	wane	352	wilt	68	xenophobia	190
	viewer	318	wangle	462	wilted	68	xenophobic	190
	vigilance	124	wanton	268	wimp	378	**Y** PAGE	
	vigilant	124	warp	128	wince	452	-i yield	260
	vignette	362	warped	128	windfall	418	-o yoke	174
	vigor	96	wary	140	winding	450		
	vilify	348	waste	138, 362	windmill	322	**Z** PAGE	
	vindicate	128	wasteful	434	winnow	296	-e zeal	70, 262
	vineyard	256	waterlogged	466	wistful	472	zealot	70
	virile	396	watershed	190	wistfully	472	zealous	70
	virility	396	-e weak	288	withdraw	42, 368	zenith	392
	virtuoso	428	weaken	130	wither	174	-i zinc	94
	virtuous	280	wean	226	withering	174	-o zoologist	124
	viscosity	110	weary	50	withstand	30	zoology	124
	viscous	110	weld	172	-o wobble	432		
-o	volition	120	wetland	20	woe	178		
	voracious	460	-h wharf	268	woo	78		
	voracity	460	wheedle	466	wooer	366		

MY ENGLISH WORDS ～自分で作る英単語帳～

2501

2502

2503

2504

2505

2506

2507

2508

2509

2510

2511

2512

※覚えづらい単語や本書にない単語などを自由に書き込んで学習しましょう。

2513

2514

2515

2516

2517

2518

2519

2520

2521

2522

2523

2524

MY ENGLISH WORDS

2525

2526

2527

2528

2529

2530

2531

2532

2533

2534

2535

2536

MY ENGLISH WORDS

2549
2550
2551
2552
2553
2554
2555
2556
2557
2558
2559
2560

MY ENGLISH WORDS

2573
2574
2575
2576
2577
2578
2579
2580
2581
2582
2583
2584

TOEFL®テスト上級英単語2500

発行日：2016年9月28日　初版発行
　　　　2023年5月10日　第3版発行

編　者：AmEnglish.com, Inc.
監　修：Dr. フィリップ・タビナー
発行者：永瀬昭幸
発行所：株式会社ナガセ
　　　　〒180-0003　東京都武蔵野市吉祥寺南町1-29-2
　　　　出版事業部（東進ブックス）
　　　　TEL：0422-70-7456／FAX：0422-70-7457
　　　　www.toshin.com/books（東進WEB書店）
　　　　（本書を含む東進ブックスの最新情報は、東進WEB書店をご覧ください）

校正協力：松田康佑　松下ゆり　堀田侑里　山本結　林華恵
　　　　　田中良磨　青木辰夫

カバーデザイン：LIGHTNING
コラムイラスト：新谷圭子
本文デザイン：東進ブックス編集部
CD 音声：〈英　語〉AmEnglish.com, Inc.
　　　　〈日本語〉堀田侑里
DTP・印刷・製本：シナノ印刷株式会社

※落丁・乱丁本は着払いにて小社出版事業部宛にお送りください。新本におとりかえいたします。但し、古書店で本書を購入されている場合は、おとりかえできません。
※本書を無断で複写・複製・転載することを禁じます。

©NAGASE BROTHERS INC.2016　Printed in Japan
ISBN978-4-89085-706-7　C2082

東進ビジネススクール『ビジネス英語講座』のご案内

ビジネスで、本当に役立つ英語力を。

相手の心を動かす交渉力とコミュニケーション。そんな真の英語力を身につけるには──？

ビジネスパーソンに必要な英語力の基準。それは、相手の心を動かしリードできるかどうか。世界で通用する高いレベルのコミュニケーション、つまりは英語でビジネスができる交渉力を身につける講座が、東進ビジネススクールの『ビジネス英語講座』です。

日本人が苦手とするスピーキングは、講義＋マンツーマンレッスンでその力を伸ばします。サロン形式の英会話教室とも、受け身の学習スタイルとも異なる、"成果が見えるプログラム"です。また、ビジネス英語の土台を築く学習として、企業の昇格試験にも用いられるTOEIC®テストに対応した講座も設置しています。

社会人向け講座	①ビジネス英語 スピーキング講座 ②TOEIC® テスト 800点突破講座 ③TOEIC® テスト 650点突破講座
大学生向け講座	①東進ビジネス英語講座 スピーキングコース ②東進ビジネス英語講座 TOEIC® 対応コース

詳細やその他の講座・システムについて、ウェブサイトで公開中！ 東進 ビジネス 検索

社会人向け講座

4カ月で、英語に自信！
東進だけの実践的なラインアップ。

講義＋発話レッスンで、ロジカルに話す力を鍛える

ビジネス英語 スピーキング講座

ビジネスで求められる
英語による「応答力」「問題解決能力」「発信力」が身につく

受講期間	受講形態	対象
16週間（約4カ月）	在宅での学習 ※学習期間中は、学習アドバイザーが受講生の学習をサポートいたします。	TOEIC® LR スコア 650点以上の方

概要

　本プログラムは、ビジネスパーソンの皆様がグローバルな仕事環境において、「英語によるコミュニケーション能力」を養成することを目的としたプログラムです。TOEIC® スピーキングテストのスコアを評価目標とし、その対策を通してスピーキング力を高める内容となっています。TOEIC® スピーキングテストのスコアと実際のスピーキング力の間には高い相関があると言われており、本プログラムで学習しスコアを伸ばすことが、実際のビジネスの場で本当に役立つ英語の修得につながります。

　学習のプロセスでは、①慣用語句の反復音読や、②スピーチ原稿の音読・暗唱等の発話練習はもとより、③状況説明、④質問対応を瞬時に行う練習や、⑤理由や具体例を伴って自分の意見を述べる訓練を徹底して行っていきます。結果として、ビジネスで求められる英語による「応答力」「問題解決能力」「発信力」が身につきます。

講義［ウェブ］
（30分×24回）

→

基礎トレーニング［ウェブ］
（1日30分×16週間）

→

実践トレーニング［マンツーマン・オンラインレッスン］
（30分×30回）

東進ビジネススクール講師の安河内哲也先生が、TOEIC® スピーキングテスト準拠のトレーニングを伝授。各回、TOEIC® スピーキングテストの各パートを活用した学習をします。カリスマ講師による講義で、英語学習に対するモチベーションも一気に高まります！

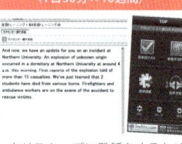

よりスムーズに発話をするためには、自主的なトレーニングが重要です。
英単語の学習（アプリ活用）、音読・ディクテーションの学習（PC上）をすることで、瞬発力を高めます。

東進USAオンライン講師によるマンツーマンレッスンです。事前に専用サイトで予約をしておき、時間になるとアメリカの講師よりスカイプで受講生にコンタクトをします。
安河内先生の講義で出題された問題を1題（事前準備をして臨む）とその場で出題される類似問題1題を口頭で解答します。単なる会話ではなく、スピーキングテストを活用することで、ビジネスシーンでのやり取りをトレーニングできます。

受講に必要なPC環境

＊インターネットに接続可能なパソコンが必要です。
ADSL・CATV・光などの広帯域インターネット接続サービスの利用（実効速度 3Mbps 以上）
※無線接続（ワイヤレスLAN・通信カード等を利用した接続）での動作保証はできません。
＊ OSは、Windows Vista / Windows 7 / Windows 8 / Windows 8.1 以上を推奨。＊ Macintosh での受講はできません。

東進ビジネススクール

●お問い合わせ **0120-104-375**

東進 ビジネス 検索

グローバルビジネスのスタートラインに立つ
TOEIC®800点突破講座

受講期間
16週間（約4カ月）

受講形態
在宅での学習
※学習期間中は、学習アドバイザーが受講生の学習をサポートいたします。

対象
TOEIC® LR スコア 650点〜795点の方

概要
　本講座は、TOEIC®テストで800点を目指す方対象の講座です。映像講座では、ビジネスシーン別で頻出センテンスのディクテーション等、実際のビジネスの場面ですぐに使えるようになるトレーニングをします。また日々のトレーニングでは、TOEIC®模擬試験を使い、リスニング・リーディング・語彙・文法を鍛え、テストの形式および問題のパターンに慣れる訓練を積みます。

英語の学び直し・土台固めに最適！
TOEIC®650点突破講座

受講期間
16週間（約4カ月）

受講形態
在宅での学習
※学習期間中は、学習アドバイザーが受講生の学習をサポートいたします。

対象
TOEIC® LR スコア 450点〜645点の方

概要
　本講座は、①映像講座による自己学習、②ウェブ上での各種トレーニング、③学習アドバイザーによるやりきるためのサポートによって構成されています。学習は詳細な日々の「学習プラン」に基づいて進められていきますが、土曜日・日曜日に東進学力POS（ウェブ）上で映像講座受講や英単語のトレーニングを行い、平日はその復習や定着のためのトレーニング（反復）に活用する構成になっています。多くの学習量を確保できる点がポイントです。

	Sat	Sun		Mon	Tue	Wed	Thu	Fri
自宅 1日 120分	● 講座受講（※1） ● 問題演習 ● 高速基礎マスター ● 添削課題提出		すきま時間 1日30分	● すきま時間の活用（※2） 英単語力アップ、リスニング・リーディングのトレーニング				
			自宅 1日30分	ディクテーション・音読				
			隔週	● 激励電話（※3）隔週実施（月2回、1回あたり10分程度）				

講座受講（※1）
　1コマ30分の授業は、東進の誇るカリスマ講師陣による授業。また授業後には毎回、確認テストを行い、完全理解を目指します。

すきま時間の活用（※2）
　東進では、忙しい皆様のための学習方法を多数準備しています。また英単語はアプリの活用等で通勤時間にも学習ができます。

激励電話（※3）
　英語学習は継続することが重要です。継続するための色々な工夫も東進のプログラムの特長。激励電話では担当アドバイザーが皆様の学習を万全サポート。4カ月伴走をさせていただきます。

**受講に必要な
ご準備**

①受講で使用する次の機器を受講生個人でのご準備をお願いしています。
　※ウェブカメラ、マイク付きヘッドセット（オンラインレッスンで使用します）
②開始時と修了時のTOEIC®LRテストまたはTOEIC®スピーキングテストは、東進ビジネススクールの校舎で受験いただきます。
　（テスト受験料は学費に含んでおります）遠方で受験ができない場合はご相談ください）

詳細やその他の講座・システムについて、ウェブサイトで公開中！ 東進 ビジネス 検索

大学生向け講座

高みを目指す大学生のための『東進ビジネス英語講座』
世界にはばたく人財として、夢を大きく実現しよう。

▎英語ができれば、君の可能性は100倍に!

日本の人口は約1億人。世界の人口は約70億人で、将来は100億人になると予想されています。それは、世界を舞台に活躍できれば、君の可能性が100倍に広がることを意味します。**相手の「心を動かす」**コミュニケーション力は、君の夢を実現する機会を増やします。大きな夢と志を持ち、「**独立自尊の社会・世界に貢献する人財**」として、世界に飛び出してください。

▎最強の東進メソッド「4ステップ」で
▎英語力を高める

東進のビジネス英語講座では、4つのステップ①概念理解、②基礎トレーニング、③実践トレーニング、④アセスメントにより、英語の「受信力(Listening, Reading)」と「発信力(Speaking, Writing)」を高めます。大学受験指導で磨き抜かれた東進メソッドをさらにパワーアップした、東進ビジネス英語講座だけのカリキュラムです。

▎ここにしかない切磋琢磨を生み出す環境

東進ビジネススクールは、志高い大学生が研鑽を重ねる場です。一流企業からのゲスト講師による限定講座や先輩からの就職活動報告会など、特別イベントを開催。世界にはばたく大学生が仲間と競い合いながら成長できる唯一無二の環境です。

大学受験の英語を忘れない今のうちに、
「世界で大活躍するための英語」へのファーストステップ。

大学生のうちにチャンスをつかむ

高校までの学習では、英語を「話す」機会は少ないかもしれません。しかし、知識は受験勉強の中で培われています。今からスタートすれば、その知識を忘れないうちに、実際に英語を使いこなす力をつけることが可能です。

就活開始時にTOEIC®900点!

就職活動にも英語力が求められています。TOEIC®800点が基準ライン、トップを目指すなら900点は突破したいところ。必要になってから慌ててテスト対策をするのではなく、今から実用的な英語を身につけましょう。

上場企業の7割が、採用時にTOEIC®スコアを参考に!

(財)国際ビジネスコミュニケーション協会が調査した結果、69.3%の企業が、入社希望者が提出したTOEIC®スコアを参考にしていると回答しています。今後ますます加速するグローバル化へ向けて、今のうちから英語力を鍛えておくのは必須です。

採用時にTOEIC®スコアを参考にするか

- 無回答 5.3%
- 参考にしている 27.6%
- 参考にしていないが、今後そうする予定はある 11.4%
- 参考にしていないが、将来はそうしたい 14.0%
- 参考にすることがある 41.7%
- **69.3%**

「2013年 上場企業における英語活用実態調査」より (n=228社)

お問い合わせ 0120-104-375 東進 ビジネス 検索

東進ビジネス英語講座 スピーキングコース

ただ「英語で話す」だけではない！画期的な実践トレーニング

東進USAオンライン講座 (15分×24回)

体系的なカリキュラムで、着実に力をつける！
ネイティブスピーカー講師とのダイレクトコミュニケーション

米国在住ネイティブスピーカーの東進USA講師陣が、オンラインでダイレクトにマンツーマン指導を行う講座です。ただ「話すだけ」の英会話レッスンとは一線を画した体系的なカリキュラム。自分の意見を英語で伝える方法を身につけます。

東進USA講師陣
米国在住の
ネイティブスピーカー講師
教員資格を持った精鋭たちです。

事前学習（30分）
学力POS上の東進専用教材でレッスンのポイントを確認。必須の語彙・フレーズをチェック後、トレーニングを行って話す内容やロジックを固めます。

オンラインレッスン（15分）
米国の東進USA講師陣とマンツーマンレッスン。発音のみならずロジックや表現が一気に向上する瞬間です。使えるフレーズやスキルなど毎回必ず身につきます。

復習（15分〜）
レッスン後はすぐに復習。予定通り話せたかどうか、新たに学んだ部分は何かなど気付いた点を次回に生かします。

次回のレッスンへ

「世界で大活躍するための英語」へ — TOEIC®Sテストを活用せよ！

ビジネス英語スピーキング講座 (30分×24回)

講義＋発話レッスンで、ロジカルに話す力を鍛える

「何を話せばいいのかわからない」……そんな君におススメ！ポイントaで学んだあと、オンラインレッスンで東進USA講師陣を前に発話練習。相乗効果で、効率的に英語での発信力をつけていきます。

「英語教育の在り方について検討する有識者会議」委員で文科省より選出された英語教育のエキスパート！

安河内 哲也先生 & 東進USA講師陣

ベストセラー『一億人の英文法』のメソッドで英語力アップ！

話すための英語基礎トレーニング講座 (30分×40回)

ネイティブスピーカーの感覚を手に入れる

NHKの語学講座「ハートで感じる英文法」シリーズでもおなじみ、大西泰斗教授、ポール・マクベイ教授の共著『一億人の英文法』をベースとした講座。ノンネイティブの日本人でも、口から英語がポンポン出てくるようになります。

東進ビジネススクール特別講師
大西 泰斗先生／ポール・マクベイ先生

ビジネスパーソン向けのNHK語学講座「しごとの基礎英語」でも、講師や監修を担当！

東進ビジネス英語講座

大量の演習で、TOEIC®形式問題に慣れる！

TOEIC®トレーニング講座レベル別演習

1日約13分のTOEIC®形式問題で、徹底的に演習を繰り返す

TOEIC®スコアアップのポイントは、基礎力を固めたあと、TOEIC®形式問題を解き自分の弱点を重点的にトレーニングすることです。そこで、TOEIC®LRテスト形式を6つのレベルに分け、1日約13分で10日間、繰り返し演習できるトレーニングを開講しました。学習の効果測定や、TOEIC®テスト前の演習に最適。

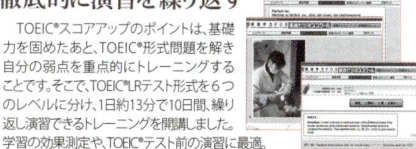

● **TOEIC®トレーニング講座の特長**
① 短時間で継続して、TOEIC®形式問題を演習できる
② オンラインで自動採点
③ 解答・解説が充実！

グローバル社会で通用する本当の英語力を養成

ビジネス英語講座 TOEIC®900点突破 (45分×40回)
ビジネス実践

厳選したテーマでビジネス英語を磨きあげる！

ビジネスの世界で直面するテーマを厳選し、実践的なビジネス英語を確立。英語力の総合的な完成を目指す講座です。ディクテーションなどのトレーニングを通じて、会話や文章に含まれるあらゆる情報を、もれなく完全に把握できるレベルを目標にしています。英語のみならずビジネスの背景知識・教養も学習し、グローバル社会で通用する本当の英語力を養成します。

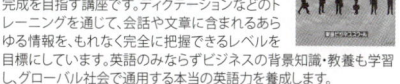

● **学習項目**
● 自己紹介 ● 顧客サービスとクレーム ● ビジネス旅行 ● ビジネスレター ● 人事・採用 ● 異動・昇進 ● 電話応対 ● 営業・マーケティング ● 環境問題とリサイクル ● オフィスでのやり取り ● 財務 ● 商取引と契約 ● 情報メディア ● TOEIC®パート別演習

詳細やその他の講座・システムについて、ウェブサイトで公開中！ 東進 ビジネス 検索

東進ビジネススクールと他の英語学校との違いは何か？

「英語が上手くなること」ではなく、「相手の心を動かす真の英語力」が身につく点が違います。

実証!!『ビジネス英語講座』で大幅スコアアップ!

1年半で平均293.0点アップ!!

東進の『ビジネス英語講座』受講生のTOEIC®テストのスコアの伸びは、1年半で293.0点。900点突破もゾクゾク登場するなど、圧倒的な実績を生み出しています。そして、TOEIC®対策にとどまらず、さらに実践的な英語トレーニングを積み重ねています。

（大学生向け講座の場合）

大学生平均（2013年度）

- 入学時 2013年4月: 458.6 / 510.5
- 1年後 2014年4月: 748.0
- 1年半 2014年10月まで: 803.5

152講以上受講かつ高速基礎マスター講座「TOEIC®新・頻出英単語2000」完全修得した受講生のTOEIC®LRスコア（1講は30分もしくは45分）

英語は目的ではなく夢を叶える手段！

北 純平くん
● 早稲田大学 社会科学部

TOEIC® 490点 → TOEIC® 910点

英語学習において大切なことは、英語学習自体を目的にするのではなく、英語は自分の夢を叶えるための手段として考えることだと思います。早いうちに将来の目標を発見できたことがTOEIC®の目標点突破につながりました。また、毎日必ず英語に触れると決めて実行していたことが、英語力向上の要因だと思います。電車内では「高速基礎マスター講座」で英単語の学習、大学の授業がない時限には講座を受講するなど、スキマ時間をうまく活用できました。

アウトプットを通して成長を実感できた！

大塚 友彰くん
● 芝浦工業大学 工学部

TOEIC® 645点 → TOEIC® 930点

東進ビジネススクールの授業は、本当に話せる英語の力を付けることがテーマです。それを受けていくことで、英語の力だけでなく、実際にグローバルな世界で活躍するために必要となる考え方や常識を学ぶことができました。また、アドバイザーとの面談で、学んだ英語をアウトプットする中で、自分の英語力の成長を実感することができたのも嬉しかったです。

説明会＆無料体験受講開催中！

ビジネス英語講座 入学受付中!

お申し込み・お問い合わせ
大学生・社会人・一般の方

☎ 0120-104-375

世界にはばたくリーダーとしての「コミュニケーション力」を高める

東進ビジネススクール

資料請求・お問い合わせは
「東進 ビジネス」 検索